JN301373

新しい日中関係への提言

――環境・新人文主義・共生――

桜美林大学・北京大学 共編

はる書房

刊行にあたり

佐藤東洋士

　日本語版報告書を出版するにあたって、北京大学と桜美林大学がこのような学術交流の場を持つに至った経緯について、まず触れておきたい。
　1996年5月、柳の綿毛が飛んでいる頃に桜美林大学の数名が桜美林学園の前身、崇貞学園誕生の地である北京を訪問した。本学の中国語中国文学科の学部学生がジュニア・イヤー・アブロードで長年お世話になっていることもあり、その機会をとらえて、美しい北京大学のキャンパスを見学させていただいた。以前に在東京の中国大使館の教育担当参事官を務められ、現在は北京大学教授の彭家声先生にご案内いただくことができた。
　この時に、北京大学海外教育学院院長であった何芳川副学長先生にお目にかかる機会を与えられ、何先生とは交流についてさまざまな意見交換をさせていただいたが、そこで合意されたことは「大学間交流は、名目ではなくて実を伴ったものであるべきである」というものであった。何芳川先生は「小さな地味なものであっても良いから、継続的な中日関係に関わる研究交流をし、3、4年間相互に意見交換をしたものを出版したらどうか」との提案をされ、私も全く同感であった。また、研究交流に当たっては焦点を日中関係のある一時代に当てるのではなくて、過去二千年のお互いの長い交流の歴史を振り返ると共に、正に21世紀を目前に日中関係の将来の展望を試みようとするものであった。そして準備されたのが、本稿に収録されたシンポジウムであった。
　この日中関係国際シンポジウムは東京と北京で交互に実施されたが、桜美林大学のみではなく多くの方々のご支援とご協力をいただいた。円卓会議の

形でシンポジウムを持つに当たって、ご発題をお願い申し上げたところ、ご多忙の中を快くお引受けいただいた、日中関係研究の碩学でいらっしゃる衛藤瀋吉先生、東京大学猪口孝先生、慶應義塾大学山田辰雄先生、筑波大学遠藤誉先生、長崎外国語大学長光田明正先生（当時、桜美林大学教授）ほか多くの方々には心から感謝を申し上げたい。

　また、中国大使館からは陳健特命全権大使、曲徳林参事官にもご参加をいただいた。

　本報告書は、過去4年間にわたる活動の記録であるが、今後もこの研究交流が「新人文主義」、「共生」、そして衛藤瀋吉先生が第一回シンポジウムの基調講演で発議された21世紀の日中共同の敵「環境」をキーワードとして次の世代に受け継がれるものとして発展することを願っている。

2004年3月1日

日本語版刊行にあたり

何　芳川

　北京大学創立百周年を間近にひかえた1996年の夏のことであった。当時、駐日本中国大使館教育参事官であった彭家声教授の紹介で、私は嬉しくも北京訪問中の佐藤東洋士学長と知り合った。
　その後、私が訪日団を率いて日本を訪問した際、私たち一行を、佐藤学長は桜美林大学に招いてくださった。キャンパスを見学し、中日の学術交流を促進するための話し合いを行なった。そして、共同でシンポジウムを開催することに双方で合意した。
　中日友好に情熱を注いでおられる佐藤学長は「言えば必ず信に、行えば必ず果」（論語）と言える方で、果たして1998年の年末に桜美林大学で第一回目のシンポジウムが開催された。翌年の1999年は北京大学で、その次の2000年はまた桜美林大学で、というふうに、開催の回数を重ねるうち、佐藤学長、植田渥雄副学長や藤田慶喜副学長は我々の尊い友人となった。即興に詩を詠む植田教授と、それに和える北京大学の程郁綴教授、酒を酌み交わしつつ詩を楽しむ二人は、詩情も酒量もともに豪快であった。東京と北京、我々はいつも友好と親しみの雰囲気のなかで学術交流の集いを楽しむことができた。夜の華やかな明かりに包まれていると、中日の文人が差しつ差されつで交流を楽しんだ盛唐の時代にタイムスリップしたかのような気が時にはすることさえあった。
　むろん、友情は友情で、学問は学問である。シンポジウムの席上で、中日双方意見の分かれることもよくあった。議論が白熱するときもあった。このようなことは、むしろ当たり前のことで、議論を通して、意見の一致すると

ころと相異するところが明白になり、互いに理解を深めることができた。双方とも得るところがあって、これ、亦楽しからずや。

中日両国は一衣帯水の隣国であり、長い交流の歴史を持っている。その間、あの悲劇的な戦争を経験したこともあるが、大河の日夜流れ、海潮の絶えず満ち引くがごとく、今やすべて過ぎ去りしことどもである。ただ願わくは、歴史を鑑とし、素晴らしい未来のあらんことを。21世紀に中日両国がほんとうに平和を求め、協力し合い、ともに前進する道を歩むことを祈念する。しかし、それは天与のものではない。人間の努力が必要である。両国人民の努力以外にそれを実現する術はない。その努力の先鋒を、両国の学者がつとめなければならない。

佐藤学長と桜美林大学の先生方は、まさにその先鋒の役割を積極的に果たしておられる。彼らは、大いに尊敬され、賞賛を受けるべき方々である。我々北京大学の学者も、強い使命感を抱き、この歴史的重任を担っている。

これからも、互いに励まし合い、努力を続け、よりよく役割を果たしていきたいものである。

2003年8月18日
北京大学藍旗営園区にて

＊目　次＊

刊行にあたり　　佐藤東洋士 …………………………………3
日本語版刊行にあたり　　何　芳川 ……………………………5

序論　新しい日中関係への提言と本書の構成　　植田渥雄 ………11

総論編　新しい日中関係への提言——環境・新人文主義・共生

21世紀の日中関係——三層システムの中での日中協力構想　　衛藤瀋吉 ……17
新経済時代と大学の人文精神　　何　芳川 ……………………25
新しい日中関係の原点——共生　　佐藤東洋士 ………………31

第一部　日中関係——その過去と未来

過去の日本人と将来の日本人——迂愚の私見　　衛藤瀋吉 ………39
21世紀の中日文化交流の行方に関する一試論　　何　芳川 ……47
橘樸の中国観——軍閥と国民革命　　山田辰雄 ………………57
国交正常化後の中日関係　　方　連慶 …………………………77
21世紀の日中関係の展開シナリオ　　猪口　孝 ………………85
ボーダレス化の深まりと高度情報化社会の進展
　——アジアの明日を切り開く視座を　　為田英一郎 …………99
新時代を迎える東アジア経済　　飯島　健 …………………105

第二部　環境保護における日中関係

環境保護と中日協力　　何　芳川 ……………………………127

日中両国の環境問題への対応の比較と、それに基づく提言
　　大喜多敏一 ……………………………………………131

中国の環境保護――回顧と展望　曽　輝 ……………………137

環境問題と中日関係　　張　海濱 ……………………………151

環境問題の視点からみた、日本と中国の共生　藤田慶喜 ……169

中日環境協力の将来
　――本渓における中日環境協力を例として　張　海濱 ……193

もういちど「自然」について考えてみよう
　――トキやバイジー（ヨウスコウカワイルカ）の声　三島次郎 ……205

梅雨末期の豪雨――上海と鹿児島　高橋　劭 ………………223

第三部　思想、宗教及び文化における日本と中国

発展の功利価値と人文価値　　豊　子義 ……………………231

仏教と現代人の精神修養　　楼　宇烈 ………………………245

人類の持続的発展と共生のために
　――中国古代思想　陰陽五行循環論の持つ意味を問う　植田渥雄 …………255

道元の思想の現代的意義　倉澤幸久 …………………………267

第四部　人材育成における日中関係

国境を越えての人材養成　　光田明正 ……………………273
中日留学生交流　　彭　家声 ……………………289
日本の留学生受け入れ政策および中国人留学生の現状と
今後の発展性に関する考察　　遠藤　誉 ……………………293

第五部　日本人の中国研究と中国人の日本研究

日本の中国研究　　丸山　昇 ……………………319
日本における中国近代史の研究　　山田辰雄 ……………………337
中国の日本研究——回顧と展望　　李　玉 ……………………347
北京大学の日本研究　　李　玉 ……………………373
北京大学の社会科学研究と中日学術交流——回顧と展望　　胡　姮霞 …381

付録　桜美林学園の創立者清水安三と中国

桜美林創立者　清水安三の北京時代　　清水畏三 ……………………393
若き日の清水安三——崇貞学園と桜美林学園の創始者　　衞藤瀋吉 ………403
創立者清水安三と現代中国　　丸山　昇 ……………………409

執筆者一覧 ……………………425
編集担当報告　　張　平 ……………………426
あとがき　　植田渥雄 ……………………428

序論　新しい日中関係への提言と本書の構成

植田渥雄

　本書は1998年から2001年までの4年間にわたる、桜美林大学と北京大学との学術交流の成果をまとめたものである。

　事の発端は、1996年夏、桜美林大学学長佐藤東洋士教授と北京大学副学長何芳川教授との偶然ともいえる出会いから始まった。時は恰も北京大学創立百周年に当たり、何副学長はこれを機に日本の大学との新たな大学間交流の道を模索しておられた。一方、佐藤学長にとって北京はご自身の生まれ故郷ということもあり、しかも近現代の中国学術界を常にリードしてきた輝かしい伝統を持つ北京大学との交流は大いに望むところであった。おそらく横綱の胸を借りる思いで交渉に臨まれたに違いない。私たちも思いは同じだった。話はトントン拍子に進み、1998年に第一回目のシンポジウムが桜美林大学で行われることになった。桜美林大学では、日中間の学術交流に多大な実績と経験を持つ光田明正国際学部教授を初代実行委員長として準備が進められ、ニューミレニアムを間近にひかえた1998年12月10〜11日、『21世紀に向けて　日中関係史を展望』という共通テーマのもとに、記念すべき第一回目のシンポジウムが実現した。北京大学からは何芳川副学長のほか、方連慶、李玉両教授が参加され、桜美林大学からは佐藤学長をはじめとする数名の教授、さらに他大学から東京大学名誉教授・東洋英和学院院長衛藤瀋吉教授、東京大学猪口孝教授、慶応大学山田辰雄教授のほか、多くの専門家諸氏の参加を見ることができ、シンポジウムは初期の予想をはるかに越える盛大なも

のとなった。

　内容的に見ると、限られた時間にしてはテーマが大きすぎたこと、筆者をも含めた開催校スタッフの経験不足ということもあって、一部には統一を欠くきらいもあったが、双方が忌憚のない意見を述べ合ったこと、特に政治、外交、歴史認識という微妙な問題に関して、激烈な意見を闘わしながらも友好的な雰囲気を壊すことなく、そのことがかえって互いの理解を深め、次のステップを踏み出す契機となったことは大きな収穫であった。

　その契機の第一は、衛藤教授の環境問題への提言である。環境汚染の問題は今や国家間の利害を超えた全地球的な問題となっていることは周知の事実である。このことは中国の急速な経済発展と無関係ではもちろんあり得ない。日中両国が過去から現在に至るあらゆる対立を乗り越え、協力してこの環境問題の克服に全力をあげて取り組むこと、これこそが21世紀に向けての日中関係の最重要課題であるというのが衛藤氏の提言の主旨である。

　第二は、何芳川教授の新人文主義の提唱である。今や世界はハイテク技術を中心とした高度な知識経済の時代を迎えようとしている。いわば産業経済時代から知識経済時代への新たな転換である。この転換は人類にとって経済発展、生活の利便性というプラス要素をもたらすと同時に、自己中心主義、拝金主義、人間資質の劣化というマイナス要素をももたらす。古き良き時代の人文主義はそのままではもはや通用しない。新しい時代には当然それにふさわしい新しい文化、新しいモラルの確立が要求されるゆえんである。そのためには、人類が過去に残した叡智を大いに発揚すると同時に、新しい文化、新しいモラルの創造のためにより一層の努力を惜しんではならない。それは教育機関として大学に課せられた使命でもある。これが何芳川氏の提唱の骨子である。

　第三は佐藤教授の、人権問題と環境問題を視野においた共生への提言である。新しい時代の価値観を代表する概念として日本ではほぼ定着しつつある共生という言葉は、経済成長の真っ直中にある中国では、いまだ必ずしも共通の理解を得るに至っているとはいえない。そのことを踏まえた上で、人間同士および人間と自然の共存と繁栄への志向を意味する『共生』をキーワードとして、新しい日中関係を構築しようというのが、佐藤氏の提言である。

　以上三つの提言によって、その後、一連の学術交流の基本テーマが定まっ

たといってよい。なぜならその後の交流は、ある程度の幅の広がりを許容しながらも、基本的にはこの三つのテーマに集約する形で続けられたからである。したがって本書の編集方針もそのような流れに沿ったものであることを付記しておく。

一方、この度の一連の交流は、両校の友好と相互理解を深めるという、もう一つの目標を持つものでもあった。その方向に沿って進められたのが、両校独自の研究成果を互いに披露し合うということであった。桜美林大学からは、丸山昇教授を中心として進められてきた、当学園の前身である崇貞学園の創立者清水安三の、近代中国との関わりに関する研究成果の紹介が行われ、一方、北京大学からは、当大学独自の日本研究の歴史と学術交流の成果が、胡姮霞助教授によって紹介された。

このほかにも、第三回目の交流では、北京大学程郁綴教授の『中国伝統劇の詩化について』と題する、中国伝統演劇に関する講演、狂言界の第一人者で桜美林大学の講師でもある野村万之丞氏の『仮面でたどる日中演劇』と題する、アジア全域に伝わる仮面と仮面劇に関する講演、有名な京劇俳優で桜美林大学の講師でもある袁英明、殷秋瑞両氏の京劇実演等、実に盛りだくさんの興味深い行事が行われたが、本書では紙数の関係とテーマの統一性を保つ必要から、残念ながら割愛せざるを得なかった。上記諸氏にはこの場を借りて厚くお礼を申し上げると同時に、深くお詫びを申し上げる。

2003年10月13日

【付記】
第一回目のシンポジウムから数えてすでに5年の歳月が流れた。最後に北京大学で行われた第四回目から数えてもすでにまる2年が経過している。この間国際社会では、米軍のイラク攻撃、北朝鮮による拉致問題と核問題、中国・東南アジアを中心に世界的に猛威を振るったSARSの恐怖等々、さまざまな出来事があった。中国のWTO加盟も実現した。これによってアジアに対する中国の影響力が一段と強化される兆しも見えてきた。ここ1、2年の間に世界は大きな変貌を遂げたかに見える。このような情況の中で本書を世に問うことは、やや遅きに失した感をなしとしないが、一方、この度の一連の交流を通じて行われた数々の具体的な提言、白熱した議論の内容は、今もなお新鮮さを失っていないと筆者は確信している。両校の学術交流の更なる発展を祈ってやまないゆえんである。

総論編
新しい日中関係への提言
環境・新人文主義・共生

21世紀の日中関係

三層システムの中での日中協力構想

衞藤瀋吉

1 はじめに

　20世紀の初頭、日本人はきわめて明るい楽観的な未来を描いていた。1901年1月2日と3日の両日、東京の報知新聞は未来を謳いあげた。「石炭は電力にとってかわられるであろう。写真は瞬時にして数千里を走り、声もまた一瞬にして世界中に通じるであろう。鉄道列車は速く、東京神戸間を2時間半で至る。アフリカの野獣は捕り尽くされ、蚤・蚊も衛生の進歩により絶滅する。夏は暑さを知らず冬は寒さを知らぬようになろう。空中軍艦が現れよう等々」その多くは20世紀中に正確に実現された。しかしこの著者が科学技術の発展できわめて明るい楽天的な将来を描いたのに対し、人類社会が現実に辿ったのは20世紀前半の激しい戦争と革命の時代であった。その中で中国は日本の侵略で苦しみ、また日本は太平洋戦争により惨憺たる敗北を喫したのである。では21世紀はどうであろうか。予測の多くは、不透明な混乱の時代、倫理的目標のない時代として、この21世紀を海図なき航海に喩えて悲観的である。

　この論文は、日中両国が21世紀においては共同の敵である「環境問題」と直面しなければならないこと、そのための緊密な協力が必要であることを主張したものである。もはや蠻触二邦蝸牛角上何争（蠻という国と触という国がかたつむりの角の上にあって、小さい癖に対立していたという故事）という20世紀までの時代が去った。いまや新しい技術的科学的文化的協力の

時代に入ったことを論ずる。

2 人口爆発

　産業革命以後、自然環境体系が、有史以来初めて人類の生活活動によって、ゆすぶられ始めた。食糧生産の急激な上昇は、人口増加率を加速せしめた。紀元0年には地表の総人口は約3億と推計され、それが倍の6億に達したのは1650年頃と見られている。1850年洪秀全が反乱を起こしたときの世界総人口の推計は12億、その100年後1950年朝鮮戦争が始まったとき、国際連合の世界人口統計は24億を示している。この100年で倍増したわけである。その1950年から今日までまだ50年になっていない。しかし世界人口はすでに60億を超した。30年ほど前にローマクラブとよばれる学会は人口問題の深刻さから、地表における人口の限界を推計した。もし人類が北アメリカと同等の生活程度を保ったとすれば、地表の食糧生産力から見て人口の極限は60億である、ということであった。現在すでに人口は60億以上である。しかし全地球的な食糧不足の兆候は見えない。

　その主たる原因は農業品種の改良、地表の穀物の生産量の増加による。

　すなわち世界人口の増加率と生産力の急増な拡大とは、世界的な飢餓をもたらす代わりに各種材料資源の恐るべき消耗を導き出した。かくして、人類がいまだ経験しなかった環境問題が発生するのである。すでに1960年代に、研究者は人類が地球温暖化問題に直面するであろうことを予測した。しかし国際的協力はなかなか進展しない。それでも、二酸化炭素の地表での蓄積を防止しその温暖化を防ぐための国際協力は、気候温暖化に関する条約の締結にまでいった。多数の国家が気候変動防止に関する条約に参加し、1997年には京都において国際環境会議が開かれ、翌年はブラジルにて同様の会議が開かれた。以後もブエノスアイレス、ボン、ハーグと同様の会議は毎年開かれてきたが、先進国と発展途上国の対立があって十分な国際的協力は得られないが、しかし気候変動防止に対する国際的協力の必要は年々認識されつつある。また、オゾンに対する対策もすでに実現しつつあるが、南極大陸上空には大きなオゾン層の穴ができていると言われ、専門家の間で論争が重ねられている。将来北半球には重大な危険があるとは考えられず、それに加えて

今日の技術でオゾンに変わる代替物が開発され、この件については一息つくことができる。

　第二の問題は大気の汚染である。工業化の進展と共に硫黄分、窒素分の大気中での含有分が増大する大気の汚染は、重大な問題を人類にもたらした。北欧では、かつて水が清く魚が豊かであった湖が今日は死の湖と化しているところがある。一見水はきれいである。しかし水質はすでに変化してしまった。私はこの厳しい酸性雨の災害を見、慄然として声をのんだ。例を挙げればきりがない。

　ドイツ・オーストリアの森林がすでに枯れ始めた。東アジアでは我々の手によってこれを未然に防がなければならない。中国・朝鮮は本来樹木の少ないところである。日本列島は先祖のおかげで緑が多い。さらに日本は地球上水資源が最も豊富な地域である。アジア・アフリカにおいて、水道水が飲めるのは日本だけになってしまった。これはここ30年来大きな変化が生じたからである。朝鮮・台湾の水道施設は非常によくできていたのであるが、今は水道水が危険で飲めなくなった。我々はいまや人類が直面しているこのような問題と取り組まねばならない。

　周知の通り、水俣の公害は日本経済の高度成長期に起きた社会問題であった。これにより日本国民は環境政策の重要性を痛切に認識した。しかし問題はいかに実行するかにある。アメリカの環境専門家レスタ・ブラウンはかつて「誰が中国を養うか」という報告を出した。内容は極めて豊富で、その影響するところは多かった。この論文は日本語にもすぐ訳され、日本の食糧問題の専門家は非常に重視した。環境問題と食糧問題の重大性は世人の多いに重視するところである。これゆえここに、人類生存の根本的な問題が出現したことを提示し、日中両国の人民が手を携えて共同することを提案する。

3 三層構造

　古典的マルクス主義では物質的基礎を下部構造とみなした。次の図が示すように政治文化等を上部構造とするならば、確かにその基礎となる物的な基礎は下部構造である。しかし、さらに突き詰めるとその下には、自然環境が第三層として存在することに気付く。この三層の存在は我々が社会を認識す

るときの基本的枠組みでなければならない。

　環境問題は、物的基礎としばしばトレード・オフになる。環境を重視すれば経済発展は阻害される。経済発展を強調しすぎれば環境に大問題が発生する。タイのバンコク・中国の重慶などの工業都市がかかえる深刻な問題が、経済発展を重視しすぎた例と言えよう。日本も1960年代に環境を無視して経済発展をはかった。結果として多種多様の公害問題が発生した。環境と経済はトレード・オフではあるが、ある程度経済が発展しなければ環境問題の処理はできない。資本がなければ脱硫装置は備えられないのである。知るかぎりでは、現在中国沿海地方においては、大変な工業化が進んでいるという。これは非常に複雑なトレード・オフ関係である。しかも物的な基礎があってこそはじめて政治文化の花が開くのであるから、いっそう然りである。

　環境対策を配慮しながら後物的基礎は発展されなければならない。物的に繁栄している国家は上部構造も同様に繁栄する。今日私がここで提示する三層構造は、互いに密接な関係があり、時にはトレード・オフ関係にもなる複雑なシステムである。人間はこのシステムを充分に把握しなければならない。これは新しい問題ではない。私自身過去15年来、繰り返しこの基本的枠組みの問題を強調してきた。偶然、1997年6月デンバーサミットにおいて、その会議のテーマと分科会の仕組みを見ると、第一に環境保護問題を取り上げ、その後で経済金融問題、世界貿易問題を取り上げていた。はからずも私がここで説く三層構造システムの枠組みと一致したわけである。この際日本は、強烈に地球温暖化問題を主張した。また、地表の緑化計画を主張した。また、

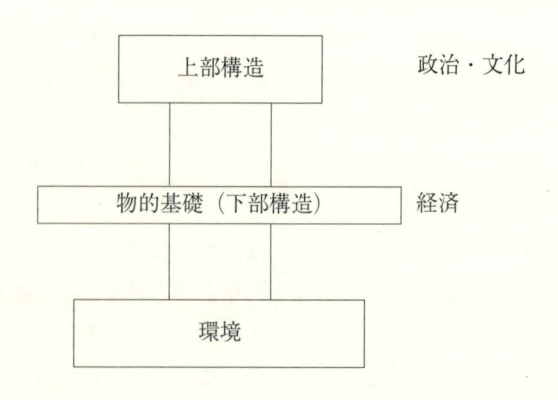

```
        ┌──────────┐
        │  上部構造  │      政治・文化
        └─────┬────┘
              │
        ┌─────┴──────────┐
        │ 物的基礎（下部構造） │   経済
        └─────┬──────────┘
              │
           ┌──┴──┐
           │ 環境 │
           └─────┘
```

資源の適正な分配も提案した。この政府の態度に、私は基本的に満足している。今後この三層構造の枠組みに基づいて東アジアの諸問題に対応することを、強く希望するものである。

　1997年9月、ときの橋本首相が中国を訪れた。それを前に官庁から私は意見を求められた。ほぼ2時間にわたって私は、総理が中国と協力する色々な計画を持っていくことを勧めた。要するに、過去の問題を重視するより、将来に向かって日中の問題を語ってほしかったのである。未来の問題とは何か。私は東アジアにおける酸性雨対策問題、および黄河中流の水利灌漑の問題を提案した。もし中国が黄河の中流ないし下流の広大なる荒地を開拓するとすれば、また長江の中流の工業化をのみ目的とするとすれば、黄河の中流、新疆のオアシスなどの水源が枯れて砂漠化するところが少なくないであろう。高昌の遺跡に見られるように、かつて盛んだった小さな国が今は荒れ果てて砂漠となっている。主要な原因は水である。これらのオアシスは雪解けの水を山からカレーズで引いてきていた。崑崙・アルタイ・天山の雪解けの水は、地味豊かであり交通に便利なオアシスの繁栄をもたらした。カレーズはすべて人間が掘ったものである。もし戦争に遭って破壊されれば回復不能となり、たちまち砂漠と化した。ある人は、今日の機械の力をもってすれば、カレーズを修復することは簡単であろうという。私も、このカレーズ修復を援助計画の中に入れられれば、日中両国が協力することによって子孫に好ましい環境を残すことができるであろうし、橋本総理がこのことを提案すればその功績は大きいと判断した。しかし、当時はまだ環境問題について日中で共同計画を進められるまでに関係が深まっていなかった。この度江沢民主席の訪日によって、両国の間で環境方面での協力が謳われ、これからは非常に発展するであろう。

　かくして多くの人は次第に三層構造に注目し、バランスのとれた計画の策定が、日程に上りつつある。例えば自動車は公害を撒き散らす。その運輸力の大きさと公害による影響を比べるとき、鉄道の方が好ましい。かくして新しいアジア・ランド・ブリッジ計画が採り上げられ、中国の鉄道は連雲から発して西はロンドンまで達する建設計画が研究されつつある。この輸送力の増大は、新疆を開発しオアシスを甦らせ、汽車はその中を通りぬけてアラル海に向かう。

アラル海の周囲は、かつては一望限りなき小麦の畑であった。今は惨として見るに堪えない荒地である。全て、スターリンが綿花の増産計画を実施した結果である。アラル海は、日本の地図では今なお大きな湖として描かれている。ところが、実際は小さな塩の湖になってしまった。スターリンの綿花増産計画は、灌漑網を築いた。時がたつにつれアラル海の水は減り、最後には枯れてしまった。この地域に複線の鉄道を建設し、ボルガ川の豊かな地区と結べば、中央アジアに大きな経済発展計画をもたらすことは疑いない。また、天然ガスは硫黄分はゼロ、窒素分も石油・石炭に比べて甚だ少ない。環境への危害は甚だ小さいのである。サハリンやシベリアには大量に天然ガスが埋蔵されている。天然ガスを開発すれば中国・日本・朝鮮・蒙古の燃料となる。自然破壊という人類共同の新しい敵に対して、「日中共同防敵協定」をうち立てることになるであろう。

環境の悪化は重要な脅威である。環境問題は直ちに効果が出ないことではあり、またその原因を確定しにくい課題を含んではいるが、時がたつにつれて人類絶滅の新しい脅威として現れてくる。大気汚染の防止あるいは植林等の環境対策を採り上げることは、一国の問題だけでなく、国境を越えた国際的な協力を必要とする。

4 脅威のイメージ

ある特定の具体的問題について対応するのは易しい。しかし心の中の脅威を確定することは容易ではない。1937年林銑十郎内閣のときの外相は佐藤尚武であった。彼は外務省出身であり、国際社会について明晰な理解を持っていた。外相に就任すると彼は演説した。「今日、日本は危機だ危機だという人は多いのですが、一体我々の周囲のどこに危機があるのですか」。これは七・七盧溝橋事件の4ヶ月前の演説でありました。続けて「危機は想像から引き起こされるものです。我々は危機の有無をよく把握しなければなりません。特に危機がないのに自分で危機を勝手につくる言行には注意しなければなりません」と述べた。当時軍人がまさに「国難至る」と主張しており、佐藤はこのような軍部の態度に婉曲的な批判を加えた。佐藤が外相になって3ヶ月後に林内閣は総辞職した。佐藤外相の考えは実現することができなか

った。当時、日本はその鋼鉄・くず鉄・石油等全てアメリカからの輸入に頼るところが多かった。日本は生糸などの輸出によってかろうじて償ってきた。戦争どころではなかったはずだ。「満洲国」は成立したが、これは日本の鼻息をうかがう傀儡政権であった。当時ソ連軍の中には大粛正があり、ソ連の軍隊は外国に出兵するだけの力を持たなかった。同時にヨーロッパ方面でのナチの拡大に対応しなければならず、西側の国境の防御に手一杯で日本を攻略する余裕はなかった。中国は当然日本に攻め込む計画はなく、佐藤外相の言う通りであった。しかるに陸軍は国難、国難と叫びつづけ、危機感を煽った。結果として、日本は盧溝橋事件に巻き込まれていったのである。

　歴史の教訓を忘れてはいけない。歴史は証明する。脅威でもないものをあたかもそうであるかの如くにイメージしてしまうと、それが本当の危機になるということである。21世紀に軍事的脅威は存在しない。軍事的脅威の存在をみだりに信ずるのは危険である。しかし人類存亡にかかわる環境問題という危機は存在する。この最大の脅威に対して何の懸念も感じないとすれば、それこそ全人類的規模の脅威である。

参考文献
Gareth Porter&Janet W. Brown, *Global Environmental Politics*, Westview Press: New York, 1991.
日本政府：資源エネルギー庁（編）『エネルギー2000』　電力新報社　1999年
中国政府：国家計画委員会政策研究室（編）『邁向2020年的中国』　中国計画出版社　1997年
逸見謙三『中国億人の食料』大明堂　2003年

新経済時代と大学の人文精神

何　芳川

　21世紀、人類紀元3つ目のミレニアムを我々は迎えようとしている。この時期に、桜美林大学に集い、「新ミレニアム新人文主義を発展させる上での大学の役割」を討論することはまことに意義深いことである。

　今回のシンポジウムのテーマに対して、私たちだけでなく、北京大学の学長および中国各大学の学長も我々と同様に、強い関心を抱いているのである。2年前、わが北京大学での大学創立100周年記念に際し、100余名の世界各国の大学長を招請し、「21世紀の高等教育」についてシンポジウムを開いた。そのシンポジウムで、中国各大学の大学長は多くのものを学ぶことができたと思う。

　教育は人類文明が進歩する歴史の上で極めて重要な役割を果たした。高等教育は特にそうであった。特に、近代に入って、大学は全世界の各国及び民族の発展と進歩のために、幾度となく何ものにも代え難いパイオニアの役割とブリッジの役割を果たしてきた。最初に民主自由と民族独立の精神、科学を尊ぶ精神という旗を掲げたのは大学のキャンパスからであった。世界の先進的な思想、文化も常にまず、大学というブリッジを通じて交流し伝播された。しかも、大学の学長は常に国家と民族を座標として、先を見通した探究と判断をしてきた。

　「新ミレニアム新人文主義」は、正にこのような先を見通した探究を行うことである。人類の歴史において、人文主義は世界の近代歴史の幕開けを告げ、過去数世紀にわたり、世界各国幾多の人民に啓蒙を与えてきた。ヨーロ

ッパのルネッサンスは、各方面から中世の精神的な鎖に繋がれ生きていたヨーロッパの民衆にショックを与え、彼らを人間としてまず精神的に目覚めさせ立ち上がらせた。18世紀の啓蒙思想家はまた、名高い「独立宣言」と「人権と公民権宣言」を唱え、中米独立戦争とフランス大革命を叫んだ。あの理想と情熱にあふれた時代に、厚い歴史の天幕を突き破り、2世紀にわたる歳月を乗り越えて、遂に20世紀の初めに遙か彼方の東方に大きな反響を呼び起こさせた。中国とアジア各国の民衆はルネッサンスと啓蒙思想家から人文主義の養分を吸収した。

　例えば、近代ヨーロッパの人文主義は、中国人民に人間の尊厳のために闘うことを教えるとともに、民族的屈辱からの脱却を目指して闘う精神をも激発させた。

　1919年5月4日、中国で起こった「五四」運動は、私のいる北京大学から始まった。「五四」運動は、近代ヨーロッパの人文主義の花が中国で開花し結実したのであり、民族は目覚め、中華民族は独立自由を勝ち取った。「五四」運動の前後、北京大学が最初に提唱した「徳」先生［訳者注：デモクラシー］と「賽」先生［訳者注：サイエンス］は、二輪の舶来の花であった。それが中華民族の独立と自由という永遠に青く茂る樹に花開き実を結んだのである。従って、欧米であれ東方であれ、フランスであれアメリカであれ、或いは中国であれ、近代人文主義はあらゆるこれらの国、民族が現代へと転換する際の、時期や方式は異なるが、積極的に推進する役割を果たしたのであったと我々ははっきり言うことができる。しかも、大学は近代人文主義が伝播する際の、火種を伝えるプロメテウスの役割を演じた。

　しかし、人類社会が発展するに伴い、特に科学技術の進歩によって、社会的生産力が急激に高まると、人々の物質的な生活も極めて裕福になった。19世紀以降、特に大戦後の半世紀、西欧と北米では、あのルネッサンス、啓蒙主義とは相反して、科学を重んじ、ただ物質的生活を重んじる潮流が生まれた。グローバル経済との一体化により、この潮流は世界の各地域に蔓延しつつある。そして、人文主義の理念と情熱は衰退の一途を辿っている。

　この人文主義の衰退は極めて大きな危険性をはらんでいる。ハイテク、特に情報技術（IT）の発展に伴い、新しい時代、即ち、知識経済時代が到来しつつある。今日、我々は次のように判断できないであろうか。アメリカはす

でにこの知識経済の初期段階に入った。ヨーロッパと日本は今この時代の入り口に立っている。全世界の各国もこの知識経済時代に入るべくいろいろな準備を積極的に行っている。人類は今、この激烈な競争を始めようとしている。これからの21世紀と新しいミレニアムに、知識経済はかつての産業革命と同様に全人類の物質的生産と精神的生産を急激に改めるであろうし、同時に、物質的生活と精神的生活をも急激に改めるであろう。IT、ネットワーク・技術の進歩によって、世界は一体化し、人類は未曾有の矛盾に直面するであろう。

即ち、人々の生活はさらに物質的に裕福になるであろうが、精神的な生活は貧しくなるであろう。また、世界周遊は一層容易になるであろうが、隣に誰が住んでいるのかも分からなくなるであろう。人類は月に到達できるであろうが、親友の心の内の世界までは入り込めないであろう。そして、人生の旅路で空前の孤独と寂寞を感じながら、ロビンソンクルーソーのように誰一人いない孤島で天を仰ぐのみとなるであろう。一体、この世界上には富める者と貧者、富める国と貧しい国との間のギャップはいったい縮小しているのか、拡大しているのか。或いは、如何にしてこのギャップを縮小させるのか、これらは人類の頭を悩ませてやまない問題である。

これらの問題解決には、人文主義が密接に係る。ハイテクが日進月歩の発展をする21世紀、新しい知識経済が人類の生活、人類の社会を徹底的に改変している時、時代は改めて極端な物質化したプレッシャーの中で人文主義を求める強烈な叫び声を上げている。ハイテクと知識経済が人類に提起した大量の新たな疑問に対しても、一種の人文的な関心と、人文主義からの答えが求められている。人類の歴史で、社会生産力と科学技術の如何なる新しい発展も実はいずれも諸刃の剣である。矛盾解決の際には、また新たな矛盾が出てくる。理想が実現した際には災難が発生する。これは過去にあってもそうであったし、将来においてもそうであろう。事実、人文主義の理想と情熱が無用となるとき、新たな問題や矛盾が雪崩や津波の如く現れる。我々は、人文主義を欠いた知識経済時代は不完全な時代であり、人文主義を欠いた21世紀は不完全な世紀であり、また、人文主義を欠いた国家と民族は不完全な民族であると確信する。我々は未来の歴史学者が、我々が進み行く世紀と我々がこの手で創造した歴史を不完全なものとして記述し描くのをよしと

しない。

しかし、正に周知の如く、人間は2回も同じ川の流れに浸ることはできない。新しく生まれたこの人文主義は、近代啓蒙の時代の人文主義とはっきり異なっている。数百年の実践を経た今、時代の要請と社会の実際に合った新しい人文主義をもう一度振り返り、総括したい。

私は、ハイテク、特にIT革命が飛躍的に進む21世紀に、大学は人文主義を高く掲げ、次の2点を率先して達成すべきであると考える。

(1) 現在、世界に普遍的に存在するハイテクを重視し、人文軽視の背景のもと、大学は先頭を切って人文主義の復活を唱えるべきである。そして、民族、国家の先進的な思想文化の旗手となろう。また、世界各国、民族の思想文化交流のパイオニアとなろう。ただ、人文主義を発揚する時には人文と科学技術の関係を正しく処理するよう留意すべきである。21世紀の人文主義の発揚にあたっては、科学技術から遊離することはできず、しかも両者とも重視しなければならない。国家が発展し人類が進歩する中で、人文と科学技術は互いに補完し合う両翼であり、どちらも欠かすことはできない。人文、科学技術の調和発展を探究し、人文精神と科学精神との統一を追究し、科学技術を発展させるためにも人文的見地からの配慮が満ちあふれるようにする。科学技術がもたらす一連の新しい問題に対しても道徳的、倫理的な人文的見地からの解決が得られるようにさせたい。

(2) 人文知識分子の養成と教育。人文知識分子は人類文化の継承と新たな創造の有力な陣営であり、先進的な思想の伝播者であり、人文科学の開拓者である。また、全面的な発展に向かう新しい人間の教育者であり、人文精神の優秀な生産者である。この強力な人文知識分子を育てるのが大学の栄光ある使命である。人文知識分子は大衆文化が支配的な地位を占めた時代では気まずい思いをしてきた。彼らは殆ど独り言を言う人間となっていた。従って、大学は彼らのために精神のふるさととなって、そこから周囲へ放射的に発信する役割を発揮させ、大衆文化をリードさせる。同時に、新時代の人文知識分子も相当な科学技術の知識を持つべきである。特に科学技術的な目を。

現在、中国は社会主義計画経済から市場経済への転換期にある。市場経済に転換する時期の状況はどこでも同じだが、中国でも、近代以来多くの国で現れたように、いろいろな問題が発生した。拝金主義、道徳の退廃、国民の質の低下。これらは社会進歩の大きな障害となっている。中華民族の偉大なる振興を実現するには、どうしても人文主義精神の発揚を強調しなければならない。中国は燦爛たる古代文明を打ち立て、自らの古代人文伝統を作り上げた。北京大学は創立以来、人文精神に満ちあふれた大学であったが、もう一度奮起し、古代中国の人文精神の伝統を発揚し、新しい時代の新人文主義を発展させるために中華民族の偉大な振興事業の中で重要な役割を発揮すべきである。

（南條克巳訳）

新しい日中関係の原点――共生

佐藤東洋士

　尊敬する何芳川先生、権威ある北京大学の諸先生方、今年もこのような交流の機会を持たせていただけたことに心から感謝いたします。また、李玉先生には先生が滞日中に、ご多忙中にもかかわらず、たびたび時間をとっていただき、この交流のための打ち合わせをさせていただきました。これにも、厚くお礼申し上げます。

　今回は、過去3年間の交流を踏まえて将来の展望のための意見交換をさせていただくことですが、私に与えられたテーマは「新しい日中関係の原点――共生」ということです。

　さて、ご承知のように9月11日にニューヨークで民間航空機が世界貿易センターに突入をし、5,000人以上の犠牲者を出すテロ事件が発生しました。私も、丁度、外出から帰宅したときにCNNが第一報を流したところでしたが、引き続いて2機めが突入、そして3機めはワシントンのペンタゴンへ突入と、まるでコンピューターグラフィックを駆使した映画を見ているような情景を、自宅の居間で茫然として朝まで見ることになりました。私自身の、当日の受け止め方は、「第三次世界戦争」が始まるのではないか、「ハルマゲドン・終末戦争」が始まるのではないかという虞でありました。米国大統領は、即座に、これは「戦争」だと反応をしました。

　桜美林大学の学生の反応は、英語圏からの学生を含めて多くの留学生が在学していることもあり、余りにも残虐な「無差別殺戮」行為に直面し、やり場のない怒りと絶望の前に打ちのめされていたものも少なくはありませんで

した。その中で、一人の日本人女子学生が「犠牲者になった方々への祈りと世界の平和を考える場」を持ってほしいという声を上げました。

かねてより、私は桜美林大学の学生に、身体的、経済的、社会的に弱い者を援助することを学んで欲しい。さらには真理と正義を大切にし、個人の価値を尊ぶことを身につけて欲しいと期待していますので、この期待に応える形で、一つの声が発せられ、犠牲者への哀悼と平和を願う集会がもたれました。集会で学生たちは、このような悲惨な出来事に真摯に向き合うと共に、地球に生かされている者として、平和への祈りと願いを心の奥底から発し、この辛い現実の中にありながらも、一人一人が、真実なるものを求め、文化や宗教や信条の違いを越え、異なることを尊重し賛美することのできる国際社会に生きる一人となることを決意したのです。それはすなわち、一人一人が受身ではなく、積極的に社会参画することを意味します。

1 新ミレニアム新人文主義と共生の理念

さて、今回のテロ事件は、国と国、民族と民族の対立によるものではなく、解釈は様々であるが、あるグループが巨大国を相手に戦いを挑む、極めて特異なケースと言えるでしょう。ある識者は今回の事件の根元には、富める経済大国に対する、世紀が変わっても抑圧が続き経済格差がますます拡大している貧困社会の抗議があると言います。

本学の、中村廣治郎教授（イスラム研究）は今回のテロ事件を見る視点として、「近代化の潮流に対抗し伝統的価値観への回帰やイスラム国家の建設を目指すイスラム原理主義的な動きと、テロリズムは本来、等号で結びつくものではない。その意味で事件の首謀者と彼の一派は、あくまでもテロリストである。自らの主張を正当化するために、イスラム的レトリックを利用していると見た方がよい。大切なのは〈イスラム＝過激・危険〉という誤った図式に陥らないこと。〈イスラム対キリスト教〉〈イスラム世界対西欧社会〉といった二項対立の思考にはまり込めば、それこそテロリストの思うつぼだ。テロリストたちは「ジハード」という言葉をよく口にするが、ジハードは元々、神の道での奮闘努力という意味で、その形態は決して一様ではない。少なくとも、今回のテロはジハードの名に値しない。むしろ軍事的聖戦は

〈小ジハード〉であり、自らの悪しき心との戦いこそが重要な〈ジハード〉だと考えられていた。軍事的ジハードにしても、本来はウラマー(聖職者)による厳密な法的手続きを経て、初めて宣言されるものであった。それが教育の普及によって、一般民衆もコーランを読めるようになった結果、テロリストまでが自分なりの解釈で、簡単にジハードを口にしている」と述べています。

今回の事件を見るとその根底には、昨年何芳川先生が講演「新経済時代と大学の人文精神」の中で分析をされたように、特に20世紀後半において科学技術や、物質的生活だけを重んじ、人文主義の理念と激情の衰退が潜む。今回の事件はまさにその象徴的出来事であったといっても過言ではないでしょう。何先生は、人文主義の衰退には極めて大きな危険性を孕むと指摘されましたが、この予言は的中したと言えましょう。

桜美林大学における「犠牲者への哀悼と平和を願う集会」で、私は、このような環境の中で大学の本来的目的は、次のようなものであると説きました。(1) 学習の目的はバイアス・偏見をなくすためのものである、(2) 学習の目的は人に仕えるためのものである「学而事人」、(3) 学習の目的は人を愛するためのものである「学而愛人」です。

何芳川先生は、大学は人文主義を高揚させるために先頭を切って人文主義の復活を唱えるべきであること、人文の知識をもった部隊の養成と教育を使命とすべきと提唱されました。願わくは、この「新ミレニアムの新人文主義」が、中国の大学内のみに留まらず、東アジア地域全体で失われた人文主義の回復として取り上げられ、支持されることを期待したいと思います。

さらに、約10年前に日本学術会議が特別研究課題として「アジア太平洋地域の共生と平和」というテーマを設定して以来、共生という言葉が日本人社会の中で、近未来社会のあり方を探る上でのキーワードとして使用されるようになりました。大学でも、学部名として「人間共生学部」を設置しようという動きまでもあるようです。日本語における共生は、共棲とも書き、辞書をひくと①ともにところを同じくして生活をすること、②生物が行動的・生理的な結びつきを持ちひと所に生活をしている状態、共利共生（ヤドカリとイソギンチャク・豆科植物と根粒菌など相互に利益がある）と片利共生（一方しか利益を受けない）とに分けられるとありました。英語の

symbiosis、commensality と対比される言葉です。

この自然科学上の言葉を、現在日本では人文社会科学の領域でも意味を持つ言葉としようとしていると言えましょう。共生を文字通り理解しようとすると中国語では意味不明の言葉となるでしょうし、日本人が抱く共生の理念は伝わらないと思われるのですが、これを互依、互補、互利的合作関係としたら意味は伝えられるでしょうか。英語でも同様であります。共生の意味を直接的に置き換える単語は見あたらず、フレーズで説明をするようにしていますが、直訳をすれば co-habitation、意訳であれば living and working together for the common good が的を得た表現とされています。

2 新しい価値観、新しい倫理観、新しい環境観

私達が生きてきた20世紀は、激動の世紀でした。また、20世紀は様々な発明発見により幕開けをしました。

人類が空気より重い乗り物で自分の自由意志で空中に浮かんだのは1903年、ウィルバーとオーヴィル・ライト兄弟がノースカロライナ州キティーホークで身を刺すような寒風の中で成功をしたのに始まります。それが20世紀末には、アメリカ・ロシア両国の協力で人類は初めて宇宙に居住空間の建設を行うまでになりました。その1ヵ月ほど前には、元宇宙飛行士ではありますが70歳代半ばのグレン上院議員によって高齢者も宇宙に飛びだすことが可能であることが示されました。

キューリー夫妻とベックレルが放射性元素から原子の存在を発見をしたのは1903年でありましたし、アインシュタインの相対性理論の発表や、フロイトが心の神秘を精神分析として解明したのも、フェッセンデンがラジオ放送を発明して情報が通信を通して同時に多数の人に伝えられるようになったのも、そしてヘンリー・フォードがT型車製造に流れ作業を導入して誰でも自動車を持つことができるようになったのもすべて20世紀でのことでした。

この科学技術の革新が人類の生活環境のみならず社会構造をも変化させたことは言うまでもありません。労働者階級による社会改革の要求、ヨーロッパ小国家群から台頭した民族主義の機運が徐々に世界中に緊張を招いてゆき、これが、第一次世界大戦へ、ロシア革命へと繋がっていったと言えまし

ょう。近代技術の威力は、想像を絶するような破壊力をもたらし人類は第一次世界大戦で1,000万人以上の死傷者を出し、絶望が世界を覆いました。まさに19世紀までのある意味で無邪気で長閑な時代は終わり、個々の国家や民族は自らの生存をかけて競争を行わなければならない時代に入ったのです。

　従って、20世紀近代社会は一方で人類に生活面で飛躍的に豊かさを享受させましたが、他方で2度の世界大戦、世界各地での革命、民族紛争による多くの局地戦争、動乱、経済大恐慌、自然環境の破壊等々によって人類に心の荒廃と貧困をもたらした世紀でもありました。

　21世紀は新しい価値観、新しい倫理観、新しい環境観のもとで共に歩みを進めなければならないことは、言うまでもありません。
　この共生の精神は、今後、何芳川先生の提唱される「新ミレニアムの新人文主義」を確固たるものとするためのエンジンとなるのではないかと考えるのです。新しい日中関係も、過去の不幸な日本の軍国主義による一方的な覇権を求めた過ちから学び、次代を担う若者たちが互依、互補、互利的合作関係の精神のうちに、新人文主義を支えとして、物質生活と精神生活の調和のうちに構築することができると考えます。

第一部

日中関係
その過去と未来

過去の日本人と将来の日本人
迂愚の私見

衛藤瀋吉

1 はじめに

1945年日本軍国主義が崩潰するまで、日本には強烈な時代精神が存在した。この文章はその時代精神をまず分析し、ついで将来のあるべき日本人の思考と行動の様式を検討するものである。

2 征服は善なり

明治の時代精神の特徴は四つに分けて説明できるだろう。第一に、明治という時代は世界史の中での植民地時代の末期に遭遇したということである。つまり、南アフリカを征服したセシル・ローズ（Cesil J. Rhodes）、さらに遡れば、英国東インド会社でインドにおけるイギリスの勢力を軍事力をもって伸長したロバート・クライヴ（Robert Clive）、ウォーレン・ヘイスティングス（Warren Hastings）等、が英雄として評価された時代である。

アヘン戦争に勝利した遠征軍の最高指揮官ヘンリー・ポティンジャー（Henry Pottinger）が祖国に凱旋したときに、「中国という巨大な市場がイギリスの商品のために開かれるのだ」「自由貿易の勝利だ」と、ロンドンもマンチェスターも、それぞれ商業会議所が中心になって、大歓迎をした時代だった。

たとえば、家産を中国革命のために蕩尽し、終生貧困の中で孫文のために

尽くした宮崎滔天は、中国へ向かって権益を拡張しようとする日本人のことを、支那占領主義者とか利権亡者とか罵って、己の純粋な中国革命待望説と、くっきり一線を画していた。その滔天ですら、若いころ、功名心の赴くままに夢見たのは、自ら白衣白馬の将軍となり、一隊の中国人を率いて中国本土に突進する姿であった。明治中期からの流行歌である馬賊の歌には、「狭い日本にゃ住み飽いた。支那にゃ四億の民が待つ」とある。

　日本の近代的な新聞の創設者の一人である岸田吟香は、日本最初の従軍記者として台湾出兵に従軍している。そのとき書き残した文章の中に「この度、政府兵を出して、まづ支那領の境より南なる地に手を下し、これを略取して植民地となしもってわが版図を広めんとなしたまふ思し召しなるべし」との一文がある。つまり、そういう時代であったのである。

3 人民と圧政者の別

　自由民権の闘士、大井憲太郎は、韓国で争乱を起こすことによって李王朝をひっくり返そうと考えたが、1885（明治18）年11月謀略は未然に漏れて逮捕された。いわゆる「大阪事件」である。その公判廷で大井は、なぜ、自由民権論者たる者は、朝鮮や中国においては反政府の側に立たねばならないかを論ずる。「我々自由民権論者が朝鮮における反政府運動に武器をとって加担するのは、朝鮮現時の有様に就いて其国民に安全幸福を与えんとする主意なり。（中略）而して、我々は斯の所為たる同情相憐み、艱難相救ふの好意主義に出づるものにて、相争ひ相鬩ぐところの戦争にあらざるなり。（中略）而して朝鮮の風俗は野蛮極まる阿弗利加人の如く、其刑は三族に及ぶが如き野蛮国にして、其の国は亜細亜中殊に我国の近くにあり。然るにわが国は、之を捨てて其様を傍観するは我々自由平等の主義において黙するに忍びざる所にして、我々は此に至って之を助くるの念を生じたるものなり」。

　こうして、一部の日本人が韓国に進出していった。つまり、彼らは朝鮮における、「一部の党派」すなわち封建的支配者と「人民」とをはっきり区別した。前者が専制であり、後者が自由民権なのである。だから専制を覆すために他国に干渉して何が悪い、ということになる。

　もっとも実際には、自由民権を呼号するにしては、これら日本人の言動は

いささか激し過ぎたようで、強盗、あるいは暴行と相次ぎ、現地では非常に評判が悪かった。そういう世界史の、植民地時代の末期のでたらめが勝者に許される時代であったということである。

そして第二は、国際政治は露骨な弱肉強食の時代であったことだ。したがって、弱ければ引っ込まざるを得ない。1868年の堺事件などは、フランスの軍艦が不法に開港場でない堺の浜に上陸したため、それを阻止、発砲した土佐藩士が、逆にフランスの強圧によって明治政府の命令で自決を強いられる。だから国家たるもの強くならなければいけないというのが明治の志であった。

貧乏な明治政府が無理をして近代軍の編成に乗り出す。しかも、その教育は富国強兵のための教育であり、幕藩体制の時代と全く違う。これは弱肉強食の国際社会の中で国家は強くあらねばならない、という不動の決心を、明治の指導者たちが持っていたからだ。

4 アジア解放

第三は、明治の青年たちはアジア解放の夢を抱いた。日本知識人の胸中には、幕末から欧米への対抗心があった。そして逆に強い欧米に対する憧れ。この憧れと対抗心とが複雑に共存していたのである。これを私は愛憎症候群(love-hate syndrome)と呼んでいる。

日本の戦後の一部の学者たちは、福沢諭吉が「脱亜入欧」と主張したことについて、ひどい非難を浴びせている。しかし当時、19世紀の世界史の現実の中で、ヨーロッパに追いつこう、アジアをまねしたらいかんという気持ちは、ヨーロッパのことをよく知っている福沢にとっては、当然の帰結だったろうと思う。

アジアは力によってヨーロッパ諸国に植民地化された。だから、それを軍事力によって解放するのは、日本の使命であるというふうに考える。

宮崎滔天と孫文が意気投合したのは、まさにアジア解放、日本と革命中国とが共同してアジアを解放しようということにあったわけだ。

したがって、アジア解放という立場から見て、いろいろな対清国政策が考えられた。日清戦争のあと、中国事情に詳しい荒尾精は、東亜同文書院の前

身の日清貿易研究所をつくった人である。彼は日清戦争で賠償金を取ることに強烈に反対した。日本と中国はあくまでも手をつないでアジアの解放の道を進まなくてはいけないのに、清国から賠償金を取るのはもってのほかであるという考えであった。

5 直情径行

　第四は、そのような背景だから、明治人のタイプが、今の我々同時代人、とりわけ若い世代の人たちとは全く価値判断やタイプが違っていた。
　まず、非常に情熱的、行動的な人を評価する傾向が強かったことである。平戸の人、浦敬一は、明治10年代にロシアがしきりに中央アジアを侵略するのを見て、いたたまれず、結婚直後なのに妻と離別して武漢に赴いた。売薬を背負って旅に出る。蘭州から西の方へ行って行方不明になる。国家の費用をもらったわけでも何でもなく、ただ一人の情熱と志から薬売りになって新疆へ旅立ったのであった。
　孫文の革命を支援すべく、恵州の武装蜂起に駆けつけたのは青森出身の山田良政で、彼も行方不明になり、おそらく清朝の官軍のために斬首されたろうという噂が残っている。
　それから、フィリピンの青年アギナルド（Emilio Aguinaldo）がアメリカ軍に抵抗して独立戦争をしたときに、台湾勤務の現役の大尉原禎は軍職をなげうって、アギナルドの幕下に馳せ参じた。
　次には、そういう時代精神の中では、冷静に物事を判断しようとするタイプの人間はとかく評判が悪かったことである。荊軻、張飛の類が好まれていた。例えば来島恒喜は、条約改正問題で爆弾を抱え、外務大臣の大隈重信に投げつけて大隈の足を吹っ飛ばし、自分はその場で自殺をする。1913（大正2）年に、張勲が南京を占領したとき、軍規の乱れた張勲軍が路上で日本の国旗を奪って邦人3人を殺害する、という事件が起こった。当然ながら日本の陸軍は非常に怒り、屈辱的な謝罪を求める。
　外務省政務局長の阿部守太郎は、「日本と支那の友好が大事だ。国旗の問題で友好を破壊するわけにはいかん」と言った。ところが、これが漏れ伝わり、彼は帰宅の途次、18歳の少年に刺殺される。

どちらがマスコミの中で評判がよかったかというと、それは阿部よりも断然18歳の少年だった。

6 植民地時代の終焉

さて、そのような過去を顧みて、我々は将来を見るときに、まず次のことが確認されなければならないだろう。

第一点は、当然ながら植民地時代は終わったということである。今、190カ国の独立国があり、それぞれに国際法上の主権を主張している。そして、国際連合をはじめ当時と違って非常に複雑な国際機構ができている。国際紛争の調整の過程もびっくりするほど細かくできている。簡単な例を言うならば、大気汚染防止やオゾン層保護などという問題についてさえも条約ができて、その条約を精密化しようと、日本の政府をはじめ一部の民間組織は非常に努力をしている。

したがって、「狭い日本にゃ住み飽いた」と言って日本刀を一本ひっ提げ、白馬にまたがって中国征服に臨むような時代では全くなくなってしまった。逆に、日本人が出ていくとすれば、それは国際協力のために出ていく。そして、相手国の主権に従って出ていく。どんな小さな国でも主権を持っている。我々から見てどんなに愚かだと思っても、主権者は主権者である。そういう人たちと協調しながら国際的活躍をしなければならない、そういう時代になったわけだ。

第二点は弱肉強食を露骨に行えない時代になった。ソ連がアフガニスタンを侵略したとき、モスクワのオリンピックが行えなかったほどに国際世論はソ連を叩いた。国際世論というのは何となくできてしまうので、それが必ずしも正しいとはかぎらないが、その世論は常に尊重しなければならない。

したがって、我々としては、国際世論を尊重しながら、しかも国際世論を正しいと思う方向に振り向けていくような、そういう努力を辛抱強くしなければならない。さっそうと出ていって短期決戦をやるという時代ではなく、長い目で見て、粘り強く国際世論を正しい方向に変えていく、そういう時代に入ったのだ。

第三に、アジア解放の夢は政治的には成し遂げられたが、まだ経済的な不

平等の問題が残っている。筆者が30年ほど前にボンベイ、カルカッタといった町々を旅行したときには、本当に大学を辞めて、そこでボランティア活動でもしようかと思うぐらいに、その貧困さに胸が打たれた。それから随分世界は改善された。改善はされたが、なおかつ貧困は存在するし、疾病は存在する。それに対して我々はどう取り組むか、これが大きな問題なのだ。

7 貧困との戦い

1960年代以来、日本はこの世界の貧困と取り組むためにかなり努力をしてきた。かつて貧困であったマレーシアもタイもフィリピンも急速な経済成長を遂げている。しかし、その向こうにはバングラデシュもスリランカも控えている。ネパールも控えている。そういう国々はそれぞれ独立国だから、「日本の言うことを聞きなさい。そうしたら経済援助をしましょう」と言うわけにはいかない。彼らの主張するところと協調しながら、しかも、貧困の問題と取り組まなければならない。

最近、日本の国内で医師が余っているから、医学部の学生定員を減らそうという声も中央官庁の一部から出ている。筆者は、そうではないと思っている。アフリカでは2万人に1人医師がいるかいないか。日本では600人に1人医師がいる。やはりアフリカに医師が出ていくこと、中南米に医師が出ていくことは大事なことではないか。中国も医者が欲しいはずである。

さらには、そういう国々の留学生に医学教育のチャンスを与えたり、あるいはその他の必要とする技術を教育するということも大切な日本の役割だろうと思うが、政府は総論賛成だが、なかなか各論までは賛成してくれない。平成の日本人はそういうことについては、長期的な視野で配慮すべきではないか。アメリカがかつて清華学校を創設して医師養成に力をつくしたのを想起するべきである。世界史の中で果たすべき日本人の役割は、今、そういうところにあるのではないだろうか。

8 青白い焔

最後に、そういう時代にあって、次の世代を育てていくときに必要な人間

の理想的なタイプも、これまでとは当然ながら違ってこなくてはならない。かつてのように、情熱的な志を生かすためには断然勇往邁進するんだ、という勇ましいタイプの人間ではないことは確かだろう。

　これから先は、青白い焰が静かに燃えているような長続きのする情熱を持ち、技術を持ち、一芸一能を持ち、そして柔軟な思考を持ちながら粘り強く、異なった文化の人たちと接触していく、そういうタイプの日本人だろうと思う。自分自身教育に携わっていて、やっとこの数年、そういうタイプの日本人を養成しなくてはいけないということが痛切にわかってきた。

　そういう粘着力のある辛抱強い日本人、どんな困難に遭っても顔色を変えない、そういうタイプの新しい日本人にとって一番大事なことは、国際的に信頼されるということだろう。国際社会には依然としてジャングルの法則、弱肉強食が密かには行われているけれども、しかし、非常に複雑な国際機構、あるいは国際的な交渉のチャンネル、そういったところで最後に勝つのは人間的な信頼なのである。

9 信頼

　取引一つとっても、一回かぎりの取引なら相手を騙せるだろう。しかし、何回も取引を重ねていくのが近代社会である。そうすると、嘘をついても駄目だし、ごまかしてもやがてばれる。繰り返し取引をするということになれば、信頼できる相手と取引するということになる。私の教え子で総合商社などに勤めているのがたくさんいて、最後の頼みは人間的な信頼だということをしきりに言う。現に経験した者たちの言うことだから間違いないはずだ。そういう形で国際社会で信頼を得ていかなければいけない。信頼されない民族は滅びる。平成の日本人は明治の日本人とは歴史の環境が違うのだから、タイプもまた違ってこなければならないというのが、この小論での結論である。

参考文献
石光真清『城下の人』　龍星閣　1958年
石光真清『曠野の華』　龍星閣　1958年
石光真清『望郷の歌』　龍星閣　1958年
石光真清『誰のために』　龍星閣　1959年
（以上4冊中公文庫本として復刻、1978年）
石川漣平（編）『東亜の先覚　石川伍一と其の遺稿』　人文閣　1943年
清原芳治『外務省政務局長阿部守太郎』　大分合同新聞　2003年

21世紀の中日文化交流の行方に関する一試論

何　芳川

1 はじめに

われわれは間もなく21世紀を迎えようしている。世紀の変わり目のこの時期に、来世紀の中日文化交流を展望するとき、歴史的観点をしっかりとらえてかかる必要がある。即ち、歴史的な目をもつ必要がある。

文明の時期に入ってから、社会の発展と文明化に伴い、人々は社会発展の段階に対していろいろな区分け方を提起した。例えば、生産手段の進歩を基準にして言えば、石器時代、青銅器時代及び鉄器時代である。また、社会形態を基準にするならば、奴隷制時代、封建時代及び資本主義時代である。また、国家と地域の発展を基準にするならば、ギリシャ時代、ローマ時代、地中海時代、大西洋時代及び太平洋時代等々である。しかし、最近、また新しい区分け方が提起された。即ち、経済の類型を基準にして、自然経済時代—産業経済時代—知識経済時代というのである。

私は、ここでは、自然経済時代—産業経済時代—知識経済時代という視点から21世紀の中日文化交流のおおよその行方を探って見たいと考える。

2 中国文化の日本への影響

中国と日本は一衣帯水の隣国である。中華民族と大和民族との往来の歴史は古く、遙か古代にまで遡ることができる。自然経済時代を通して、双方の

往来は密接であり、文化交流は、西高東低の傾向を示し、まさに、水が流れ落ちるが如き状況であった。

　黄河、長江等の大きな河川地域を発祥地とする中華文明は、古い農耕文明であった。古代東アジア大陸の地勢と天候気象条件が、そこが農耕生活方式に適していることを決定付け、また、そこが人類の生存と繁栄に適していることを決定付けた。この地域で活動した中華民族は、天の恵みを得て、早くから文明の時期に入り、国家組織を打ち立て、統一帝国を造り、繁栄を極めた経済と発達した文化を持った。自然経済時代発展の特徴は、労働力の占有ということによって示される。例えば、家には子孫が多いことを望み、国は広い土地と多くの民衆を抱えることを望み、奴隷支配者はより多くの奴隷を持とうとし、封建領主と地主は、多くの農民を支配下に抱えようとする。また、中華帝国は、絶えず僻地を開拓し、同時に人口が増えることを奨励した。こうしたことをベースに、独特な、高度に発達した文明が生まれた。一方、日本列島に住む大和民族は、島国という制約を受けて、相対的に言うならば、同じ自然経済ではあったが、島国単一民族の文明しか発展させ得なかった。このように、中日双方の往来において、高度な文明を有する中国は、当然高い所から日本に対して交流を行った。また、この全方位の文化交流には、かなり強い偏向性があり、早い時期であればあるほど、この傾向は顕著であった。古代中華帝国は、周辺国家との関係を処理する際、「華夷」秩序 ［訳注：華は中国、夷は外国。中国を中心に周辺の外国があると考えた秩序］を形造ることに意を注いだ。この近代以前の、発達のレベルが最も高かった古代国際関係の、その基本的な内容は、即ち、中華帝国を中心に、中国封建皇帝権力の制約と保護のもとに、国際平和安定の局面を作るということであり、中華封建文明の影響と制約のもとで、各国の進歩と発展を促すことである。しかし、「華夷」秩序には、その歴史的、社会的な局限性があった。それはまた、不平等なものではあったが、この「華夷」秩序は、歴史的に極めて積極的な役割を果たした。それは、基本的には、平和的、乃至は友好的なものであった。これが、日本が下流にありながらも、双方の交流の中で、日本に一定の主導権を握らしめたのである。また、必要な時には自ら相継いで中国へ使者を出した。さもなければ、「華夷」秩序の圏外に遊離することとなるからである。

　自然経済時代を通して、日本は上述の、「一辺倒」に近い文化交流の中で、

大いに得るところがあった。漢代において、草創期の「華夷」秩序にいち早く組み込まれた日本は、漢帝国から印綬を授けられた。隋唐の時代に入ると、中国は一躍封建社会の、空前の繁栄期を迎え、アジア文明の中心となった。一方、氏族と部族制を基本形態とする奴隷社会末期にあった日本は、国家発展の糸口を探ることに急であり、そのために大規模な訪中使節団を絶えず派遣し、両国の関係を密接なものにし、全方位から中華文明の進んだ成果を吸収した。これがやがて日本の基本国策となって、遣唐使、学者、学僧の派遣等、大化改新の成功にかなり決定的な役割を果たした。

古代中日文化交流の中で、日本の中国文化の吸収は、確かに全方位のものであった。日本は他の国と同様に、中国のシルク文化と陶磁器文化を取り入れたばかりでなく、中国古代社会の政治体制、律令制度から古代中国思想の核心的なもの——儒学に至るまで、重点的に吸収した。このような中国文化に対して採った、全面的な、日本の「取り込み主義」は、古代中国と外国との交流の歴史を見ても、朝鮮を除いてはあまり例を見ない。

もちろん、高度な吸収能力と高度な鑑別能力を有する民族として、日本の中国文化に対する受容は決して消極的なものではなかった。これは一方では、日本の中国文化に対する受容が決して丸飲みや移し替えではなく、日本の国情に合わせて、これを消化し、精華と栄養分を摂取し、それを日本の輝ける古代文明の生きた内容に転化したことに表れている。例えば、日本の漆器の、精巧で美しいことは、中国を遙かに凌駕している。螺田（鈔）の象嵌は、さらにその最たるものである。日本の鉄器製造は、品質が極めて良く、兵器としての日本刀は中国とアジアの市場で高い評価を受けていたのである。

3 日本に学ぶ中国

16世紀以降、世界は近代史の時期に入った。近代の西洋の列強は、最初にスペインとポルトガル、次いでオランダ、最後はイギリス、フランス等が彼らの探検、征服、商業、植民等の活動を世界の隅々まで押し広めた。特に、18世紀に生じた産業革命は、根本から全人類の経済生活を揺るがした。自然経済時代が終わると、これに取って代わったのが産業経済時代である。産業経済時代が自然経済時代と異なる、最も根本的な、最も鮮明な特徴は、こ

の時代の主な発展の指標がもはや自然経済時代のような、主として労働力の占有ではなく、自然資源をコントロールすることに主眼が置かれるようになったことである。世界の自然資源を最も多く占有する者こそが近代化された生産の中で最大限にトップの座を独占し、世界を支配する「日の沈まぬ帝国」となることができたのである。

「弱き国に外交なし」。産業経済時代においては、弱国は文化交流など論外であった。産業経済をベースにする欧米の列強は、対外文化交流の中でも、やはり高飛車の姿勢を保っていた。この種の交流は、「欧米の嵐、全地球に吹きまくる」と言っても良いだろう。それは、極端に不均衡で、不平等な交流であった。自然経済時代の文化交流の不均衡さと不平等さ以上に、極めて強い暴力的な性質を帯びていた。もし、古代「華夷」秩序のもとで、中華帝国の対外交流も不均衡で、不平等なものであったというなら、この交流はまだ温情味に溢れたベールをかぶっていたし、平和、乃至は友好的なものであった。しかし、近代西洋文化は、いつも砲艦に乗り、阿片を携え、十字架を掲げてやってきた。数世紀にわたる暴力的な侵略は、文化交流に対しても侵略の色彩を帯びていた。

産業経済時代の国際文化交流の中で、中日両国は本来弱者の方に属していた。阿片戦争後間もなく、ペリーの来港により、日本は西洋によって門戸開放を余儀なくされた。もし、当時のロジック通りに発展したとすれば、中日両国は同時に西洋列強の属国となり、西洋が優勢を誇る東西文化交流の中で、同時に「欧米の嵐」に曝され、両国の関係は弱者同士が肩を寄せ合うことになっていたであろう。

しかし、日本には、内外のいろいろな原因から、明治維新、大和魂、「脱亜入欧」論が起こり、一躍天に舞い上がり、外来文化を吸収し学習する強大な能力を発揮した。もともと、19世紀の中葉、日本は長年にわたり出来上がった習慣により、中国を通じて西洋に学んでいた。たとえば、アヘン戦争後、魏源の著作である『海国図志』は、腐敗した清朝廷統治下の中国では見向きもされなかったが、これが日本へ伝わると一躍注目され、兵法の書としてあがめられ、20種余りの版本が出た。明治維新以降、日本は一躍近代化された強国となり、中日甲午戦争と日ロ戦争を経て、西洋列強の列に正式に加わった。これと同時に、中国は次第に列強の半植民地として転落していっ

た。日本は産業経済時代の主流となり、中国はこの時期の外縁従属国家の列に転落したのである。

　従って、産業経済時代の中日文化交流は、依然として不均衡で、不平等なものであった。しかし、今度は両者の力関係が逆転した。日本は強者の側に立った。近代以降の中日文化交流は二つの歴史的な制約を受ける。その一つは、産業経済時代の世界の中心は西欧にあり、従って、その文化の中心も西欧にあった。近代中国は次第に弱体化し、対外文化交流の中で大量に吸収したのは当然欧米文化を主とする西欧文化であった。日本の近代文化は、近代欧米文化の模倣に過ぎない。もう一つは、産業経済時代の制約のもとに、主流となった国家と民族は普通、必死に自然資源の争奪を行い、対外関係は極めて強い侵略的な性格を帯びることになるということ。日本は東洋の国家として、東洋諸国家の中でも唯一例外として、幸運にも近代化の道を歩んだが、その近代化は徹底しておらず、政治民主化の面では殆ど見るべきものは作り出されず、加えて、資源が乏しいために、海外での自然資源の争奪に対する必要性が極度に高かったために、日本を軍国主義の道に進ませ、隣国である中国は真っ先にその拡張の標的とされた。このようにして、第二次世界大戦までの半世紀の間、中日両国は終始緊張した状態の中に置かれ、中国は両国の往来の中で終始屈辱的な状態に立たされた。これが、中国が近代日本文化を吸収する際の障害となる強烈な民族的感情を生じさせることとなった。

　にもかかわらず、近代以降の中国が日本文化から得るところは依然として極めて多かった。日本の明治維新の成功は、暗闇の中で前進の糸口を模索する中国人の慕うところとなった。前世紀末に発生した戊戌維新は、ある意味で正に日本を手本としていた。19世紀以降、孫中山、黄興等の革命家、郭沫若、魯迅等の文学者はみな日本で活動し学習している。自然経済時代に、日本がかつて多くの留学生や学僧を中国へ派遣し学問を求めた。これと同じように、産業経済時代には、中日第二次教育交流の高まりが見られた。前回の世紀の変わり目に、中国は大量の留学生を日本へ派遣したのである。これらの留学生は帰国してから、中華民族の自由独立、中華民族の各方面での現代化を推し進めるために、みな積極的な役割を果たした。周恩来の「面壁十年、壁を破らんことを図る」や「雨中の嵐山」等の詩は、中国青年革命家の高尚な愛国革命の情を表している。魯迅の「藤野先生」は、彼が仙台で学ん

だ時の、中国の進歩を願う日本人民の真摯な期待感を記述したものである。私自身、14歳の高校時代、教科書でこの文章を読み、深く感激した。藤野厳九郎先生は魯迅が尊敬した先生であるばかりでなく、何代にもわたる中国青年の心から敬愛する先生であった。今日、私は藤野先生を手本としながら、北京大学に留学する日本の学生を教えている。

4 新しい中国の文明と文化

　今日、新しい時代——知識経済時代がわれわれに向かってやってきている。もし、われわれがアメリカがすでに知識経済時代の初期段階に入り、西欧諸国が知識経済時代の玄関口に立っていると考えるならば、全世界は疑いもなく、この方向へ邁進しつつあり、各国、各民族ともみな知識経済時代に最も有利な地位を取ろうと努力し頑張っていると言えよう。中華民族はいま、現代化のプロセスの中で、艱難を乗り越え飛び立とうとしている。強力な吸収力と学習力を有する大和民族も現今、東アジア金融危機の重大な影響を受けつつも、必ずや谷底からはい上がることができると信ずる。

　自然経済時代が労働力を占有すること、産業経済時代が自然資源を占有することが、それぞれの時代の特徴であったのとは違って、これからの知識経済時代は、主として高い資質、ハイテクを備えた、創造力のある人材を占有することがその指標である。

　われわれが21世紀の中日文化交流を展望する時、われわれは必ずこの大きな背景のもとに検討をしなければならない。

　知識経済時代の重要な特徴は、世界がさらに高い次元の一体化に向かって急速に進んでいるということである。ハイテクの急速な発展と情報科学の絶え間ない進歩により、この地球はますます狭いものになり、ますます密接不可分のものとなっている。従って、これからは、量的にも質的にも、これまでの歴史上のあらゆる時代の国際交流の及びもつかぬものとなろう。こうした状況下にあって、一衣帯水の隣国である中日両国の往来はかつてない高まりをみせるだろう。これはまた、人々の意思や願望によって動かすことのできない、確かなものである。

　知識経済時代の、もう一つの重要な特徴は、国際平和情勢の安定性が大き

第一部　日中関係——その過去と未来

く強まることである。自然経済時代には社会生産力のレベルが低かったために、労働力が最も重要なものと考えられた。そして、できるだけ多くの労働力を占有できれば古代部落の酋長となれたし、それがまた、諸国の君主帝王が求めて止まない目標でもあった。古代社会では土地が広く人が少なかったので、城を攻略し、土地を略奪すること、即ち、多くの子孫、大量の財宝を占有するのがその主たる目的であった。この「子孫」とは、奴隷、農奴、或いはその他の従属者という形の労働力であった。「人多ければ勢い盛んなり」、「多くの人の志は城を成す」、「多くの人で拾った薪の炎は燃え盛る」（団結は力。人が多ければ力も大きい、という意味）と言うのは、みなこうした道理を指している。労働力を占有することに対する限りない欲望は、労働力争奪のための激しい衝突を生んだ。従って、古代において国と国との関係で、当然重要な事件が発生する。それは戦争である。

　産業経済時代には、争奪の対象が労働力の争奪から、自然資源の争奪へと変わる。加えて、争奪者間では、少なくとも一方が大型機械、現代化生産を行う国家であり、時には争奪者双方が現代化した大型生産を行う国家である。そして、争奪戦の激しさはいっそう増して行った。戦争は、もちろん、弱肉強食型のものであれ、両虎相争う型であれ、回避することは難しいだけでなく、さらにその勃発の可能性と悲惨さは、自然経済時代の戦争とは比較にならない。

　中日二千年の関係史上、自然経済時代においても、産業経済時代においても、上述の暴力の衝突或いは戦争という法則から、いずれもまだ抜けきってはいない。こうした武力衝突と戦争、特に、近代に入ってから発生した中日間の2回にわたる大規模戦争は、人間の感情を傷つけ、国家の生命を奪い、二大民族間の正常な、積極的な交流を大きく損なうものであった。

　私個人は、これからの知識経済時代が人類にもたらすものは、空前の平和という機軸であろうと考える。確かに、ハイテクの発展、特に情報技術の飛躍的な進歩は、人類が所有する兵器の殺傷力をこれまでのあらゆる兵器よりも強力なものにしたが、しかし、われわれは同時に、こうした人類と地球を壊滅させる兵器を握るのは、これまでの如何なる歴史時代にも現れなかった高い資質の人間であるべきであると考える。そして、このような高い資質を持った人間こそ、充分な徳と智恵を以て戦争を防止し平和を守り、自滅を招

くに足る兵器を最終的に廃絶することができるだろう。同時に、知識経済時代のグローバル化がもたらす国家間、地域間の経済協力とその浸透、情報技術の高度な発展がもたらす、さらに高い次元の一体化は、衝突する両者（もしも衝突すれば）をして、経済では、常に、互いに相手を認め合うように導くであろう。また、物質的なメリット自体も衝突を防ぐ強力な原動力となろう。そういう時期には、武力衝突はおそらく国家間ではなく、国際社会及び極少数の極端な反社会的な団体や人間との間で発生するかも知れない。

次の知識経済時代の中日文化交流は、疑いもなく、上述の世界平和と密接な協力関係という二大潮流のもとで展開されるであろう。

人類の歴史において、特に転換期には、社会はアンバランスに発展するものである。強者と弱者の間、先進と後進との間の古い序列は往々にして打破され、新しい序列が取って代わる。現在、世界は正に、産業経済時代から知識経済時代へ転換しつつある。中日二大民族の前には、同じ機軸と試練が待ち受けている。われわれは、知識経済時代が望んでいるのは、高い資質の、創造力を有する人材であると考え、世界の多くの民族の中で、中華民族と大和民族は共に良識ある行動をとり、成果を挙げるものと信ずる。

知識経済時代は、今勢いよく発展している中華民族にとって、正に素晴らしいチャンスを与えてくれたと言ってよいだろう。私は、中日両国の文化交流によって、前の二つの時代におけるアンバラス、不平等な局面は改められると考える。中国の迅速な発展と日本の持続的な発展に伴い、中日文化交流は、歴史上初めて本格的な推進態勢が整ったのである。

これからの中日文化交流は、全方位のものであり、その中でも特に重要なのは、高い資質、ハイテクを備え、創造することができる人材の育成——すなわち、教育の領域での交流であるべきだと考える。中日間の教育交流は、われわれ二大民族のブレイン——即ち、知的な分野、高等人材の分野で世界に冠たる人材を育ててくれるであろう。しかも、このことは知識経済時代において最も重要な事柄である。

近代の西洋文明は、16世紀以降、次第に古代の東洋諸文明に取って代わり、世界の支配的な地位を占めた。今日、この状況は再度逆転しつつある。東洋文明は、次の時代には、西洋文明と衝突し、融合し、肩を並べて進み、そして逐次全人類の新しい高度な文明を造り出すであろう。従って、東洋文

明は再度、人類文化発展の中で光彩を放ち、輝かしいものを造りだし、重要な役割を果たすことであろう。ともに東洋の主要な大国である中国と日本は、双方の文化交流の中で、世界に対して、一流の、超一流の文化の成果を献じ、人類の平和、協力と進歩の一大事業のために大いに貢献しようではないか。

(南條克巳訳)

橘樸の中国観

軍閥と国民革命

山田辰雄

1 問題の所在

　本稿は、橘樸の中国国民革命論研究の一環である。橘樸は、1881年大分県臼杵町生まれ、1945年没、その生涯の大半を中国、特に満州（今日の東北）で過ごし、現代中国の分析とそれに基づいた日中関係に健筆をふるったジャーナリスト・思想家であった。

　筆者は、かつて『法学研究』第56巻第3号（1983年3月）に「橘樸の中国国民革命論」と題する論稿を発表した。その論文の主要な関心は、1920年代の中国国民革命における革命派諸勢力に対する橘の分析と期待、ならびにこの彼の期待と1930年代における「満州国」への「方向転換」との関係を明らかにし、近代日本の知識人の思想的営為が日中関係と不可分に結びついていたことを示すことにあった。本稿は、かかる研究を踏まえて、1920年代中国の政治構造の一部を構成していた軍閥に対する橘の見解を再構成しようとするものである。

　本稿ではまず、橘樸の軍閥論に入る前に、中国の近代軍閥について論じておきたいと思う。波多野善大は、「軍閥は、要するに、武力を背景にした私的目的追求の集団、またはそれを代表する個人である」と定義している。同氏はまた、「軍隊の支配力をもつ軍人の集団が、軍事力を背景に国家の意志を左右したり、自らの欲求にしたがって自由に行動したりするようになることがある。これが軍閥である」とも言う[1]。換言すれば、その特徴は、軍の

政治への介入、国家権力に関連した公的利益ではなく、軍人の私的利益の追求にあったということである。

つぎの問題は、なぜ軍閥が発生するのかということである。波多野善大は、ヨーロッパ、日本との比較において、軍閥の発生と体制崩壊期を結びつけている。つまり、それは後漢末の「古代末期」と、唐帝国の解体期たる「中世国家の崩壊期」にあった。清末・民国期もまさにこのような時期に属していた[2]。体制崩壊にともなう政治権力の弱体化は、軍人の跋扈を許すことになった。民国期に成立した政治権力は、1910年代の袁世凱政権にせよ、1920年代の国民党政権にせよ、全国的に統一された政治権力という観点に立つ限り、弱体なものであった。そこでは、政党や軍閥を含む政治集団が独自の支配領域と軍隊をもって闘争し、政治的対立を解決するための制度的枠組みと慣行が十分に発達していなかった。かかる情況において、政治闘争は個人とその軍事力に高度に依存していた。したがって、民国期の政治構造は軍事が政治に介入する十分な余地を与えていたのである。

以上の事実は、軍人がなぜ政治に介入するかを説明する一つの有力な根拠である。マッコード氏は、この問題について、さらに相互に関連した以下の三つの要因を指摘している。第一は、「専門的技術と訓練、団結した階層的組織、あるいは民族主義的傾向」のような軍独自の性格が軍の政治への介入を誘うということである。第二は、「これらの体制にまつわる諸問題を、文民政府あるいは文民的制度が有効に処理できなかった」ときである。第三は、軍事指導者の「利己的な動機」である[3]。同氏の注目すべき結論は、軍閥が単に軍人側の動機だけでなく、文民指導者も軍人を利用しようとする、いわば相互の動機によって生み出されたとしていることである[4]。かかる軍隊の政治への介入を判断する一つの規準として、筆者は文民支配の制度的、実質的保障の有無を指摘しておきたいと思う。

軍閥の定義についていま一つ重要な問題は、その社会的基盤である。多く

---

1) 波多野善大『中国近代軍閥の研究』、河出書房新社、1973年、9、274頁。
2) 同上、29-31頁。
3) Edward A. McCord, *The Power of the Gun: The Emergence of Modern Chinese Warlordism*, University of California Press, Berkeley, Los Angeles, London, 1993, p.5.
4) Ibid., pp.309-311.

の研究は軍閥と地主との結合を指摘している。例えば、ジェローム・チェン氏は、「1912年以後は軍人の勢力が増大し、行政機構は上から下まですべて軍人が紳士を指導する政治権力機関に変わった」と述べ[5]、軍人と紳士（地主）との関係を詳細に分析している。ここで留意すべき点は、軍人の紳士に対する優位である。また、安徽派や奉天派の日本との関係、直隷派と英米との関係に見られるように、軍閥と帝国主義との結合は否定しえない事実である。しかし、帝国主義に対する軍閥の従属性を一面的にとらえるべきではない。この点に関して同じくチェン氏は、張作霖の日本に対する抵抗を例にとりながら、「張が日本帝国主義の手先になるのを願わなかった」と断定している[6]。本稿では、橘樸の軍閥論を、国民革命の担い手と、その背後にある中国の政治・社会構造との関連において検討していくことにする。

2 二つの前提——官僚社会論と国民革命論

橘樸の中国の政治・社会に対する見方の最大の特徴は、その官僚社会論にある。ここでは主として1926年の論文によりつつ、それを再構成することにする。

橘樸は中国三千年の歴史を俯瞰して2度の社会革命があったという。「其の第一回は今から約二千年前に起こりその結果として封建制度が崩壊し、貴族支配の時代がこれに代った」[7]。春秋・戦国の「乱世」を経て漢から唐に至る時代が専制君主の下での貴族支配の時代と見なされる[8]。「第二回目は千年前に起こりその結果貴族支配が破れて完全なる君主専制の政治が現れ、専制君主の手代として政治の執行に当った者が官僚である」[9]。唐代中葉以後の「乱世」を経て、宋代に至り専制君主の下での官僚階級の支配が確立する。橘は、この官僚階級支配のなかに中国政治の特徴を見出している。

---

5) ジェローム・チェン著、北村稔・岩井茂樹・江田憲治訳『軍紳政権』、岩波書店、1984年、5頁。
6) 同上、224-225頁。
7) 橘樸「支那に対する見方」、『読書会雑誌』（1926年4月）、1頁。
8) 橘樸「『乱世』に関する社会史的考察—中国革命史論・其一一」、『月刊支那研究』第1巻第1号（1924年12月）、『橘樸著作集』第1巻所収、勁草書房、1966年、282頁。
9) 橘樸「支那に対する見方」、1-2頁。

辛亥革命は官僚階級のよって立つべき君主の権力を打倒したにもかかわらず、官僚階級の支配が生き残った、というのが橘樸の観察である。官僚階級は、「自身の特殊地位を維持し或は更に拡張する為に兵力（＝軍閥）を利用する事を考へた」。このように、「官僚階級の一部は軍閥となり他の一部は軍閥に頼りつつ蠢動する政客となって居るが、尚此の外に政治活動から離れて社会的及び経済的に隠然たる大勢力を擁する一団がある。彼等は所謂『郷紳』として全国の至る處に階級的存在を持続し、経済的には大地主であると同時に新舊企業の資本主でもある」[10]。国民革命はかかる意味での官僚階級を打倒の対象としていたのである。

すでに筆者は橘樸の国民革命論について論じているので、本稿においては軍閥をそのなかに位置づけるのに必要な限りにおいて国民革命に対する彼の見解を再構成しておくことにする。橘は、1923年以来度々、国民革命が官僚階級に反対する諸階級の統一戦線からなる「ブルジョア」革命であると主張していた。ブルジョアとプロレタリアが「支那に於ける眞正の生産階級……であって、それが支配階級たる官僚階級と対立し、支那民族なる全体社会を二大陣営に分けて居るものである。被支配階級たる生産階級はプチブルジオアとプロレタリアとの二階級に分れ相互に対抗する階級意識を持っては居るが、然し支配階級の圧迫が余りに強い為に、欧羅巴に見るが如き労資間の截然たる階級的関係を発生し得」[11]ないのである。ここで注目すべきは、最大の敵である官僚階級の前で、労資間の階級対立が調和的にとらえられていることである。

橘樸のかかる国民革命論のなかで特筆すべきは、革命における小ブルジョアジーの役割を高く評価していることである。国民党一全大会宣言で批判された商人政府派を評価し、彼はつぎのように述べている。「民衆と云ふ言葉の中には少なくとも支那の現状に於いて商人を含んで居る。商人は支那の民衆の中で一番悧巧であり、実力を有し、且つ一種の強靱性を有って居る。又其人数に於いても農民に次ぎ恐らく労働者に越えて居る」。「今日の支那に於いて其の民衆を代表して支配者に対し有効な戦ひを挑み得るのは先ず第一に

---

10) 橘樸「支部に対する見方」、2-3頁。
11) 橘樸「支部の社会階級に就いて」、『満蒙』第7巻第5号（1926年5月）、6頁。

いま一つ検討しなくてはならないのは、橘樸が帝国主義を国民革命の対象としてとらえていることである。しかし、彼が革命の対象としての官僚階級にしばしば言及しているのに比べると、帝国主義への言及は少なく、理論的曖昧さを残している。帝国主義の政治、経済、軍事面での侵略の事実を指摘したのち、彼はさらに帝国主義と軍閥との結びつきに言及する。つまり、「軍閥はこの（帝国主義との）対外関係を利用して、度々彼等の軍備及び財政を補ふことが出来た。実際初期の軍閥首領たる李鴻章以来最近の張作霖に至る迄、殆ど総ての大軍閥勢力は一又は二以上の帝国主義勢力と提携して其大を致し、国民を疲弊せしむると同時に国運を危殆に陥れることを顧みなかった」。「従て帝国主義者を革命客体とする場合には、官僚階級も亦地主及び資本主たる立場に於いて、有ゆる庶民階級と共に革命主体の仲間入りをすることになる」。なぜなら、官僚階級の一部たる「地主兼資本主」は、「結局軍閥によりて破壊される国民経済凋落の影響を受けざるを得ない」からである[13]。ここでは反帝国主義・反軍閥の革命が説かれているが、橘が本来官僚階級のなかに一括していた軍閥と「地主兼資本主」との結合関係が後者の反帝国主義と画然と分離されるものかどうか、必ずしも明らかでない。かかる国民革命の構造は、橘の革命諸派の評価のなかに投影される。

 橘樸の国民革命論の出発点には、孫文ならびに孫文思想があった。彼は孫文の思想を解釈するにあたり、階級調和的観点から中共と一線を画することを意図した。その特徴は、反帝国主義の曖昧さ、県自治の重視、村落における伝統的支配体制の温存、階級的利害の調和のなかに現れている。かかる姿勢は、国民革命を反官僚諸階級の統一戦線と規定する彼の立場に対応するものであった。橘は、五・三〇運動から北伐の過程で抬頭した大衆運動の個々の局面において、プロレタリアートないしはブルジョアジーの主導的役割を承認した。その反面、彼は運動を経済闘争に限定しようとする右派の労働運動、ならびに中共指導下の労農運動の急進化にも反対した。かかる観点から、橘は孫文思想の後継者として、武漢政府・国民党左派のなかに国民革命の正

---

12) 橘樸「孫文の赤化」(17)、『京津日日新聞』（1924年1月〜2月のものと推定される）。
13) 橘樸「支那革命鳥瞰」、『外交時報』（1929年4月）、225-226頁。

続な担い手を見出していたのである。

　橘樸は、蒋介石による北伐の完成を中国における資本家階級の勝利として評価した。彼の展望において、ブルジョアジー主導の局面は過渡的性格をもつにすぎず、将来は労働者を中心とした統一戦線への移行が想定されていた。しかし、北伐の勝利は帝国主義と軍閥との妥協によってもたらされたものであったがゆえに、蒋介石指導下の国民党の保守化は不可避であった。この時点において橘は、依然として国民党右派と中共を斥け、国民党左派・改組派が国民革命を担っていくことに期待をかけていた。しかし、ひき続く左派の弱点は、強力な大衆組織と軍事力を欠いていたことであった。かかる状況において、橘がとりえた現実的な選択は、蒋介石の国民党と国民党左派・改組派が合作して、国民革命を達成することであった。しかし、1929年に始まる反蒋戦争はかかる合作を不可能にした。かくして、国民革命に賭けるべき対象を失った橘は、満州事変の勃発とともに、中国の将来を満州国に託すべく「方向転換」していったのである[14]。

3 軍閥論

3.1 定義

　橘樸はしばしば軍閥に言及しているが、「軍閥とは、軍人が本来の職権の範囲を超え、その握有する軍事勢力を背景として政権に関与し、又これを壟断する場合、この軍人を中心とする政治軍事的機構に対する名称である」[15]と定義している。かかる軍人の政治への関与は、公的国家権力の崩壊、したがって軍に対する文民支配の停止を意味するものであった。「一私人の手で編成され、訓練され、而して給養される軍隊が、彼の私兵となることは、中央政権の衰微し又は消滅した国家において、避け難い現象」[16]であった。ここにおいて、軍閥とは、政治権力の崩壊過程においてそれに代って現れた私

---

14) 山田辰雄「橘樸の中国国民革命論」、『法学研究』第56巻第3号（1983年3月）参照。
15) 橘樸「新軍閥の発生とその意義」、『新天地』第8巻第5号（1928年5月）、橘樸『中国革命史論』所収、日本評論社、1950年、179頁。
16) 同上、181頁。

的軍隊が政治過程において優位を占める、そのような軍隊であることが確認される。それは、第1節で検討した軍閥の定義に基本的に合致するものである。しかし、かかる橘の背後には彼独自の中国観があった。

橘樸は政権の崩壊過程を「乱世」と呼ぶ。乱世そのものの定義は必ずしも明確ではないが、要するにそれは、政権崩壊過程における長期にわたる「絶間なき内乱状態」を指す。しかもそれは近代中国に特有の現象ではなく、中国の過去の歴史にさかのぼる。第一期乱世は春秋・戦国時代であり、第二期は漢末から隋の統一まで、第三期は唐の中葉から宋の統一までである。かかる背景のなかで、太平天国から橘が身を置く1920年代の国民革命までが第四期の乱世として設定される[17]。太平天国の鎮圧を通して、清朝における政治権力と軍事権力は、実質的には、地方の軍隊を基盤として抬頭してきた曽国藩、李鴻章らの漢人官僚の支配に帰した。ここにおいて軍事権力が政治権力に優位を占めるに至った。換言すれば、「文官本位のビューロクラシーが一変して武官本位のビューロクラシーとなった」のである[18]。

公的国家権力の崩壊過程から生まれる軍閥は私的性格を有することになる。「支那軍隊の組織は親分子分の関係を持ってつながれている。これが日本の『忠君』と同じように有力に支那の将卒の心理に働く所の『軍隊精神』であ」った[19]。先に言及したように、軍閥の軍隊の私的性格を判定するいま一つの規準として、筆者は文民支配の制度的ならびに実際上の保障が重要であると考える。その場合、文民支配の前提たる政治権力の正統性も問われなくてはならない。橘樸は1927年11月の段階で、「軍閥化予防の方法」として国民革命軍の政治部と党代表制度に言及している。つまり、国民事命軍総司令部内に設けられた国民党中央執行委員会指導下の政治部と、国民革命軍の各軍団以下に設けられた党代表制度は、軍に対する党の指導権を確保するための装置であった。しかし、「党の権威が傾いて、その中心勢力が一たび軍人の手に落ちたら、如何に周到なる制度を設けたところで、党全体の右傾か、然らざれば党の分裂を防止することは望まれないのである。この断定は、

---

17) 橘樸「『乱世』に関する社会史的考察―中国革命史論・其一―」、275-278頁。
18) 同上、278、306頁。
19) 朴庵（橘樸）「支那軍閥の運命（上）」、『京津日日新聞』（1923年5月24日）。

少なくも軍閥時代のシナにおいて動かし難い真理である」[20]。かくして橘は、1927年の国民党の分裂によってひきおこされた党＝政治権力の正統性の欠如の前提に立って、文民支配の制度の実質上の機能を否定したのである。

軍閥の定義についてつぎに問題とすべきは、その社会的基盤の問題である。前章の橘樸の官僚社会論において、軍閥が政権崩壊期にあって文官に代って、あるいはそれと結合して登場した、支配階級としての官僚階級を構成するものであることを示しておいた。ジェローム・チェン氏は軍閥の支配における郷紳との結合を強調したが、橘もこの点に言及している。「農村における郷紳の存在は、今日では主として軍閥の支持によると言ふことが出来る。又軍閥の側から言へば、彼等の財源は縄張内の民衆に対する搾取から出て来るものであり、現在の如き容易にして豊富なる搾取は、郷紳あって始めて可能である」[21]。しかしその反面、軍閥の過大な略奪に対し、「官僚階級に属する郷紳たちが地主としての経済的利益を擁護する必要から、同一階級に属する軍閥に対して戈を執って立ち上がったのが取りもなほさず郷団運動である」[22]。かくして、軍閥による過度の搾取が支配者としての官僚階級の分裂をもたらすということが、橘の軍閥論の根底にあった。

軍閥と資本家との関係についても、同様の見解が見出される。「官僚階級は商人の手を通じて彼等の資本の勢力の下に全国の産業を支配して居る」[23]。しかし、「資本家たる郷紳の利益は軍閥の搾取に対して衝突を起」し、「都市の自衛手段として商団なる武装団体」が生まれたのである[24]。当然のことながら、橘は反軍閥の立場から郷団と商団の支持者であった。

橘樸が軍閥の社会的基盤として重視していたもう一つの集団は土匪であった。彼は山東省の例をとりながら、軍閥が土匪を生み出す過程を明らかにしている。つまり、「軍閥が何かの機会で没落するとその部下たる兵卒の一部は叩き散らされ命からがら郷里に帰って来る。これが土匪団に対す（る）勢力の臨時的大供給者となるのである」[25]。それと同時に軍閥は土匪を利用し

---

20) 橘樸「新軍閥の発生とその意義」、172-173頁。
21) 橘樸「北伐軍部内における軍閥的勢力」、『満蒙』第8巻第10号（1927年10月）、148頁。
22) 橘樸「支那の社会階級に就いて」、15頁。
23) 橘樸「支那の社会階級と支那人の階級意識」、『読書会雑誌』（1926年7月）、4頁。
24) 橘樸「支那の社会階級に就いて」、16頁。

た。「各軍閥がその兵力を充実する為に屡々土匪を利用する事実であり、土匪団の首領は軍閥に招撫されて将校の列に加へられることを、此上もない利益であり名誉であると心得て居る」[26]のである。以上の軍閥の諸特徴を踏まえて、橘の個々の軍閥に対する評価を検討することにする。

3.2 旧軍閥と新軍閥

　1920年代の橘樸の軍閥に関する論評を通読して気づくことは、彼が1927年を境として、それ以前の時期には北洋軍閥系の軍事集団に対して軍閥という名称を用いていたのに対し、それ以後の時期には新軍閥と旧軍閥、国民党軍閥等の呼称を用いるようになったことである。このことは、1927年の国共合作の崩壊、国民党の分裂、それにともなう国民革命の変質を反映したものであった。

　新旧の軍閥と国民党軍閥の概念は同じではない。国民党軍閥は新旧軍閥を含むが、北洋軍閥を含まない。ここでは、あらゆる軍閥勢力を含めるために旧軍閥と新軍閥の区別を用いることにする。橘樸は旧軍閥の特徴として以下の4点を指摘する。1)「特定の地域的地盤」をもっていること、2)「家族関係及び家族道徳を擬制した人事関係」をもっていること、3) 社会・経済的基礎が郷紳と農業にあること、4) 地理的には全国的に存在していること、がそれである。それとの対比において、新軍閥の特徴は、旧軍閥の特徴の1)と2) のうちいずれか一つを欠き、社会・経済的基礎は「資産階級」と商工業にあり、地理的には「商工業及び金融業の相当発達した地方」に存在していた[27]。

　橘樸は、明らかに旧軍閥の主要勢力として北洋軍閥、特に張作霖の軍隊を想定しており、それに対する新軍閥の主体は蒋介石指導下の国民党軍であった。この論文が発表されたのは、北伐の完成を目前にひかえた1928年5月

---

25) 橘樸「山東土匪物語」(14)、『京津日日新聞』(夕刊) (1923年5月23日)。
26) 橘樸「民族革命から階級闘争へ―中国革命史論・其二―」、『月刊支那研究』第1巻第2号 (1925年1月)、『橘樸著作集』第1巻所収、331頁。
27) 橘樸「国民党軍閥の解剖」、『新天地』第8巻第5号 (1928年5月)、橘樸『中国革命史論』所収、189-190頁。

のことであった。すでにこの時点で彼は国民党を軍閥と断定しており、「国民党軍閥」という呼称を用いていた。国民党軍閥内部の分類の基準は、彼の国民革命に対する態度と同じく、孫文主義の解釈によるものであった。第一種は、「孫文主義に対し略ぼ正しい理解を持つ」軍隊である。この範疇に属するものとして、武漢政府時代に国民党左派に近い立場をとった張発奎、薛岳、程潜の軍隊があげられている。彼らは「最早軍閥的性質を解脱したか然らざるも其臭気の希薄なもので」あり、したがって、新旧軍閥の範囲から除外して考えることができる。第二種は「孫文主義の右翼的解釈……が軍隊に適用されると必然的に軍閥化すると言ふのでは決してない」が、今日までの事実は［筆者註：本文が発表されたのは1927年12月である］「五箇月間の蒋介石氏が例示した如く、不幸にも右翼思想が其内部から軍閥の発生を防止し得ないものなることを明らかにした」。第三種は「国民党旗を単なるカモフラージュとして利用するもので」、国民党軍閥中の旧軍閥に属する。この範疇に入るものとして、唐生智、馮玉祥、広西派（李宗仁、白崇禧）があげられている[28]。さらに第三種の軍閥に属するものとして、山西省の閻錫山、東三省の中小軍閥、山東省の陳調元の名前が列挙されている[29]。したがって、旧軍閥のなかには、かかる国民党系軍閥と北洋系軍閥とが含まれることになる。橘は、「国民党軍閥も、個人的野心の塊であることにおいて、何も纏はない赤裸々の北方軍閥と何の選ぶところはない」[30]と各種軍閥を一括しつつも、それぞれの軍閥について論評するのである。

　橘樸にとって、旧軍閥中の北洋軍閥系の最大の者は奉天派の張作霖であった。橘が軍閥について本格的な論評を始めた1920年代中半以降には、すでに直隷派は没落しており、張作霖が北洋系旧軍閥の最大の人物として存在していた。さらに、橘の主要な活動地域が張の支配地域である東北と華北にあり、しかも張は日本と深い関係をもっていた。かかる理由から、張作霖に焦点があてられることになったのである。張は、「現時（1926年）の最大フィギュア」の一人であり、「最も保守的な勢力」[31]であった。橘樸は、旧軍閥の

28）橘樸「支那改造と日本」、『満蒙』第8巻第12号（1927年12月）、17-18頁。
29）橘樸「江兆銘と蒋介石」、『新天地』第9巻第11号（1929年11月）、18-19頁。
30）橘樸「国民党軍閥の解剖」、184頁。

一般的特徴である軍隊内の人的関係、つまり「家族制度と郷党生活との二つの普遍的慣習が交わり合って自然に発生した……親分子分乃至兄弟関係」、あるいは地縁血縁関係を張作霖にもあてはめようとしている[32]。地縁についてみれば、「開けない地方が開けた地方よりも永く軍閥の運命をつなぐに適」しており、張作霖の支配する東三省もそのような地方の一つであった[33]。

つぎに橘樸は、軍閥としての張作霖を民衆との利害対立においてとらえている。後述するように、橘の軍閥論の特徴の一つは、軍閥の分解過程における民衆の役割を重視したことであった。それは、いうまでもなく、民衆と軍閥との利害対立に由来する。早くも1923年の段階で橘は、張作霖の民衆圧迫をつぎのように述べている。「奉天省に限らず吉林省にしても黒龍（江）省にしてもまだ民衆運動が起らず武力の一点張りで天下太平に見えて居るが併しそれは皮相の観である。張作霖及びその軍隊の暴虐と誅求とに対する民衆の怨みは可成り深いもので、たった一人の商人か農夫に聞いてもその排張的感情は直ぐ判る」と。かかる観点から、彼は反張作霖のために奉天の日本商業会議所と奉天総商会との協力を勧めていた[34]。

橘樸にとって、張作霖と日本との結びつきは自明のことであった。すでに示唆されているように、彼はこの関係に批判的であった。例えば、橘は日本人発行の漢字紙『盛京時報』が張作霖批判を書いて弾圧されたことに対し、奉天総領事館がそれを擁護しなかったことを批判した[35]。さらに北伐進展中の1927年初めに、彼は張作霖没落の可能性を見てとり、日本政府の肩入れを批判した[36]。国民党とともに中共も国民革命に参加しうるという考え方から、橘は反共を理由に中国の内政へ日本が介入することに批判的であったのである。

橘樸の分類によると、旧軍閥のなかに国民党軍閥の一部が含まれていた。そもそも、国民党軍閥なる呼称を用い始めたのは、1927年後半以後のことであった。それは、1927年4月から7月にかけての国民党の反共化に起因す

---

31) 橘樸「馮玉祥と張作霖」、『新天地』第6巻第2号（1926年2月）、19頁。
32) 橘樸「新軍閥の発生とその意義」、180頁。
33) 橘樸「支那批判の新基調」、『読書会雑誌』（1926年11月）、4頁。
34) 朴庵「日本の奉天政策」、『京津日日新聞』（1923年5月18日）。
35) 同上
36) 朴庵「東三省の為政者に与ふ」、『新天地』第7巻第1号（1927年1月）、27頁。

るものであった。つまり、国民党の反共化は、橘にとって、反官僚階級の諸階級の統一戦線たる国民革命の分裂を意味した。その過程で主導権を握ったのは、蔣介石をはじめとする国民党の軍人であった。したがって、この反共政権において政治権力と軍事権力が癒着することになった。それは明らかに橘が期待した中国革命からの逸脱であった。その意味で、かかる国民党の軍人は軍閥であった。しかし、国民党の軍人のなかには、蔣介石のように、党の軍隊のなかから抬頭してきた指導者もおれば、馮玉祥のように、自らの軍隊を率いて党に参加した指導者もいた。したがって、軍人の政治への介入の動機も一様ではなかった。軍事力の行使が、自らの権力を保持しようとする私的利害関係に動機づけられていたことは否定しえない事実である。しかし、軍事力行使の動機づけとして、政治的対立を解決するための共通の制度的枠組みを欠く状況において軍事力への依存が高まるという構造的要因のあったことも確かである。さらに、軍閥の性格づけに関して、動機づけに加えて、その社会的基盤、経歴が重要な要素であった。かくして、国民党軍閥のなかでも新旧の区別が生じるのである。

　橘樸が国民党系旧軍閥としてもっとも注目したのは馮玉祥であった。早くも国民革命軍の北伐出発前の1926年2月の段階において、彼は馮玉祥を張作霖と対比しつつ、「軍閥中の最も進歩した勢力」と評している。馮の「立場は、最早や有ゆる支那軍閥の共同戦線から脱退し寧ろ反軍閥的戦線に鞍替えして了ったの如く見える」。彼の「左手は反軍閥戦線の右翼にある国民党右派系の陣営に触れて居」たのである[37]。しかし、ここでは馮玉祥がいかなる意味において、つまり、イデオロギーの面で、あるいは政治行動の面において、あるいはその両面において、国民党右派に共通する点があったのか明確ではない。

　それでは、橘樸は馮玉祥が軍閥中の左翼たる根拠をどこに見出していたのであろうか。第一に橘は、馮玉祥の軍隊のなかに現れた、五・四運動のなかで学生たちによって主張された民主主義思想の影響に注目していることである。「軍隊の内部からデモクラシー思想に対する模倣作用が起こって来た……。馮玉祥は軍隊内部に行はれ出した模倣作用の先頭に立」っていたのであ

---

37) 橘樸「馮玉祥と張作霖」、19、23頁。

る[38]。

　第二の根拠は、孫文思想の「左翼的」解釈であった。すでに言及したように、橘樸は自らの理解する孫文思想を基準にして国民革命を評価していた。馮玉祥が孫文思想のなかに見出したものは、「理論としては『民主主義』及びそれの左翼的解釈であり、方法としては、孫文が晩年に示した急進的態度、及び彼の死後第二期国民党全国代表大会（1926年1月）、国民党中央及び地方党部聯席会議（同年10月）、及び第三次国民党中央執行委員会全体会議（1927年3月）の決定した左翼的指標である」。かかる立場の根底には、「シナ無産者の要求を彼自身の要求として居た」[39]という評価があった。

　橘樸は、かかる馮玉祥の大衆重視の態度にもかかわらず、軍閥的側面に対する警戒心を保持し続けた。馮玉祥は、「疑いもなく、一つの軍閥的勢力の執念深き把持者である」[40]。それは、「孫文主義的」「保護色」をまとった軍隊であった[41]。橘はかかる評価の根拠として、民衆重視と軍閥としての社会的基盤との矛盾を指摘する。「彼は民衆を擁護しその要求を実現させる為の武力を主張する」。しかし、このことは「彼の軍閥的勢力の財政的根拠を自ら破壊する恐れがある」[42]。つまり武力の確保が農村社会の疲弊を招くのである。

　唐生智も、馮玉祥と同じく、国民党内の「シナ固有の軍閥」であった。周知のように、唐生智は1927年の武漢国民政府を支えた湖南省を基盤とする軍人であった。橘樸が唐生智を軍閥と断定する契機が彼の国民革命論との関係で注目すべきである。橘は、1927年5月以降武漢政府の版図において唐生智麾下の夏斗寅、許克祥、何鍵らの反共化を契機として、「武漢国民党及び国民政府の軍閥化」が起ったと断定する。ここでいう「軍閥化」とは、これらの軍隊による労農運動・中共の弾圧を意味した。国民革命を反官僚的諸階級の統一戦線ととらえる橘にとって、その一翼を担う労働者、農民、中共の弾圧は革命からの逸脱であった。かくして、革命を否定する軍の介入は軍閥的現象としてとらえられたのである。かかる唐生智の反共化は、その軍閥的基

---

38) 橘樸「馮玉祥と張作霖」、27頁。
39) 橘樸「蒋介石と馮玉祥」、『中央公論』（1928年11月）、橘樸『中国革命史論』所収、213頁。
40) 同上、213頁。
41) 橘樸「北伐軍部内における軍閥的勢力」、213頁。
42) 橘樸「蒋介石と馮玉祥」、213-214頁。

盤との関連において説明される。つまり、その要因として、1)「自身の家族及び財産の不安」、2)「郷紳の没落及び民衆勢力の勃興に伴ふ彼等の政治及び財政的基盤の崩潰に対する懸念」、3)「交通の杜絶並に財政の涸渇による武漢政府勢力の衰微」が指摘されている[43]。それらは、軍閥特有の、家族的、郷紳的社会の背景を示していた。したがって、唐生智は、国民党の軍隊のなかにあってかつて武漢政府を支持した点で張作霖と異なっていたが、民衆の弾圧とその社会的基盤において旧軍閥の範疇に属していたのである。

李宗仁、白崇禧の広西派も国民党内にあって「旧式軍閥を代表」し、国民党軍閥の中で、その実力及び地盤の大きさから見て、特に傑出して」いた。橘樸は、董顕光の報告によりつつ、その「分治合作」の主張をとりあげ、そこに軍閥としての性格を見出している。つまり、広西派の主張するところは、全国統一達成以前において南京国民政府を中心としつつも、全国を武漢、広東、順直の三つの政治分会の区域に分け、自らは武漢地区を担当するというものであった。橘は、かかる主張を「唯軍閥割拠合理化の浅薄な手段に過ぎず」と批判したのである。さらに、橘は具体的に広西派の社会的基盤を分析したわけではないが、その軍閥としての一般的特徴として、「地域的基盤」、家族・宗族的紐帯、農業生産と郷紳階級への依存などを指摘していた[44]。これはまさに旧軍閥の特徴であり、国民党内にとどまっていたという意味においてのみ、張作霖と異なっていたのである。

橘樸の提示した唯一の新軍閥は蔣介石であった。彼は蔣介石を『寧波ナポレオン』と呼ぶことを支持した。この呼称は、「130年前フランスの新興資産階級の基盤の上に軍事独裁権を打ち立てたナポレオン一世と、1927年4月以後の蔣氏の立場とが、規模の大小こそあれ、その社会経済的性質において共通点の多いことを諧謔的に示したもの」であった。かくして、蔣介石の政権は、「資本家階級を背景とする軍事首領の独裁的権力であるから、その本質において軍閥以外の何物でもな」かった。さらに、1928年8月以降はその地主的基盤ゆえに、蔣介石は「ナポレオン的軍閥であると同時に、袁世凱的軍閥でもあ」ったのである[45]。かくして橘は、ブルジョア的基盤のなかに

---

43) 橘樸「北伐軍部内における軍閥的勢力」、147-160頁。
44) 橘樸「国民党軍閥の解剖」、185-189頁。

蒋介石の新軍閥たる根拠を見出すのである。かかる新軍閥としての蒋介石の性格づけに関して、いくつかの問題が検討されなくてはならない。第一は軍閥化の契機である。橘樸が初めて蒋介石を軍閥と断定したのは、1927年10月においてであった[46]。このことは、蒋の反共化と関連していた。「蒋介石氏が南京政府を組織した［筆者註：1927年4月］後の彼の政権は、疑いもなく軍閥的のものであった」。その出発点を橘は1926年の中山艦事件と「党務整理」に求めている[47]。

　それでは、なぜ蒋介石が軍閥と規定されるのであろうか。その根底には孫文思想の展開としての橘の国民革命論があった。橘によれば、「正統派の孫文主義」において、「国民党はシナ国民中の最多数を占むる無産者を基礎とするところの政党であ」る。しかるに、蒋介石は「党及び政府の存在発展の基礎を、組織された民衆勢力の上に置くことを忘れて、専ら軍隊又は軍事行動に頼ろうとした」[48]。かくして、国民革命からの逸脱が軍事力を通して行われたところに蒋介石の軍閥的性格があった。

　すでに指摘したように、蒋介石はそのブルジョア的社会基盤において旧軍閥と異なっていた。このことは、彼の軍隊の組織原理にも反映していた。旧軍閥の組織原理として血縁、地縁が重要であった。血縁のなかには家族制度を基礎とした親分子分関係、兄弟分関係が含まれており、その延長線上に師弟関係があった。また、地縁には「各軍閥がその私有軍隊を養ふ為に、兵力を以て設定維持するところの排他的財政地域」として「地盤」が含まれていた。しかるに、橘樸によると、蒋介石の直属軍内ではこれら血縁、地縁関係は薄く、師弟関係が比較的強かった。その意味で、「蒋氏の直属軍隊がその私軍でなかったことは認めるが、併し制限された意味での中世紀的人事関係の存在を見逃すことは出来ない」のである[49]。

　新軍閥としての性格は、蒋介石の政策のなかにも見出すことができる。橘樸自身はこの点について批判的であるが、蒋介石は「北伐が国民革命の惟一

---

45) 橘樸「中国における軍閥戦争の展望」、『満蒙』第10巻第12号（1929年12月）、橘樸『中国革命史論』所収、380-382頁。
46) 橘樸「北伐軍部内における軍閥的勢力」、152頁。
47) 橘樸「新軍閥の発生とその意義」162、165、178頁。
48) 同上、175頁。
49) 同上、180-181頁。

前提であること、及び彼が総司令として北伐行動を統帥することは、実に孫文の意思であると確信して居たようである」と述べている[50]。1929年1月に始まる国民革命軍の編遣は蒋介石の中国統一の意思の延長線上にあった。つまりそれは、1928年6月の北伐完成に至る過程で膨張した国民革命軍の縮小と再編を目指すものであった。橘樸は、「南京政府の重要政策たる編遣事業は、蒋系軍閥の武力的統一方法であると見るよりも、資本家的民主主義革命達成を目標とする資本家的統一方法であると見る方が妥当であろう。これは確かに軍閥戦争の循環性を打ち切る為、シナとしては新しい方法である」と述べ[51]、それを積極的に評価していた。ここにおいても、蒋介石の政策は旧軍閥とは異なっていた。かくして蒋介石の「南京政権は資本家、軍閥及郷紳の聯合政権であ」って、大衆を排除したところに軍閥的性格を残していたのである[52]。

3.3 軍閥戦争の終結

橘樸の軍閥論のなかで最後に残された問題は、軍閥の消滅と軍閥戦争の終結であった。第2節で展開したように、橘の官僚社会論において、官僚階級の一部である軍閥は近代において没落の運命にあった。そして、反官僚諸階級の統一戦線としての国民革命はまさに軍閥打倒を目指したものであった。橘樸は、現在「軍閥時代の末期に近づきつつある」という認識を随所で示している[53]。軍閥消滅の過程は、相互に関連したいくつかの要因によって促進される。第一の要因は「分解作用」である。その例として、1924年10月の直隷派内の馮玉祥のクーデター、1925年11月の奉天派内の郭松齢の叛乱がとりあげられている[54]。かかる軍閥の離合集散は、常に生存のために武力と地盤の拡大を求める軍閥の行動様式から必然的に導き出されたといえる。つまり、「一軍閥が或程度迄膨張すると、その内部に支那人の所謂地盤即ち軍事

---

50) 橘樸「新軍閥の発生とその意義」、169頁。
51) 橘樸「中国における軍閥戦争の展望」、377頁。
52) 林右近（橘樸）「胡漢民覇権の社会的基礎」、『協和』(1928年12月22日)。
53) 橘樸「馮玉祥と張作霖」、22頁。
54) 同上、22頁。

政治的縄張りを持った数個の副軍閥が出来る」[55]。かくして、軍閥の強大化はその弱体化要因を内包していたということになる。軍閥消滅の第二の要因は、「長期に亙った軍閥の際限なき農村搾取が、自身の手で彼等の財源を遂に汲盡して仕舞」うということである。第三の要因としては、軍閥の圧政に対する民衆の抬頭が指摘されている[56]。

以上の三つの要因のなかで、橘樸が特に注目したのは、軍閥支配の崩壊過程における民衆運動の役割である。この問題は、主として1929〜1930年の反蒋戦争時期における軍閥戦争終結の問題として提起された。

橘樸は、北伐が進行する1927年1月の段階で、北方の張作霖政権の「人気」の欠如を指摘し、政権の危機を説いていた。軍事作戦を支える「人気」とは、「軍隊の為に農民や学生や労働者が偵察、道案内等の任務を自発的に提供すること」、地方の人民が兵站や輸送のような「後方警備」の支援をすることを意味した[57]。このことは、逆の面から見れば、張作霖という軍閥の解体過程における民衆勢力の重要性を意味しているのである。

以上の観点から、橘樸は、改組派時代の汪精衛の立場に共感を示している。彼の理解するところによれば、「汪氏は、軍隊外の民衆を刺激して、軍閥の生命たる物質及び兵卒の供給を絶たしめ、軍隊内の民衆即ち兵卒及び下級将校を刺激して、一面には軍閥に対する『労働運動』を起さしめ、同時に軍閥戦争に従事することを拒絶せしむべしと主張する」[58]。しかも、「汪氏等即ち左翼国民党の立場から、軍閥戦争を終結する運動を起す場合に、所謂武装同志が第一の手がかりとなることは申すまでもあるまいが、併し成功的に彼等を活動させる為には、必ず先づその背景たる民主勢力を培養して置かねばならぬ」のである[59]。ここで、汪精衛における、軍閥勢力の瓦解をもたらす力としての民衆の重要性、ならびに軍閥と闘う軍事力を支える民衆の重要性が確認された。それはまた、橘の立場でもあった。

橘樸は、早くから反軍閥闘争における民衆勢力のなかでも小ブルジョアジ

---

55) 橘樸「支那の社会階級に就いて」、11頁。
56) 林右近「胡漢民覇権の社会的基礎」。
57) 朴庵「東三省の為政者に与ふ」、26頁。
58) 橘樸「中国における軍閥戦争の展望」、390頁。
59) 同上、392頁。

一の役割を重視していた。例えば、すでに引用したところではあるが、1923年5月に彼は、張作霖の民衆運動抑圧に対し在奉天日本商業会議所と奉天総商会との協力を説き(60)、また軍閥倒壊後の中国を担う勢力として「商人団体」への期待を表明し、労働者、学生と「関係列国の資本家及び政権」をその「援助者」としていたのである(61)。

かかる橘樸の小資産階級に対する高い評価は1920年代後半にまでひき継がれる。それは、蒋介石と中共とに対立する国民党改組派の立場と軌を一にするものであった(62)。「蒋系軍閥は、自身の武力と新興資本家階級の財力とに訴へて所謂編遣事業を遂行し、これによりて根強い軍閥戦争の時代を打切らうとし、既にこの困難なる道程の五六合目まで辿り着いて居る」(63)。但し、ここまで述べつつも、橘は蒋介石による軍閥戦争終結に疑問を呈する。その根底には、先に言及したように、蒋介石による全国統一が新興ブルジョアジーと地主に支持されて達成されたという認識があった。「若し新興資本家階級の力が、彼等の負はされた歴史的使命たる軍閥戦争終結の任務を果し得ないならば、これに代るものは小資産階級即ちそれを代表する左翼国民党でなくてはならぬのだが、彼等の活躍する機会は、……未だ熟して居るとは言はない」のである(64)。かくして橘は、軍閥戦争終結に果たす小ブルジョアジーの役割に期待しつつも、それが単独でこの課題を果すためには十分な力量を保有していないことを認めていることになる。それ「故に資本家階級及び中間派をして、その歴史的任務、殊に軍閥戦争終結の任務を比較的安全且つ確実に遂行させる為には、今日までの同盟者たる右翼即ち地主派と手を切って、小資産階級及び左派と結附くことが適当であらうと考へられる」(65)。つまり橘は、ここでブルジョアジーと小ブルジョアジー、あるいは蒋介石と左派国民党（改組派）との結合による軍閥戦争の終結を説いているのである。彼は反軍閥闘争における中共の役割を否定しなかった。左派国民党に比較し

---

60) 朴庵「日本の奉天政策」、『京津日日新聞』（1923年5月18日）。
61) 朴庵「危機救済の方法（上）」、『京津日日新聞』（1923年5月29日）。
62) 山田辰雄『中国国民党左派の研究』、慶応通信、1980年、第6章参照。
63) 橘樸「中国における軍閥戦争の展望」、385頁。
64) 同上、394頁。
65) 同上、402頁。

て、「共産党の側には［筆者註：軍閥と闘うための］多くの戦術が用意されてある。但しシナでは共産党が軍閥掃蕩の現実的勢力として檜舞台に現れるほど、国内の客観的条件が成熟して居ない」[66]。かくして軍閥戦争終結のための勢力は、蔣介石、改組派、中共との統一戦線からなっていたのである。それは、反官僚的諸階級の統一戦線からなる橘の国民革命論の一環であった。

4 結語

　筆者は本稿で以下のことを明らかにした。

　本稿は、橘樸の中国国民革命論の一環である。そもそも軍閥なる概念は曖昧さを含んでいる。それは、弱体な国家権力の下で、軍人が私的利益を追求するために政治へ介入する現象を指す、とひとまず定義づけておく。しかし、何が私的利益なのか、曖昧さが残る。この曖昧さは、論者の分析対象に対する姿勢、換言すれば、国民革命の文脈においては、その革命とのかかわりあいに対する評価に関連している。したがって、橘の軍閥観は彼の広い中国革命観の枠組みのなかで検討されなくてはならない。

　橘樸の中国革命観は二つの主要な要素からなっている。官僚社会論と国民革命論がそれである。彼は、宋代以後中華民国に至る時期を官僚階級支配の時代と見なす。官僚階級のなかには、官僚、軍閥、郷紳・地主が含まれる。かかる状況のなかで発生する国民革命はブルジョアジー、小ブルジョアジー、知識人、労働者、農民の統一戦線からなる。橘の見方の特徴は、反官僚階級的統一戦線のなかで労働者と資本家との階級的対立を否定していることである。ここに、橘の国民革命論の原点たる孫文思想の解釈があった。それは、政権のレベルでいえば、蔣介石の国民党、国民党左派、中共との統一戦線を意味したのである。

　かかる観点から橘樸は、軍閥を新旧二派に分類する。旧軍閥とは、彼の言う官僚階級に属する。蔣介石指導下の国民党は新軍閥に属する。その社会的基盤は新興ブルジョアジーと地主階級にあった。それは、一面では軍事独裁政権として軍閥的性格を有するとともに、他面では新興ブルジョアジーの立

---

66) 橘樸「中国における軍閥戦争の展望」、404頁。

場から旧軍閥を打倒して、全国統一を達成する可能性をも有していた。橘が軍閥混戦からぬけ出すために期待したのは、蒋介石の国民党が地主的基盤を棄て、左派国民党（改組派）、中共と提携することであった。それはまさに国民革命の構図であった。彼は特に小ブルジョアジーを基盤にもつ左派国民党の主導権に期待したが、それはあまりにも弱体であった。また、1920年代後半において橘が期待した統一戦線も生まれなかった。それは、彼が賭けた国民革命の挫折であった。かかる挫折がやがて満洲国への期待に転化していった。ここにわれわれは、中国革命が日本の知識人の思想的営為に影響を与えた日中関係史の一断面を見ることになるのである。

〔附記〕本稿は、筆者のかつての論稿「橘樸の中国国民革命論」（『法学研究』第56巻第3号〔1983年3月〕）と「橘樸の中国軍閥論」（『法学研究』第68巻第5号〔1995年5月〕）に基づいて執筆した。

国交正常化後の中日関係

方　連慶

1 はじめに

　今年は中日国交正常化26周年、中日平和条約締結20周年という中日関係史上、両国にとって記念すべき重要な年に当たる。この世紀の変わり目に、この間の中日関係を振り返り総括することは、21世紀に向けて長期、安定した中日関係をさらに推進し、打ち立てる上で極めて有益なことであると考える。

2 日中関係の基盤づくり

　26年前、中日両国の各界の友好人士は中日関係の発展を推し進めるために、長期間にわたり、たゆまない努力をした。両国の指導者と政治家達の先人は、卓越した見識をもって国交正常化実現のために政治的な決断を下し、重要な歴史的意義をもつ「中日共同声明」を発表し、中日関係の新たな一頁を開いた。20年前、両国はまた、「中日平和友好条約」を締結した。この二つの歴史的な文書は、両国の関係で遵守すべき基本原則を確立し、両国人民の子々孫々にわたる友好を維持し、発展させるための確固とした政治的な基盤を築いた。その後、永年にわたって、中日両国政府と人民は共に努力し、絶えず友誼を増進させ、政治、経済、科学技術及び文化交流等の各方面で急速な進歩と大きな成果を挙げることができた。両国の友好協力の関係は、中

日二千年の往来の歴史上、かつてない広がりと深さと高まりを見せた。

政治の面についていえば、両国指導者は高い次元で、頻繁に相互訪問し、政府各部門の間では、さまざまな次元、ルートの協議、対話の機軸を作り上げた。双方は、また、「平和友好、平等互恵、長期安定、相互信頼」という中日関係四原則を打ち立て、「中日友好21世紀委員会」の設置に合意した。ここ数年来、両国指導者の往来はさらに頻繁になり、特に、1992年、江沢民総書記の訪日及び天皇、皇后両陛下の訪中は、両国と両国人民の友好関係をさらに推し進める上で重要な貢献をなすものであった。昨年、中日両国政府首脳の相互訪問が成功裏に実現し、そして、21世紀に向けての善隣友好協力関係の構築と子々孫々にわたる友好関係実現のために努力することに合意した。1998年の11月、江沢民中国国家主席が国家元首として初めて日本を訪問した。訪問期間中、江沢民主席は、小渕恵三首相との間で、過去を総括する基礎の上に、未来に目を向けた両国の関係発展及び共に関心を寄せる国際問題について意見を交換し、重要な、共通の認識に達した旨の「共同声明」を発表した。これは、「中日共同声明」、「中日平和友好条約」に次ぐ、両国の関係を発展させてリードしていくための、三つ目の重要な文書である。これはまた、両国の関係が、新たな発展段階に入ったことを物語るものである。

経済面では、両国の協力関係は良好な形勢の中で急速に発展してきた。1996年、中日間の輸出入貿易の規模は、総額600億ドル余りに達し、1972年国交回復当時の10.39億ドルの60倍以上になった。日本は、いまや、中国にとっての最大の貿易パートナーとなり、中国も日本の二番目に大きな貿易パートナーとなった。日本の対中投資も増加し続けた。1970年代末、日本の対中投資は、わずか0.14億ドルであったが、1996年末には、中国が許可した日本の中国における投資プロジェクトは、14,991件、協定金額にして263.8億ドル、実行投資金額は141.86億ドルとなり、日本は中国の第二の投資国となった。投資対象地区も、沿海州地区から次第に内陸へと展開された。また、直接投資の拡大は二国間貿易の増加を促し、投資の増加が貿易の発展を促すという良性循環の形が形成された。円借款も、中日経済協力の重要な一面である。1979年から、日本は中国に対して政府借款を供与し、1995年までに、計3回、累計金額は16,109億円に達した。これらは、64の

プロジェクトに用いられた。1996-2000年の間に、第四次円借款を供与し、また、双方は1996年末、議定書に調印し、「3＋2」方式で2回に分けて供与することになった。そのうち、1996年から1998年の3カ年に、日本は5,800億円を供与することになった。これらの借款は、主として、中国の交通、エネルギー、農業施設及び環境保護等の40の重点プロジェクトに用いられる。現在までのところ、日本政府が承諾した借款は、諸外国が中国政府に供与することを承諾した総金額の内の40％以上を占め、第一位である。

極めて大きな実効をあげた上述の経済協力は、中国の現代化建設を促進しただけでなく、また、日本の経済発展にプラスになった。

文化交流の面では、中日両国政府は、1979年、文化協力協定に調印し、双方の文化交流には、いろいろなルート、次元、形式の、喜ばしい局面が現れた。中日双方の文化、教育、新聞、学術機構の相互訪問と交流が空前の活気を見せ、相互訪問の学者及び共同研究プロジェクトが日増しに増加した。両国の人事往来は、1972年、わずか9,000人であったが、1996年には延べ120万人に達した。両国間で結ばれた友好姉妹都市の数は、186に達し、中国が世界各国との間で締結した友好姉妹都市総数の約4分の1を占める。これは、世界でもあまり例を見ないことである。

上記の事実だけでも、中日国交正常化後26年以来の巨大な成果を充分に物語るものである。これらの成果は、また、幾世代の人々の努力と心血を注いだ結果であり、正に得難いものであり、貴重なものである。「水を飲むとき、井戸を掘った人のことを忘れず」。われわれは、両国の幾世代にもわたって中日友好事業に関心を寄せ、支持してくれた人々に対し、永久に感謝し続けたい。また、歴史は、彼らのことを忘れることはないであろう。

3 中日友好の潮流

中日善隣友好協力関係を発展させることは、両国人民の共通の利益に合致するばかりでなく、アジア太平洋地域及び世界の平和を守り、この地域、乃至全地球が共に発展し繁栄することを促進する上で重要な意義を有する。

現在、国際情勢には、依然として多くの不安定な要素が存在している。しかし、平和と発展とは、時代の流れである。アジア太平洋地域の各国は、た

とえ意識形態と社会制度が異なっているにせよ、みなが平和と発展を求めている。今後、アジア太平洋地域が、平和、安定、発展と繁栄の方向へ向かって行けるか否か、そのキーはこの地域の国家が積極的に努力し、協力するか否かにかかっている。中国は、最大の発展途上国である。日本は、アジアで唯一の発展国家であり、世界第二の経済大国である。中日両国が、アジア太平洋地域と国際社会の重要なメンバーとして、地域と国際協力を強化し、共同の発展を促進することは、アジアと世界の平和と安定のために、ともに重大なことである。従って、独自の重要な貢献をなすべきである。明らかなことは、中日親善友好協力関係が前進し続けることは、両国人民に幸福をもたらすだけでなく、この地域及び世界の平和と発展に寄与するものであるということである。

20世紀が間もなく過ぎ、人類は21世紀を迎えようとしている。この重要な歴史的な時に当たり、どのような世界を次世代に残すべきか、国家間にどのような関係が打ち立てられてこそ自国の根本的な利益にかなうのか、対話か対抗か、これらのことを各国とも真剣に考えている。

この重大な問題は、現実として各国の目の前に突き出されている。正に、このような時代背景があるからこそ、ここ数年来、国家の関係、特に、大国の関係に重大な調整がなされている。

1997年秋、江沢民主席が訪米し、98年の6月、クリントン大統領が訪中し、中米関係の発展目標と枠組みについての合意がなされ、「21世紀に向けての戦略的なパートナーシップを構築するために共に努力する」ことを取り決めた。江沢民主席とエリツィン大統領は97年、相互訪問し、中ロ間の「21世紀に向けての戦略的パートナーシップ」を重ねて確認した。フランスのシラク大統領は97年5月訪中し、両国の間で「21世紀に向けての全面的なパートナーシップ」締結を宣言した。また、最近、中日両国が発表した「共同声明」の中で、「平和と発展のための友好協力パートナーシップ関係の構築」を宣言した。

上記一連のトップの相互訪問と「パートナーシップ関係」は、冷戦後の大国同士の関係の調整が新たな段階に入ったことを示している。世界が多極化の方向へ進む中で、大国の間に競争や摩擦はあるが、しかし、いまや協力と協調が主流である。各国はみな、共同の利益の接点を求め合っており、関係

の改善と発展が調整の主流となっている。また、調整の目標は、非同盟、不対抗、第三国を対象としないことをその特徴とする、新しい形の国家関係を構築することにある。そういう意味で言えば、調整は国際社会全体の情勢が引き続き緩和の方向へ進むのにプラスであり、平和と発展の歴史の潮流に沿うものである。

　中日関係は、この一大潮流に沿って進むべきであり、また適応できるものである。協力関係を発展させ、互いに対抗せず、友好と協調を両国関係の基調としなければならない。これは、中日両国人民の共通の願いにマッチするばかりでなく、アジア太平洋地域各国人民の共通の願いにもマッチするものである。なぜならそれは、中日両国が善隣友好協力を堅持することがアジア太平洋地域の安定にとって重要な基盤であり、この地域の平和と安全を維持し、守る上で大きなウエイトを占め、また、共同の発展と繁栄にプラスとなるからである。

　中日貿易関係は、両国の友好協力関係における重要な一部分をなしている。両国の経済には、大きな補完性がある。中国が改革開放を堅持し、拡大して以降、経済は急速に発展した。また、中国は自然資源と労働力資源が豊かであり、マーケットのキャパシティーが大きい。一方、日本は世界で経済が最も発達している国家の一つであり、資金が豊富で、技術が進んでおり、管理の経験も豊かである。従って、中日両国が協力関係を強化し、互いに補完し合い、経済貿易関係をさらに進めれば、必ずや双方に巨大なメリットをもたらすことであろう。

　現在、国際関係における経済の占める地位がますます高まるにつれて、経済安定の問題が日増しに際だってきている。1997年発生した東南アジア金融危機は、多くの国家と地域へ波及したと同時に、世界の経済がグローバル化するプロセスでの各国の協調及び共に経済面での試練に立ち向かうという新たな課題を提起してくれた。中日両国は、アジアの大国として、協力関係を強化し、共同して東南アジア金融危機に対処すべきであり、アジア経済の回復と振興のために相応の貢献をなすべきである。

　現在の世界は、相互依存関係がますます明確になっている。中日両国はその必要性を共有し、共通の利益も広範囲なものになっている。中国が経済発展戦略を実現する上で日本の支援が必要であり、日本経済が引き続き発展す

るためにも中国の協力が必要である。国際間の事務を処理し、国際危機に対処する面においても両国は努力して協調する必要がある。中日両国は、事実、すでに相当密接な相互依存関係を形成している。中日友好は排他的なものではなく、しかも、両国は幅広い国際関係を持っている。地域及び世界に対して、それぞれが重要な立場を占め、重要な影響力を持っている。従って、双方の友好協力と相互依存の関係は、中日両国のみにとどまらず、アジア太平洋地域と世界の平和、安定及び発展に対して計り知れない影響を及ぼすものである。

4 未来指向の中日関係

中日国交正常化26年来の発展過程を振り返れば、中日友好関係の発展状況は、全体として満足のいくものである。先人の期待にも添い、のちの世代への激励となろう。しかし、両国の関係では、紆余曲折もあったし、一部、見解の相違や問題もあった。現在、中日関係は、正に、歴史を継承し、未来を切り開く重要な歴史段階にある。両国関係の発展の中における正、負両面の経験を正しく総括し、吸収することは、今後の中日関係を発展させる上で、重要な意味を持っている。

「中日共同声明」と「中日平和友好条約」は、中日関係正常化の礎であり、中日善隣友好関係を発展させる上での政治的基盤と法的根拠となるものであり、また、両国間に存在する問題を適切に処理する基準となるものである。26年来、中日関係の発展の歴史が示しているように、声明と条約を真摯に遵守し、履行してこそ、両国及び両国人民に重要な利益をもたらすことができるのである。今後、国際情勢がどのように変化しようとも、中日両国が共同してこの重要な文書の中で規定する原則を守り、声明と条約の中で規定する責任と義務を着実に履行して行きさえすれば、中日関係の発展の正しい方向を必ずや確保することができよう。

中日経済貿易関係は、中日関係全体の中での基盤である。26年来の実践が示しているように、両国の経済貿易関係は、両国の政治関係の源であり、良好な政治関係はまた、両国の関係を発展させる重要な原動力である。今後とも、双方は経済協力を引き続き強化して行くべきであり、これまでの基盤

の上に、さらに新しい土台を作り上げて行くべきである。

　中日関係は現在、すでに二国間関係の枠を遙かに飛び越えている。両国は、地域と世界的な範囲から、また、長期的、戦略的な高所から、終始、正確に両国の関係発展の方向を正しく掌握し、中日友好という大局への干渉と妨害を回避しなければならない。双方は、国際事務の中での協調と協力をさらに推し進め、共同して世界の平和と人類の進歩の事業に力を貸す必要がある。このことは、中日関係を発展させる新しい基盤であり、それは洋々たる前途を有する事業である。

　中日青年の間の交流を強化し、さらに多くの、中日友好事業の後継者を育てあげることは、両国にとって極めて意義あるものである。「人は変り、時は移る」。時間の推移に伴って、かつて中日友好のために重要な貢献をした両国の政治家と各界の人士が相継いでこの世を去り、或いは引退した。如何にして、中日関係の後継者を養成するかは、今や急を要する問題である。中日関係にとり、来るべき21世紀が、健全に、安定して発展するには、両国の青年の間の各レベルでの交流を強化し、相互理解と信頼関係を増進し、両国友好の伝統を継承し、引き続き推し進める必要がある。これは、百年の大計、千年の大計でもある。

　未来を展望するとき、中日双方が相互尊重、小異を捨てて大同に就くという精神［訳注：大局重視］に基づいて、現在に立脚し、遠い未来に着眼し、両国関係の方向と大局を把握して行けば、中日関係の前途は明るいものである。中日善隣友好は、必ずや、中日両国人民に幸福をもたらし、世界の平和、そして発展と繁栄を促すことであろう。

〔南條克巳訳〕

21世紀の日中関係の展開シナリオ

猪口　孝

1 はじめに

　21世紀の世界を展望する方法はいくつもある[1]。この小文では日本が隣国である米国と中国との関連でどのような展開をするかによって、21世紀がかなり違ってくるという議論を試みたいと思う。日中関係の21世紀第1・四半世紀における展開についてのシナリオを描くためには次の三点に考慮を払うことが重要である。

(1) 世界通貨としての米ドルを維持し、世界平和維持のために米国軍を維持する困難が世界指導国としての米国の圧倒的な優勢をいくらか削ぐことはあっても、世界指導国米国の圧倒的な強さは基本的には継続しているだろう。

(2) 中国の経済発展は鈍化しつつも一定の着実な展開をみるだろうが、経済的な基盤の一定の変化はほぼ不可避的に社会的政治的な変化をもたらすだろう。

(3) 日本の技術革新は圧倒的に強い製造技術といくらか遅れがちな通信技術を結合させる分野で大きく開花するが、人口漸減と高齢化の趨勢

---

1) Takashi Inoguchi, "Japan's Four Scenarios for the Future," *International Affairs* (Winter 1988/89); "Japan's Three Scenarios for the Third Millennium," Armand Clesse and Immanuel Wallerstein, eds. *The World We Are Entering, 2000-2050,* Amsterdam: Dutch University Press, 2002.

は強まり、貯蓄率をかなり低下させ、経済発展は低水準に推移するだろう。

これらの要因を背景に展開する日中関係はよくいわれるような日中米三角関係としてではなく、米国がダントツに強く、日本と中国はどちらも米国からかなり離れた立場に置かれた国家、しかし米国との友好関係維持に腐心せざるをえない国家として存在するだろう。しかも日本は人口漸減と高齢化による社会変化、中国は政治的民主化に直面しなければならないだろう。そういったときの日中関係は日本、中国、米国がそれぞれ友好的で、強い相互依存関係を等しい三角形で維持していくというよりは、米国との関係が第一義的に重要な国家同士が友好的に付き合うという側面を強くもっていくだろう。

21世紀の日本の安全保障を構想するときに考えなければならない課題は次の二つである。両方を同時に、しかも日本の人口学的、経済的、技術的、社会的、政治的な発展と並んで、相互に有機的に考えていかなければならない。第1、ありうる米国の衰退に伴って米国が日本との安全保障同盟関係による責任を軽減しようとするか。第2、中国の平均所得水準増加に伴い、政治民主化が進展し、それによって持続的な社会的政治的不安定化に悩まされるか。この二つの質問に正面から答えようとしない21世紀日本の安全保障構想はあまりにも不十分であり、考慮に値しないといわなければならないだろう。この二つの質問と同時に考慮すべきは日本の同盟関係のパターンである。20世紀日本は世界最強国との同盟によって2回成功（日英同盟と日露戦争勝利、日米同盟と経済大国達成）、1回失敗（錯乱してドイツを世界最強国と思い、第2次世界大戦へと自らを追い込んで自滅）した。米中関係の展開と絡んで日本はまた錯乱しないと断言できるのだろうか。米国・中国・日本のそれぞれの難題に焦点を当てた個別の展望のあとで、日中関係を展望したい。

2 米国は中長期的な衰退を免れないのか

この課題は基底的には技術革新とそれによって支えられる経済が重要であ

る[2]。米国の技術革新力はノーベル賞受賞に象徴されるように非常に高い。1901年にノーベル賞が開設されてから38年間は7個しか受賞できなかったが、その後は急激な増加と高い水準の受賞数を示している。科学雑誌の引用頻度から見ても、米国科学者の論文は他を圧倒する。こう見てくると、米国の長期間の世界指導性は疑いのないようにも見える。日本は1945年から38年間に7個ノーベル賞を受賞しているが、1983年以降急激な増加は全くない。しかも科学者の受賞者の多くは日本の大学や研究所に絶望して海外で上げた成果を基礎にしている。東京大学卒業生では、ノーベル文学賞2個、平和賞1個、物理学賞は2個である。

　タイム・ライフ王国の創始者、ヘンリー・ルースが米国の世紀と呼ぶ基礎は、20世紀前半をかけて構築された。その機軸は科学と良心を一体化、科学と技術を一体化することである[3]。良心とはウェーバーのいうプロテスタンティズムの倫理のようなもので、宗教を指す。いままで水と油のようだった科学と良心が合体し、同様に水と油だった化学と技術が合体したのである。それは政府、企業だけでなく、ジャーナリズムと大学も加えて、知の組織を国を挙げて作ったことである。個人主義と差別（階級と人種）で特徴づけられた米国社会を、違いを尊重する多元主義こそが民主主義であるとして、企業が社会動員するような仕組みを作り上げたのである。産学協同体制が確立したのである。その方法は平均的中所得階層を作り、大量生産と大量消費を促すようにして、大きな経済を作り上げたのである。そこでは企業は独占によって安易に利潤を上げることのないように独占禁止法が厳しく適用され、技術革新によってこそ、利潤拡大ができるようにしたのである。

　ここで少なくとも二つの問題がある。第1は情報通信、金融、宇宙、軍事などの分野では追随を許さない米国でも、製造業の多くの分野では必ずしも有利ではない。しかも、情報通信と製造業を結合させる分野では、日本もその進展はこれからである。日本の科学論文の生産はこのところ非常に多く、米国に次いで第2位の地位を維持している。情報通信、金融などの面での米国の独走がいずれ崩れ、日本や欧州も追い付くだろう。しかも、日本のよう

---

2) Inoguchi, "Japan's Four Scenarios for the Future."
3) Oliver Zunz, *Why the American Century?* (Chicago; University of Chicago Press, 1999).

に製造業と結合した情報通信部門が伸びるようなことになれば、かなり面白いことになるだろう。

　第2は米国の貯蓄率は非常に低い。日本など、高い貯蓄率を誇る国の資本が流入するような仕組みを現在まで持っているから、米国は大きな経済収支の赤字をあまり気にしないで済んでいるが、流入が止まるような事態が出現したとしたら、大きな矛盾が露になる。どのようなきっかけによって流入が止まるかはよくわからない。ドイツの資本の対米流出を減退させたのは、1979年に欧州通貨統合の一つの青写真ができたからである。ドイツの資本は欧州で使われるようになったのである。逆に日本の資本の対米流出が活性化したのは1985年のプラザ合意以降である。ドル高にあえぐ米国の不況を救うものとしての内需拡大、市場自由化が大規模に進められたのが中曽根内閣の時である。極端な動きになった1991年にはバブル景気が崩壊し、日本が不況に入っていく。楽観的に見るとしたら、グローバリゼーションの進展にしたがって、米国経済は地球上のすべての資本を活用して繁栄していくと見ることもできる。資本を使用して技術革新が次から次へとなされ、それが景気循環を超えるというスティーブ・ウェーバーの米国景気循環超越論へと繋がる[4]。日本の資本流出と利子率と為替レートを1985年から見ると、やはり米国に資本が流れると利潤が上がるようになっている。欧州統一通貨ユーロの利子率や為替レートを見ると、やはり米国に資本が流れるようになっている。米国一極体制がここまで貫徹しているとしたら、ウェーバー理論もしばらく（5-10年）もつかもしれないとも思う。そのかぎり米国衰退論や米国世界指導性放擲論は次の25年位は議論しなくともよいのかもしれない[5]。

3 中国は民主化するのか

　民主化の第3の波が地球を襲ったのは20世紀第4四半世紀である[6]。民主

---

4) Steven Weber, "The End of Business Cycle," *Foreign Affairs* (July/Auguist 1997) vol.76, no.4 pp.65-82.
5) Samuel Huntington, *The Third Wave: Democratization in the Twentieth Century* (Norman, Oklahoma: University of Oklahoma Press, 1993)（『第三の波』三嶺書房、1995）

主義を最小限に解釈すると、現在でも国連加盟国191ヵ国のうち、120ヵ国位は民主主義体制を採用していることになる[7]。民主化の予兆で一番初級的な指標はひとりあたりの平均所得水準の増加である[8]。それが一定の高さになると、国民のかなりの部分が政治社会の仕組みがゆるやかに開放的なものになることを望むようである。言うまでもなく、シンガポールのような例外もある。中国も例外になりうるのだが、中国人の金満主義がここまで蔓延している時にはなかなか例外になると考えにくい。しかも、中国共産党幹部の乱れぶりはいつまでも人民を黙らせておかない。たとえば、一人っ子政策に違反したからといって、つまり2人子供がいるからといってその家族を脅し、金や車や電気器具を奪うような事件は稀ではない。

中国共産党は共産党独裁に対する組織的な反対には暴力によって鎮圧、粉砕することを党是としている。暴動や大衆示威行動に対しても毅然とした制圧を旨としている。その意味でも天安門事件以来の鄧小平の教えを江沢民は遵守している。しかし、大衆の集団行動が何ヵ所かで同時に発生したり、大規模で発生したりすると、軍事的鎮圧は難しい。インドネシアの1998年の政変でも明らかなように、何ヵ所かで暴動が起きると、軍隊自体が動揺する。中国人民解放軍はそのような鎮圧作戦に習熟しているようにも見えない。米国連邦軍が19世紀末や20世紀初頭によく動員されたような労働組合のロックアウト解除や局所騒動の鎮圧、1990年代に入ってからの宗教的集団（デイビッド・コレッシュ）の鎮圧などに見られるような迅速性と確実性にいまひとつ欠けているように見える。そもそも人口過密なところが多いので、空挺部隊の派遣と囲い込みによる殲滅がどこまで功を奏するのかもわからない。

1ヵ所でも1999年春、北京の中南海を取り囲むように座り込んだ輪法功のような宗教団体の場合、軍事的鎮圧の大義名分がないし、その不気味さに

---

6) Takashi Inoguchi, Edward Newman and John Keane, eds., *The Changing Nature of Democracy* (Tokyo and New York: United Nations University Press, 1998) (『現代民主主義の変容』有斐閣、1999)

7) Henry Rowen ed., Behind East Asian Growth: *The Political and Social Foundations of Prosperity* (London, Routledge, 1998)

8) Bruce Russett, *Grasping the Democratic Peace* (Princeton: Princeton University Press, 1993) (『パックス・アメリカーナ』東京大学出版会、1996)

まず躊躇してしまう。指導者が集中している中南海を取り囲み、しかもどこかに隠れたところからくる指令に忠実に従うように集まったかと思うと、いつの間にか消えてしまう。

市場経済が1978年から急速に発達したために、国営企業が急速に競争力を喪失し、政府の大きなお荷物になっている。しかし、共産党幹部は国営企業に依存しているために、国営企業の処理次第で共産党支配の基盤が動揺する。しかし、国営企業は財政赤字の元凶で、これを軽減することなくして長期的な政府財政の健康はありえない。おそらく国民党政府が台湾で1950年代、1960年代に行ったように国営企業を幹部に二足三文の値段で売り払うような事態になるか、なし崩し的に民間に移行する形態をとるかだろう。後者はすでに事実上進展している。問題は事実上の民間移行が政府依存をやめることを必ずしも意味せず、公的資金を引き続き使って、共産党幹部、政府幹部の帽子を被りつつ、経営者の帽子を被っていることである。

民主経済は非常に力強い成長を見せてはいる。2ケタに届かなくとも、1960年代に日本経済で達成された年率7％の成長は、10年は可能であろう。一人っ子政策により人口増加が抑えられ、ひとりあたり平均所得は上がる方向に動くだろうから、しばらくは成長率はプラスになるだろう。しかし、30〜50年後には、少ない生産人口が社会政策を難しくしていくだろう。そして貯蓄が減少しはじめ、成長率は鈍化していくだろう。しかし、総体的に見て、中国経済は巨大なものになろう。WTO（世界貿易機構）の加盟は20世紀末には認められた。21世紀には中国市場経済の整備が加速するだろう。

このような経済発展をしている中国の政治形態はいかなるものになるだろうか。すでに草の根レベルでの民主化はある程度の進展を見せている。所得水準で見ると、高所得層は民主化による便益をあまり多く感じない。市場を通じた利益貫徹が優先するからである。低所得層においても民主化による便益は多くない。民主化は政治に注ぐ社会資源がある程度あることを前提とするが、低所得層では生きるための活動がほとんどのエネルギーを取ってしまうために、民主化はあまり進展していない。これらに対して中所得層では政策を通じた利益貫徹、意思実現がある程度意味を持つ。

したがって、省でいうと、広東省や浙江省などでは民主化は激しい魅力になっていないようである。また、雲南省、新疆ウイグル自治区などでも民主

化は捗々しい進展を見ていない。遼寧省、山東省、福建省などでは民主化が共産党覇権下の民主化とはいえ、一定の進展を見せている。このような動きが集団抗議行動などとどのような相互作用の下で進展していくのかはわからない。たとえば、湖南省の山間村落などで最近多発する抗議行動が民主化の波とどのような関係を持つようになるのだろうか。私見では集団抗議行動は長期的には民主化に弾みをつけるだろう。それが、歯止めなしに大混乱へと発展する可能性は排除できないことも確かである。そのように議論する人は中国社会は砂を寄せ集めただけのものだから、共産党のような指導制のある集団が必要だと議論する。実際、共産党に匹敵するような社会を凝集させる集団は特定できない。

中国の共産党を日本の官僚組織のように考える人さえいる。そうであるとしたら、民主主義移行は一定の不安定化要因を多く含むと言わなければならない。不安定化は首都における宮廷クーデターないし軍事クーデターを促すだろうし、米国やイスラム教などの勢力に支援された分離主義者の活動を活発化するだろう。そのような時には台湾も、分離主義とは一線を画し、中国を七つの民主的な共和国に分け、欧州連合のようなゆるい連邦を夢想するだろう。七つとは華北共和国、華南共和国、台湾共和国、ウイグル共和国、チベット共和国、モンゴル共和国、東北共和国のような感じだろう。しかし、このように大きな変化が1991年のソ連連邦のようにほとんど無血でできるかどうかわからない。中国共産党も中国国民党も清朝支配とその弱さが誘発した帝国主義と植民地主義に対抗して支配正当性を主張してきたが、中国という国家自体の国境については漢族を支配した満州族の清朝の版図を踏襲し、それを中華民族主義として看板をすり替えて、1世紀以上国家形成の基盤としてきた。それが崩れるとしたら、大きな、継続的な安定を期待しない方がよいのかもしれない。

なぜ民主化にこだわるかといえば、中国が経済大国になることがかなり不可避である時に、民主化すれば、一定の文明的な作法を学習し、対外的にも少なくとも軍事力行使が抑制され、文明的に振る舞う国家に対しては相互性を発揮するのではないか、という期待があるからである。日本はじめほかの東アジア諸国にとって中国の大国化は大変動を意味する。米国があと半世紀世界指導性を発揮しつづけるならばまだしも、そうでなくなる可能性を擁し

ながら、21世紀が展開している時に、中国が安定的に民主化することは、中国人民にとってのみならず、近隣諸国にとっても大きな福音になるだろう。問題は民主化の試みが中途半端で頓挫した時に東アジア全体が不安定化することである。日本は中国共産党が主導権をとりつつ、安定的に民主化するのを政府開発援助やさまざまな形で支援する戦略をとるだろうが、功を奏するのだろうか。

4 日本は最強国と同盟を結ぶだろうか

　近代日本が欧米的な国際政治の中に投げ込まれて150年の間、一つの大きな傾向があるとすれば、日本は最強国と同盟関係を結びたがるということである[9]。開港・開国へと幕府が向かう中でそれに抵抗した薩摩と長州を狙い打ちしたのが英国である。薩摩戦争や下関戦争の主導権は英国にあった。英国主導の世界で英国に率いられた欧米とは対決せずに、日本は関税自主権なしに半世紀生き抜いた。世紀の変わり目になって英国が世界で同時に二つの戦争は助けがないと難しいと判断した時に、助けの手を差し伸べたのが日本である。これが日英同盟である。

　日露戦争で日本が強くなると、米国も英国も日本を警戒しはじめる。第1次世界大戦で多国間同盟が二国間同盟の代わりになった時、日本は不安を感じた。同時に第1次世界大戦の獲得物の少なさを嘆く不満国になっていた。人種差別などに対する不満を欧米に対して高めながら、近隣アジア諸国を不満の捌け口、進出の対象としていった。欧州で第2次世界大戦が起き、ドイツが破竹の進撃を一時見せると、最強国はドイツなりとして、同盟関係を締結する。イタリアを加えた三国同盟である。第2次世界大戦は日本の敗北に終わるが、世界最強国は米国となり、敗北・占領を経て米国と同盟を結ぶ。日米安全保障条約である[10]。

　2020年ないし2040年までの間に中国が世界最大の経済を擁する国になっ

---

9) Christopher Coker, *Twilight of the West* (London: Westview Press, 1999).
10) John W. Dower, Embracing Defeat: *Japan in the Wake of World War II* (New York: The New Press, 1999).

た時、日本はその時の最強国、中国と同盟関係に入るだろうか。たとえ、経済規模が最大でも中国は軍事的には米国にまだまだ劣るだろう。しかし、そうなった時に米国は、東アジアを中国に任せるかのように、地域的安全保障を中国の手に委ねるかのように、地域から軍事的プレゼンスを解消しはしないか。とりわけ中国が安定的に民主化した時には、米国は日本ではなく、中国を地域代表として指名していくのではないだろうか。つまり、米日関係ではなく、米中関係が基礎になるのではないか。そのときには在日米軍基地はひどく縮小したものになっているのではないだろうか。日本は安全保障を米国に委ねてしまっているのだが、このような最強国の変化が起こりそうな時にどのような選択をすべきなのだろうか。

　中国が民主化した時には、日本は米国との同盟関係を維持しつつ、中国との友好関係を質的に強化していくだろう。民主主義体制の間では軍事力に訴えて問題を解決することは、あまり起こりそうにもないとすれば、同盟関係自体の意味が薄れ、むしろ両大戦間期のワシントン条約のような感じのものができるのだろうか。それはリスクが大きすぎるというのが伝統的な日本の戦略家の考えである。最強国との同盟こそが頼りになるという信念がそこにある。多国間条約をひどく信用したり、あるいは急速に世界指導国になりそうな国と同盟関係を早まって締結することはない。それは間違いの一歩になりがちである。それでは中国が本当に最強国になったとしたら、日本は伝統にしたがって最強国と同盟関係を結ぶのだろうか。

　米国の中長期的衰退とそれに伴う世界指導力発揮の政治的意思の弱体化については多分緩慢にしか進展しないのではないか。それは1980年代からジョセフ・ナイなどが主張していたことである。その含意は日米同盟の存続である。中国の民主化は必ずしも安定にも、親日にもつながらないかもしれない。むしろ不安定化と反日的民族主義の激化を時には醸成するかもしれない。しかし、民主的中国の魅力は、対外的には以前ほど容易には軍事力を行使しないようになるのではないかという期待である。多少の一時的な不安定化は不可避としても軍事力行使が薄められるのであれば、歓迎すべきだろう。反日的な民族主義の激化は民主化するとむしろ激化しやすいという議論もある。しかし、一時的に激化したとしても、軍事力行使のチャンスが低くなるのではないかというところに、民主的中国を期待する所似がある。強い中国

と強い日本という対ではなく、民主的中国と民主的日本の対が21世紀の日中関係をより緊密に、より平和的に、より事務的処理を容易にすることになるのではないか。

　日本の同盟関係はおそらく、しばらく米国が最強国である限り、米国との同盟に執着するだろう。中国が民主化しない限り、中国との友好関係は同盟関係には転化しにくい。さらに米国が世界全体に対する覇権を保持している限り、たとえ経済的に中国が最大になっても日本の米国との同盟関係は変わりにくいだろう。むしろそれゆえにこそ、米国との同盟関係は存続されるのではないか。このように見てくると、驚天動地の変化は起きそうにもない。起きても天地を覆すものではないだろう。そして最も重要なことは日本の対応に革命的な変化を必要としないことである。

5 日中関係の位置づけ

　どのような二国間関係を展望するときでも、世界的な趨勢のなかに位置づけられることなしには適切なものにはならない。21世紀第1・四半世紀の世界の趨勢はいかなるものか。それは米国一極体制の継続であり、技術・経済・金融のグローバリゼーションの深化であり、民主化の地球的伝播である。米国の圧倒的な軍事的優位が米国自体の戦争回避志向と孤立主義によって和らげられつつも、しばらく存続していくことはほぼ間違いないだろう。グローバリゼーションの深化は世界景気動向に大きく依存しているが、21世紀第4・四半世紀の世界景気は上昇方向にあるため、さらなる深化は間違いないだろう。極端なグローバリゼーションによって旧第三世界・旧第二世界の一部で多数の破綻国家が現出しつづける可能性は低いだろう。民主化の地球的伝播は20世紀第4・四半世紀に第三の波としていまだ進展しているが、国連加盟国の3分の1から2分の1はいまだに民主化していない。逆民主化する社会もでてこようが、21世紀第1・四半世紀にも民主化の伝播は進展するとみて間違いないだろう。

　このようななかで中国はどのような展開を示すのだろうか。中国はここ20年間資本主義市場経済体制を大規模に導入しているが、その帰結は経済的基盤の変化を反映した政治体制変更の不可避性である。国有企業の民主化

の方向がどのような形でどのような速度で進展するかにもよるが、10〜20年の間にその方向がより加速するだろう。それが日本のように分割しつつも、公共的な性格を強く残存させる方向にいくか。いずれにしろ、中国の中央政府の徴税能力が格段に高まらないかぎり、国有企業の大規模の存続は不可能である。そこで民主化が進展している過程がどのようになるかが問題になる。中国共産党が主導する秩序ある民主化が行われるか。中国共産党がその権威失墜で民主化が大きく進展しながら、長期の不安定化を引き起こすのだろうか。

　日本の展開はどうだろうか。日本社会の展開で最も重要なことは人口漸減の趨勢のなかで、どのように日本のニッチをつねに確保し、世界技術経済金融の第一線で活力ある社会でありつづけるかということである。いくつかの製造業分野での日本の優位をいかに維持しつづけるか、情報通信分野での一時的な立ち遅れを挽回するだけでなく、得意な製造業と結合させることによって、大きくニッチを拡大できるだろうか。日本人は情報通信関係で最小不可欠といわれる英語とコンピューターの利用でかなり立ち遅れているが、どのようにして大きな国内市場に強く依存している現在の体系から脱却するのだろうか。

　次に日本と中国が相互をいかに認識しているかを考察していこう。日本にとって古代建国以来アジア大陸は技術をはじめとして文明の起源でありながら、できることなら一定の距離を置くべきところであった。なぜならば、大陸の国家は強大にして、介入しがちであったからである。日本の中国に対する関係はちょうど英国が欧州大陸と距離をとりつつも友好関係を欧州と結んでいるのと似ている。大陸が荒れることは日本にとっても英国にとってもよくないことである。大陸の安定と平和が第一の優先課題にならざるをえない。中国共産党が秩序と安定をもたらしたことは日本にとっても福音であった。中国共産党が秩序と安定を21世紀第1・四半世紀にももたらしつづけるかがここで問題である。共産党なくして新中国なし。しかし、中長期的にはできることならば民主化が進展し、日中関係を民主主義国家と民主主義国家との間の関係にしたいというひそかな願望をもっている。そうなれば、欧州連合の国家の間のように国際的な問題も実務的に処理できる可能性が飛躍的に増大し、より友好的になれると思うからである。同時に、中国の民主化が不

安定化と無秩序を現出することに終わるのではないかという、一定の強い懸念があるために、もしかしたら中国共産党が、そして中国共産党だけが中国の組織的な安定勢力であるという認識に強く拘束されている。

　これに対して中国にとって古代から日本は東海に浮かぶ泡のようなものという軽視がある。中華文明が最高という幻想は根強く残り、経済や技術ではそうでなくとも外交においては実力以上の効果をあげてきた。とりわけ日本に対しては日本が1930年代から1940年代にかけての戦争でもたらした損失を盾に、多大の政府開発援助を引きだすことに成功してきた。そもそも中国共産党は外国から被った屈辱を晴し、反植民地主義と反帝国主義を貫徹することによって中国の世界における地位をあげてきた。日本に対してはとりわけこのことは意識的であった。日本人に対して歴史を忘却することを警告すれば、打ち出の小槌のように対中国政府開発援助が増えるというような意識が多分生まれてきた。とりわけ資本主義市場経済を大きな規模で導入し、外国資本導入、外国技術導入が1980年代と1990年代に一時的ではあれ、大量に流入してくると、日本の対中政府開発援助も順調に拡大してきた。しかし、1997年のアジア金融危機で外国資本のかなりが流出しているなかで、日本の対中政府開発援助はむしろその比重を増大した。1998年から1999年にかけて対日歴史忘却警告が中国の望む結果を外交ではあげなかった。日本から台湾についてより強い言質をとることは完全に失敗した。ほぼ同時にセルビアにおける対米外交でも中国の望む結果をあげなかった。米国が鍵を握るWTO加盟は中国の反米的民族主義の操作によってむしろ大きく遅れることになった。WTO加盟なしに中国経済の順調な発展は望みにくい。日本と米国という中国経済の鍵を握る大国に対して中国は1999年春季以降大きく政策を変更していく。中国経済が不況のなかで国有企業の民営化を進めようとしてもなかなか進展せず、地方政府が国有企業の肩代わりをしたけれども、なかなか成果があがらない。グローバリゼーションの深化するなかで中国の外交官も静かに変化しているようである。

6 21世紀の日中関係のシナリオ

　21世紀の日中関係のシナリオは米国の帰趨をまずある程度明らかにする

ことなしには、強い意味をもちにくい。米国は両国にとって死活的な重要性をしばらくもちつづける。よく言われるような日米中の三国関係という問題の立て方は一定の誤解を招きやすい。米国の前には日本だけでなく、中国もはるかに低いランクに置いて考えなければならないだろう。それで米国は21世紀にどのような展開をするのだろうか。米国が世界最強の地位を軍事的にも、経済的にも、イデオロギー的にも保持しそうではあるが米国には国際主義（戦争介入）と孤立主義（戦争回避）という強さと必ずしも比例しない外交思潮があり、孤立主義が極端に強くなれば、乱気流が発生したのと同じようになる。そのような時には米国は強いのに「無道徳的」と呼ばれようと介入を見送り（1990年代のルワンダ虐殺の座視）、国際的にも「無責任」と呼ばれようと関与を拒否する（たとえば、1999年の包括的核実験禁止条約批准拒否）ことになりがちである。日中関係の文脈でいえば、台湾海峡、朝鮮半島、南シナ海などのいずれにおいても緊急事態における米国の不介入は大変な帰結をもたらすだろう。逆に米国が人権擁護やその他の理由で好戦的に積極的に内戦に介入するとしたら、チベットやウイグルなどを抱える中国にも、そしてその近隣諸国にとっても、重大な意味をもつことは自明である。

　もう一つの米国の外交で重要なことは、その世界指導力長期温存のために、世界各地域で地域代表を指名する意向が時々強くなることである。東アジアではどの国が、最近まで日本が地域代表に近い地位を占めていた。日米安全保障条約は大西洋を除くと、ほとんど地球的な軍事行動を容易にする。日米防衛協力ガイドラインと日本の国内法はこのような考えを支えるだろう。1990年中頃から中国が経済発展を着実にするにつれ、米国はその軸足を日本から中国に移すのではないかという見通しが一定限度まで強くなった。しかし、共産中国に対して米国は同盟国に準ずる地位を付与するのだろうか。中国に対する外国資本流入が激減していくなかで、第2の考えもそれほど明快なものではなくなった。第3に突如として浮上しているのが、オーストラリアが地域代表であるかのようなシナリオである。1999年の東チモールでみられたような平和維持活動に対して時宜にかなった平和維持活動の展開がそのようなシナリオの蓋然性をいくらか高くする。私の見るところ、米国は欧州における以上にアジア太平洋地域で自身の軍事的存在を誇示し、ときど

き介入する意欲を示すだろう。欧州が制度的に一定のまとまりと力量を示しているのに対して、アジア太平洋地域はそれがいまだにひ弱である。そうであればこそ、米国は二国間関係を軸にしながら、地域的な協力・管理を容易にするようなネットワークづくりに努力するのだろう。アジア太平洋地域の代表というには、日本も、中国も、オーストラリアも、帯に短し、たすきに長しである。そうだからこそ、米国は直接に関与・介入を確保する条件を保持しつづけるだろう。

　それでは日本と中国はどのような関係を21世紀に構築していこうというのだろうか。日本は秩序と安定を優先した対中国政策をとるだろう。次の優先課題として市場拡大・市場整備があがってくるだろう。さらにその次には、不安定化のきっかけとしないようにという条件つきで、民主化された中国を夢想するかもしれない。台湾問題について「ひとつの中国」の立場を保持しつつも、紛争の平和的解決と人間的安全保障の立場から、一定の注文をつけていくだろう。これに対して中国は日本が軍事的に米国から離脱し、しかも強大になりすぎることを断固として阻止しようとするだろう。米国から離脱しなくとも、米国が中国の安全保障を骨抜きにしかねないような安全保障政策構築の動きには非常に警戒するだろう。しかし、経済発展で思うようにまかせないことが多々あるために、攻撃的に民族主義的主張の一本槍ではなんとも芸がない認識を1999年春までに強めている。米国によるWTO加盟問題への影響力や日本の政府開発援助のさじ加減などをあてにしなければならないだけに中国外交は民族主義一本槍からより多くの工夫をしていくだろう。

　おそらく、2025年までに、日本も中国もともに世界での有数の経済国になり、ともに中規模の軍隊をもち、ともにかなり自由で民主的な政治体制をもつことになれば、日中関係は20世紀の前半はいうまでもなく、後半でもよくみられた波乱万丈の関係から、より平和で、より友好的で、より紐帯の強いものになるのではなかろうか。

ボーダレス化の深まりと高度情報化社会の進展
アジアの明日を切り開く視座を

為田英一郎

1 時代をどう読み解くか

　冷戦構造が崩壊してから今日までと、それとほぼ同じ時間をこれから重ねて終わる2010年ごろまでの時期、私たちが現に過ごしつつある約20年間は、おそらく人類の長い歴史のうえでも特筆に値する大きな転換点をみせた時代として、のちに記憶されることになるのではないか。

　経済的には市場主義、政治的には国際主義、人々のものの考え方やライフスタイルの面では（社会的には、といってもよいだろう）「個の解放」への志向、この三つの高波が主要な潮流を形成し、いま国家や政府を激しく洗い立てている。内には国民の忠誠心、外に向けては他を凌駕する軍事力と経済力とをもって国境を固めて国を守り、他との緊張状態を持続させることによって国家が国家であることを内外に誇示しつづける、国家や政府がそのように努めてきたこれまでとは明らかに様相の違う状況がいま私たちの眼前に広がり、しかも深化をみせている。ウェストファリア条約（1648年）締結のあとに成立した国民国家の時代がどうやら終焉に向かいだした、と私は考えている。欧州大陸で実りを結びつつある大統合の動きはその証左となるものではないか。

　国境だけではない。これまで人々の前に立ちはだかっていた国籍、年齢、性別、階層、宗教、言語などの障壁が、高度情報化社会の出現とボーダレス化の進行によるモノの流れ、ヒトの流れ、カネの流れ、そして情報の流れの

加速のなか、いっきょに綻び破れ、個人のフロンティアが広がってきた。もはや昔風の国家にはこの流れを押しとどめる力量はない、と私はみる。

一体、何がこのような事態を招いたのか。

変革の推進力となったのは、はたして誰なのか。

この大きな変化を加速させた立役者は誰なのかと詮索を始めるのなら、答えは実に容易にみつかる。何かといえば、それはコンピューターの普及であろう。あの蒸気機関の発明・実用化が産業革命以前の生産システムをゴミやボロに変えてしまったのとまったく同じ破壊力をみせて、この情報機器はいま世界を一新させようとしている。

2 情報の流れの高度化、その光と影

コンピューターの普及とそれにともなう従来とは比較にならぬ情報の流れの加速化によって、人びとはたしかに暮らしのうえでの十分な便利さを手に入れた。ここで、それについて詳しく述べる要はあるまい。取り上げたいのは、コンピューター社会が生み出した「ひずみ」の諸問題に関してである。高度情報化社会が内包する光と影の部分のうちの陰部こそが問題なのだ。サイバースペースの広がりの壮大さ、電脳時代の驚くべき利便性に目を奪われるあまり、私たちは時代が生み出しているマイナスの現象に対してあまりに無神経になっていはしまいか。さきには「大転換の20年」について述べたが、この時期に取り組むべき人類の課題がまさにこれなのだと指摘しておきたい。

それは何か。

富の偏在だ。貧富の差の急激な拡大である。

レスター・ブラウンらの『地球白書 1999-2000』によれば、世界で最も金持ちの225人の資産合計は1兆ドルを超え、世界人口のうち貧しい半分の人々の年間所得の合計額に匹敵するという。最も富裕な3人の資産を合わせただけで、最も貧しい48カ国のGNPを合わせた金額より多くなるという（『朝日新聞』2000年1月1日付社説）。

富裕な3人のなかにマイクロソフト社の創業者ビル・ゲイツ氏が鎮座していることで明白なように、富の偏在はコンピューターの普及、つまりは高度

情報化社会の出現、IT革命によるグローバリゼーションが生み出した結果であることは疑いない。1997年にアジアのほぼ全域を包み込んだ経済危機を想起するのもよいだろう。あのときはジョージ・ソロスという名のヘッジファンドの総帥一人が巨額の投機マネーで人口2260万のマレーシアの経済を大混乱に陥れた。急激なグローバリゼーションは情報を握り市場に強い個人に幅広い活躍の舞台を提供したが、一方で、貧しい階層と基礎体力で劣る国家を踏みつけにする仮借ない現実をも創出したのである。

　地球規模でみるこのような富の寡占状況は、おそらくローマ皇帝ネロの時代にも例をみないものであったにちがいない。私たち科学を学ぼうとする者が、過去のいかなる時代にも人類が経験しなかった「いびつな」状況の広がりを目にして、その事実から目をそらすような怠惰な姿勢をとりつづけてよいはずがないではないか。この事実が私たちにつきつけているのは、「共生」こそが人類が立ち向かうべき課題であることの確認なのであろう。人々がみな等しく心安らかに、ひとしく豊かに生きる世界をどうつくりあげていくかについて考えようとするとき、この格差の解消は避けて通れない問題になってきた。

3　一極構造の危うさ

　もともと情報化の進展、情報機器の発達は貧富の差を拡大する働きをする。価値のある情報をいちはやく手にした者、情報のツールを誰よりも上手に効率よく使いこなす者は、インターネットを通じて直接世界とアクセスし、そのアイデアと行動力でたちまち成功者にのしあがる可能性をもつ。しかし、情報機器をあやつれず、いや、コンピューターの購入すらとても不可能という立場におかれた者は情報化の波に乗りそこね、水準以下の階層として沈殿を余儀なくされる。最近しきりにいわれるデジタル・デバイド（Digital Divide、情報格差）がそれだ。注意深く見渡すなら、情報の高度化によって基盤を固め終わり、その極にまで肥大した多国籍企業の存在が目に映るはずである。現在、世界貿易の4分の3は多国籍企業の支配下にあり、その多国籍企業は世界の生産資本の3分の1を支配している（伊豫谷登士翁「グローバリゼーション——新たな世界システム化」、『世界』2000年10月）。寡占に

近いこの状況はIT革命の進行があって初めて生まれたものだ。情報の発信・受信の中枢が米国にあり、多国籍企業のほとんどが米国資本を中心にしているという現実にもまた容易に気づく。

　国際競争の場でのこの展開は、ふつうには、米国の「独り勝ち」と呼ぶべき状況であろう。いわゆる一極構造（単辺主義の構造）の固定化でもある。ソ連の崩壊後、世界は二極から多極の構造に移ると考えた人は多かったが、そうはならなかった。私たちがいま目の当たりにしているのは軍事的にも経済的にも突出した米国の姿なのだ。IT革命が投げかける「影」の部分と私がいうのがそれだ。

　一極構造への傾斜については、軍事的にはNMD（米本土弾道ミサイル防衛計画）の推進を挙げればそれで十分であろう。アメリカ50州の国土防衛だとホワイトハウスは説明するが、彼らはその障害となるABM条約を廃止しようとしている。条約には、国際世論の強い圧力に押された旧ソ連と米国がそれまで野放図につづけていた核軍拡競争の自粛を誓う形で生まれたいきさつがあり、不完全ではあるが世界平和に役立ってきた。自国の都合だけでこれを一方的に廃止してしまおうというのだから身勝手にすぎる。

　地球温暖化防止条約を実効あるものにするための京都議定書はいまなお宙に浮いたままだが、これも米産業界の強い反対に押されたブッシュ政権が二酸化炭素削減の実施目標にイエスといわないことからくる遅延だ。一国のエゴのために条約そのものが棚上げされようとしている。

　最も重視すべきは、文化に現われつつある画一化、大衆消費型商品化の傾向である。いまや世界各地で上映される映画の約70%がハリウッド製作のものになっているという。中南米の音楽、たとえばレゲエはサブ・カルチャーと位置づけられてはいるが、日本の若者が買うCDはすべてニューヨークかロスアンジェルスの会社が製作したものである。他地域の民族文化すらが、いまは、アメリカの手をへないと世界に売れない仕組みに変わりつつある。この文化の一元支配は脅威である。グローバリズムといいながら、それが単なるアメリカ化にすぎない例が実に多い。

4 多様性を生み出すアジアへの期待

　むろん私はここで反米演説を試みようとしているのではない。「一極という仕組みは政治、経済のみならず、地球市民の暮らしのすべてにわたってさまざまなひずみを生み出す。もっと安全性の高い多極のシステムに替えるよう、みなの力をそこに結集しようではないか」、指摘したいのはその一点なのだ。みながひとしく心安らかに、みながひとしく豊かに……を新しい世紀のパラダイムとし、貧困からの解放と地球環境の保全を目標に、「共生」への実りをあげていきたいと願うこと以外に他意はない。

　そして、この際、アジア世界が果たす役割の重要性について触れておきたい。経済的に、政治的に、文化的にも、いまのアジアはその持てる力を世界の人びとのために使っているとは言い難い。いつも潜在的なパワーを評価されるだけの地位にとどまっている。そこのところを振り返ってみる必要がありはしないか。

　アジアは多様だ。民族的に、宗教的に、地理・風土からみても、歴史でいっても、まことに多様で多彩である。この多様さ、多文化主義の利点をみつめなおし、そこから新世紀にふさわしい世界秩序の構築に主体的に取り組んでいく努力が待たれる。多様性を誇るこの地域が世界に貢献していくことはたいへんに説得力をもつ。

　これに関して留意したいのは、アジアは米国の対抗勢力になるのでない、との確認であろう。西の欧州ブロックと東のアジア・ブロックが強大なパワーをもつ米国の動きをチェックしつつ、協力して「共生」の枠組みをつくっていくことが求められている。多様性が貴ばれるこの時代、それは米国民にとっても恩恵をもたらす。

　多様であるべき新世紀の国際社会に一極構造を招来してしまったことに、私たちは責任を負っている。米国が突出を始めたとき、中国はそのチェック機能を十分には果たさなかった。あの時期、中国は不幸な天安門事件の処理などに忙殺され、外交面での努力が不足していた。日本は「失われた10年」のさなかで日々をほとんど無為に過ごし、いまもってアジア世界の期待に沿えないでいる。

　大切な時期であり、大切な役割を私たち日中両国の市民は背負っている。

私たちはそろそろ、日中関係を〈bi〉の関係だけで考える癖から卒業し、アジアを基盤にして、その基礎のうえに成り立つ〈multi〉の協力関係として課題をとらえ、「共生」の世界の構築を考えていく習慣を身につけなければいけないのではなかろうか。

新時代を迎える東アジア経済

飯島　健

1 はじめに

　激しい通貨危機に見舞われた東アジア経済は、1999年回復に転じ、近い将来の「アジアの時代」再来をも予想させる勢いにある。試練の年1998年には徹底的した輸出推進と輸入抑制によりマイナス成長幅の縮小に努め、1999年には民間消費と投資の復調により、日本を除く東アジアの平均実質GDP成長率は5.0％へと反転をみた。通貨危機以前すでに東アジアの基幹商品となっていた自動車の市況改善と、情報技術（IT）革命の進む中でのIT部品の輸出、IT関連投資の好調がアジア復調の大きな要因とされる。

　1997年7月、タイに始まったアジア通貨危機は、急成長と突然の挫折を通じて東アジアの人々に、成長に取り組むダイナミズムとともに自らの足取りを検証する細心さと謙虚さの必要性を認識させたといっても過言ではなかろう。そしてまた、東アジアの国々が雁行型発展を遂げつつも、先発・後発の時間差が縮小し、また絶え間ない後発国の参入により地域内での生産過剰が恒常化し競争が激化しつつある。加えて、経済のグローバル化が進む中で肥大化した市場の動きに対し、国際機構や国際協議体がいかに非力かをも認識させ、地域諸国との連携の重要性を自覚させる機会となったとも言える。

　また、これまで「市場媒介と投資」を役割とし、経済の脇役と考えられていた「金融」が、「市場介入と投機」機能をもって国際経済の主役であるかのように振る舞い、その結果、実体経済に大きな衝撃と災厄をもたらした。

東アジア諸国では破綻した金融システムの修復にさらに数年を要すると思われるが、今回の通貨危機で看過しがたい役割を演じた国際過剰流動性制御の問題についてはいまださしたる対策は打ち出されていない。

本稿では、東アジア経済復調の要因をGDP成長率に対する支出項目別寄与度を用いて検証したうえで、新時代の東アジア経済を展望するとともに、グローバル化の中で気運の高まる地域連携とその重要性につき論じたい。

2 通貨危機の教訓

アジアは高い代償を払ってなにを学んだのだろうか。多くの国が資源の乏しい中で輸出指向型開発経済を進めたことから、輸出産業、とくに製品組み立て産業の構築を進めるにあたり事業資金や産業技術、そして市場を海外に求めた。日本をはじめとする先進諸国の健全な事業投資と技術、そしてまた商品吸収力のある米国市場がアジア途上国の産業開発を助け、やがてそれらの途上国を新興工業国と呼ばれるまでに成長させることとなった。しかし、高い対外依存度に対する内外からの警鐘も成長を過信した国々の自己改革にはつながらず、東アジアは気まぐれな海外投機家のターゲットにされた。

東アジアには市場経済化の潮が押し寄せていた。特に米国と国際通貨基金（IMF）の強い圧力のもとに1990年代初頭からはじめられた金融市場の自由化・開放は、自国のシステムや市場構造未成熟のまま導入された。開発資金が欲しかった諸国は金融の自由化・開放を自国の外貨資金繰りに貢献するものとして歓迎し、そこに潜む市場の移り気に無頓着であった。金融や資金の「媒介・投資機能」に目を向けるあまり、ますます肥大化する国際流動性の「介入・投機機能」を見逃していた。性急な金融自由化や資本取引の自由化が誤りであったことは多くの識者が認めているところである。

世界の資金を集めた大型ファンドやヘッジファンドは、いまもその巨額の資金運用力をもって株式市場、為替市場、商品市場、原油市場などの相場に介入し、投機的取引に参入している。最近の原油高の要因の一つであるとも伝えられる。

危機発生後直ちに救済資金枠の提供を申し出たのは近隣・地域各国であって、米国でも、また米国の指導するIMFでもなかった。IMFは瀕死のアジ

アに苛酷な経済・社会・政治改革を陰に陽に迫った。貿易の自由化・円滑化問題には熱心だったアジア太平洋経済協力会議（APEC）は肝心の時に沈黙した。先進国の蔵相・中央銀行総裁会議も、IMFも金ドル・リンクの外れた国際通貨システムのもつ矛盾から目をそらし、国際的資金移動の「監視（サーベイランス）」を強化しようと宣言を発することでお茶を濁している。各国は、経済再生の足かせとなっている金融機関の不良債権問題につき、その国民的負担に悩みながら、せめて基礎的な経済的体力だけでも回復しようと取り組んでいるのが現状である。

　これらの体験から、東アジアの人々、国々はいくつかの教訓を得た。成長至上主義の行き過ぎに気付かず、内と前だけを見ていた自らの不注意と甘えや、政・官・産の指導・管理層の国際化・国際的認識の遅れ、民主化、構造改革の必要性などを自覚する機会となり、また、市場の恩恵と災厄の併存、国際機関の機能の硬直性と非力など今後の危機管理へのヒントをも学ぶことができたと言えよう。そして一方、すでに築き上げられた東アジアの地域経済連携ネットワークがますます重要性を増し、いま順調にその機能を復活しつつあること、世界レベルの、太平洋レベルの対話もさることながら東アジア・レベルのより緊密な対話が必要性なことなどを痛感したと言えよう。

3 東アジアの経済回復は本物か

3.1 東アジア経済の反転成長

　2000年9月、アジア開発銀行が2000年、2001年のアジア経済見通し改定を発表した。それによると、日本を除くアジア全体の実質GDP成長率は今年を6.9％、2001年を6.5％と予測しており、2000年4月の予測値に対しそれぞれ0.7および0.5ポイントも上方修正している。

　1998年に成長率がマイナス6.7％に落ち込んだ韓国が1999年には10.7％に急伸し、2000年には8.3％の高い成長率を維持すると見ている。またタイやマレーシアも、1998年にはそれぞれマイナス8.0％、マイナス6.8％に落ち込んだが、1999年には4.2％、5.6％とプラスに転じ、2000年にはそれぞれ4.5％、7.8％へと上昇する見通しである。

表1 東アジア5ヵ国の実質GDP成長率と項目別寄与度

単位：％、実質GDP単位：韓国＝億ウオン、マレーシア＝億リンギ、タイ＝億バーツ、インドネシア＝億ルピア、中国＝億元

		実質GDP		民間消費			政府支出		
			成長率	前年比	GDP寄与度	GDP構成比	前年比	GDP寄与度	GDP構成比
韓国	95	3,773,500	8.9	9.6	5.2	54.7	0.8	0.1	9.7
	96	4,028,210	6.8	7.1	3.9	54.8	8.2	0.8	9.8
	97	4,230,070	5.0	3.5	1.9	54.1	1.5	0.1	9.5
	98	3,947,100	-6.7	-11.4	-6.2	51.3	-0.4	0.0	10.1
	99	4,367,990	10.7	10.3	5.3	51.1	-0.6	-0.1	9.1
マレーシア	95	1,666	9.8	11.7	5.6	49.2	6.1	0.8	12.4
	96	1,833	10.0	6.9	3.4	47.8	0.7	0.1	11.4
	97	1,971	7.5	4.3	2.1	46.4	7.6	0.9	11.4
	98	1,822	-7.6	-10.8	-5.0	44.7	-8.3	-0.9	11.3
	99	1,925	5.6	3.1	1.4	43.7	16.3	1.8	12.4
タイ	95	29,353	8.9	7.6	4.2	54.6	5.4	0.4	7.9
	96	31,093	5.9	6.8	3.7	55.0	11.9	0.9	8.4
	97	30,570	-1.7	-1.1	-0.6	55.4	-3.0	-0.3	8.3
	98	27,461	-10.2	-12.3	-6.8	54.0	1.9	0.2	9.4
	99	28,603	4.2	3.5	1.9	53.7	2.8	0.3	9.3
インドネシア	95	3,837,920	8.2	12.6	7.3	61.0	1.3	0.1	8.0
	96	4,137,980	7.8	9.7	5.9	62.1	2.7	0.2	7.7
	97	4,333,960	4.7	6.6	4.0	63.2	0.1	0.0	7.3
	98	3,760,520	-13.2	-2.2	-1.4	71.2	-15.4	-1.1	7.1
	99	3,769,020	0.2	1.5	0.9	72.1	0.7	0.1	7.2
中国	95	58,510	10.5	29.5	5.5	46.1	11.8	0.6	11.4
	96	68,330	9.6	19.3	5.1	47.1	17.4	1.1	11.5
	97	74,894	8.8	8.4	3.6	46.5	11.1	1.1	11.7
	98	79,853	7.8	5.9	3.3	46.2	8.7	1.2	11.9
	99	83,889	7.1	6.8	4.4	47.0	12.0	2.0	12.7

総資本形成			純輸出		(輸出)		(輸入)		統計誤差	
前年比	GDP寄与度	GDP構成比	GDP寄与度	GDP構成比	前年比	GDP寄与度	前年比	GDP寄与度	GDP寄与度	GDP構成比
11.4	4.1	37.2	0.2	-1.5	24.6	6.5	22.4	-6.3	-0.7	-0.1
8.7	3.3	37.9	-1.2	-1.5	11.2	3.4	14.2	-4.6	0.0	-0.1
-7.5	-2.8	33.3	5.7	3.1	21.4	6.7	3.2	-1.1	0.0	0.0
-38.4	-12.8	22.0	12.3	16.5	13.2	4.8	-22.4	7.5	0.0	0.1
30.4	6.7	26.0	-0.8	14.1	16.3	7.2	28.9	-8.0	-0.4	-0.3
20.2	9.1	49.2	-5.7	-10.8	19.0	16.9	23.7	-22.6	—	—
5.7	2.8	47.3	3.7	-6.5	9.2	9.0	4.9	-5.3	—	—
11.2	5.3	48.9	-0.7	-6.7	5.4	5.2	5.7	-5.9	—	—
-43.0	-21.0	30.2	19.4	13.8	-0.2	-0.2	-19.4	19.6	—	—
-4.9	-1.6	27.2	3.9	16.7	14.0	14.1	11.8	-10.2	—	—
11.8	4.9	42.7	-2.6	-5.3	15.5	6.9	19.9	-9.5	0.0	0.1
6.8	2.9	43.1	-2.3	-7.3	-5.5	-2.5	-0.5	0.2	0.7	0.8
-23.1	-9.9	33.7	9.1	1.9	8.4	3.5	-11.4	5.6	0.0	1.0
-49.3	-16.6	19.0	13.0	16.6	6.7	3.1	-22.3	9.9	0.0	1.0
12.1	2.3	20.5	-2.9	13.2	8.9	4.9	20.2	-7.8	2.6	3.3
13.1	4.2	33.4	-3.4	-2.4	7.7	2.1	20.9	-5.5	0.0	0.0
4.9	1.7	32.5	0.0	-2.3	7.6	2.0	6.9	-2.0	0.0	0.0
9.3	2.9	33.9	-2.2	-4.4	7.8	2.1	14.7	-4.3	-0.1	1.6
-46.3	-15.7	21.0	4.8	0.7	11.2	3.1	-5.3	1.7	0.2	0.2
-18.0	-3.4	17.2	2.6	3.5	-32.1	-10.1	-40.9	12.7	0.0	0.0
24.0	4.1	40.8	0.3	1.7	23.0	-1.0	14.2	1.3	—	—
12.5	2.9	39.3	0.5	2.1	1.5	3.9	5.1	-3.4	—	—
5.9	2.2	38.0	1.7	3.8	21.0	0.1	2.5	1.6	—	—
6.8	3.0	38.1	0.3	3.8	0.5	-0.1	0.4	-1.5	—	—
3.4	1.8	37.4	-1.1	2.9	6.1	5.7	18.2	-6.8	—	—

(注)中国の(輸出)(輸入)はドル建て計数から筆者推定
(出所)韓国:韓国銀行「National Account 1999 (Preliminary)」、マレーシア:Bank Negara Indonesia「Monthly Statistical Bulletin」、タイ:NESDB「National Income of the Financial of Thailand」ほか、インドネシア:Bank Indonesia「Report for the Financial Year 1997/98、インドネシア統計庁1999暫定値、中国:「中国統計年鑑」ほか

表2 日本・米国・EU・アジアNIES・ASEANの実質GDP成長率

単位：％

	1995	1996	1997	1998	1999	2000(予)
世界	3.7	4.3	4.2	2.5	2.3	3.4
日本	1.5	5.0	1.4	-2.8	-1.4	0.3
韓国	8.9	6.8	5.0	-6.7	10.7	8.3
台湾	6.4	6.1	6.7	4.6	5.7	6.8
香港	3.9	4.5	5.3	-5.1	2.9	8.5
シンガポール	8.4	7.5	8.4	0.4	5.4	8.0
タイ	8.9	5.9	-1.7	-10.2	4.2	4.5
マレーシア	9.8	10.0	7.5	-7.6	5.6	7.8
インドネシア	8.2	7.8	4.7	-13.2	0.2	3.5
フィリピン	4.8	5.8	5.2	-0.5	3.2	3.8
中国	10.5	9.6	8.8	7.8	7.1	7.5
米国	2.3	3.4	3.9	3.9	3.3	2.2
EU	2.4	1.8	2.7	2.8	1.8	2.7

アジア5ヵ国の実質GDP成長率

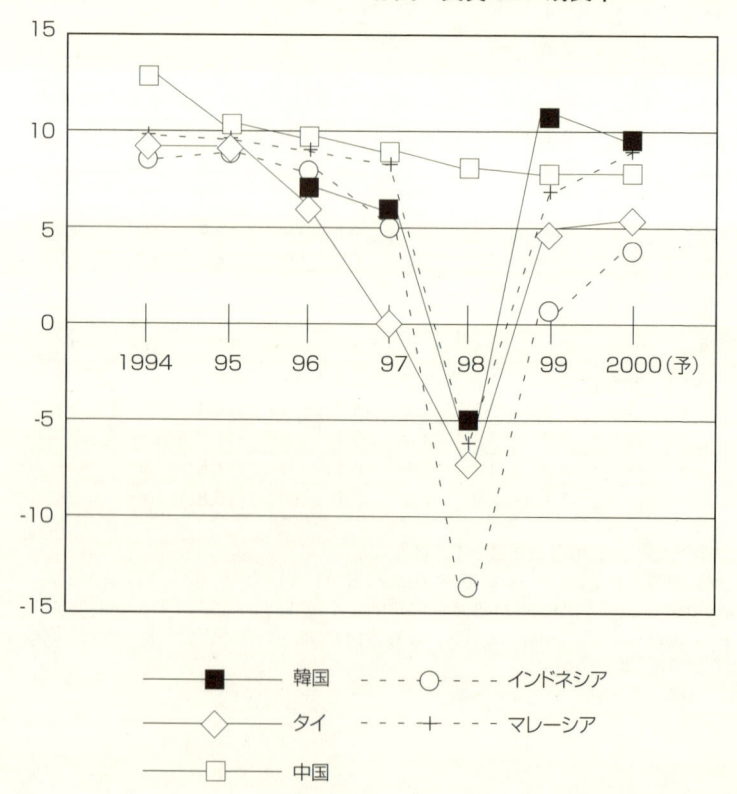

(出所) IMF、各国計数、NIES・ASEAN・中国の2000年予測はADB

3.2 各国経済の現況と回復の要因（韓国、マレーシア、タイ、インドネシア、中国）

　なにがアジア経済を回復させているのだろうか。アジア経済は復旧しつつあるのか、または新しく生まれ変わろうとしているのだろうか。ここで、韓国、マレーシア、タイ、インドネシア、中国の1998年と1999年の実質GDP成長率につき支出項目別寄与度から、急回復の要因を検証してみたい（表1、表2）。

(1) 韓国

　韓国の場合、1998年の成長率マイナス6.7％は、国内経済活動が冷え切ったことから民間消費は寄与度（以下同じ）マイナス6.2％、総資本形成（投資）がマイナス12.8％となる中で、輸入抑止と輸出ドライブによる純輸出のプラス12.3％が貢献した結果、経済の後退を一桁台に止め得たものである。1999年は一転して個人消費5.3％、投資6.7％と好ましい復調をみせたが、富裕層の消費拡大に伴う消費物資の輸入、輸出産業の払底した部品在庫の補填、IT関連機械の新規導入、加えて原油価格の上昇を主因に輸入が急増し、純輸出の寄与度はマイナスに転じた。1997年末のウォン売り浴びせが経常収支赤字の増大、対外債務残高の累増を背景としていただけに今後注視を要しよう。対内直接投資（認可額）はM＆A資金を中心に1998年、88.5億ドル、1999年、155.4億ドルと未曾有の数字となったが、50％弱（1998年認可額で47.8％）がM＆A資金の流入であり、外資導入により新規設備投資や産業構造の整備・拡充に着手したとみるのは早計であり、また、成長率の反転・急上昇に、韓国経済新生の端緒を見ることはできまい。懸案の財閥事業の再編、財務の透明化、労使法の改定などの構造改革はかなり進んだが、過重債務にあえぐ財閥事業の処理は米国フォードによる大宇自動車の買収交渉決裂にみるように容易ではなく、また問答無用の改革推進は各方面に不満も鬱積させており、そのテンポは足踏みを迫られよう。

(2) マレーシア

　ASEANのなかで復調著しいのはマレーシアである。1998年、マイナス7.6％に落ち込んだ成長率は1999年にはプラス5.6％に回復し、2000年には7.8％の成長が見込まれる。1998年には民間消費の寄与度はマイナス5.0％、

総資本形成のマイナス21.0％を輸入抑制で補い純輸出19.4％で支えた。1999年には民間消費の寄与度がプラス1.4％と復調、IT関連産業の輸出好調から純輸出でも3.9％貢献した。長期強権政権ながら内政も大きな波乱なく、1998年9月に導入した資本取引規制と固定相場制は国際資本市場筋の批判をよそに金融面の安定をもたらし、金融緩和策を可能にするなど順調な復旧軌道にあるとみる。

(3) タイ

タイは韓国同様、1998年には輸入抑止・輸出促進による純輸出の寄与度13.0％が支えたが、民間消費落ち込みが激しく経済成長率はマイナス10.2％に落ち込んだ。1999年消費、投資とも復調の兆しを見せたものの、輸出関連部品の輸入と原油価格の高騰のあおりを受け純輸出はマイナス2.9％に止まったため、成長率は韓国やマレーシアより低く4.2％となった。金融機関の不良債権問題に解決の糸口も見えず、また閣内不協和音の絶えぬ現政権に対し、11月の下院議員選挙後の新政権の政策が注目される。

(4) インドネシア

内紛のつづくインドネシアは、通貨危機以来の停滞が長引き、GDP総額は1998年の水準から浮上していない。1999年に至るも輸出が前年比32.1％まで落ち込み、輸入も40.9％減少するなど、明るい経済見通しは立てにくい。政権の不安定、地域の独立運動と宗教闘争、既得権減殺のための構造改革の遅れなど、地域大国の混迷はアジア経済の復調にもかなり影響を及ぼすこととなろう。

以上4ヵ国の回復の態様を見るに、経済破綻が激しかっただけに反転幅が大きかったと言え、その意味ではいまだ復旧過程にあり、アジアの新生には小康を得たところでの本格的な構造改革や社会改革の実行が必要であろう。

(5) 中国

中国は、人民元の交換性を規制下に置いたことにより、東アジアで伝播する通貨危機の惨状をよそに金融・為替市場に大きな混乱を招かずに済んだ。この間、成長率は減速したものの1999年には7.1％の成長を遂げ、2000年には7.5％に上昇するとみられている。成長率が鈍化し、デフレ懸念をもった政府は積極財政策に転じ、景況の維持に努めるとともに、開放政策の進展に併せて、行政、金融システム、国有企業の改革に取り組んでいる。昨年来

観察された貿易収支黒字の減少傾向（1998年：436.0億ドル、1999年：292.1億ドル、2000年：筆者予想250億ドル）、対内直接投資（実行額）の減少（1998年：454.6億ドル、1999年：404.0億ドル、但し2000年：契約額では1〜6月で241.7億ドルと前年水準〈1〜12月：521.0〉に戻しつつある）は、百数十億ドルを要する中西部開発への着手を前にして頭の痛い問題である。1999年9月には輸入生産設備の免税範囲の拡大、技術料にかかわる営業税の撤廃などを含む「新外資政策」を発表し外資誘致に力を入れる方針であり、また外資調達市場として香港金融・資本市場の機能の本格回復を期待している。さらに、2001年にも予想される世界貿易機関(WTO)加盟に備え、大手国有企業の競争力強化のため、中国石油集団や中国移動通信などの大手国有企業6社・集団は向後1年以内に総額200億ドルの資金をニューヨークと香港市場で調達を企図している。

3.3 金融機関の不良債権問題

各国の経済構造改革に重くのしかかる難題は金融機関の不良債権問題である。1999年6月のアジア開発銀行のフォーラムにおけるヘルムート・ライゼン（Helmut Reisen）の報告によれば、1998年におけるインドネシア、タイ、マレーシア、韓国における金融機関の不良債権比率は、それぞれ70％、45％、35％、35％で、銀行システム再建に要する費用は各国の名目GDPの十数％と試算された。その後、韓国では財閥グループ内企業間の貸借の透明化と整理や、韓国成業公社（KAMCO）創設による不良債権買取などにより1999年6月には8.7％まで圧縮、マレーシアでは債務再編交渉の推進や不良債権買取機構（ダナハルタ）の創設により同時期までに13.3％まで縮小したと伝えられる。タイでは1999年3月設置された民間債務再編促進委員会（CDRAC）の指導により整理に動き出したが、1999年6月末現在の主要銀行の不良債権比率は29.4〜59.3％といまだ高水準である。

中国では金融システム改革・五つの目標の一つとして不良債権処理に取り組んでいる。国有商業銀行の貸付債権は約8兆元で、人民銀行の戴行長によれば1998年初の時点で不良債権は約25％とのことである。今回のシステム改革で債権分類基準の細分化（2分類を5分類に）が行われるとともに、国

有商業銀行の不良債権移転先として金融資産管理会社が設立された。建設銀行、工商銀行、農業銀行、中国銀行などそれぞれに対応して信達資産管理公司のほか、華融、東方、長城などの管理公司が発足し、総額1兆2000億元の不良債権移転（買取）が進められている。しかし、不良債権のディスカウントなきまま簿価で移転したに止まっており、財政負担を前提にした本格的な措置はこれからと言える。

4 新時代を迎える東アジア経済

新時代を迎える東アジア経済のもつ陰の部分と光の部分のいくつかを考えてみたい。

4.1 東アジア経済の陰の部分(問題点)

(1) 破綻の修復コスト

通貨危機によってもたらされた東アジア諸国の経済的損失は計り知れないものがある。一国の経済規模の大幅な縮小、金融システムの破綻、株式市場の混迷、企業倒産、外資を原資とするバーツ資産の評価損、生産活動の停止など数え切れない。タイ政府はIMFと協議のうえ財政資金を投入し景況の急落抑止に努めた。企業は整理統合を進め、外資系企業は親企業からの資金支援や輸出市場の割譲などの支援を受けたが、修復にはさらに2～3年を要しよう。

(2) 過剰生産

輸出指向型産業開発を目指す東アジア諸国は、先発国で終了近い産業の移転を受け工業化に着手する。繊維、衣料、履物は多くの国が手がける初期工業製品で、その後、家電、自動車部品、電子部品、電子機器へと進む。東アジアではASEANにつづき中国が、そしていまベトナムなどのインドシナ半島諸国が工業化に着手しようとしており、各国の工業化の進展とともに、ほとんどの工業品につき激烈な競争と過剰生産とが見受けられる。

ちなみに、1990年代の繊維、衣料、履物の輸出額につき、先発の韓国、追随のタイ、インドネシア、後発の中国について4ヵ国シェアの変遷を追っ

てみる（表3）と、1990年に韓国と同水準であった中国の輸出シェア40.3％が1996年には54.6％へと上昇、韓国は23.4％に急落している。とくに、この6年間の4ヵ国輸出増加額合計の74.0％を中国の輸出が占めている。新規参入の激しい東アジアでは、一国の産業のライフサイクルが極めて短く、地域における過剰生産を招きやすい。言い換えれば、各国とも、産業の高度化を怠ると直ちに過当競争の渦中に追い込まれるという厳しい市場にあるとも言えよう。

　過剰生産は、エレクトロニクス関連産業でも言え、1997年の通貨危機も、地域の半導体など電子部品の過剰生産が引き金となったとも言われる。

(3) 高い対外依存度

　東アジアの経済発展に海外の資本、技術、市場が重要な役割を演じたことはすでに述べた。工業化に本格的に着手して以来15年、いまも東アジアの対外依存度は高い。それだけ各国経済が海外要因に左右されることが多く、資本の蓄積、内需の着実な拡大、裾野産業の育成など取り組むべき課題が山積している。

　いま注目されているのが米国経済の変調である。東アジアの対米輸出依存度（表4）は、1999年の数字によれば、日本の30.7％を筆頭に、ASEAN4で23.9％、NIES4が22.4％、中国は23.2％と高く、特に中国は1996年の17.7％から5.5％も上昇している。米国の個人消費がピークを打ち下降に向かう統計上の目途は消費者信用残高の可処分所得に対する比率20％と言われるが、1995年にその天井に届いて以来ずっと張り付いたままであったが、2000年7月には21.0％にまで上昇した。米国の個人消費市場の頭打ちによる東アジア製消費物資の吸収力の低下が懸念される所以である。

　また、原油価格高騰の及ぼす影響も看過できない。代表的な原油価格である米国産原油WTI（ウエスト・テキサス・インターミディエイト）の価格は、1998年末1バーレル当たり10ドル以下であったものが、いま40ドルに肉薄している。工業化は必然的にエネルギー消費を伴い、今後の東アジアの工業化、特に中国の工業化推進に伴う石油の対外依存は極めて深刻である。世界第四位の原油生産国中国（1997年：日産3.2百万バーレル）もすでに輸入に依存しており、日本、香港を除くNIES3、ASEAN4の8ヵ国の原油輸入量は1996年で世界の輸入量の24.3％を占め、1980年の19.5％に比べ大

表3 初期工業化3製品(繊維・衣類・履物)輸出シェア推移

	1990			1993		
	繊維・衣類履物輸出額	総輸出中構成比	4ヵ国シェア	繊維・衣類履物輸出額	総輸出中構成比	4ヵ国シェア
韓国	182.6億ドル	28.1%	39.1%	174.3億ドル	21.2%	27.1%
タイ	45.9億ドル	19.9%	9.8%	66.5億ドル	17.9%	10.3%
インドネシア	50.1億ドル	17.2%	10.8%	78.0億ドル	21.2%	12.2%
中国	188.5億ドル	30.4%	40.3%	324.2億ドル	35.3%	50.4%

表4 東アジア輸出の域内依存度と対米依存度

	対ASEAN			対NISE			対中国		
	96	98	99	96	98	99	96	98	99
ASEAN4	6.6	6.3	6.9	25.2	23.5	23.8	3.0	2.8	3.4
NISE4	11.5	10.3	10.3	14.8	13.0	10.4	14.1	15.0	13.9
中国	3.4	2.8	3.6	31.3	30.6	27.1	—	—	—
日本	12.4	8.3	13.0	20.0	20.5	21.5	4.2	5.3	5.6

1996			1990-1996		
繊維・衣類履物輸出額	総輸出中構成比	4ヵ国シェア	増加額	増加率	増加分シェア
189.5億ドル	14.6%	23.4%	6.9億ドル	3.8%	2.0%
91.2億ドル	16.1%	11.3%	45.3億ドル	98.7%	13.3%
86.5億ドル	17.4%	10.7%	36.4億ドル	72.7%	10.7%
441.2億ドル	29.2%	54.6%	252.7億ドル	134.1%	74.0%

(出所)国連『貿易統計年鑑』、矢野恒太記念会『世界国勢図会』2000/2001

単位：％

対日本			(対東アジア計)			対米国		
96	98	99	96	98	99	96	98	99
18.5	12.8	14.3	53.3	45.4	47.6	19.9	21.4	23.9
9.4	6.9	8.3	49.2	45.2	46.3	20.0	21.5	22.4
20.4	14.1	16.6	55.1	47.5	47.2	17.7	22.4	23.2
―	―	―	40.8	34.1	36.2	22.0	30.3	30.7

(出所)「海外経済データ」経企庁

幅に増加している。中国のエネルギー源が石炭（1999年：石炭67.1％、石油23.4％、天然ガス2.8％、水力電気6.7％）から石油に移りつつあり、また東アジア全体としての環境問題も深刻さを増すと考えられていることから、エネルギー効率の改善など本格的な対策が求められている。

(4) 商業倫理の未成熟

経済破綻後、東アジア経済を表現する言葉としてクローニー・キャピタリズムや縁故型資本主義が使われている。親類縁者、同郷会、仲間内の信用を拠り所とした事業展開や利益の捕捉を表現したものであり、それぞれの国の経済の自由化、近代化が未成熟であることを示しているとも言えよう。市場がグローバル化し、身内、国、地域を越えて何人も参入可能とされる市場での取引には、公平、無差別と透明性が求められる。また、身内取引でもなくまた援助でもない、一般商取引における商業倫理の遵守は市場取引における重要な前提である。自由とルールを研究した経済学者、フリードリッヒ・フォン・ハイエクは、「契約の遵守」と「資産の保全」が保障されないところに商業や市場は成り立たない、と述べている。クローニー・キャピタリズムの弊害はまさにこの点を突いており、世界市場を目指す東アジアにとって国内の不正・腐敗・汚職問題以上に改善、努力しなければならない。

(5) 受信者でなく発信者に

1990年代、米国は世界のGNPの56％を占めるアジア太平洋地域を包含するAPECにおいて、貿易の自由化・円滑化問題を中心にリーダーシップをとり、統合を進める欧州に対し「最大の市場を牽引するルール・メーカー」の地位を確保した。米国は、市場経済のグローバル化、民主主義、人道主義など多くの理念を世界に発信し、世界標準化を推し進めている。アジアは、現在世界における影響力を失い、そしてまた自己の文化の発信に極めて消極的である。世界に向けて自らの文化、理念を発信してこそ対話が成立するのであり、アジアのより積極的な発言が求められていると言えよう。

(6) 地域、国内の不協和音

東アジアの国々は植民地時代の領域をそのまま継承したことから、民族、文化、宗教など様々な面で国内に争点を内包しており、世界の中でも論争、紛争が多い地域の一つであろう。東アジアの経済発展に平和と安定がいかに重要かはすでに大きな犠牲を払い体験済みであり、叡智と対話をもって問題

に取り組む必要がある。

4.2 東アジア経済の光の部分（利点）

(1) 活力ある産業基盤

「世界の成長センター」時代を支えた活力ある産業基盤は健在である。東アジアに展開する日系企業についてみれば、中小企業の一部で現地子会社の維持が困難として撤退したものもあるが、中堅、大手企業のほとんどは、通貨危機後も国際経営戦略に変化なく、かえって危機対策の一環として海外拠点の資本の充実、日本からの輸出市場の一部割譲、現地人材の教育、現地技術研究部門の強化などの施策を進めている。中国市場への事業展開も増加しているが、20年余にわたり現地事業家、華人企業とともに東南アジアに構築してきた国際水平分業ネットワークは健在でありかつ魅力でもあり、今後とも東南アジアと中国の生産拠点と市場とを有機的に結ぶことにより効率的な事業展開が期待できる。

(2) 規模と多様性

東アジアのGNP7兆ドルと貿易額(輸出入額)3兆ドルは世界のほぼ4分の1、人口は18億人で3分の1を占める。域内には工業先進国から新興工業国、工業化途次の国々と多様性に富み、中国はまた一国の中にこの多様性を擁している。この地域では産業の移転、国際分業、貿易・投資も活発に進んでおり、その多様性が相互補完を可能とし、またその規模が新時代の発展を約束していると見てよかろう。

(3) 地域対話の進展

1990年代の成長・拡大志向期にあっては東アジアの国々は市場拡大に資するとしてグローバル化の潮流をそのまま受け入れてきた。通貨危機を経て、堅実な成長の大切さに目覚めるとともに地域連携、地域協力の重要性を認識している。東アジアの国々は、WTOやAPECの場で性急に進められようとしている自由化、市場開放がともすれば先進国・輸出国優位の固定化につながりかねず、また、手法の強引さから成果も不充分と認識しており、地域における二国間自由貿易協定の締結による、より実質的な貿易・投資の交流緊密化を目指す動きが活発となった。地域対話の進展は、経済関係に止まらず、

国境を越えた人々の相互理解を高め、ひいては地域の安定に寄与するものと言える。

5 グローバル化のなかでの地域連携の気運

5.1 WTO

グローバルな国際機構の中でいま注目されているのはWTOであろう。一つには、大戦直後の力関係を反映した1944-5年体制とも言うべき国連、IMFとは異なり、参加国のいずれもが平等な立場を保障され、差別なく議論したうえで意思決定が行われ、公平な執行が約束される国際機構として評価を得つつあることが理由として挙げられる。いま一つは、WTOの前身、「関税及び貿易に関する一般協定（GATT）」に対し1986年に申請していた中国、台湾の加盟が間もなく実現する見込みとなったことである。WTO加盟が確実になったことが評価され、中国では1999年に減少した外資導入契約額が2000年に入って上昇に転じた（表5）。ITに加え石油化学、自動車関連投資が中心である。市場の拡大に大きな期待がもたれている証左と言えよう。

日本の企業、金融は、かつては中国におけるリース業の失敗で、いまは金融システム改革を理由とした信託投資公司の整理に伴い巨額の損失を計上せざるを得ぬ状況にあり、IT、自動車関連大手企業の戦略的投資を除き中国向け投資には極めて慎重である。しかし、日本は中国にとって最大の貿易相手国で、また日本にとって中国は米国に次ぐ貿易相手国であり、WTO加盟を切っ掛けとする外資政策の安定、知的所有権関連法規の整備、商業倫理・規範の遵守などの改善が進めば一気に経済交流が進むこととなろう。

これまでの対米交渉をはじめとする各国との交渉で、2年以内の外銀による人民元業務容認、2005年を期限とするIT関連製品輸入関税の撤廃、2006年までの自動車輸入割当制度撤廃と、80-100％の輸入関税の25％への引下げなどの市場開放に加え、国内の法制度やルールの整備など中国のなすべき課題も多い。さらに国有企業改革、金融システム改革はいまだ途次にあり、海外資本市場を使った大型増資による資本力強化や、不良債権問題処理による国有商業銀行の体質強化も道半ばである。中国政府はWTO加盟後に懸念

される中国の西欧化や一党支配体制のひずみに強い警戒をしており、まさに社会主義市場経済推進の力量と、その可能性が試されることとなろう。

　WTOの新ラウンドが模索されているが、アジア諸国、途上国そして国際会議に発言力を確保しつつあるNGOの、グローバル化推進のもたらす貧富の格差拡大を阻止すべしとの主張から、グローバルなプログラムの推進が滞りがちで、逆に地域対話、地域協力・連携の気運と重要性が高まっている。

5.2 ASEANプラス3

　地域連携の動きの一つとして、ASEANプラス3、すなわちASEAN、日本、中国、韓国対話の場の始まりがある。1990年12月、マハティール首相が提唱し、後に東アジア協議体（EAEC）として同じメンバーの対話の場が提唱されたが、米国から横槍が入り頓挫した経緯がある。ASEAN10プラス3ヵ国の対話は、次に述べる域内スワップ協定の推進やアジア通貨基金（AMF）の創設、ひいてはASEAN地域フォーラム（ARF）の機能充実に大きく資するものと言えよう。

5.3 アジア通貨基金（AMF）構想

　通貨危機後、タイは170億ドル、韓国580億ドル、インドネシアが420億ドルのIMF支援を受けることとなったが、この支援を通してIMFによる緊急金融支援の性格が浮き彫りになった。すなわち、事態の性格上支援に緊急を要すること、所要金額が巨額になること、支援の条件としてマクロ経済、国際収支改善のため厳しい政策条件が課されること、一方、被支援国の交渉力や立場が弱く受け身になりやすく、そのため国によってはIMFとの交渉を躊躇するものもある。さらには、二国間の支援交渉においても、並行して行われているIMF支援の合意が条件とされる場合が多く、緊急支援策となり得ぬなど、多くの問題が存在することである。

　IMF支援のもつ諸課題を認識したうえで、1997年9月、日本はアジア地域における金融危機対策の一つとしてアジア通貨基金の設立を提案した。より緊急な支援を可能とする地域金融支援ファシリティの構築を提案したもの

である。この提案に対しては、被支援国に対し、IMFの支援条件と異なる支援条件と政策提言がなされる恐れと、被支援国のモラルハザードが懸念されるとして各方面の賛同を得ることはできなかった。しかし、国際通貨システムの見直しが論議の対象になりつつあり、IMF自身による機能再検討の動き、アジアにおける地域連携の気運などから構想は再び日の目を見ようとしている。

5.4 域内スワップ協定

アジア通貨基金（AMF）構想が議論される中で、2000年5月、タイで開催されたアジア地域の蔵相会議で経済安全保障策の一環として、通貨スワップ協定の拡充が話し合われた。既存のASEAN5ヵ国のスワップ協定2億ドルを10億ドルに増額し、日・韓・中3ヵ国は相互にスワップ協定を結ぶとともに、それぞれASEAN各国と同協定を締結するというものである。日本は韓国とすでに協定済みにて、中国及びASEAN各国との協定も年内に完了する予定である。

5.5 自由貿易協定

WTOの新ラウンド立ち上げが滞り、1994年の第六回APECボゴール会議で採択された貿易・投資の自由化・円滑化宣言、いわゆる「ボゴール宣言」も各国の取り組み姿勢は区々で、かつ不透明である。ASEANはすでにASEAN自由貿易協定（AFTA）の協議を進めているが、それとは別に東アジアでは、「まず隗より始めよ」とばかり、いくつかの二国間自由貿易協定の締結交渉が始まった。日本とシンガポールとの間では1999年3月に産・官・学共同で検討作業を開始し、2000年9月にその報告書が発表され、年内にも明確な方向が固まろう。日本と韓国の間では、1999年5月にアジア経済研究所と韓国の対外経済政策研究院が共同研究結果を発表、2000年9月、金大中大統領訪日の際、締結の方向を確認した。その他、日本にはカナダ、豪州からも提案あり、2000年6月には、タイのスバチャイ副首相がASEANプラス3および豪州、ニュージーランドを加えた広域の自由貿易協定を提案し

表5 韓国・タイ・中国の直接投資・総固定資本形成比率

単位：億ドル

		対内直接投資(A)	総固定資本形成(B)	(A)／(B)
韓国	96	32.0	1,846.9	1.7％
	97	69.7	1,527.3	4.6％
	98	88.5	817.5	10.8％
	99	155.4	1,002.8	15.5％
タイ	96	131.2	523.2	25.1％
	97	106.2	330.2	32.2％
	98	59.1	139.7	42.3％
	99	42.9	147.3	29.1％
中国	96	417.3	2,757.3	15.1％
	97	452.6	3,008.6	15.0％
	98	454.6	3,430.7	13.2％
	99	403.2	3,608.2	11.2％

(注)中国の対内直接投資は実行ベース、その他は認可ベース

ている。

　自由貿易協定は、対象品目、分野、自由化の速度など各国の利害が輻輳し、また自由化は先進国商品にとって有利として各国とも議論は少なくないが、投資の自由化、貿易の拡大、国際分業の深化、事業機会の増大など利点も多く、公約数での合意を模索することによりいくつかの自由貿易協定が締結に至り、それらがWTO新ラウンドへの環境を整える役割を果たすこととなれば世界経済の自由化推進にも貢献しよう。

6 むすび

　いま、パックス・アメリカーナの時代と言われ、米国が発信する理念、すなわち自由民主主義、市場経済、国際標準が世界の理念、規範として敷衍されつつある。

　サミュエル・ハンチントン、ハーバード大学教授は、最近の論文（「孤立国家・日本の役割は減少する」『文芸春秋』6月臨時増刊号）で、キリスト教文明をもつ多くの国を包含する共同体に属する米国とEUの連携の可能性と、文明的にそれぞれ孤立し文明共同体をもたぬ東アジア諸国の連携の脆弱性から、米国・EUによる二極構造世界の到来を予想している。いま東アジアは通貨危機の後遺症から抜け出しつつあり、単に危機前への復旧に止まらず、持ち前の勤勉さと、進取の精神をもって国づくりと新生アジアへ向けての地域協力を進めようとしている。そこには、「世界の成長センター」と呼ばれたダイナミックな経済発展を体験した韓国、香港、台湾、シンガポールなどアジアNIESがあり、また新進気鋭のASEAN諸国も力を回復しつつある。そしてまた、アジアの巨大なポテンシャリティを予期させる中国の堅調な経済発展と、アジアの可能性を体現した日本経済の復活も期待されている。

　18世紀初頭まで、世界のGNPの過半を生産し、欧州に対し魅力ある東洋文化を発信し、高品質な商品を輸出していたアジアが、欧州で起きた産業革命後影を薄めている。アジアが通貨危機の難局を乗り越え、新生の息吹を取り戻しつつあるいま、地域協力の輪を広げその実を挙げ、和と互恵を大切にした新時代のアジアの理念と文化を創造し、世界に発信することが求められていよう。

第二部
環境保護における日中関係

環境保護と中日協力

何　芳川

　21世紀は、非常に理想的な世紀であるはずなのだ。

　だが、と同時にこれは非常に現実的な世紀でもある。「9.11」事件——これこそ残酷な現実ではなかろうか。

　しかし、現実を直視する一方、理想も失ってはならない。現実にだけ視野を固定してしまっては、問題の解決は望めない。今、反テロリズムの戦争はすでにはじまった。テロリズムという主張に、異議を唱える人はいないだろう。ただ、この戦争は軍事の領域だけで簡単に勝負がつくものと、そう信ずる人もいないだろう。世界経済の一体化という流れのなかで、経済面の平等、共生、互恵などの問題にも関心を寄せなければならない。また、異なる文明間、文化間のコミュニケーション、交流、理解などの問題にも注意を払う必要がある。そうしなければ、中日両国が発展し、発達したとしても、テロリストのターゲットにならないとは限らない。

　21世紀における中日関係も、これまた非常に現実的なものであると、私は思う。現実に立脚し、地道に問題の解決に当たっていかなければならない。しかし一方、現実の問題を解決する時にも、理想を忘れてはならない。そうすれば、現実問題の解決はより調和的に、より円満に実現するだろう。ここで具体的な問題を取り上げたい。この問題は両国間の距離を最短に縮めることができるし、かつ彼我の差違と矛盾をも最小限に抑えることができる。ひいては共同研究や、共同開発できる課題を生み出すことも可能である。

　これは、つまり環境保護の問題——中国の環境保護と中国の西部開発であ

る。

　今日では、環境問題はすでに地球規模のものとなっている。中日両国は一衣帯水の関係にある。中国の環境問題は、同時に日本の問題でもある。歴史的観点から見れば、環境問題は二つの範疇に大まかに分類することができる。一つは、自然界自身の変遷から生まれるもので、もう一つは人類の活動がもたらす問題である。しかしながら、疑うべくもなく、人類の活動が活発になり、生産が発展すればするほど、環境問題も深刻さを増していく。産業革命、ハイテクノロジーの進歩が幾何級数の速度で環境問題を迅速に深刻化させている。それに、環境問題は究極的には我々人類がいるからこそ引き起こされる問題である。

　中日双方の学者が一緒に環境問題、特に中国の環境問題について研究を行うことの意義はどこにあるか。

　中国側から言えば、環境問題は二つの側面を持っている。つまり積極的な一面と消極的な一面である。

　プラスの一面は、改革開放の深化に伴って、中国政府と国民が理念のうえで大きく変化し、環境に対する意識が確実に高まったことである。具体的には、中国政府が問題を回避するのではなく直視するようになったこと、政府が環境問題を重視するようになったこと、宣伝、教育、汚染改善、砂漠化の防止などに政府が多くの資金を投入するようになったことなどに現れていると言えよう。中国の国民が環境問題の深刻さに気付きはじめ、環境保護に注意を払うようになった。

　マイナスの一面は、改革開放の深化に伴って、中国内陸の開発が始まり、なかに低次元なもの、破壊的なものもあり、そのために一部の地域——特に立ち後れた地域では環境問題が非常に深刻化し、なかには深刻の度を深めている地域さえあることである。その背景には、経済の要因がある。貧困地域では、豊かになろうとする一心で、森林、植生、河川、大気などを含む環境破壊がまったく顧みられず、目先の利益を追い求める開発をむやみに行っている。環境破壊とわかっていながら、あえて手を着けるケースさえある。これは法律や条例の制定と執行、管理の強化、及び公務員と国民の教育に力を入れるべき問題で、従来の環境保護では解決できない。在中国前大使谷野氏が早稲田大学のある会合の席上で、「東京の空は北京より青い。東京の交通

秩序も北京より良い。安心して道が渡れる」と言った。私は、「北京の空は東京の空に近い青さを取り戻せるが、しかし交通秩序と環境保護は30〜50年かけても東京に追い付くことができるかどうか、私にはまだ自信がない。努力しなければならない」と言った。

　プラスの一面とマイナスの一面においても、中日両国の協力は積極的な意義を持つ。

　プラスの一面では、中国政府と民間の環境保護政策、法律の整備、意識の強化に関して日本側の強力な支援が期待される。中国の官民とも日本の経験及び教訓を積極的に学ぶべきである。

　マイナスの一面、つまり西部開発において、国民に対する環境保護意識強化の教育に日本の関わりが望まれる。つまり、中国の学者、学界、文化界の仕事に関わり、また、西部開発において中国の環境保護策をサポートする。

　さらには、日本の国民が中日の環境保護を全面的に支持してくれるよう、日本の国民へ呼びかけてほしい。日本の皆さんには、「中国の環境保護をサポートして、日本を守る」というスローガンを提案したい。中国の環境保護への支援と日本を守ることとを結びつけ、人文主義の観点からどのように国民に呼びかけたらよいか、共同研究や開発をするなど、中日の学者が手を携えれば、人文精神の面で多くの仕事が可能である。

　中日両国は環境保護の問題において、相互の立場を近づけ、協力を深め、信頼関係を築くことができるにちがいない。

(張平訳)

日中両国の環境問題への対応の比較と、それに基づく提言

大喜多敏一

1 はじめに

　日本では1950-1970年代に、工業発展に伴ういわゆる公害を経験し、その修復に全力をあげた。他方中国では1980年代より工業の発展が加速し、それに伴う公害の対応に追われるようになった。したがって日本では、工業化の努力の結果を中国に伝えるべきであるとの意見が強い。それは当然であるが、私としては日中双方より環境対策につき知恵を出し合う時代に入りつつあると考えたい。

　6千年以上の中国文明より日本人は多くのものを学んできたが、その結果生じた水、森林、土壌などの変化についても学ぶべき所が多いのではないかと考える。

2 法的対応

　橋本道夫氏によれば、日本の明治政府が力を入れたのが法律の整備であり、土地・水・森林・漁業という基本的環境財の所有、利用に関する財産権の制度や、名勝・旧跡・社寺林等の自然文化遺産を扱う制度を取り扱った。その結果森林・農地・河川等を守る法整備がなされたという。又1889年の帝国憲法では、治山、治水等の現代的な流域管理の基礎と、環境衛生施設等の法制度も制定されていた。

私はこの方面についての詳しい知識は持ち合わせていないが、大地主制度は残っていたにせよ、少年時代の記憶からして、足尾等の銅山周辺を除くと、緑はよく保たれていたように思うし、水田の多いのも幸いした。戦時の森林の荒廃も戦後の杉の植林で切り抜けた。しかし人口問題を平和のうちに解決することに失敗したと思われる。即ち大陸に派兵した一因は人口問題にもあった。
　他方大阪等の都市ではロンドンと同様に煤煙対策に苦闘し、煤煙条例等が制定されたが、余り効果はあげられなかった。四日市喘息等の大気汚染問題に直面して大気汚染防止法が、江戸川の製紙工場の排水問題、水俣病、イタイイタイ病の水質問題に対応して水質汚染防止法が制定された。1967年には公害対策基本法が制定せられ、その下で大気汚染・水質汚濁・騒音振動・悪臭等の規制がはかられた。
　中国では憲法の中に、"国が環境と自然資源を保護し、環境汚染と公害を防止する"という一条が入れられている。他方日本の憲法には環境の項目が入っていない。環境の項目が欲しい。
　中国では中華人民共和国環境保護法が1979年に発効し、その中には環境管理、環境教育の項目が入っているが、日本政府の公害対策では最初この点が弱く、公害防止計画は最初地方自治体が先導する形となった。1993年に公害対策基本法より環境基本法に改定せられ、その中には地球環境保全等に関する国際協力と共に、環境基本計画や環境教育等が追加された。
　したがって法律の形態（例えば環境基準、排出基準）だけをとってみると、日中両国ではかなり相似てきたと思われる。しかし法律の整備だけで環境の改善は早急に実現するものではない。改善のためには、発生源からの汚染物の発生量（排出量の測定）、環境への拡散の把握（環境内濃度の測定）とそれに基づく定量的な排出低減が行政に課せられる。私よりみて中国では大気等の監視システムが十分に整備されておらず、規制の効果が分かりづらい。他方日本にとって、住民やマスコミに支援された公害問題と異なり、地球環境問題には従来とかなり異なった対応（例えば環境教育）が必要となる。

3 大気汚染

　四日市喘息等の大気汚染問題に直面した日本の政府は、住民やマスコミの

支援をバックにして解決を図ったが、この時幸運だったのは、中近東の油を安く輸入できたことである。勿論工業界の脱硫装置等に対する努力は並々ならぬものがあった。又藤田教授の話しに出てくると思われるが、自動車・鉄鋼工業界等で革新的な技術開発が環境・エネルギー問題と関連してなされたのも事実である。しかし関連して造成された工業地帯が、すべて海岸に作られたために、現在漁業・渡り鳥のための湿地確保が大きな問題となっている。

石炭煤煙の問題については、中国のみならず、大きな採炭国である米国、ドイツ等でも大きな悩みである。米国のピッツバーグでは煤煙問題を天然ガスの導入で解決した。最近刊行された中国環境ハンドブックでは、洗炭、ブリケット製造、循環型流動床燃焼、ガス化等多くの解決法を記載しているが、地域暖房、燃焼効率の改善と共に、各種の解決法に取り組む必要があろう。日本の研究者はブリケット製造を中国の人々と共に研究しているが、その成果が普及するには、コスト低下等の問題があると聞いている。

逆に日本の側でも、石油や良質の石炭が何時までも容易に入らぬこと、又地球温暖化対策のため、省エネルギーに努めると共に、燃料電池や自然エネルギー等の開発に努力せねばならない。いずれにしても地球温暖化を考えた場合、日中両国とも省エネルギーや自然エネルギーの開発、情報科学の普及に真剣にとりくまざるを得ないし、これが両国の今後の技術開発に大きく寄与するだろう。

最近中国各地でも自動車が増加し始め、その結果光化学スモッグ等の新たな大気汚染問題に直面する恐れがある。今後は監視を強化し、将来予測をして行く必要があろう。日本でも光化学オキシダントや粒子状物質の濃度が環境基準を超え、どちらも自動車に起因すると考えられる。

4 水と土壌

水には量と質の問題がある。中国での平均降水量は日本の40％である。南部は降水量は多いが、北京を含む北部は降水量が少なく、極端な例として、黄河の断流についての情報が日本にも伝えられている。無理をして地下水を利用すれば、地下水位の低下、さらに地盤沈下が見られる。日本でも、主と

して工場による地下水の汲み上げ過ぎによる地盤沈下は大阪、東京、千葉等で騒がれ、現在でも関東地方で見られる。渇水も北九州、関東地方で数年に一度見られるが、雨が降るとその騒ぎも収まる。それでも雨水や排水を大切にする方法が普及しており、工場、ビルでは中水といって、使用後の水を何回も繰り返し浄化して用いている。

したがって日本では人口が増加しない限り、量的な水量の不足がないと思われるが、他方日本の食糧自給率は40％位で、中国の100％近くに及ばない。これは主として日本の耕地管理に問題があるためである。いずれにしても日中ともに異なった形での水の問題を抱えており、これは人口問題とも関連している。

水量の問題は中々解決するに困難であるが、第一には植林である。しかし日本の山林でもオオカミがいないため、シカが樹木を枯らし、又若い働き手が少ないために、山林が荒れる傾向がある。したがって若人の動員等将来の展望のある森林計画を樹立する必要がある。私も中国の平地林の植林を見たが、今後水の涵養のために山地林の植林が必要であろう。これが洪水による土壌の流亡・劣化を防ぎ、黄河や長江等の汚濁化を減少することとなろう。

第二が水質の問題である。日本では足尾等の鉱山の下流の土壌の重金属汚染、江戸川の製紙工場の排水、水俣病、イタイイタイ病の発生が見られたが、その後重金属の対策は進み、その汚染はほぼなくなった。中国の都市河川では、まだ重金属始め色々な汚染物が含まれていると思われるが、これは排水処理の技術導入でやがて消滅すると思われる。これに反して厄介なのは窒素、リンによる富栄養化問題であって、窒素、リンを100％とる方法のないことや、発生源が民家、農業（化学肥料等）、水産業等にまたがり、その根治が困難なことである。したがって日本でも霞ヶ浦、琵琶湖、さらに東京湾、瀬戸内海で赤潮等がみられる。中国でも太湖等でみられ、特に上水の水源が被害にあっていると聞いている。これに対して最近は浄化槽の設置等が進められており、植物等を用いた汚染除去も研究されている。

中国では又地下水を含めた水汚染により土壌汚染が進行していると聞いている。例えば水田でも殆ど未処理の都市下水や郷鎮企業の産業排水の流入により汚染されていると聞いている。日本における土壌汚染の最大なものは、半導体工場等より流出したトリクロロエチレン等による地下水、土壌汚染が

あり、工場跡地などの土壌汚染も多く見られる。土壌汚染は修復が困難なので、まず汚染させないようにしなければならない。

中国は長い歴史の間の土地の酷使と乾燥地帯の存在で、砂漠化が起こり易いことはよく理解できる。他方日本は乾燥地の経験が少ないのであるが、鳥取大学の故遠山教授等が砂漠の緑化に力を入れてこられたのは有名である。

5 人体や生態系への影響

日本では四日市喘息、水俣病、イタイイタイ病が背景にあったかも知れぬが、各地方自治体と大学の共同で多くの健康調査が行われた。しかしその結果が行政の決定に結び付く迄に20年の歳月を必要とした。その結果水俣病の原因を作った日本窒素会社が現在公害賠償金支払いのためにのみ操業をしている事、又最近のシミュレーションの結果によれば、排煙脱硫をもっと早く行っておれば、さらに経済的にも合理的な解決が得られた事が示唆される。

現在中国で健康影響の問題があるかどうかは、重慶市での調査以外は知らないが、健康監測システムの整備も必要であろう。他方日本でもリスクを考慮した対応を取り始めたのはごく最近である。

中国において、森林被害は、都市林の被害を含めてかなり調査が進められているようである。私達も中国科学院生態環境研究中心の人々と共同で、重慶市南山の馬尾松枯死の原因は二酸化硫黄に基づくものであろうと推定した。日本でも森林被害が全国各地で起こっており、調査が進められているが、その原因が酸性雨か、光化学スモッグか、乾燥害等か未だに明瞭でない。これから環境庁の研究で主因を明らかにしようという段階で、二国間の情報の交換が望まれる。

6 都市ゴミ

1993年の都市ゴミの排出量は日本1.11kg/日・人、中国1.21kg/日・人で、中国の方が少し多い。その内容は、東京では紙、プラスチック、金属、ガラスが多く、中国では石炭灰、厨芥が多い。問題はこれらの廃棄物のリサイク

ルで、昔の私の経験でも石炭灰は風に吹かれて消える場合が多いが、日本の例では、紙、金属、ガラスのリサイクルが目立つ。しかしある種の紙は高度に加工されているため、リサイクルが難しくなっている。日本では最近コンポスターを用い、肥料や改良土にする例が目立つようになった。中でも一番困っているのがプラスチックであって、容器リサイクル法も出来たが、ペットボトル等のリサイクルはこれから試される。

日本では狭い国土に多くの人が住み、大きな産業活動が行われているため、ごみの捨て場に困っているのが現状である。特に日本では沿岸に工場地帯を設け、当時としては効率的と賞賛されたが、水鳥等の湿地を奪う結果となってしまい、新しい埋立地をみつけるのがむずかしくなった。その結果焼却処理に頼らざるを得なくなり、遂にはダイオキシンの問題が発生し、ゴミの焼却・埋め立て地の周辺では反対運動が起こっている。この事情は中国でも同様であろう。

今後は日中両国とも一般ゴミと共に、自動車や家電等を含めたリサイクルに智恵を出さざるを得ない。

7 まとめ

最初中国の環境問題への対応について意見を言ってほしい、との希望だったが、環境問題への対応は歴史・文化的側面を含んでおり、一方が他方よりすぐれているというものでもない。又環境問題については国の間で秘密にすることも余りないので、お互いに困った点を話し合い、良い解決を求めて行くことが必要であろう。その場合の基本原則としては、人々の間の経済格差を小さくすること、又人口問題への対応を怠らないことであろう。それと共に相互協力が欠かせない。北京には日中友好環境保全センターが設置されており、2000年には東アジア酸性雨ネットワークが発足した。

最後に環境問題の解決には住民運動と共にマスコミの役割が重要である。マスコミも時には間違った意見を述べることもあるが、やはり行政や企業と独立に自由に意見が言えることが大切である。日中両国とも今後の各分野の切磋琢磨を期待したい。

中国の環境保護

回顧と展望

曽　輝

1 はじめに

　中国が対外開放を実施してから、社会経済は20年間持続して急速な発展を遂げた。GDPは80年代初の2,300億ドルから2000年には約1兆ドルに増えた。都市と農村部住民の生活は改善され、国力は著しく増強された。一方では、工業生産の規模の拡大、資源消費の加速、工業汚染廃棄物の排出量増大という状況が発生した。これと同時に、生活の改善に伴う生活汚染物廃棄量も増え、これが中国の環境問題の中で重圧となってのしかかってきている。中国政府は70代初期から、環境保護を政府の重点施策の1つとして、また、80年代初期からは、全国的な環境保護管理機構と関連の政策体制作りに着手した。そして、具体的な要請に基づき、政策を調整しつつ、全国的な環境整備を行った。これにより、西側の国のような「汚染処理が後手に回る」ことをある程度避けることができた。

　目下、中国政府は国民経済と社会発展を期す第10次5カ年計画（以下、10・5と略す）の立案に取り組んでいるが、今後の5カ年内に、国民経済が持続して急速な発展を遂げ、経済の構造的・戦略的な調整も大きな効果を上げ、経済成長の質的な向上を勝ち取ることを目指し、2010年までに、GDP倍増を実現するための基盤作りを行っている。しかし、この新しい目標は、中国の環境保護に対し、さらに高い要求を提起するものとなった。こうした新しい発展の状況下に、如何にして環境保護の情勢をしっかりと掴み、重要

な問題を捉え、実行可能な施策を進めるか。これらは社会・経済発展を支える重要な先決条件である。

本稿は、第9次5カ年国家計画期（以下9・5と略す）の環境保護活動を踏まえ、当面の環境保護の情勢と主要な問題及び10・5期間の主要な施策について検討を加えようとするものである。

2 中国9・5国家計画期間の環境保護工作の回顧

国民経済と社会発展9・5国家計画が実施された5カ年間は、中国環境保護工作が全面的な成果を上げた時期でもあった。90年代までは、国力が伴わず、大型・積極的な措置が執れず、厳しい汚染に対する抑制と生態系環境管理措置によってインフラ関連側の力の入れ方の不足を補うことができなかった。しかし、90年代初めから、中央政府の関係部門は、環境保護を根本的に解決するには、技術とインフラ整備が必要であることを意識し、事業活動の重点を逐次、技術の整備と管理に移した。9・5期間は、環境汚染整備と生態系保護に最も大きな力を入れた5カ年であった。即ち、政策と管理体制を基盤にして、各地方政府は先頭に立ち重点地区の汚染防治を総合的に行い、工業汚染の防止と都市環境の保護、生態系保護の面で著しい成果を上げ、10・5のためにより有利な条件を作り上げた。

2.1 環境管理と法規制

9・5期間、中国政府は「水汚染防治法」、「環境騒音汚染防治法」、「大気汚染防治法」及び「核安全法」等の基本的な環境法規の立法を手がけ、既存の「建設プロジェクト・環境保護管理条例」等を修正・改訂し、重点地区の汚染に対する総合的な整備の必要性に鑑みて、「惨河流域水汚染防治暫定条例」等の法規を制定した。国家環境保護局と地方環境保護主管部門は、さらに、上述の法規に関する具体的な実施規則、管理条例及び技術的な準則等を制定する等、かなり全面的な環境保護の法体系を作り上げた。また、新たに改訂された「刑法」にも、「環境資源保護破壊罪」規定を設け、環境に関連する犯罪行為制裁の法的な根拠とした。

第二部　環境保護における日中関係

9・5期間、中国の環境保護管理体制も長足の進歩を遂げた。また、国家環境保護総局は専門職能機構として国務院機構内で高い位置を持つことになった。地方機構の新設も逐次進み、特に、急速に発展する沿海地区では、殆どの市町村に専門的な環境管理部門が設置され、政府職能部門に組み入れ、機能も強化された。また、これに伴う環境監査・司法機能も強化され、幅広い応急処置の機能及び市場経済発展に合わせた環境司法・監督体制が完備した。これらは、9・5環境保護の目標の順調な実現を、組織・機構上から強力に支援するものであった。

2.2 重点地区汚染の総合整備工作

全国的な環境総合整備工作を着実に改善整備し、質的向上を計るため、中国政府は9・5環境保護計画の中で、"33121"（三河三湖一海両控区一市）プロジェクトを作り、約5カ年の時間をかけて、この地区の環境整備事業を展開することとした。即ち、3河：惨河、海河、遼河。3湖：太湖、求池、巣湖。1海：渤海。2規制区：酸性雨、SO_2地区）。1市：北京市である。

また、管理・司法の面から、中央・地方政府を通じて汚染防止に力を入れ、汚染のひどい河川流域・地区の環境を全体的・根本的に改善し、周辺の地区にも影響力を及ぼそうとするものである。これによって、全国的に環境汚染規制の活動をさらに推し進めるのである。

中央と関連の地方政府の5カ年間にわたる努力によって、このプロジェクトは成果を上げた。惨河、太湖流域の工業汚水汚染源の主な排水は、基本的に放水基準値に達し、流域内の重点的な都市区域の水汚染を規制する基礎施設の建設がいま全面的に進められている。求池の湖底汚泥浚渫第1期工事は完了し、周辺の工業企業の水汚染源でも基準値に達してから排水している。巣湖流域の汚総合整備活動も計画通り達成している。遼河、海河流域での整備活動も現在必死で行われ、2000年末までには基準値に達した後の排水ができるであろう。各地方政府は「国務院の酸性雨SO_2規制地区の関係問題に対する回答書」アクション・プランを忠実に実行しつつあり、SO_2規制地区と関連する175の都市ではSO_2防止規則を制定した。「渤海碧海アクション・プラン」も正式に動きだし、環渤海・遼寧、天津、河北、山東の4つの

省・市の渤海へ流入する汚水の規制実施案を作成中であり、汚染の規制は、点から源流へ、さらに流域・地区へと総合的・全面的に規制する方向に転換した。

2.3 工業汚染防止と都市環境保護

工業汚染排出物の増大は、中国の環境汚染規制活動の成功を左右する重要な要因である。特に、全国的に市町村企業が発展している中で、立ち後れた生産力が農村部へ移転している。これは、中国の工業汚染に、点の多さ、面の広さ、量的に多いという、整備・改善上での大きな難度をもたらす要因となっている。このために、中国政府は9・5期間、汚染がひどく、整備不可能な15分野の企業に対して重点的に整備を行った。また、これを契機に、すべての工業汚染企業に対し、期限付きで整備を行った。国は経済機構の調整に力を入れる一方、多くの技術工程の立ち後れた、過剰生産力を持つ企業を閉鎖した。石炭、建材、火力発電の業種別に、規模の小さい炭鉱、セメント、火力発電所を閉鎖する計画を実施し、高硫黄・石炭の採掘生産を禁止または制限した。国家経済貿易委員会はまた、「立ち後れた生産力、技術工程・装備、製品を淘汰するリスト」を公表し、化学工業、冶金工業、軽工業等の業種に対しても、生産技術の整理を積極的に行った。5カ年の努力によって、全国で10万余りの小型重汚染企業が閉鎖され、その他の企業に対する期限付き整理の活動も大きな成果を上げた。

工業汚染防止事業が成果を収めたことは都市環境総合整備事業に有利な条件を提供するものであった。9・5計画の総量的規制目標は基本的に実現され、全国の工業廃水、廃棄の目標達成率は約70％になった。これらを背景にして、全国11の都市が国家環境保護模範都市の称号を獲得した。46の重点都市の中で、大連、桂林、海口等の7都市で、水・大気とも標準値達成区となった。また、重点都市の大気汚染規制の工作も強化され、直轄市、省都の都市等20の大・中都市で、ガソリンの無鉛化が、40の都市で大気公害に関する週報・日報を出した。9・5期間、都市環境基礎施設の建設は、内需拡大、投資の促進にも繋がり、現在までのところ、全国で約1,000件の建プロジェクトが進められ、都市環境汚染地区での規制力が大いに改善された。

2.4 生態系保護と建設

9・5期間、地域的な生態系保護・回復・建設の事業は、次第に環境保護活動の重点的な内容の1つとなった。国務院は「全国生態系建設計画」、「全国自然保護区発展計画」を認可した。また、「全国自然生態系保護要綱」も完成し、生態系地域、重点資源開発区及び生態系良好区の「3区」保護戦略構想、生態系環境保護、回復と建設事業が重要議事日程に組み込まれた。このほか、9・5期間に、自然保護区の建設事業も進展を見せ、国務院は「自然保護区管理工作を更に強化することに関する通達」を出し、「中国生物の多様性の保護に関するアクション・プラン」及び「中国の生物の多様性の保護・国別報告」を作成し、この方面の活動を強化した。その結果、全国に1,000カ所近い自然保護区が作られた。その総面積は、国土総面積の約8％になる。また、9・5期間に、全国100カ所余りの生態系モデル地区が設けられた。

現在、生態系保護の理念が国家の各地域施策及びマクロ発展政策にも浸透したばかりか、あるものは地域政策の主要な構成部分となっている。9・5期間、長江流域の洪水土壌浸食の中・下流地区の社会・経済発展に対する影響を緩和するために、国は自然林保護と長江上流保護林建設工事に着手した。全国的な8・7貧困区支援計画の中で、地域生態系環境の改善と整備は重要な内容となっている。間もなく動き出す西部大開発戦略の中でも、環境整備は基礎施設改善事業と共に、重点となっている。こうした政府決定の生態系施策は、全国的な生態系保護活動をさらに促進し、ひいては、10・5目標の中の生態系環境を整備していくうえでの基盤となろう。

3 中国環境保護工作の情勢と問題

3.1 現在の環境情勢

中国政府は9・5期間、環境保護事業に対し、人的物的力を大々的に投入し、一部の領域では大きな進展を勝ち取った。しかし、中国の環境保護の情勢は依然として厳しいものがあり、かなり多くの地区では、環境汚染がまだ

根本的な改善がなされておらず、さらには悪化している地区さえある。10・5期間、中国の環境保護事業は、なお努力を必要とする。そうでなければ、環境汚染と生態系破壊は人民の健康に危害を与え、社会経済発展での大きな阻害要因となろう。

3.1.1 環境汚染は依然として重大

大気汚染は、依然として重大な問題である。その典型的なものは、煤煙汚染であり、一部の都市では、煤煙—原動機車両の汚染が問題化している。特殊なエネルギー構造によって都市の大気汚染が進み、北方地区の都市ではさらに顕著に現れている。90年代後半より、中国の約60％の都市で、SO_2が、40％の都市でNO_x、70％の都市で総浮遊物が国家2級基準値を超えている。さらに、酸性雨の問題は重大な大気汚染から派生する問題で、現在、中国の70％南方の都市で、酸性雨が降り、その降水総面積は国土の30％に達し、世界3大酸性雨地域となっている。

工業水汚染と都市汚水排出の規模は年々増大し、全国の水環境問題は依然として根本的な解決がなされていない。1990年代末には7大水系と重点的な整備を行う3大湖沼のうち、水質規制基準に達したものは、断面積計算で、わずか約35％であり、或いは、地上水環境基準の3類基準値である。そのほかは4類基準値以下にしか達せず、5類基準値の水質の断面積は、37％以上となっている。大きな湖沼と都市の湖沼は、いずれも中程度の汚染で、75％以上の湖沼では栄養過多が進んでいる。50％の都市の地下水は様々な汚染を受けており、一部の地区では水不足が発生している。河口地区と都市周辺・近海地区の汚染が重大化しており、赤潮の発生率も増大し、近海地区の色々な農・工業生産活動に重大な損失をもたらしている。

固形廃棄物汚染の問題も、近年来、無視できない重大な問題となっている。現在、全国の工業固形廃棄物の排出量は、年間9億tを超え、危険工業廃棄物の排出量は1,000万tで、そのうちの一部は、有効に処理できず放棄されるため、環境にとって重大な脅威となっている。このほか、全国のゴミ廃棄量は年間、1.4億tに達し、無害化処理した少量のゴミのほか、大部分は、簡易な埋め立て式あるいは露天積み上げ廃棄の方式を採っており、全国的にゴミに囲まれた都市の観を呈し、ひいては、一連の白色汚染等の汚染の問題

を引き起こしている。騒音の問題は、都市における、もう1つの重大な問題である。現在、省クラス以上の行政区の都市交通騒音公害はまだ中等のレベルであるが、全国70％以上の都市の騒音公害は重大で、住民環境上での新たな問題となっている。

3.1.2 生態系の悪化

　長期にわたる高強度の人為的な介入と土地開発は、中国全体の生態系環境の弱さをいっそう促している。自然生態系の自己保護力は低下し、グリーン空間が極端に不足している。全国の森林面積は、わずか1.34億haで、1人当たり平均、約0.1haで、世界のそれの8分の1に過ぎない。長期にわたる森林伐採等は、自然植物を破壊し、自然の生態系の正常な機能を破壊した。それはまた、一連の重大な結果を招いている。中国は現在、世界で水・土砂流失の最もひどい国の1つである。全国の水・土砂流失の総面積は、360万km²余りに達し、（うち、水浸食の面積180km²）で、国土総面積の約38％を占める。全国で、毎年新たに流失する面積は1万km²に達している。

　干魃と半ば干魃区の農工業生産が自然生態系にもたらすショックは強烈であり、重大な土地荒廃・砂漠化の問題を引き起こしている。統計によると、全国で荒廃・砂漠化した土地の面積は、260万Km²に達している。しかも、毎年、約2,500km²の速度で砂漠化が進んでいる。全国の大部分の草原地はすでに退化したか、退化中である。中程度以上の退化（砂漠化、アルカリ化を含む）した草原は、1.3億haに達し、中国全土の草原総面積の3分の1に当たる。さらに、毎年200万ha以上の草原が退化している。現在、西北部の地区は、西のタリム盆地から、東の松壺平原の西部まで、東西4,500km、南北幅600kmにわたる1本の風砂吹き荒れる地帯となっている。これによる大風・砂塵が華北地区に重大な影響をもたらした。特に、2000年の春・夏、何回となく砂塵が吹き荒れたが、その影響は長江の中・下流まで及んだ。

　全国的な生態系破壊の問題は、また、生物の多様性の保護活動にも重大な影響をもたらした。1996年までに、全国の重点保護に指定された野生動物の種類は258種、高等植物で絶滅の恐れのあるもの、或いはそれに近い種類は、全体総数の約15-20％を占めている。これは世界の平均値より高い。

3.2 今後の中国環境保護工作の重点的な問題

3.2.1 工業汚染防止問題

10・5期間、経済の新たな発展及びグローバル化の挑戦に直面するが、中国の伝統的な工業は持続して進むだろう。発展の格差がかなり大きな途上大国として、一部の立ち後れた地区の伝統的な工業経済は、引き続き早い速度で成長するであろう。これらの地区の工業化が進むにつれ、工業の構造的な汚染問題も一時的ではあれ改変できず、一部の地区（特に、中西部の一部の省）では、顕著なものになり、工業汚染の規制活動も厳しいものとなろう。

3.2.2 エネルギー消費の問題

中国のエネルギー消費構造の中で、石炭の消費の比重を著しく下げることはできない。エネルギー消費大国として、石炭をその特色とするエネルギー環境問題は、北方の都市環境汚染規制での重大な問題である。今後の5カ年内に、エネルギーの消費量もますます増大しよう。国家クラスのエネルギー構造強化案の中で、天然ガス、電力等のクリーンエネルギーの使用に注目しているが（例えば、最近の「西のガスを東へ輸送」、「西の電力を東へ輸送する」工程）、しかし、石炭が排出するSO_2 NO_2 CO_2の問題、及びそれから派生する酸性雨の問題は、短期的には著しく緩和されることはできない。そして、都市環境保護に対する巨大な圧力となっていくであろう。

3.2.3 西部開発の問題

西部開発戦略は10・5期間の国民経済発展での重要な措置である。しかし、西部の生態系環境は脆弱で、この戦略の選択に当たっては、環境保護を充分考慮に入れる必要がある。資源開発と原材料工業を過度に強調することは、生態系環境を乱すことになるばかりでなく、社会経済発展の安定性に影響を及ぼし、ひいては、東部地区の発展に潜在的な危機をもたらすことになろう。従って、環境と発展の総合的な施策の決定、成長方式の転換、生態系環境の基礎を着実に発展させると同時に、社会経済発展を期すことが急務である。

3.2.4 急激に進む都市化

　急速に都市化を進め、全国の都市化のレベルを上げることは、10・5の重要な戦略である。10・5の末期には、中国の人口は13億を超え、都市化は40％近くになり、毎年全国で20の都市が生まれる計算になるであろう。都市の環境保護は、現在すでに非常に大きな圧力となっており、都市人口の増加によって、汚染廃棄物も増大し、環境施設の不足との矛盾がますます大きくなろう。また、都市住民の生活レベルの向上に伴い、都市環境への要求もさらに高まるであろう。これらは、都市環境保護事業に対するさらに大きな挑戦となろう。

3.2.5 技術進歩の問題

　先進国と比べて、中国の生産技術は相対的に立ち後れており、投資と消費は高く、効率と生産性が低い。これが、中国のラフな経営方式の実態である。現在、中国の最終製品の効率は、投下原料の25％前後であり、大量の原料とエネルギーが最終的に廃物として処理され、それが環境汚染の根本原因となっている。10・5期間には、科学教育・国家振興、持続発展の可能な戦略、工業構造調整と改造等の重要な政策によって、中国の生産技術の立ち後れた状況は改善されよう。

　しかし、工業経済が総量的にさらに拡大発展するなら、この発展にも限度があるだろう。それは、生産技術の立ち後れによる環境への重大な状況全体に、根本的な改善がなされることがあまり期待できないからである。

3.2.6 投資投入の問題

　総合的な国力の制約により、中国の環境保護への投資の不足が、環境保護活動の面でさらに大きな成果を上げ得なかった主な原因であった。9・5期間、この問題はある程度改善されたが、1999年、全国環境汚染整備に投下した予算金額は850億人民元で、GDPの約1％である。例えこのようにしても、9・5での汚染処理は、計画の70％しか実現できず、そのうえ全国都市環境基礎施設の建設事業が薄弱であり、また、過去の累積赤字も多く、投資不足による各種弊害が、なお相当長い期間存在し続けよう。殆どの都市で

は汚水・固形廃棄物の処理能力が低下し、監督監査の装備も立ち後れており、自動化のレベルも低い等、大きな影響を後に残している。

3.2.7 地球規模の環境問題

21世紀に入り、水資源の欠乏、生物の多様性の減少、オゾン層の破壊、温室気体放出量の増加等の、国境を越える問題がますます増えている。各国は、これらの問題を注視しており、中国に係わる条約履行のプレッシャーも増大し、周辺国との環境問題での争いも増えるであろう。また、一部の先進国は、開発の歴史やその過程の格差を理解せず、地球規模の環境保護という理由で、中国等途上国に対し、受け入れられない環境に関する要求を突きつけて、市場進出が許される環境上での制限を盾に圧力を加えている。これらも10・5期間に直面する問題であろう。

4. 未来の中国環境保護事業の重要施策選択

中国10・5期間の環境保護は、なお多くの挑戦に直面している。しかし、持続的な開発可能な戦略と科学教育・国家振興の戦略の全面的な実施により、政府部門の環境管理もさらに大きな成果を上げるであろう。それには以下のことが要因としてある。

- ・環境保護の経済構造調整と技術開発がさらに進む
- ・中国の国情に合った環境汚染の対策と環境管理体制の完備
- ・総合的な国力の増大が環境汚染・環境基礎施設の建設等の要求を満たす
- ・公衆環境意識の向上

以上の有利な態勢をベースにして、中国は10・5期間に環境保護事業で重点的に以下6つの方面に留意すべきである。

4.1 汚染管理の強化と廃棄規制

汚染物廃棄総量の規制は、地域環境の質的状況を改善するための重要な措

置である。10・5では、この施策を着実に実行し、各地区の環境の質的な目標により、廃棄の総量規制と相応の防止対策を策定し、汚染管理と当該地区の環境の質とを結び合わせる必要がある。全国的に汚染廃棄総量規制を行い、類別に指導し、当該地区の実態に合った全国的な規制の基準に基づき細分化し徹底する。重点環境保護都市・国家重点規制の流域・地区に対しては、環境の質を目標にした汚染廃棄総量規制を全面的に推進すべきである。

今後の5カ年、国家経済構造調整により、工業の構造的な汚染問題を重点的に解決すべきである。まず、資源利用の方式を、今までのラフな方式から、集約型に転換し、資源とエネルギー源の利用効率を高めるよう努力すべきである。また、資源とその消費が集約型である業種と製品に対して、厳しい消費規制枠を設ける。次は、工業汚染源については、末端の処理型からその発生源或いは全部の過程に対し、企業自体の処理能力と管理能力を高めさせる。第3には、工業構造調整、技術の進歩、省エネ、資源の総合利用、企業管理等の政策を実行し、各クリーン化技術を普及させ、工業廃棄物の総量を減らす。第4には、エネルギーの構造の改善に努め、石炭燃焼をクリーンエネルギーに変える。

4.2 重点的な汚染地区の整備活動

10・5では、引き続き9・5での環境整備地区の環境活動を行うべきである。さらに、長江と黄河流域に対し、総合的な整備を行うべきである。この2本の河川は、中華民族の母なる大河であり、東西21の省・市・区を流れ、今後の経済発展、生態系環境保護と汚染防止上、重要な意味を持っている。今現在、この2本の河川流域の生態系環境状態はかなり悪化し、部分的な河川の汚染問題も重大な問題になっている。また、この2本の河川は、中国の東・中・西部の地区を結ぶ絆であり、間もなく開始する中国の「西部開発戦略」でも、この2本の母なる大河流域の生態系環境を保護し整備することは、「西部開発戦略」の順調な実施と、この流域の21省の経済発展と環境保護・安全を確保できるか否かの重要な課題である。

以上見てきたように、今後の5カ年の中国環境総合的な整備の重点は、1江（長江流域）、4河（黄河、惨河、海河、遼河流域）、3湖（太湖、巣湖、

求池流域)、2区(酸性雨とSO_2規制区)、1市(北京市)及び1海(渤海海域)である。また、これらの地区は、中国の10・5期間ないし21世紀の持続的な開発の可能な重要地区である。環境総合整備工作を進め、これらの地区の経済発展の環境上の安全を確保することは、持続的な開発の戦略目標を実現する上で、重要な意義を持っている。

4.3 持続的発展する都市戦略

9・5期間の都市化を加速する活動を10・5期間においても継続して行う。また、如何にして都市環境の質を改善するか。さらに、都市住民の生活レベルを高めるか。これらは、環境保護部門が直面しているもう1つの重要な任務である。都市化と市場経済の着実な実行に伴って、都市内部の構造的な建設と産業調整がますます重要になっている。都市環境保護は環境の質を中核とし、都市の持続的な発展を進めることである。管理部門も都市環境計画を実行する基盤の上に、産業構造・配置・建設等、各方面からの総合的な施策を決定すべきである。そして、環境基礎施設の建設、汚染源の整備、法規と管理規制の強化、公衆の監督への参加、新旧都市の環境改善等から、最終的に、社会・経済・環境とが調和発展する模範的な都市造りを目指すべきである。

4.4 地域の生態系保護と農業環境規制

今後5カ年では、特殊生態系区域の保護、重大な退化が進む地域と種類の豊かな地域に、生態系保護区あるいは生物の多様性自然保護区を作るべきである。そして、全国中に、生態系保護・回復・建設の運動を起こす。重点的な資源開発区に対しては環境保護を強制的に行い、重点開発区の生態系破壊の急激な進行を抑止する。中期的には、新疆タリム下流、山西、病西、内モンゴルの三角地区及び山峡ダム地区での生態系保護である。

農業汚染の問題は、農村経済の安定的発展に脅威を与える重要な問題の1つである。農村環境保護事業のポイントは、次の点である。

1) 水・土地の規制、有機物流失と農地汚染防止、有機農業と生態系農

業の普及
2) 緑肥と有機肥料、低毒性・低残留農薬の普及。バイオ物農業、食糧生産の安全性確保
3) 実用的な水節約型潅漑技術、水節約農業の普及
4) 農村の経済構造の向上、高消費・高汚染・立ち後れた農業技術の農村部への移転防止
5) 農村のエネルギー構造改善、廃棄農作物の総合利用
6) 農村部の町村建設、社会・生産手段の有効な配置、農村部の経済発展のバックアップ体制と環境汚染規制能力の向上

4.5 環境保護産業の育成

　環境保護の問題は最終的に汚染規制の問題を解決することである。それには、関連技術の向上を伴う必要がある。環境保護産業は、環境と生態系の保護に対する有力な技術的サポートであり、経済発展の中で新たな拠点となり得る。今後の5カ年、環境保護産業では、全国統一の産業管理体制を作り、関連の市場を規制し、分割細分化を避けるべきである。また、積極的な参加を呼びかけ、多ルートの参入、競争力のある高レベルの基幹企業を育成すべきである。外国の先進技術・工程を積極的に導入・消化・吸収し、関連の環境保護設備製品の国産化・ライン化・シリーズ化・標準化の事業を加速する。大いに環境保護関連ハイテク企業メーカーを育成し、ハイテクによって従来の伝統的な環境保護企業メーカーに対し技術改造を行う。

4.6 現代化環境管理と司法力

　環境管理力の強化は、環境保護管理活動の効果的な実施を保証するものである。今後数年間に、環境保護管理機構・能力を強化すべきである。そして、環境保護管理の体制、管理手段の立ち後れを是正し、環境管理の現代化のレベルアップを図るべきである。環境管理活動における情報管理能力の向上も10・5期間の重点任務の1つである。現在、差し迫った任務は、自動監視ネット・ワークを作ることで、これにより、地域環境全体の質の状況、重点的

な汚染源に対し追跡調査が可能になり、事故発生へ応急処置及び処置能力を高めることができる。また、環境情報管理を強化し、全国的な情報ネットワークを作り、即時・正確に各種の重要な環境情報を収集し、種類別に管理を行い、環境問題の社会・経済発展へ参与するためのベースとする。

（南條克巳訳）

参考文献
国家環境保護局『1998年中国環境状況公報』　1999・6・1
国家環境保護局『1999年中国環境状況公報』　2000・6・1
国家環境保護局『1998年中国環境状況公報』　2000・6
「中共中央・国民経済と社会発展に関する10・5計画の建議」、『北京青年報』　2000・10・19

環境問題と中日関係

張　海濱

1 はじめに

　環境問題が重大な国際政治問題となったことは冷戦後の国際関係における重要な特徴である。また、環境問題が中日関係の重要課題となっていることも冷戦後の中日関係における顕著な特徴である。中日両国は共に東アジアにあり、一衣帯水の関係にある。また、中国は世界で最大の発展途上国であり、急速度に発展し、潜在力も大きい国である。日本は世界第2の経済強国であり、進んだ技術、大きな資金力を有す。両国の環境政策はいずれも世界の環境問題に大きな影響力を持つ環境大国であることもまた周知のことである。従って、中日二国間関係の中で、環境問題をどう処理するかは両国の関係にとって重要であるだけでなく、世界的に意義のあることである。本文では、この問題を中日環境関係から始めて、それを中日関係全体の枠組みに組み込む下で考察したい。また、本文は次のような問題に対する回答を試みるものである。

　環境問題は伝統的には一国内部の技術的な問題に属するが、では何故中日間の外交上の問題となったのか。多くの研究が示す如く、環境問題は国家間の協力を促進するだけでなく国家間の衝突をも誘発するが、中日関係で、環境問題はどのような役割を演じてきたのか。それは何故か。中日環境問題が中日全体の関係の中で占める位置と役割をどう評価するのか。

2 中日関係の環境問題に縁起と発展

環境問題が中日関係の議題に挙げられたのは世界の環境情勢の発展と切り離すことができない。環境問題は昔から存在していた。しかし、古代には大した問題にはならなかった。西側の産業革命後、環境問題が悪化する。しかし、一国家または一地域に限られていた。第2次世界大戦後、世界の経済が急速に発展したことで、世界の環境問題は引き続き悪化の一途を辿り、次第に多国間、グローバルな問題となった。

1972年6月、国連人類会議は「人類環境宣言」を採択した。宣言は人類に対し厳重な警告を発した。「現在、歴史は次のような時に至っている。われわれは世界各地で行動する際、その環境にもたらす結果をさらに慎重に考えるべきである。無知や無関心によって、われわれが生活している地球の環境に対し、取り返しのつかない損害を与えるかもしれない」と[1]。宣言はさらに、「ますます多くの種類の環境問題はそれが地域的及びグローバルな問題であるため、また、共同の利益に影響するために、国と国の間で広範な協力を行い、国際組織も行動によって共同の利益を探究するよう要請する」と唱っている[2]。

中日両国は共に国連人類会議に出席した。また、環境問題では多くの共通認識に達した。勿論、日本の認識は中国より深いものがあった。その後間もなく（1972年9月）、中日間の関係は正常化する。このことは両国が環境問題を討議するうえで有利な条件を提供するものであった。しかし、事実上、70年代には環境問題は中日関係の検討課題の中には入れられていなかった。日本側からすれば、当時、国内環境問題の処理に忙しく、さらに、考え方が保守的で国際環境での協力にはまだ冷淡であった。

第2次世界大戦敗戦後、1950-60年代にかけて、日本は経済発展の黄金期を迎え急速に発展し、世界経済発展の奇跡的な経済発展を遂げた。しかし、日本経済の急速な成長により、重大な工業汚染もこの島国に起こった。世界で有名な8大公害事件のうち、4件が日本で発生している。1960年代末にな

---

1) 王曦主編『国際環境法資料選編』、民主与建設出版社、1999年版、667頁。
2) 同上、668頁。

り、日本は「公害列島」と言われるようになった。世論と大衆の強力な圧力により、日本政府は1970年代に、一連の措置を講じて環境汚染問題の解決に当たった。1970年代後半になり、日本の環境は著しく改善する。

中国からすれば、当時の中国はまだ文化大革命の最中であり、極左思想が大勢を占めていた。多くの人が社会主義国には公害はあり得ない、公害は資本主義国の産物だと考えていた。

1980年代の前後、中日両国の政治経済と環境政策に大きな変化が生じた。1980年、日本政府が提起した総合安全保障戦略により、政治大国へ歩み始めた[3]。この戦略は日本がさらに多くの国際事業に参画することを求めるものであった。また、1970年代にようやく国内の環境問題を解決した日本は、外部の環境問題へ関心を示すようになった。1980年代に入り日本は、国際環境保護協力を視野に動き始めた。1984年採択された「世界環境と発展委員会」は日本の提案によるものであった[4]。

中国では1978年、中国共産党11期3中全会が開催され、階級闘争から経済建設中心へと戦略を転換し、中国の改革開放の偉大な歩みが始まる。対外開放、国際協力の強化、国外から先進的な技術と資金を吸収することを中国現代化戦略の基本とした。環境方面での国際協力も勿論その中に含まれた。また、中国政府は環境保護を重要視した。1979年、「中華人民共和国環境保護法（試行）」が公布され、1983年、中国政府は環境保護を基本的な国策と定めた。

中国の改革開放に伴って、中日経済技術交流も急速に発展した。1980年、「中日科学技術協定」に調印。その中で環境科学技術協力と環境問題が共に関心を寄せる議題となった。1984年、日本が中国林業部に対し、パンダを保護するために5,000万円を贈ったのも中日間での環境保護プロジェクトの一つであった。

1980年代、中日間で関心を寄せる環境問題は、主として中国の生活環境保護問題（動物保護、造林、砂漠化防止）及び中国の都市生活施設の改善で

3）方連慶等主編『戦後国際関係史（1945-1995）（下）』、北京大学出版社、1998年版、665頁

4）曾昭度・王曦『比較環境法研究』、非出版物、1998年、169頁

あった。グローバルな問題、例えば、オゾン層の保護、廃棄物移動等も議題となった。しかし、双方の環境問題に対する関心度からしても、また二国間の環境問題に関する協力の度合いからしても、環境問題は中日関係では片隅に置かれ、単なる一議題に過ぎなかった。特筆すべきことは1988年、日本が中国へ105億円を供与し、中日友好環境保護センターの建設プロジェクトを決定したことである。しかし、このプロジェクトの実施は1990年代に入ってからであった。

1990年代に入り、環境問題は中日関係の中で依然ホットな問題となる。その理由は：
1) 冷戦後の核の脅威が弱まり、世界が地球規模の環境問題に注意力を注ぎ始め、国際関係での問題として浮き彫りにされたからである。
2) 中国の急速大規模な経済成長がもたらす環境破壊に対する日本の憂慮がますます増大し、中国の環境問題が国境を越えて日本に移動し自然を破壊し健康を脅かすことを恐れ出した。

ここに、中日両国の環境問題に対する重要な新たな認識が生み出された。地球規模の環境問題の情勢が変化する中で、また、中日間の環境問題での新たな特徴からして、中日両国は新しい国際環境政策を採った。1989年、外務省が発表した「外交ブルーペーパー」の中で、初めて環境問題を日本外交上のテーマとし、日本外交戦略の一つとした。同書は、これまでの日本外交の3大テーマを重ねて指摘した。即ち、「日本の安全を確保し、世界経済の健全な発展に尽し国際的な協力を推し進める」[5]と。さらにまた、「環境等地球規模の問題に対する対策」[6]という外交課題を追加し、日本は「現在の情勢の下、環境問題でより積極的な対策を採ることがますます必要になっている」と指摘している[7]。その後、日本は年ごとに出す外交ブルーペーパーで環境問題に関するページを増やし、日本の外交のなかでの戦略的地位の向上を計っている。1993年には「地球環境問題は冷戦後の国際社会が構築し

---

5) 日本『外交白書』、1989年。
6) 同上。
7) 同上。

た新たな平和と繁栄の枠組みの中での最重要課題の一つである」とし、「公害問題を乗り切り経済の急速な発展を遂げた日本は、明らかに、国際社会からその主導的積極的な役割を果たすよう強く期待されている」と指摘している[8]。

日本政府は1991年『環境白書』を出し、環境問題に対する日本の基本的な姿勢を説明している。即ち、1993年、日本が新しい環境保護法を採択したこと。また、基本法は国が環境保護の国際的責任を積極的に担い、発展途上国の環境保護を支援すると（第31条）。国はまた、地方自治体とNGOの環境保護活動を支援すると（第32条、33条）。また、それを国策として国際的な環境保護の領域で徹底すると（第34条）。

1994年、日本政府は「環境基本計画」を採択し、「環境基本法」の具体的な実施を計った。この計画では、長期的な目標として「国際的な地位に相応しい役割を発揮し、国際的な協調を推し進め、持続的な生存可能な地球規模の環境を維持改善する」ものである[9]。

1990年7月、中国国務院環境委員会は「我が国の地球規模の環境問題に関する原則的な立場について」を採択した。これは中国が制定した国際環境協力政策に関する最初の文書であり、発展途上国が広く国際的な協力に参与することは極めて重要なことであると強調した。1992年6月、李鵬総理は国連環境・開発総会にて、国際協力を強化し、世界と開発事業を促進する中国政府の5原則の立場を説明し、国際社会から歓迎された。1994年、中国政府が批准した「中国21世紀議事日程」の中で、「"グローバル・パートナー"精神で環境と開発の広範囲な国際協力に参与し、地球規模の開発と環境への努力が、中国を含む発展途上国の持続可能な開発を促進する」と宣言した[10]。

その後、国家環境保護局は「中国環境保護21世紀議事日程」を制定し、環境外交目標を提起した。即ち、「環境外交活動を展開し、地球生態系を維

---

8) 日本『外交白書』、1993年。
9) 環境庁編『環境白書（平成10年版）』、大蔵省印刷局、1998年、321頁。
10)『中国21世紀議程——中国21世紀人口・環境発展白書』、中国環境科学出版社、1994年、10頁。

持、保護及び回復する面での国際社会の協力を促進し、経済面での協力を推進し、全世界の人民が良い環境の中で良い生活ができるようにする」と[11]。こうした両国の国際環境を巡る協力が重要視されたことは、また二国間の協力を推し進めるものでもあった。二国間の環境問題での中日協力の歩みは加速され、協力の対象も拡大した。中日両国の環境関係は新しい重要な歴史的時期を迎えた。

現在、中日間の環境問題は主として二つ。

一つはグローバルな問題である。例えば、気候の変化、生物の多様性の保護等である。これらの問題は主として中日二国間で意見を交換し、国際的な多国間交渉での立場を調整するものである。

二つ目は中日間に跨る環境問題。日本側からすれば、主な問題は酸性雨の問題、黄砂の問題及び黄海の海洋汚染の問題である。中でも日本が最も心配しているのは中国の大気汚染である。それは酸性雨が日本に影響を与えるだろうということであるし、日本の大気の中の硫酸化物について日本の学者は詳細に次のように述べている。

1) 自動車の排気ガスに含まれる硝酸硫化物
2) 火力発電所と大型コンビナートからの工業排気ガスに含まれる硫化物
3) 日本海側の大気が中国、韓国が排出する物質の影響を受ける

1992年より、そのうちの上記の3) について、即ち、中国大陸から飛来する硫化酸化物による酸性雨が日本の注目の的となった。

1992年8月、富士山（3,776m）山頂で観測された酸性度の極めて高い降雨は、その麓での降水と共に、降水の成分の違いから、専門家は汚染物質は大陸から飛来したものだとした。この他に、1993年2月、日本国立環境研究所は島根県の日本海上空で、偏西風の吹く日には酸性雨の酸化硫黄と窒素酸化物の濃度が異常に高いことを発見した。研究所の分析では「これは大陸で酸性雨をもたらした物質が日本上空に飛来したことの証明である」として

---

[11] 国家環境保護局編『中国環境保護21世紀議程』、中国環境科学出版社、1995年、261頁。

いる。これは、初めて「科学的」に「酸化硫黄物の大陸飛来説」を実証するものであった。環境庁はこの分析結果により、「日本酸性雨対策の重要問題」とした（大気管理科）。さらに、日本の電力会社9社のシンクタンク機構である電力中央研究所が、6年間続けた観測結果に基づき、大気中の酸化硫黄の移動モデルを作成した。1993年、同研究所は日本の大気の酸化硫黄の50％は中国から飛来したものだと結論付けた。また、政府と企業の共同機構である地球環境産業技術研究所は、中国の黄河流域で排出される酸化硫黄物質の3割が九州に流れ込んでいるとしている。（1994年7月5日「日本経済新聞」）

環境庁は1994年7月4日公表した「酸性雨対策調査」の結果報告の中で、大陸から飛来した酸化硫黄の日本への影響を初めて指摘し、今後このような被害はさらに拡大するだろうと憂慮を表明した[12]。（1994年7月4日「日本経済新聞」）

こうした事態に、日本側は数回にわたり政府及び民間の様々なルートを通じて、酸性雨が運ばれる問題について中国側に共同研究の必要を訴えてきた[13]。

一方、中国はと言えば、1992年、李鵬総理が中国環境・開発委員会の外国側代表を接見した際、「中国の酸性雨は現在まだ日本に対して影響を及ぼすことはない。何故なら中国と日本の距離はかなり遠く隔たり、また海を隔てているからだ」と指摘した[14]。

1996年、中国政府は環境白書『中国の環境保護』を発表し、「中国の酸性雨問題の専門家の長年にわたる研究で証明されたように、中国内地で排出され酸性雨となる汚染物質は主として国内で発生する。酸性雨は主として長江以南、チベット高原以東の地域及び四川盆地である」と指摘した。この報告は「主として国内で発生」という表現を使っているが、明らかに国外から運ばれた可能性を完全に排除してはいない。勿論、中国もこの問題の敏感な点

---

12) 明日香寿川・金池「環境保護における中日協力」（劉大椿・明日香寿川・金淞等『環境問題——中日比較と協力の観点から』、中国人民大学出版社、1995年、201-202頁）
13) 国務院環境保護委員会秘書処編『国務院環境保護委員会文献匯編（二）』、中国環境科学出版社、1995年9月版、211頁。
14) 李鵬「環境保護は中国の基本国策である」、『党・国家の指導者が環境保護を語る』中国環境科学出版社、1996年6月版。

を意識している。1996年、宋健国務委員は全国環境保護工作会議で「我が国の酸性雨の面積は引き続き拡大している。国際的に、特に一部周辺国家は酸性雨と二酸化硫黄の汚染に極めて敏感だ」と指摘した[15]。1997年6月21日の「日本経済新聞」の報道では、中日両国は東アジア地域に酸性雨監視ネットワークを作ることで合意に達したと報じている。

3 協力して中日環境関係の基調を構築しよう

中日環境関係の歴史が示すように、協力することが中日環境関係の基本的な特徴である。中日環境協力の主な内容は、日本が中国へ環境技術を移転し、資金援助を提供したうえで日本の過去の環境問題処理での経験教訓を中国に伝授することである。中日環境協力の方式は多様であるが、主として次のものである。

(1) 二国間協定の調印

1994年3月、中日間で「中華人民共和国と日本国政府環境保護協力協定」に調印した。これは両国が二国間の環境関係を強化する重要な証である。協定では、双方下記の領域で協力することに合意した。

・大気汚染及び酸性雨の防止
・水汚染の防止
・有害廃棄物の処置
・環境汚染の人体の健康に対する影響
・都市環境の改善
・オゾン層の保護
・地球規模の気候温暖化対策
・自然生態環境と生物の多様性の保護
・双方が合意した環境保護・改善に係わるその他の分野

---

15)「宋健国務委員の1996年全国環境保護工作会議での講演」(『中国環境年鑑1996』、中国環境年鑑社、1996年)

協力の方式：
1) 環境保護問題の研究・開発活動、政策、法規及び環境保護に係わる技術的な情報・資料の交換
2) 科学者・技術者、専門家間の交流
3) 共同シンポジウム、会議の開催
4) 調印した協力計画の実施（共同研究を含む）
5) 双方が合意したその他の形式の協力

同協定により、中日環境保護合同委員会を設立し、同年12月13、14日、北京にて第1回合同委員会を開催。具体的な協力計画を決め、協力プロジェクトを確定した。

1998年11月、江澤民主席の訪日期間中、中日両国政府は「中華人民共和国と日本政府の21世紀に向けての環境協力共同コミュニケ」に調印した。両国は二国間協力をさらに強化し麗しい世界を21世紀に引き継ぐよう努力しようと誓い合った。

(2) 両国環境機構の往来と対話の強化

両国環境機構の高級官吏の交流・会談は協力を深めるうえで重要な推進力となるものである。中日間の一部重要な相互訪問活動状況下記：

・1989年5月、曲格平局長を団長とする中国環境代表団一行8名が訪日し、双方の各自の環境の現状、対策、二国間協力について意見を交換
・1991年、日本環境庁愛知長官が訪中
・1991年7月、曲格平は日本で愛知長官と会見。中日環境保護協定調印の可能性について討議
・1993年11月、宋健国務委員を団長とする中国政府科学技術・環境代表団が訪日。日本側は2年前に提起した中国国家環境保護局の協定案に反応を示し、日本側修正案を提出。訪日期間中、中国国家環境局と日本環境庁は毎年定期的に会合を行うことに合意し、双方の協力活動の意向を調整し合った
・1998年9月、日本環境庁真鍋長官が訪中

・1998年末、中国国家環境局解振華局長が江沢民主席に同行して訪日

(3) 環境技術者間の交流を促進することは、主として中国側より技術者を日本へ派遣し研修学習することであり、日本側からは専門家を中国へ派遣し講義・指導を行うことをいう。

現在、この方面のデータの入手が容易ではないが、傾向からすれば、双方の交流はますます頻繁になってきている。現在、中国から毎年、多くの環境関係の技術者が訪日研修している。日本側からも経常的に専門家を中国へ派遣し知識、経験の伝授を行っている。例えば、1989年2月、中日環境技術センター代表団一行6名が訪日した。1992年には、国家環境保護局は海洋環境保護区域環境総合整備・環境機構とグリーン標識考察団を日本へ派遣した[16]。

中日環境協力の象徴的なプロジェクト――中日友好環境保護センターのプロジェクトの中で、中日双方は1992-1995年第1期専門プロジェクト技術協力を行った。人事交流としては、日本側は中国へ3名の長期滞在専門家グループと若干名の短期滞在専門家を派遣。また、日本側は6名の中国研修生を受け入れ、3年間で計18名を受け入れた。1996年、センターが正式に活動し始めてから、第2期の協力が進められている。協力期間は5年。その間の交流人員数は計30名[17]。

(4) 無償援助資金

ここで強調し特筆したいのは中日間の環境問題で、もう一つの重要な成果があることである。1994年、日本政府は1996年から始まる5カ年にわたる2段階に分けた第4次対中円借款供与を決定し提起した。その後、双方は1996-1998年第1段階の借款について協議し、5,800億円がほぼ決まった。また、その重点を社会資本インフラ建設から環境保護へ変更し[18]、そのうち

---

16) この部分までの資料は、中国環境年鑑社編著『中周環境年鑑』1990-1999、日本環境庁『環境白書』平成6年・10年による。
17) 資料は、中日友好環境保護センター国際処による。
18) 方連慶等主編『戦後国際関係史(1945-1995)(下)』、北京大学出版社、1999年版、P10 19。
19) 中国環境年鑑社編著『中国環境年鑑1995』1995年版、220頁。

総合的な環境保護プロジェクト関係は8.8億ドル、9件に及んだ[19]。

以上見てきたように、中日環境関係には次の特徴がある。

1) 中日環境関係は90年代に入って急速に発展し、協力の度合いからしても世界の二国間協力で希にみる素晴らしいものである。
2) 中日環境関係は中国の二国間環境関係の中で最も重要なものである。それは、日本が借款、無償供与の最も多い国であるからである。統計では1998年末までに、中国が環境保護プロジェクトの目的で導入した外資は33.4億ドル、無償供与4.2億ドルである[20]。そのうち、日本側からの無償供与は2億ドルを超え、中国が受けた無償供与総額の半分以上を占める。日本の第4次第1段階の借款1件だけで8.8億ドルを超え、これは中国の借款総額の4分の1以上を占める。
3) 中日環境関係は南北環境関係の中での輝く星である。南北環境関係が停滞し、ぎくしゃくしている現今、中日環境関係が順調に進んでいることは世界に希望を与えるものである。
4) 中日環境関係の基本的なモデル形式は、政府からの重要視＋双方の利得理念＋全方位の環境協力である。その意味するところは中日双方がこの環境問題を重要視していることで、それが両国の利益にマッチすると確信し、「共同の責任分担」が確認されていることである。即ち、中日両国とも環境保護には責任がある。しかし、先進国日本は途上国中国に援助を与える義務がある。そして最終的には資金・技術等の面で全面協力を行うということである。

中日両国政府は中日環境協力を高く評価している。1993年、宋健国務委員が訪日時、中日環境保護の協力は大変成功していると述べた。また、当時の細川首相もこれに賛同し、中日双方は科学技術・環境保護の面での協力が非常に順調に行っていると述べた[21]。

中国が国際環境協力で上げた成果を総括した際、国家環境保護局は次のよ

---

20) 国家環境保護総局国際協力司「盛んなる事業の輝かしい歴程――わが国の環境保護国際協力の回顧と総括」(『中国環境報』1999年10月12日)
21) 同上、215頁。

うに指摘した。

「中日環境協力で日本側が提供した資金は、中国の環境整備事業における外資援助の中での重要なウエイトを占め、多くの協力プロジェクトが展開された。例えば、モデル都市の建設、全国環境ネットワークの建設、"中日友好環境保護センター"建設プロジェクトへの105億円にも及ぶ援助等。」[22]

勿論、中日環境協力では顕著な成果を上げたが、中日環境協力において全く問題がないということではない。以下の問題について重要視すべきであろう。

1) 認識の違い

例えば、日本は、先進的な環境技術・設備は中国には不適であるという。それは関連の施設が完備しておらず、中国が最も必要としているのは実用技術だとの考えである。しかし、中国のほうでは自分たちが最も必要としているのは日本の先進的な環境技術・設備であると言い、時には日本は技術設備を移転したくないのではないかと疑っている[23]。

2) 費用問題

日本の中国向けに移転する技術費用が余りにも高く、中国は受け入れられず、移転作業の進展が遅い。例えば、三菱重工が中国へ移転する脱硫装置は発電所の排煙脱硫設備であるが、その設備は発電所全体の費用の3分の1を占める。このように高いコストではこの装置を中国に広めることは当然難しい[24]。

3) 日本にはまだ、中国の環境問題を「中国脅威論」と結びつけて、「中国環境脅威」論を唱える層がわずかだが存在する[25]。

---

22) 国家環境保護総局国際協力司「盛んなる事業の輝かしい歴桂――わが国の環境保護国際協力の回顧と総括」(『中国環境報』1999年10月12日)
23) 劉大椿・明日香寿川・金淞等『環境問題――中日比較と協力の観点から』、中国人民大学出版社、1995年、208頁。
24) 同上、211頁。
25) 張海濱「中国環境脅威論に警戒せよ」(『光明日報』1996年12月12日)

4 中日環境関係発展の要因

　環境問題は必然的に協力を生み出すことになるとは限らない。時には衝突も誘発する[26]。しかも、環境問題は国家間の協力或いは衝突には大体において以下の要因と関係する。

1) 国際社会と世論の、国際環境協力の必要性に対する認識の度合い及び支援力の如何に関係する。国際環境協力を強化することが国際社会の共通認識・要請となっている時、各国は国境を越えた環境問題の対応では、協力する考えがまず必要である。逆ならば、協力に対するマイナスの影響が生ずる。

2) 各国の政策と関係する。色々な国がある中で、同じ問題に対しても違った政策を採る場合がある。従って、環境問題でも協力或いは衝突することが出てくる。

3) 国家間の関係の善し悪しと関係する。友好国家との間では往々にして環境問題でも協力しやすいが、敵対国の間では、環境問題の解決は難しく、時には衝突を誘発する。

4) 各国の国境を越える共通の利益に対する認識の度合いと関係する。環境問題は人類が直面する共通の問題であり、環境保護は人類共通の利益であり、共同して努力すべきだと言われている。このことは確かにそうである。しかも、それはグローバル、長期の利益から言っているのである。しかし、実際には、特定の時・人に対する特定の環境問題がもたらす共通の利益に対する認識に大きな違いが生じ、甚だしくはバラバラな関係になる。例えば、地球規模の気候温暖化の問題で、一部の内陸国家、例えばネパール、モンゴル等と大海洋に散らばっている小さな島嶼国家との受け取り方とはかなり違う。また、一部の干魃地域では重大な水不足の問題がある。そこでは国境を越える河川が唯一の水資源である。一定の流量がある河川では、ある国は多く水を取れる、しかし、それは別な、ある国は少ないということになり、また、トラブルの原因になる。こうした状況下では衝突が起きやすい。

---

26) 張海濱「国外の環境と安全問題、研究解説評論」(『欧州』1997年第3期) 参照。

原因は環境問題の性質と関係し、交渉が当事国同士の重大な利益と係わってくる場合、協力することが難しくなる。
6) 特殊な状況と関係する。特殊な歴史や文化等の原因。

中日両国について見れば、環境問題は両国が協力を強化する契機とも成っている。その主な要因は下記である。

(1) 国際環境協力に対する国際社会からの強力な支援

1972年の国連人類環境会議から1987年の「われわれの共通の未来」の有名な報告、そして1992年の国連環境・開発総会までの間に、国際的な環境協力を強化することが一貫して特に重要視され、国際協力は国際環境法の基本原則となった。この大きな流れの中で、中日両国は共に積極的に国際環境の事業に参加することを自らの任務であるとしてきた。正に、こうした歴史を背景に、中日環境の協力は展開された。

(2) 中日関係発展

1972年中日国交正常化後、両国の関係は摩擦と紛糾はあったが、総体的には良好な関係を保っている。政治、経済及び文化等の面での交流・協力は日増しに深まった。特に、経済協力は大きく進展した。現在、日本は中国にとって最大の貿易パートナーであり、貿易額は年間600億ドルを超える。江沢民主席の1998年訪日時、中日間では、21世紀に向けての友好"パートナーシップ"を構築することで合意に達した。中日関係が友好・発展することはまた、両国の環境領域での協力に政治的な良い条件を提供するものである。

(3) 両国の世紀経済外交と環境からの必要性

環境保護はますます世界の注目を浴び、中日両環境大国が環境で協力することは世界の環境にとって有利であり、世界で責任を担う大国としてのあり方を作るうえでも有利なことである。中国の環境問題は重大であるが、多くの人口をかかえ、経済は立ち後れているため、開発の任務はそれだけ重い。また、環境保護の面での資金・技術はまだ不足しがちで、外部からの援助がどうしても必要である。

日本は近隣国であり、資金力は豊かで、環境技術は進んでおり、相互の補

完性が強い。これは双方に大きな可能性を提供するものである。また、中国の経済が急速に発展し、環境保護に対する重要視の度合いがますます強化されるに伴い、中国の環境保護の市場も大きくなりつつある。例えば、北京市政府は最近、もし北京オリンピック誘致が成功すれば、178億ドルを投じて都市環境保護とインフラ建設を行う用意があると発表した。中国の環境保護産業の潜在的巨大な商機は、賢明な日本の企業にとって大きな魅力である。また、発展途上国の大国である中国環境への援助は、日本の国際的な重要事業へ貢献することにもなるのである。中国も国内の環境問題を日本へ拡散し、中日関係に影響を与えることを望んではいない[27]。さらに、日本が歴史上、環境問題で苦しんだ教訓を現代化のプロセスにある中国で生かし、中国に同じ轍を踏ませないためにも極めて重視すべきものである。

(4) 中日両国の環境政策は双方の協力に有利

環境・開発の大きな問題で、中日両国は持続可能な開発戦略を打ち出し、環境問題を国民経済計画の中に組み込んだ。1993年、日本は世界で初めて「21世紀議事日程」の国家報告である『日本21世紀議事日程』を編纂した。また、1994年、中国は初めて途上国として「21世紀議事日程」国家報告『中国21世紀議事日程』の編纂を終えた。両国の政策での協調は双方の環境協力にとって有利に働く。

(5) 現在の中日間では重大な国境を越えた環境問題は存在せず、両国の利益に与える損害はかなり少ないが、潜在的な影響力は非常に大きい。しかし、これは双方の協力に対する阻害力を減退させるばかりでなく、双方の未然の緊迫感を予防する力を増大させるものである。

(6) 特殊な歴史原因

近代史上、日本軍国主義者は中国侵略戦争を引き起こし、中国人民に計り知れない災難を与えた。もし、中国環境問題が重大であるとの理由で中国へ非難を浴びせるならば、中国人には受け入れ難いであろう。しかし、環境方面で中国と協力し、援助を与えるなら、それは両国が歴史上出来た対立の感情を解きほぐすことに繋がるに違いない。

---

27) 張海浜博士論文『中国の環境外交を論ず』1998年1月、123頁。

5 中日環境関係と中日関係

　世界環境の状況がますます悪化する重大な試練に対し、また、中日環境協力が一層進む中で、環境問題が中日関係の中で占める位置・重さはさらに増大している。中日環境関係の中日関係全体に対する影響と役割について以下四つの面から考察したい。

　1）中日環境関係の発展は中日関係の領域をさらに広げ、その内容を豊かなものにした。

　　それはまた、中日関係を政治経済及び文化等の領域から環境の領域へ拡大させた。協力と往来はますます広範囲なものとなり、両国人民の間の相互認識と理解がさらに深まった。これは勿論両国関係改善・発展にとって有益である。中日環境問題での協力は、両国人民により多くの共同の利益を見る目を持たせることができた。

　2）中日環境関係は中日関係の中ではかなり安定しており、また、中日関係を安定させる役割を果たしている。

　　中日が環境協力を展開してきて以来、双方の関係は一貫して安定発展してきた。「六四」後の短い期間やや影響を受けたのを除いて、中日政治関係変動で受けた影響は小さい。現在、はっきり示す証拠はないが、中日環境協力が中日間に存在する問題、例えば、歴史問題、領土問題、台湾問題、安全問題及び経済摩擦等の問題解決にとって如何なる促進的な役割を持っているのか。しかし、中日関係が緊張状態に入ると、それは二国間関係が一層悪化するのを防ぎ阻止する一定の役割を果たすものとなろう。

　3）中日関係全体の枠組みの中で、中日環境関係はいま微妙な変化をしている。即ち、環境問題と政治問題、経済問題とがますます一体化している。

　　1989年、中国の「六四」事件発生後、日本は西側の中国制裁の行列に加わり、中日関係は引き潮状態となった。アメリカ特使の訪中に伴い、日本の対中制裁政策は中国国内の強い批判を受けた。日本政府は対中政策の調整を決めた。しかし、当時の国際的な流れの下で、日本も足並みを揃えざるを得なかった。そして、検討した結果、環境問題

を対中関係改善の糸口にした。1989年12月、日本政府は対中環境資金協力の復活を宣言し、中日政治関係改善の先鞭を付けた[28]。環境問題はここに歴然として政治問題となったのである。1990年以降、両国首脳会議では、環境問題が双方の関心を寄せる重点的な問題となった。1998年、江沢民主席の訪日時の重要な外交成果の一つが両国政府が調印した「21世紀に向けての中日環境協力に関する声明」である。注目すべきことは、日本の第4次対中円借款第1段階の借款の中で、環境保護は最重点項目となったことである。ここで、経済問題はどうやら環境問題になったようである。

4）長い目で見て、中日環境関係の発展は、中日間に横たわる諸問題解決にとって有利に働くであろう。

中日関係の最大のガンは相互信頼を欠くことである。これは周知のことである。如何にして中日間の相互信頼を発展させるかは、両国政府と人民の共同の務めである。相互信頼を強め、難易度の順に、敏感な問題でないものから、共通の認識に達しやすいことからし始め、忍耐強く持続して行けば、必ずや成果を上げることができるだろう。環境保護は、敏感性の低い、共通の利益の度合いの高い問題である。こうした行動が必ず両国の間の相互信頼を作ることができるのだと断言できる人はいないが、しかし、少なくとも希望はある。もし、われわれが努力しなければ、必ずや失敗するだろう。

5 結論

中日環境協力は顕著な成果を上げ、中日協力の手本と言われる。また、国際的な二国間環境協力でのモデルでもあろう。中日環境協力の歴史が示すように、中日両国には大きな共通の利益がある。中日両国は世界環境大国として、両国関係を処理する際、自国の立場を慮るだけでなく、アジア太平洋と世界に目を向け、世界という大所高所から中日関係を考えて両国間の問題を

28）方連慶等主編『戦後国際関係史（1945-1995）（下）』、北京大学出版社、1999年版、P1013。

適切に処理し、アジアと世界の平和・繁栄を共同して促進させよう。これはまた、中日両国の共同の歴史的責任でもある。

(南條克巳訳)

環境問題の視点からみた、日本と中国の共生

藤田慶喜

1 はじめに

　産業革命以来の科学技術発展によって、地球資源は大量に消費され、廃棄されてきた。先進国の資源消費パターンは近い将来に人口を多く抱える開発途上国に移転し、更に急速に資源を消費し、枯渇させる懸念が強くなってきた。中でも近年経済発展が著しい中国では、生活レベルの向上とともに、急速な都市化、人口集中などに起因する環境問題が社会に大きなインパクトを与え始めている。一方、日本は企業の経営改善の一環としてその生産活動の海外展開を進めている。更に海外から資源を大量輸入しているので、その資源循環とその有効活用、環境保全活動などに関して大きなニーズと解決ポテンシャルを有する。廃棄物を資源化する技術やシステムが多く生まれ始めており、地球環境保全の立場から、資源循環化社会作りが急がれている。

　ノーベル経済学者シカゴ大学ルーカス教授によると、1000年頃の全世界の総生産はわずか数千億ドルであったが、それが現在の国内総生産（GDP）は合わせて約30兆ドルに達している。生産力は千年で100倍以上増加したが20世紀に入って更に加速度がついている。生産が人口増加を上回ったことで人類史上初めて大衆レベルで豊かな社会が成立した。しかしその反面、大量生産・大量廃棄のmechanismが定着し、人々は有限な資源・エネルギー浪費と深刻な環境汚染に直面し始めている。

2 地球環境問題

2.1 地球温暖化問題

世界は情報通信や交通手段の発達により、ますます物理的距離が短くなっている。

そのため先進工業諸国で経験した地球環境問題が、経済発展途上国にも伝播し、更に深刻な事態を起こしている。例えば地球温暖化問題がグローバルな話題となっているが、このまま温暖化ガスの発生が抑制されないまま推移すると、以下のような問題が起きてくる。

表1 温暖化現象のアジア地域への影響

分野	主な適応、影響、脆弱性に関する知見
適応力	アジアの途上国では、インフラが乏しいので国として社会的適応力が低い。先進国では、より適応力がある。
異常気象	温帯・熱帯アジアでは洪水、干ばつ、森林火災、熱帯低気圧などの異常気象が発生した。
農業食糧安定性	熱・水ストレス、海面上昇、洪水、干ばつ、熱帯低気圧による農業や養殖業の生産性低下が食糧安全性を低下させる。北部地域では農業が拡大し、生産力が増大する。
水資源	河川流量と水利用可能性は乾燥半乾燥地域では減少するが、北部アジアでは増加する。
人間健康	アジアの一部地域では、動物媒介性感染症や熱ストレスが増す。
沿岸地域	海面上昇と熱帯性気圧により、温帯・熱帯アジアの低地沿岸部の多くの人々が難民化、降雨強度増加は温帯・熱帯アジアでの洪水リスクを増加する。
人間居住・産業	アジアの一部では、気候変化はエネルギー需要を増加させ、観光の魅力を減少させ、交通に影響する。
自然生態系多様性	アジアの一部では、気候変化により土地利用、地表土変化、人口集中によって多様性への脅威が増す。海面上昇によりマングローブ、サンゴなどの生態系への脅威となる。アジアの永久凍土南限の北への移動は熱カルストや熱侵食の変化を引き起こし、社会インフラや産業に影響を与える。

(出所)IPPC第3次評価報告書より藤田が抜粋

図1　日本政府がまとめた地球再生計画の概念図

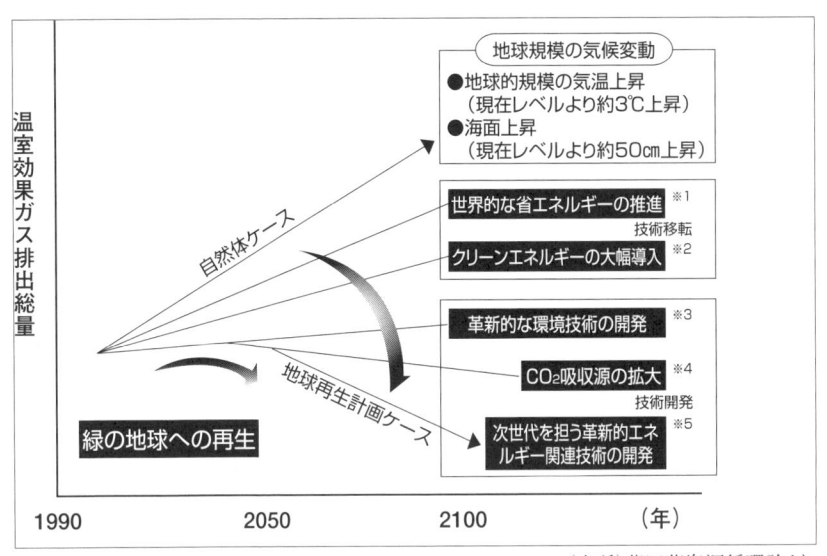

縦軸：温室効果ガス排出総量
横軸：1990　2050　2100　（年）

- 自然体ケース → 地球規模の気候変動
  - ●地球的規模の気温上昇（現在レベルより約3℃上昇）
  - ●海面上昇（現在レベルより約50cm上昇）
- 地球再生計画ケース
  - 世界的な省エネルギーの推進 ※1（技術移転）
  - クリーンエネルギーの大幅導入 ※2
  - 革新的な環境技術の開発 ※3
  - CO_2吸収源の拡大 ※4（技術開発）
  - 次世代を担う革新的エネルギー関連技術の開発 ※5
- 緑の地球への再生

（出所）藤田著資源循環論より

※1　総合的な省エネルギーの推進、フロンの廃止など
※2　太陽光発電・燃料電池など新・再生エネルギーの技術開発・導入、安全性確保に十分配慮した原子力の導入促進など
※3　CO_2固定化・有効利用技術開発、生分解性プラスチック新世代冷媒開発、環境調和型生産プロセス技術開発、CO_2海洋隔離技術開発など
※4　植林・森林保全、砂漠緑化、海洋のCO_2固定能力の強化など
※5　宇宙太陽発電技術・核融合技術の開発など

表2　日本と世界各国の人口と、年間1人当たりGDPとエネルギー消費（1994年）

	人口(100万)	エネルギー消費量(石油換算100万t)	1人当たり(kg/人)	GDP当たり(kg/US$)	エネルギー消費増加率(%)
日本	124.5	435	3,485	0.11	2.6
米国	255.4	2,078	7,973	0.32	1.2
中国	1162.2	765	644	1.35	5.1
韓国	43.7	118	2,640	0.33	9.2
ブラジル	153.9	95	595	0.24	3.9
ドイツ	80.6	311	3,892	0.18	0.7
スウェーデン	8.7	420	4,856	0.19	1.6
ナイジェリア	101.9	167	145	0.56	1.3
エジプト	54.7	270	493	0.81	6.1
ロシア	147.8	619	4,197	0.53	
世界	5438.2	7,881	1,395	0.33	3.9

（出所）藤田著資源循環論より

2.2 日本での循環型社会推進状況

日本ではこれまで資源リサイクルに関する法律がいくつか存在していたが、2000年5月に「循環型社会形成推進基本法」が成立し、法体系から資源リサイクルを促進することになった。その目的は、資源の消費を抑え環境への影響が少ない「循環型社会」を構築することを意図し、実現に不可欠な基本原則を規定している。この法律では廃棄物の発生を抑制することを最優先とし、発生した廃棄物をそのままもう一度再使用、更には原材料として使う再生利用など、廃棄物の適切な処理方法の優先順序を明記している。循環型社会の実現に向けて国や企業、国民の果たすべき役割なども規定し、そこで廃棄物となる製品を作った企業に対しては一定の範囲で廃棄物を回収・再利用する責任があるとしている。廃棄物を排出した企業が廃棄物投棄で重大な環境汚染が生じた場合、元の状態に戻さなければならないと定めている。この「循環型社会形成推進基本法」の関連法としていくつかの法律がある。

「循環型社会形成推進基本法」では拡大生産者責任という概念を導入し、原材料の選択や設計の工夫から製品使用後の処理まで関連企業が責任を分担して取り組むこととした。また企業が消費者へ一定の負担を求めることができるようになった。

このように法体系が整備されても、国、自治体、企業、市民の理解と協力がないと実現が困難である。また同時に法律を実態に合わせて改正する柔軟性も大切であろう。

2.3 中国の環境問題

以下に中国の環境問題について概説してみる。
(1) 大気汚染
中国の大気汚染問題はそのエネルギー消費構造と密接な関連を持っている。すなわち、基本的に産業、民生(家計・事務所)の両部門とも、技術的古さのために熱効率が低く、また一部地域では気候的に暖房用需要が多いこともあり、単位GDP当たりのエネルギー消費が多く、消費総量でも米国、

図2 循環型社会の形成のための法体系

循環型社会形成の推進のための法体系

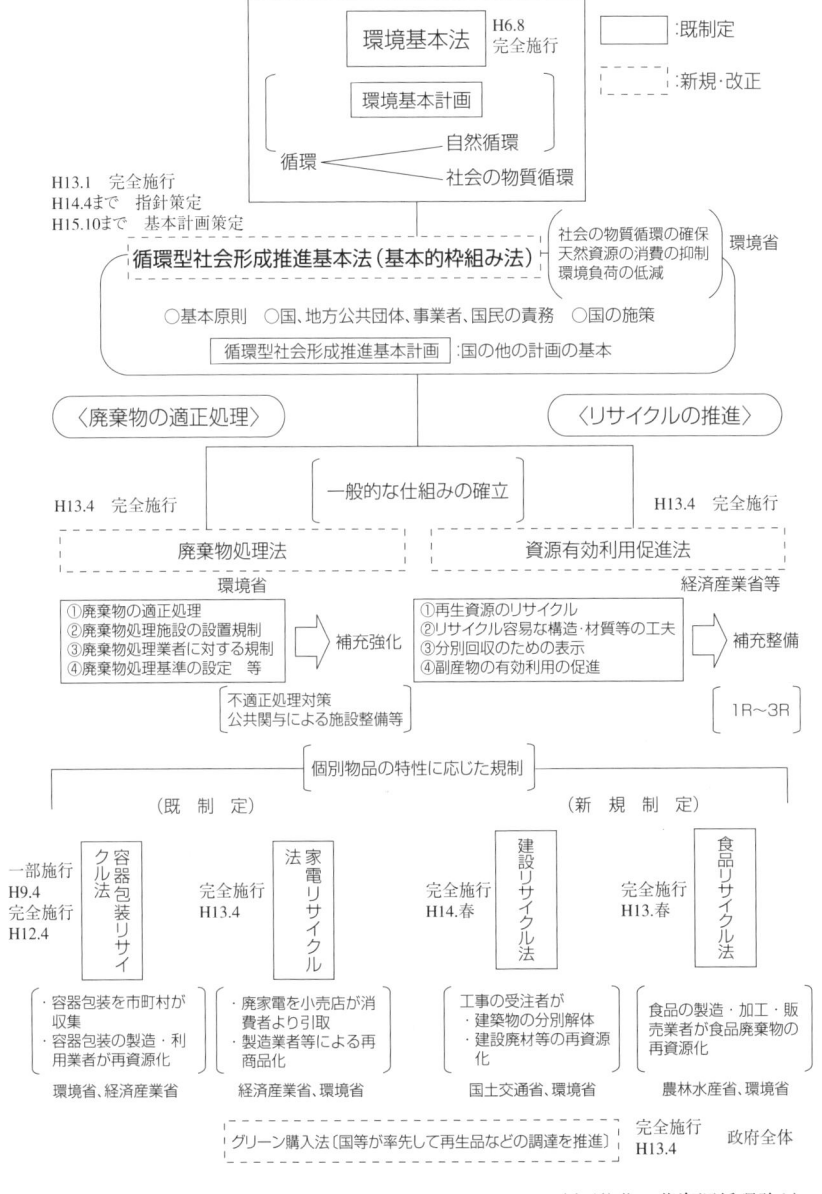

□：既制定
┄┄：新規・改正

- 環境基本法　H6.8 完全施行
  - 環境基本計画
    - 循環 ── 自然循環
           ── 社会の物質循環

H13.1　完全施行
H14.4まで　指針策定
H15.10まで　基本計画策定

循環型社会形成推進基本法（基本的枠組み法）　環境省
社会の物質循環の確保／天然資源の消費の抑制／環境負荷の低減

○基本原則　○国、地方公共団体、事業者、国民の責務　○国の施策

循環型社会形成推進基本計画：国の他の計画の基本

〈廃棄物の適正処理〉　　　　　　　〈リサイクルの推進〉

一般的な仕組みの確立

H13.4 完全施行　　　　　　　　　　H13.4 完全施行

廃棄物処理法　環境省　　　　　**資源有効利用促進法**　経済産業省等

①廃棄物の適正処理
②廃棄物処理施設の設置規制
③廃棄物処理業者に対する規制
④廃棄物処理基準の設定　等
⇒補充強化（不適正処理対策／公共関与による施設整備等）

①再生資源のリサイクル
②リサイクル容易な構造・材質等の工夫
③分別回収のための表示
④副産物の有効利用の促進
⇒補充整備〔1R～3R〕

個別物品の特性に応じた規制

（既制定）

- **容器包装リサイクル法**　一部施行 H9.4／完全施行 H12.4
  - ・容器包装を市町村が収集
  - ・容器包装の製造・利用業者が再資源化
  - 環境省、経済産業省

- **家電リサイクル法**　完全施行 H13.4
  - ・廃家電を小売店が消費者より引取
  - ・製造業者等による再商品化
  - 経済産業省、環境省

（新規制定）

- **建設リサイクル法**　完全施行 H14.春
  - ・工事の受注者が
  - ・建築物の分別解体
  - ・建設廃材等の再資源化
  - 国土交通省、環境省

- **食品リサイクル法**　完全施行 H13.春
  - ・食品の製造・加工・販売業者が食品廃棄物の再資源化
  - 農林水産省、環境省

グリーン購入法〔国等が率先して再生品などの調達を推進〕　完全施行 H13.4　政府全体

（出所）藤田著資源循環論より

ロシアについで世界第三位となっている上に、一次エネルギーの76%が石炭で占められていることからCO_2排出量は相対的に一層多くなっている。

同時に、その石炭は、四川省産出のもの等を中心に硫黄や灰分の含有量が高く、燃焼前の洗炭や、燃焼後の脱硫等処理がほとんど行われていないこともあって、二酸化硫黄（SO_2）の排出量は、日本の20倍にも達する。

特にSO_2汚染が厳しいとされる重慶市の環境保護局の資料によれば、同市で年間に1,500万t消費される石炭の平均硫黄含有量は4.0〜4.5%であり、灰分は25%に達しているとされる。この石炭燃焼に伴い年間80万tのSO_2が排出され、盆地性で風が弱く気温逆転層を生じやすい条件ともあいまって、大気を汚染しているとされる。重慶市の中でも最も厳しい地区である渝中区の呼吸器系疾患の罹患率は34.3%、呼吸器系疾患による死亡率は人口10万人当たり177.88人に達し、肺ガンの死亡率も73年の10万人当たり21.8人から1992年には10万人当たり62人に上昇していると伝えられる。しかし温暖化ガスに関する直近の実績では中国の経済成長は著しいが、2000年度における二酸化炭素ガスの発生量は1997年度の実績より17%減らし、その効果（石炭への補助金減、エネルギー使用効率向上）が次第に出始めている。

(2) 水環境

治水は中国歴代の課題であり、それは現在にも通じている。中国の平均年間降水量は660㎜とあまり多くはなく、特に内陸の砂漠・半乾燥地帯や人口・経済活動に比して水資源の少ない華北・東北部では、水自体の確保が問題であり、一部では地下水の過剰汲み上げによる問題が生じていると伝えられる。他方、全体としての水の希少性にもかかわらず、長江（揚子江）以南等では、降雨に季節変動が大きいこともあり、しばしば洪水が発生しており、そのための対策がさらなる環境懸念を惹起している場合もある。

水への環境負荷は、現在のところ産業系が中心であり、1993年に、219億tあった中国全土の工業排水には、16tの水銀、134tのカドミウム、377tの6価クロム、907tの砒素、2,480tのシアン化合物、4,996tのフェノール等の重金属、化学物質が含まれ、CODは622.4万t、浮遊物質は681.8tであった。特に、都市周辺や経済活動が盛んな地域の湖沼（太湖、巣湖、デン池）、周辺の環境負荷が重い地域であって、相対的に水量が不足がちな東北部・華北

部の河川（遼河、海河）や勾配のあまりない河川（淮河）等を中心に汚染が目立ち、これらの三湖三河は中国の水環境対策の重点地域に指定されている。

なお、中国の下水の処理率は都市部で4.5%、全国平均で3.9%程度と伝えられており、また処理レベルも一次処理にとどまっているものが多いとされていることから、今後都市化の進展や、生活向上に伴う消費活動の活発化にしたがって、生活排水による汚染が急速に進む恐れがある。

(3) 自然環境

中国は古くから文明が開けた地域であるだけに、大運河を始めとして様々な自然の改変がなされてきている。他方、広大な国土の下に中国の自然環境は基本的には多様であり、中国全土では、32,800種の高等植物と104,500種の動物が生息している。殊に、雲南省等の南部山岳地帯は世界的な生物多様性の宝庫といわれる。しかし、膨大な人口からくる農耕・畜産活動、工業活動を含めた環境負荷と平均年間降水量の少なさに象徴される相対的に脆弱な環境資源の下に、自然環境全般についても様々な劣化が伝えられている。特に、森林破壊・表土流失・砂漠化等は北部・西部を中心に相当に進行しているといわれ、森林面積は国土の14%（CIA）にすぎない。また、長江、メコン川といった大河の開発や、郷鎮企業と称される村営や民営の中小企業のブームを中心に、開発は次第に中国の中でも相対的に環境が脆弱な奥地にも浸透しはじめており、自然環境・生物多様性の保全が重大な課題となってきている。

3 環境國際協力

数ある日中間の環境協力の中でも、新世紀に向けてその実現が期待されているプロジェクトが「21世紀に向けた日中環境協力」で、このプロジェクトは、1997年9月の日中首脳会談において提唱され、「日中環境開発モデル都市構想」及び「環境情報ネットワーク整備計画」の二つの柱から構成されている。

(1) 日中環境開発モデル都市構想
——中国全土に澄みきった青空を——
　中国における環境問題の全てを、規模に限りがあるODAといった外国からの支援のみによって改善することは困難であるので、両国は、まずモデルとなる都市を選定した上で環境対策に重点的に取り組み、更にその成果が他の都市への普及の呼び水となるような「日中環境開発モデル都市構想」を打ち出した。
　この構想の推進に当たっては、有識者等から構成される専門家委員会が日中双方に設けられ、1年半にわたって様々な観点から議論された。そして1999年4月、同委員会はモデルとなる都市を貴陽、大連、重慶の三都市とし、大気汚染・酸性雨対策を優先して行うべきであるとするなど構想の基本方針、実施すべきプロジェクト等について日中両国政府に提言した。その後、日本政府はこの提言に基づきプロジェクトの早期の具体化に向けて、調査・検討を続けている。
　なお、2000年3月には三都市の案件を含む第4次円借款99年度分の供与に関する書簡の交換が行われた。
　広大な中国の国土で発生する環境問題に対して適切に対処するには、各都市の環境に関する情報を速やかに集約し、相互に共有することが重要であるが、これまで中国の各都市は独自に大気汚染の状況などの環境情報を収集・分析しているものの、その情報を互いに伝達・共有し活用する体制は十分に構築されていなかった。そこで、日本政府はこのようなネットワークの構築を支援することとし、2000年1月より、人材育成のための現地国内研修を開始すると同時に、2000年3月、各都市において必要な機器等の整備を支援する無償資金協力のための書簡の交換を行った。なお、日中友好環境保全センターはこのネットワークの中核としての役割を期待されている。

(2) その他の取り組み
　対中環境協力では、公害対策以外にも自然環境の保全を目的にした取り組みも積極的に進めている。例えば、森林資源の保護育成を推進するため、害虫被害の抑制技術、良質の苗木の育成技術等の分野での技術協力や、草の根レベルでの植林事業を支援するため草の根無償資金協力を行っている。

さらに、99年7月、日本政府は民間団体等による日中間の民間植林緑化協力を促進するため、「日中緑化交流基金」を設けることを提案し、同年11月に創設した。今後、中国で植林緑化事業に携わる日本の企業、地方自治体、NGO等に対して事業経費の一部を助成する予定になっており、既に一部は実行段階に入っている。

4 共生

共生（Live together）という言葉は生物学から導入されたが、今では異なる個体が共存するために必要な概念として社会で広く用いられるようになっている。

4.1 共生の二局面

人類史は、その流れの一つとして自然に対する人類の挑戦の歴史とみることができる。科学技術の進歩は常に人類に最新でかつ最大の利便さを与えながら進歩を続けてきた。なかでも都市は人類の創りえた最強の砦となった。その結果、人類は、今日では他の生態系を支配し、その頂点に立ってしまった。

しかし、公害の発生、生物種の減滅、大気温暖化の進展など、地球環境系の変化とそれが人類の生存に影響を及ぼしつつある現実を直視すると、自然のメカニズムがいかに傷つきやすくデリケートであるかを知らされるとともに、人類も地球環境系と調和して共生しないかぎり、生存することが困難な事象が現れ始めている。

すなわち21世紀以降の地球社会に向けては環境を主軸とする新たなパラダイムの構築が真剣に求められている。科学の領域においても、また市民生活や行政・産業の場においても、環境問題はあらゆる側面で課題の中心に置かれ、自然環境との調和・共生のあり方が模索されている。（自然との共生）

20世紀は、先進国を中心に科学技術の進歩を十分享受しているが、依然として貧困が蔓延し、あまりにも大きな格差が残る地域がある。アマティア・セン博士（1998年ノーベル賞受賞）が述べている「途上国の開発は成

図3　現代社会におけるグローバルトリレンマ（藤田著『マクロエンジナリング』資料より）

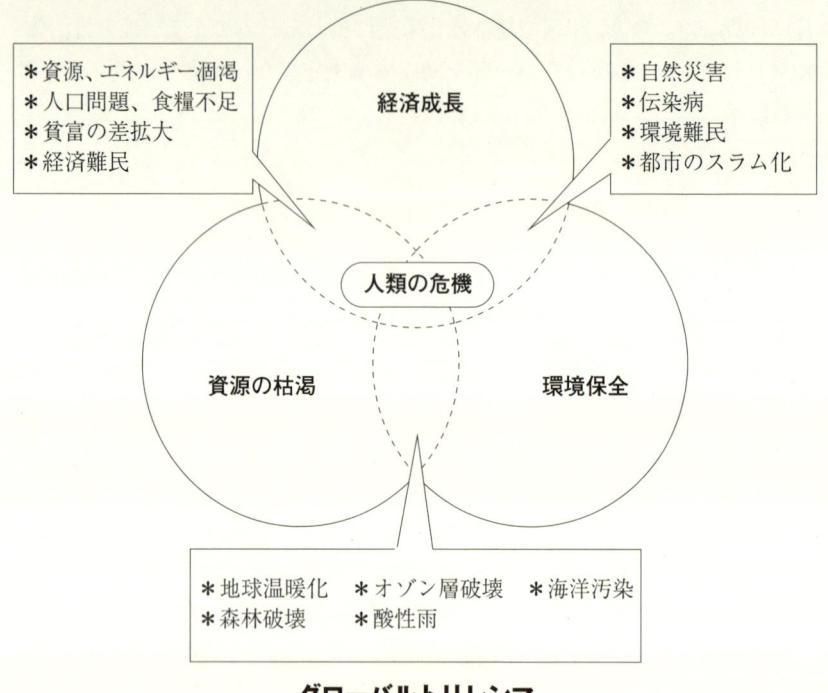

```
＊資源、エネルギー涸渇              ＊自然災害
＊人口問題、食糧不足               ＊伝染病
＊貧富の差拡大                    ＊環境難民
＊経済難民                       ＊都市のスラム化

           経済成長

     資源の枯渇    環境保全
          人類の危機

＊地球温暖化  ＊オゾン層破壊  ＊海洋汚染
＊森林破壊    ＊酸性雨
```

グローバルトリレンマ

長自体を目的にするのではなく、政治・社会活動など多様な自由を拡大するプロセスとして進めるべきである」という議論は、国にとって科学技術を適切に使う優れた政治経済システムが必要であるとも言い換えることができる。先進国、開発途上国を含めた地球レベルの経済的社会的民主主義が必要となってくる。「経世済民」の思想は世を治め、人民の苦しみを救うことであるが、貧困や教育の問題で経済活動への参加に著しく制約を受けている人が多数存在するだけに、単純に自由経済、市場原理で対処するには限界がある。すなわち地球上には約190の国があり、多くの民族、宗教、思想、教育制度など社会的条件の異なる人々が生存しているのである。まさに21世紀の社会パラダイムとして、「共生」の思想が強く必要となってきている。（人間との共生）

第二部　環境保護における日中関係

図4　個人に焦点を当てた選択肢（藤田著『生産管理論』より）

一つの可能性

一つの不可能性

消費の願望

自己実現の願望

長い労働時間
高水準の報酬

長い余暇時間
高水準の貨幣で測れない生産ないし自営

個人

自己に対する貢献と自己開発の意思

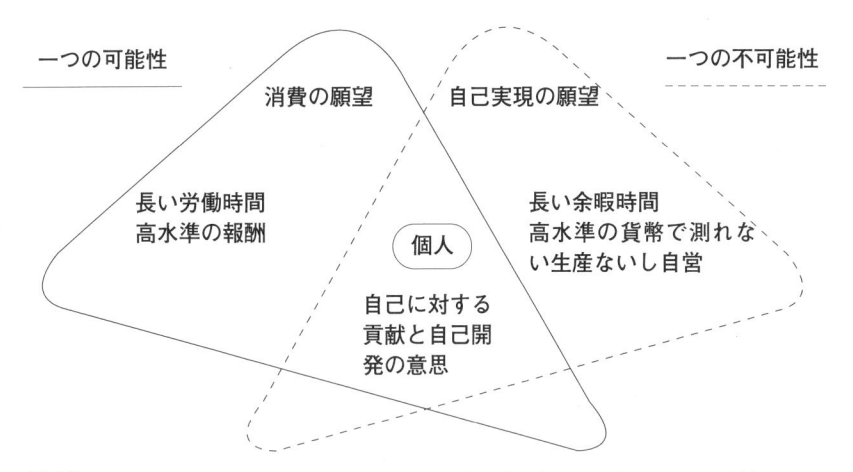

（出所）Perutz, Peter and Stahel, Walter R. (1980): Arbeitslosigkeit-Beruf, Minerva Publikationen, Munchen.

図4　システム機能の長期最適化（藤田著『生産管理論』より）

効率

利用集約度

利用最適度

資源効率
技術効率

技術管理

品質

技術（システム）最適化

製品寿命最適化

持続可能性管理

時間

リスクの管理

財の販売

結果の販売

損失防止
廃棄防止

信頼性最適化

防止技術

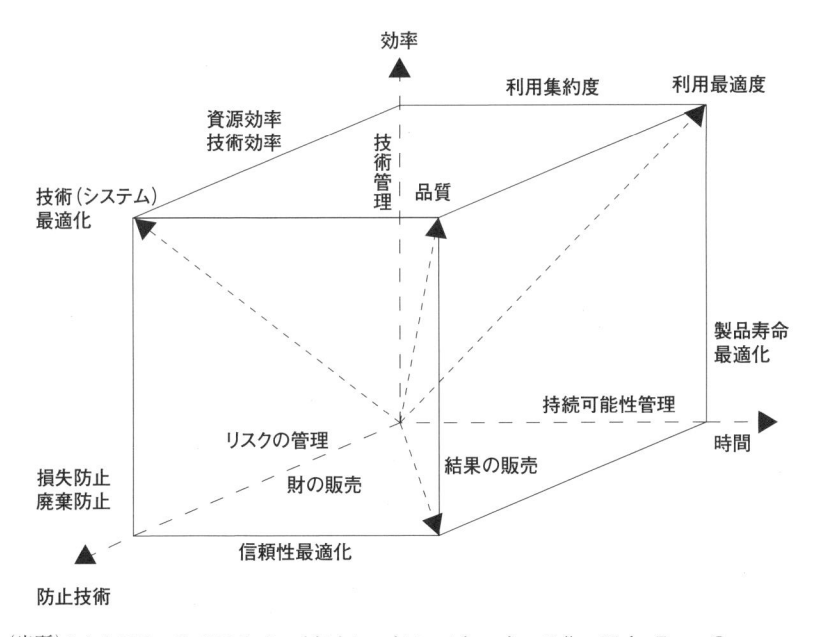

（出所）Stahel, Walter R. (1991): *Langlebigkeit and Material recycling*, Vulkan Verlag Essen, Germany.

人間については教育レベルの向上と価値観の多様化、更には企業の永続性に疑問を感じる層の増大によって、企業に取って代わって個人がこれまでに高水準報酬を求めるのではなくて、生き甲斐、満足感を求める傾向が強まるなど、個人の内部に心理的革新が進んでいる特徴が認められる。

これらの物、人間に関する革新はsystem機能の長期最適化より新しい型の品質実現が図られてきていることと符号する。すなわち時間（持続可能性マネジメント、製品寿命最適化）、効率（技術、資源効率）、リスク（予防工学、損失と廃棄の防止、失望感の防止）という新たな経済的指標を求めている。

問題が起こり伝統的境界内では容易に解決できない場合、その境界内で獲得された方法は成果を上げられなくなる。工業経済からサービス経済への移行によって、既存の経済学では対処できなくなってきている。ここに種々の学問を融合させるものとしてMacro-engineeringに大きな期待が寄せられている。

すなわち、複雑化、大規模化にともなって、個々の活動領域を調整し、結果としてのriskをminimizeさせる活動、すなわち巨視的工学がますます必要になってきた。地球資源を有効に用いるためには、その循環が不可欠である。そこでは上記手法が重要になってきている。

4.2 共生認識

共生とは自と他との関係を深く認識し、共に生存することができる方策を確立すること。（藤田による定義）

(1) 共生が成立する条件
自と他、個別と普遍の認識ができること。

現代社会はあらゆる側面で、自と他の対立する局面が多い。市場経済による貿易競争と販売シェアー確保、富の分配の不均衡、過度の競争学歴社会、個人の無制限な欲望などから、環境問題、民族問題、貿易問題などでconflictが増大している。それらの議論、解決策の模索を行うには、「個」を超えた「普」の立場からの統合化、客観化、公平化が計られなければならない。

21世紀という個人の価値感が多様化する社会では「自」とは個別性を有

し、「他」は広く普遍性、多数の通性を有するという基本認識と、各諸問題に関してその性格づけを行いながら議論をすることが大切になろう。(議論検討の階層化、hierarchy化)

(2) 自他の歴史

人類はこれまで地球上で自己利益追求の歴史的繰り返しを行っていたが、地球環境、環境資源問題から初めて「自」の行き詰まりを認識し始めた。歴史的に「自」が認識されたのは、宗教からの自立、デカルト (Rene Descartes1596-1650), Cogito ergo sum（我思うゆえに我あり）と源義経（1159-89）が元服をもって自立したことの事例として挙げられる。自立できることが共生社会成立の条件である。

科学の「自」として深海水、原子、生物種、化合物があげられる。

文化の「自」として五七五調（日本民族の基調）と普遍性語（月、秋、空、春、花、雪、風など）が挙げられる。かなの考案、助詞の考案、カタカナの考案（記号感覚）も漢字を補完し、独立したものとしての考案であろう。

(3) 東洋と西洋の物質観と表現

	東洋	西洋
主体	自然	人間
心	八百万の神に神宿る	神と自分との関係のみ存在する。自分本位、物質は無機質
観察態度	個々の存在尊重、全体観	普遍性追求、分析的、木を見て森を見ず、元素観
記述、まとめ手法	あるがままに認識する、総合的、並列平板的記述（本草学、草冠、木冠、魚冠など分類初歩あり）、五行説あれど育たなかった、帰納的	物事はすべて成分からなる、これ以上分解できない物質、演繹的、系統樹的整理

漢字表現とアルファベット的表現の比較

- 漢字表現＝表象的、画像的、表意的、瞬時、網羅的、瞬時に共通理解しやすい。受容的だが構造を持たないので推論予測がしにくい。直感的。
- 西洋表現＝逐次的、連結しながら概念を構築する。分類、系統樹、体系的、考察的、論理的、解析的、演繹的、全員一致の概念到達に時間がかかるが推論予測が立てやすい。

コンピュータ発達により両者の融合が可能となった。無作為、無差別受容しても分類、解析可能となった。直感と論理、帰納と演繹の均衡が21世紀には大切となろう。

(4)「自」「他」のバランス崩れ

利益の取得関係によって自他の区別が生まれ、既得権益者と新規参入者との間に抗争が起きる。民族紛争、貿易摩擦、労使問題、中央と地方、規制保護緩和反対、反グローバル化、出入国制限など事例多い。

バランスが最もよく取れていたのが自然界（食物連鎖、自然循環）であったが、人間の「自」の横暴が崩してしまった。(凶悪犯罪、メール犯罪、小型武器、メス化現象など)

5 自他の共生

5.1 地球へのつけ

人類が「自」のみを追求してきたツケによる閉塞感、無力感の時代。環境科学はその限界、反省から生まれたものと考えられる。今後は社会全体の仕組みとして自他の単なる並存、並立ではなく、両者がそれぞれの役割、機能を果たしつつ両者が合体してバランスよい形で再構築することが期待されている。

5.2 自他の共生

「自」の代表が権力や特権であるとすれば、「他」の代表が科学（客観性）と考えると、そのバランスを取る手段が法律、規定、協定、規制であり、それを助けるのが規格となる。

既に人類は、度量衡を唐時代に設定し、日本では大宝律令（702）に採用されている。またメートル法はナポレオン一世時代（1790）に制定している。

すべての物、プロセスが規格化され、その規格の下で活動がなされる場合

は、単純な規格で済むが、複雑になるにしたがって、単純な規格で律し得なくなる。そこで包括規制や規格が生まれてくる。環境負荷を表現するLife cycle assessmentはその例である。「自」の知見があって、それを普遍化する作業としてこれらの手法が必要となってきている。

6 共生の視点からの連携連帯

これまで多くの場で議論されてきたように日中関係をより良好なものとし、両国間の経済交流を一層発展させるためには、両国国民の相互信頼の確立が不可欠である。そのために考慮すべき社会経済的側面を考えてみる。

6.1 ITに関する連携連帯

中国では、インターネット利用人口がすでに1,690万人に達しているとされており（2000年6月末現在「中国国際経貿消息」による）、2003年には米国に次ぐ第二のインターネット大国になると予想されている。2001年から始まる第10次5ヵ年計画の中でも、IT産業を経済発展の柱にすると位置づけており、通信網の整備や電話普及率の引き上げ、IT製品生産増加率を年25％にするなどの目標を掲げている。ITは従来の社会、経済、政治などのシステムを根本的に変革するものであるため、中国もIT革命への対応にあたっては国際的視野をもって進める必要がある。特に、知的財産権や個人情報の保護問題、ハイテク犯罪への対応、電子商取引のルール整備等、国際的に整合性が必要とされる問題に、中国も積極的に対応すべきである。更に、これに関連して、有能な中国人IT技術者を雇用し、日本において事業を実施しようとする際、中国人IT技術者の日本入国ビザの取得が大きな障害となることが多い。日本政府には、中国人IT技術者に対するビザの優先的発給や発給の迅速化を実現するよう望む。

6.2 エネルギー・環境問題での連携

中国は現在もエネルギーの70％弱を石炭でまかなっており、脱石炭方針

により利用割合は低下しているものの、依然として重要なエネルギー源となっている。石炭は、炭酸ガスの排出量が天然ガスや石油よりも多いほか、硫黄酸化物、酸性雨、煤塵など多くの悪影響を引き起こす。したがって、石炭の利用に際して、省エネルギーや環境対策を考慮に入れた一層の技術導入が必要となる。

例えば、すでに開始されている洗炭、脱硫等のクリーンコール・テクノロジーや流動床ボイラーなど、日本の優れた技術の移転を促進し、技術の普及に努めることが必要である。さらに、世界のトップクラスにある省エネルギー技術や、風力、太陽光、燃料電池などの新エネルギー利用促進等の分野でも、日本の技術が貢献できる分野は多い。

また、中国の環境産業は技術レベル、品質、サービス体制など改善しなければならない点も多く、設計から建設、運転に至る幅広いエンジニアリングの経験が不足している。トータル・エンジニアリング能力を有する企業の育成が必要であり、ISO14001の取得と併せて、制度的な後押しも必要である。ISO取得と維持によって企業の経営システムが合理的になると同時に、国際通商面でもメリットが出てくるからである。

なお、技術移転は民間企業が貢献できる分野であるが、これまで必ずしもスムーズに行われてきているとはいえない。許認可、技術移転条例、知的所有権問題など、WTO加盟を機に抜本的な見直しを行い、日本の優秀な技術や経験を中国内で生かし、中国の産業発展に安心して協力できる環境を整備するよう期待する。国際標準化機構（International Organization for Standardization）が定めた「環境管理システム」に関する国際規格であるISO14001の認証取得を行うことにより、環境問題に対する自主的な取り組みと継続的な改善を進める環境管理システムの構築が担保される。特に循環型社会形成を進めることが重要になってくる。日本では法律が整いこの活動が開始されているが、狭い国土と、バージン原料がリサイクル原料より安価に入手できるために、まだ多くの問題点を抱えている。もしこの面で連携連帯が可能になれば、更に地球資源の節約と製造技術レベルの飛躍的向上が見込める。

最近、浙江省台州市で行われているように金属や廃プラスティックのリサイクル事業に従事して資源有効活用をはかっている地方都市に対する、支援

策も必要であろう（年間処理量スクラップ100万tの他、貴金属、廃プラスティック、電線、基板など）。

6.3 対中　環境植林

1998年夏に長江や松花江で発生した大洪水は、まだ記憶に新しい。中国は、総面積960万km²に対して森林被覆率がわずか14％しかなく（日本は67％）、特に河川の上中流域での土壌流失や中国内陸部での砂漠化が深刻となっている。

将来、中国政府がCDM（クリーン開発メカニズム、日本が中国国内で温室効果ガス削減事業を行い、それにより生じた削減分を日本の排出割当量に加えることができる制度）を視野に入れ、日本企業などが行う植林事業を「モデル植林」として位置付けることによって、植林協力の輪を広げることが両国国民に期待されている。

6.4 対中　ODAの効率化

中国の改革・開放路線への転換と歩調を合わせて、1979年度から始まったわが国の対中援助は、インフラ建設への援助を主体とした円借款、教育・医療・環境保護等への協力を主とした無償資金協力や技術協力など、これまでに累計で145億ドル（支出純額ベース）の協力を行っており、北京の中日友好病院（無償資金協力と技術協力）のように、北京在住の日本人からも高い評価を得ている事例もある。

中国では2001年から第10次5ヵ年計画がスタートし、西部大開発など21世紀における中国の新たな開発戦略が実施に移される。他方、日本国内でも、2001年度から対中円借款において単年度供与方式が導入されることもあり、対中経済協力のあり方についてあらためて考えるべき時期に差し掛かっている。日本政府は、2000年度中に中国に対する国別援助計画を策定することとしているが、現在、日本国内には対中ODAに対する批判的な意見もあり、こうした意見にどう対応するかが課題となっている。中国への直接投資が増えたことから、対中ODAの必要性が相対的に低下していることは否めない

ため、今後は中国側のニーズを正確に踏まえた上で、民間資金で対応できない生態環境の保護・回復や教育、人材育成支援などの分野に焦点を絞って、ODAの有効性を高めることが必要と考える。なお、その際、日本のODAに関する日中両国民への適切なPRが行われることを強く期待する。

6.5 新しい発想と大胆な企業改革

6.5.1 地球資源活用の新しい考え

　21世紀の企業のあり方を目指して多くの企業や団体自らが改善に取り組んでいる。これまでの活動の時間、空間をより広げ、地球環境への配慮を含めいくつかの新しい考え方が提案されている。

　（A）ファクターテン（Factor 10）運動（藤田著『資源循環論』より）
　小麦1t生産することによって2.5tの表土が失われ、工業製品は平均して1t製品当たり約30t、自動車1台当たり50tの天然資源総量を消費している現実から、ビジネス活動によって生み出される経済価値を国内総生産（GDP）のような経済価値表現にとどめないでむしろ、消費された自然をも考慮すべきであるという発想から、資源効率を10倍に上げる必要があるという考えである。
　従来の製品経済価値は製品性能（顧客満足度）を製品のライフサイクルのコストで割ったものとして捉えられていた。すなわち経済的価値を向上させるには、性能を上げるとともにコストを削減すればよかった。しかし地球環境悪化によって製品価値を別の尺度、すなわち地球環境への影響をも考慮する必要が出てきた。それが環境効率（Eco-efficiency）という概念であり、①製品およびサービスの物質集約度（Material Intensity）を減少させる②製品およびサービスのエネルギー集約度（Energy Intensity）を減少させる③毒性物質放出を減少させる④材料のリサイクル可能性を増加させる⑤再生可能資源の持続可能性を増加させる⑥製品耐久度を拡大する⑦製品のサービス集約度（Service Intensity）を増加させる、などの環境側面を向上させることによって環境効率Eを上げられるとする。

環境効率E＝製品性能（顧客満足度）P/ライフサイクルの環境効率I、で表現される。

グローバルビジネス展開に際し、環境効率の配慮がないと活動の持続が困難となる。

ファクターテンは2050年に環境効率を10倍にするという長期将来目標であるが、既存技術の有効な組み合わせで環境効率を4倍程度に向上しうる可能性がある。

（B）4-2-1KW社会の実現（藤田『資源循環論』より）

現在の地球は「経済発展」、「地球環境保全」、「資源・エネルギー・食糧の確保」という課題を抱えている。これらは相互に影響し合う「トリレンマ構造」をなしている。これを解決するためには、次のような社会を実現する必要があるという考え方である。

すなわち地球上の二酸化炭素量を現状より増加させないために植物による固定量以上は排出させないで、地球人口を100億人に想定すると1kw/1人で抑えることに成功すれば問題が出ない。現在は平均6kw/1人である。世界人口を三分割し、消費量が高い国民は4kwまで下げる努力を、中ぐらい消費量の国民は2kw/1人に抑えると、低い消費量の国民の生活レベルが1kw/1人に上がっても地球全体では現状の二酸化酸素レベルを保てるという考えである。

この社会を日本の事例で調べるとほぼ東京オリンピックの頃に相当するので、実現できない話ではない。

表3　日本でのエネルギー消費量の変遷

1kw社会	「もはや戦後ではない」1955年頃。 電気冷蔵庫、電気洗濯機、テレビ（白黒）「三種の神器」 石炭、薪にかわって電力、石油製品の需要が急速に伸びた
2kw社会	1965年の東京オリンピック、カラーテレビ（Color TV）、クーラー（Cooler）、乗用車（Car）「3C時代」、東海道新幹線開通、天然ガス立上期、中流意識、スモッグ情報
4kw社会	1973年頃、第1次石油危機、「一戸に一台」乗用車、エアコン、電子レンジ、原子力立上期

7 むすび──多国間枠組みの中での日中関係

これまで日中関係は歴史的な経緯もあり、ともすれば特殊な二国間関係と捉えられがちであった。ビジネスにおいても、中国とのビジネスというと社会主義体制、一党独裁体制の国であるがゆえに、ややもすると特別な配慮が必要とされることがあった。

今日、経済のグローバル化が進み、国際協力の必要性が叫ばれている。こうした中、中国はWTO加盟への努力に見られるように、グローバル経済の中に積極的に参画しようとしている。WTO加盟に伴い、中国は国内の法制度やビジネス慣行を、グローバル・スタンダードに基づき、透明性のあるものとすることが要請される。まさに厳しい試練であり、チャレンジである。

①地域経済協力の枠組みにおいては、アジアの経済大国として、日本と中国が協力することが地域の安定と発展につながる。その意味で、APECやASEANプラス3、ASEAN地域フォーラムで日中が協力することは、主に東アジアの安定と発展に寄与する。長期的には、北朝鮮の核問題などを含む南北朝鮮の統一問題、極東ロシアの動きなども視野に入れつつ、日中は協力して環日本海経済協力など東アジアにおける地域協力や、東アジア地域における自由貿易協定締結の可能性を探っていく必要があろう。

②日中両国はお互いを二国間の狭い関係のみで捉えるのではなく、より幅広く、アジアや世界の中での日中関係のあり方や協力関係を真剣に模索していかなくてはならない。また、国連やIMF、WTOなど国際機関での活動においては、互いの活動を牽制しあうのではなく、協力してアジアの声を代弁する時期にきている。日中両国は国際社会での多岐にわたる共同活動を通じて友情を深め、信頼と希望に満ちた21世紀を切り開いていかなければならない。

③中国の製造業がこのまま成長を維持し、かつ国際競争力を強めれば、日本、アジア地域の製造業にも大きな影響を与えるであろうし、わが国と東南アジア、中国との間に存する現行の国際分業体制にも重大な変化を及ぼすであろう。こうした変化にどう対応すべきかという点については、今後、真剣に検討する必要があろう。(中国脅威論の台頭)

④開発途上国の問題を論ずる時は「南北問題」が重要になってくる。南北問題への世論喚起は1960年のオックスフォード大学学長のオリバーフランクス卿がロイド銀行での演説「新しい国際均衡」の中で「富める北の国と南の国との格差を放置すれば、いずれ世界経済は深刻な南北対立に悩まされる」と主張したことを嚆矢とする。環境資源問題も経済問題と同様でその傾向が強い。表4に示される如く、マクロ的には地球社会は良い方向に進んでいるが、個々の問題を多く抱えているのが現実で、今世紀はこれら残された諸問題の解決に邁進する必要がある。

⑤21世紀に先進工業国はポスト工業化の環境保全、教育などの課題を模索するが、開発途上国では依然としてMaterialism（物質優先主義）的課題である景気・所得分配、福祉、雇用、通商政策などを環境問題より優先せざるを得ない側面を有する。

⑥一方、開発途上国でも冷戦が終わり、国家間の経済的相互依存性が強まったなかで、国際的枠組みとその決定の遵守が要求されるようになっている。また経済交流にともなって、人権や民主化などの社会的問題が雪崩のように入り込み、既得権益層への打撃と反発が避けられなくなるという不安定材料を内蔵しながら、経済発展をしなければならなくなっている。現在の先進諸国はこのような急速な変革を必要とする外乱因子に影響されずに時間をかけて国作りができた。それに比べれば、途上国はかなりのスピードで国づくりを急ぐことをを余儀なくされている。

⑦このような背景を理解すること、すなわちいまだ経済、教育、インフラなどが充足されていない国民と、経済発展をあるレベルまで成し遂げた国民とは、各々の求めるものの質が異なる。したがってひとつの価値観で律し、制約するのではなくて、これまでのその国、その地域の特殊性、伝統などを重視した多様な価値観を認めることが、地球国民に必要になってきている。

したがって今世紀においては包括的システム確立が質的変換の要素として求められている。この節目としてSynergy（統合と相乗効果）、Inter-linkage（連鎖）、Holistic approach（包括的対応）、Coordination

表4　国連 A balance sheet of Human Development, 1990-97（藤田作成）

	Global progress	Global deprivation
Health	70歳以上の平均寿命について1990年に55国が1997年には84国に増加。そのうち開発途上国は1990年に22国であったのが1997年には49国に増加した。安全な水が飲める人口は1990年に40％であったが1997年には72%に増加した。	1990-97年間にAIDS感染者が1500万から3300万人に増加。15億人が寿命が60歳限度。8.8億人が健康診断が受けられないし、26億人が基本的衛生環境にない。
Education	1990年から1997年の間に成人識字率が64%から76%に向上。その間に小学校、中学校就学率が74%から81%に向上した。	1997年に8.5億人が文盲。2.6億人が初等教育を受けていない。
Food and nutrition	1990から97年にかけて1人当たり食物生産量は25%増加。カロリー摂取量が2500から2750カロリーに増加し、蛋白質も71から76grに増加した。	8.4億人が栄養失調。五裕福国国民は五貧乏国国民の16倍の栄養を摂取している。
Income and poverty	1990から97年にかけて1人当たりGDPは1%増加。消費も2.4%増加した。	約13億人が1日1ドル以下の生活をし、10億人が基本的必要を充足していない。五裕福国国民は五貧乏国国民の74倍の収入がある。
Women	1990から97年にかけて中学校就学率が36%から61%に増加。また経済活動従事率が34%から40%に増大している。	3.4億人が40歳寿命。4分の1から2分の1の女性が夫による虐待を受けている。
Children	1990年から1997年に1,000人当たりの幼児死亡率が76人から58人に減少。1歳での免疫保持率が70%から89％に増加した。	1.6億人が栄養不足。2.5億人以上が幼児労働者となっている。
Environment	1990年から1997年にかけて汚染燃料使用率が5分の2になった。	年間大気汚染で約300万人死亡している。しかもその80%は室内空気汚染による。500万人以上が水質汚染による下痢で死亡している。
Human security	開発途上国人口の3分の2から4分の3の人口が複数政党下民主主義国にいる。	1997年末の難民が約1,200万人いる。

（調整）、Integration（集積）が強調され始めた。縦割り構造の20世紀から包括的systemの今世紀へ移るためには、また多様化した地球と複雑な価値観を有する人類の繁栄を実現するためには、地球資源を有効、適切に循環使用する総合的科学技術とそれを駆使する経営力が求められている。

8 大学での共生教育

　自制の根本が教育であり、未知、不確定な対象に向かう勇気と感覚を持った若者を育てることが自他の共生に貢献する道であり、新人文主義とともに21世紀に活躍する若者への大きな基礎的バックボーンになることを期待したい。

参考文献
藤田慶喜『資源循環論』　2001年
藤田慶喜「生産管理論」　2000年
外務省『日本の環境ODA―持続可能な開発に向けて』　2000年
外務省『持続可能な開発のための環境保全イニシャテイブ（EcoISD）』　2000年
外務省『日本政府の環境問題への取り組み』　2000年

中日環境協力の将来

本渓における中日環境協力を例として

張　海濱

1 はじめに

　中日両国は20世紀80年代以降環境保護の分野で広範囲にわたる協力を行ってきたが、実際の成果はどうであろうか。これについては、双方とも系統だった計量的分析を十分に行ってこなかった。本論は、本渓における中日両国の環境保護協力について計量的分析を行うことによって、中日両国の環境保護における協力の将来性を探る。本渓の事例を選んだのは、人工衛星から見えない町と言われたほど、本渓がかつて中国で最も汚染の深刻な町の一つで、経済発展と環境保護との衝突が特に先鋭化していたこと、および中日両国が本渓で比較的大規模な環境保護の協力を行ってきたことをその主な理由とする。本渓の事例は相当程度の代表例と言えよう。

2 本渓市の環境概況

　遼寧省の南東部にある本渓市は、その東は通化市、西は遼陽市、南は丹東市の鳳城県と寛甸県、北は沈陽市と撫順市にそれぞれ隣接し、東経123°34〜125°46、北緯40°49〜41°の間に位置する。平山、渓湖、明山、南芬の4市街区域と満族自治県である本渓、桓仁の2県を管轄下に置き、東西178km、南北87km、総面積8420km^2に及び、156万の人口を擁している。本渓市の市街区域はその図版の西部にあり、周りを連山に囲まれた峡谷型の盆

地で、市街区域を太子川が横断するように流れている。市の中心区域は77.3 km^2、住宅や商業区域は56 km^2、95万の住民を抱える。中国に17ある大都市の一つに数えられている[1]。

鉄工業、建材、化学産業を中心とする重工業の都市である本渓は、中国の重要な原材料生産基地の一つである。現在、郷［訳者註：「郷」は中国の行政単位で、県または県所轄の区の管轄になる］またはそれ以上の行政区である区、県、市に属する工業企業は1100あまり、うち重工業企業648、重工業企業のうち原材料を生産する企業が80％を占める。重工業企業の80％が集中する市の中心区域は、入江であるうえ峡谷となっているため、企業間の距離が狭く、工業企業の異常なほど密集する、資源・エネルギー密集型の産業団地を形成している。環境汚染の深刻化が進んだ結果、中国で大気汚染のもっとも深刻な都市の一つ、「人工衛星から見えない町」と呼ばれていた。1988年の統計によると、本渓市の石炭年間総消費量700万 t、工業排気の年間排出量947億 m^2、塵埃、工業粉塵の年間排出量23.7万 t、SO_2の年間排出量10.5万 t、市街区域の大気降塵量は53 t/月・km^{2}に達し、標準値を6.2倍も超えている。1979～1988の観測統計によると、市街区域の大気中におけるSO_2とＴＳＰの平均濃度はそれぞれ0.23 mg/m^{2}と0.74 mg/m^{2}で、標準値を2.8倍と1.5倍を超えている。本渓市の水汚染も非常に深刻で、市街地を流れる太子川に40あまりの排水口から、年間2.3億 tの汚水が排出されていた。そのうち工業廃水が2.1億 t。年間36万 tの石炭灰、ガス泥などの懸濁物、125 tの揮発性フェノール、70 tのシアン化物、630 tの石油類が含まれている。特に市街中心地ではＣＯＤ10.17 mg/lが標準値を0.7倍、フェノール0.6 mg/lが標準値を60倍、オイル8.52 mg/lが標準値を16倍超えていた。市全体の年間産廃物1276万 t、累積量1.5億 tに達し、925万 m^{2}の敷地を使っていた[2]。

山積する本渓市の環境問題を、ここ数年来の経済成長がさらに増幅させた。市民の生活と健康を脅かし、本渓市の経済と社会の発展に重大な支障を来した。環境汚染の問題を解決するため、本渓市政府は弛まぬ努力を続けてきた。70年代の初頭はまだ経済力が弱い時期であったが、1億元近くの資金を捻出

---

1) 本渓市共産党史地方誌事務室編『本渓年鑑』（1999）、大連出版社、2000年6月、73頁。
2) 本渓市環境保護局統計数値による。

した。改革開放の政策が実行される80年代に入ると、中国共産党と中央政府も本渓市の環境汚染問題を重視し、1988年中国国務院環境保護委員会が調査グループを派遣し、調査、研究を行い、本渓市とともに環境改善の対策を検討し、期限付きの本渓市環境汚染処理策に関する決定を採決した。1989年8月中国国務院環境保護委員会が本渓市で現場会議を開き、本渓市環境改善7年計画（1989-1995年）を批准し、本渓市を中国唯一の環境汚染処理実験都市に認定した[3]。

　7年間の努力の末、所定の計画を完遂し、大気が国家3級水準、河川が国家5種河川水の基準に達した。7年間で合計4.8億元の投資を消化し、44項目の工事を竣工させた。24の大気汚染源がなくなり、市街地を流れる太子川を汚す23の排水が浄化され、注目の的となっていたゴミ山のもたらす汚染もおおよそなくすことができた。1988年と比べると、1995年では本渓市の経済成長が10％を達成したにもかかわらず、53.2 t/月・km^2だった市街地の降塵量が39.9 t/月・km^2、0.74 mg/m^2だったTSPが0.4 mg/m^2、0.23mg/m^2 SO_2が0.15 mg/m^2、0.07mg/m^2だったNOXが0.04 mg/m^2に減少した。月2-3日だった市街地の10km視度の日が約月28日までに増加した。大峪の水源が河川2種の水準を保持し、太子川の21項目の数値が5種河川基準に達した[4]。

　このように深刻な環境汚染に歯止めをかけることができ、本渓市の環境改善は一定の成果を収めることができた。しかし、インフラと企業の配置が深刻な問題を抱えているため、環境問題は依然として本渓市の経済と社会の発展を阻害する要因となっていた。①不足する資金の調達が困難であること、②技術力の不足のため7年計画が十分な効果を上げることができず、外国の先進的技術と設備を導入する必要があること、③重工業基地である本渓市の企業が技術の立ち後れのため、環境改善の足を引っ張っていることなど、本渓市の環境の改善は多くの問題をかかえ険難を極めていた。

　7年計画で治めた成果を守り、抜本的な改善を実現するためには、どうすればよいか。折しも中日双方が第四次対中借款の協議を行っていた時期であったので、本渓市はこのチャンスを捉え資金援助を申し出た[5]。

---

3)「本渓市環境汚染対策に関する国務院環境保護委員会の決定」を参照。
4) 本渓市環境保護局統計数値による。
5) 本渓市環境保護局文書「本渓市2000年環境保護工作綱要」を参照。

3 中日が本渓市で行った環境改善協力の方法、内容及び進展状況

本渓市の環境改善における中日両国の協力は主に第四次対中円借款を利用して行われた。項目数も規模も本渓市史上で前例を見ないものである。

3.1 環境対策プロジェクトの選考

円借款の利用申請は、『本渓市環境総合改善計画（1996-2000年）』と『本渓市国民経済と社会発展第九回5年計画』に基づいて行われた。国家発展計画委員会計画外資「1994」232号通達『国家計委発　第四次日本海外経済協力基金借款候補プロジェクトの申請に関する通知』と対外貿易合作部「1994」外経貿貸函字第003号通達『第四次日本海外経済協力基金借款候補プロジェクトの申請資料提出に関する文書』に基づき、本渓市の環境改善は候補プロジェクトに採択された。1994年12月、中日両国政府は、第四次日本海外経済協力基金円借款前期3年の金額102.78億円を本渓市の環境改善プロジェクトに投入することに合意した。日本海外経済協力基金が1994年11月～1995年11月の間数回にわたって日本ONIKO会社をコンサルタント会社として派遣し、中国側の請負事業体である中国環境科学院と北京環境コンサルタント会社とSAPROF（プロジェクト促進サポート）合同調査団を作り、二段階に分けてプロジェクトについて3回調査を行った。1996年2月、SAPROF調査団と本渓市プロジェクト事務室が提出した30項目のプロジェクトの工事内容、技術、設備、財政評価、金額と前期準備などについて最後の確認を行った。SAPROF調査団の調査報告は、第四次日本海外経済協力基金円借款調印の重要な参考文献となるものである。

1996年の年初、『第四次円借款を利用する環境改善プロジェクト全体計画案』が作成され、遼寧省発展計画委員会と国家環境保護局の審査を経て、国家発展計画委員会に提出された。プロジェクト全体の総投資額は18億3707万元、うちわけとして円借款96億7700万円、内部配布資金10億996万元、30項目のプロジェクトに投入される。プロジェクト実施による環境への影響に対する評価報告書が北京環境評価連合会社の会員である鞍山冶金設計院の責任で作成され、個々のプロジェクトに関する分析は本渓市環境科学研究

所によって作成された。環境への影響に関する評価は国家環境保護局環境監視計画「1993」324号文書『国際金融機関の借款による建設プロジェクトの環境への影響評価管理に関する通知』に基づき、本渓市の都市計画、種別区域の区分について全面的な調査が行われ、やり直しや拡充プロジェクトに関しては「総量制限」の原則に従い、「生産増と汚染減」を目標とした。1996年9月、『環境影響評価報告書』について、国家環境保護局から認可の通知を受けた。

　第四次日本海外経済協力基金借款による本渓市環境改善プロジェクトは、1997年の年初より、プロジェクト全体に対し大幅な調整を行った。遼寧省発展計画委員会の要請に従って、プロジェクト全体に対して選考、改善を行い、調整を図った。その結果、環境改善の効果と経済収益の貢献が小さく、国内資金の調達が保障できず、借款返済能力が低いと認められた15のプロジェクトが取り消され、環境と社会への貢献が期待でき、国内資金の調達が確保できると認められた三つのプロジェクトが追加され、最終的には18のプロジェクトが採択され、投資総金額は14億5533万元、内訳として円借款85億700万円、国内調達資金8億4478万元。

　日本海外経済協力基金借款は1997年～1999年、3年間に分けて執行される。1997年に実施される11項目のプロジェクトは、1997年9月12日に政府間で調印が取り行われ、借款金額41億1000万円（採択に至らなかった2プロジェクトの金額1億7500万円が調整用資金として含まれる）。1998年実施の6プロジェクトが1998年12月25日に調印、借款金額は32億3700万円。1999年実施のプロジェクトは一つ、金額は11億6000万円。

　本渓市の環境プロジェクトは主に大気汚染対策、廃水処理、都市インフラの建設で、関係する業界は冶金、化学工業、医薬製造業、機械製造業と公共事業など。

　　プロジェクト審査は以下の原則に基づいて行われた。
　　①都市全体の環境を改善する重点的インフラ建設
　　②技術面で十分な経験があり、総合的効果の大きいもの
　　③資金調達と工事条件が確保できるもの

　プロジェクトの全体的特徴として、以下の点が挙げられる。

①汚染がひどく、都市の景観を大きく害し、関心の集中するもの
②環境を汚さない生産技術の導入によって長期にわたる環境汚染を解決できるもの
③住民生活に悪影響を与える企業の移転
④産業廃棄物の総合再利用のモデル的プロジェクト
⑤都市環境整備のインフラプロジェクト

全体的には汚染対策と構造調整との連結、環境整備と都市建設との連結が重視されている。

3.2 プロジェクト決定実行機関

今次の借款の事の重大さに鑑み、本渓市政府は今次の借款を大変重要視した。1994年の年初に、市長を委員長とし、2人の副市長を副委員長とする円借款業務委員会が作られ、市発展計画委員会、市経済委員会、市環境保護局、市財政局、市国際貿易経済局及び銀行などの主な責任者が委員会のメンバーに加わった。1995年9月、円借款プロジェクト管理事務室が設置され、二十数名の管理者と技術者が配置。1998年8月、プロジェクト実施全過程を管理するための本渓市円借款プロジェクト実施管理細則が発布。各関係業界の管轄部門にもプロジェクト管理機構が設置された。プロジェクトの管理には、決定・運営・実施という3層ネットワークシステムの整備がすでにできている。本渓市は、プロジェクト管理責任制度を制定し、プロジェクト工事の厳しい規定を作った。他方でより多くの人の協力を求めるために、優遇政策を打ち出している。

3.3 プロジェクト工事の工期と進捗状況

プロジェクトは1998年より実施開始、2002年までに完了。1998年起工のプロジェクトが5項目、その他は1999年からの起工。1999年竣工のプロジェクトが5項目、2000年完了のプロジェクトは8項目。すでに完了したプロジェクトは合計13項目、2001年完了予定のプロジェクトは4項目、2002年

本渓市環境対策プロジェクト実施進捗表

番号	各プロジェクト名	完成予定年
1	本渓市製鋼所第二工場120トンコンバーター排煙対策プロジェクト	2000
2	本渓市プラスチック総工場苛性ソーダ生産の汚染対策プロジェクト	1999
3	本渓市ゴム化学工場の汚染対策プロジェクト	2000
4	本渓市水源移転プロジェクト	1999
5	本渓市タングステン・モリブデン工場の汚染対策プロジェクト	2000
6	本渓市銅加工工場電解銅箔生産の汚染対策プロジェクト	1999
7	本渓市製薬工場の汚水総合対策プロジェクト	1999
8	本渓市環境監視測定管理センター建設プロジェクト	2000
9	本渓市化工鉱業総工場カーバイド工場の汚染対策プロジェクト	1999
10	北台鉄鋼総工場溶鉱炉ガス総合利用プロジェクト	2000
11	本渓市水道電気局材料生産工場石炭灰総合利用プロジェクト	1999
12	本渓市大峪浄水場第二期工事	2002
13	本渓市第五期ガス工事	2001
14	北鋼製鋼の環境総合対策プロジェクト	2000
15	本渓市化学工場の汚染対策プロジェクト	2001
16	本渓市補助薬剤生産工場の汚染対策プロジェクト	2001
17	本渓市潤滑材料生産工場MoS(2)生産による汚染対策プロジェクト	2000
18	北台鉄鋼総工場コークス生産工場の汚染対策プロジェクト	2001

完了予定は1項目。

4 本渓市における中日環境対策協力プロジェクトの効果分析

第四次円借款による本渓市環境対策プロジェクトは、本渓市が計画経済から市場経済に転換し、汚染抑制から持続的発展へ転換するという重要な時期にスタートした。同プロジェクトは、本渓市の環境改善や経済発展、社会の進歩に大きな役割を果たしているか、あるいは果たそうとしている。

4.1 環境改善の効果

本渓市環境対策プロジェクトが対象とした汚染物はその種類が多く、大気汚染関係のものには、煙塵、SO_2、HCL、Cl_2、NH_3等、水汚染では、SS、COD、BOD、石油類、フェノール、シアン化物、$Cr6+$、Cu等、個体廃棄物では、スラグ、石炭灰等がある。完了した13のプロジェクトに対して行ったその前後の比較調査の数値によると、煙塵と粉塵の排出量が33890t/a減少し、減少率は80.33%に達する。SO_2が3629t/aで、減少率は82%。そのほか、HCL、NH_3などの有害ガスの排出もそれぞれ減少した。水汚染関係のものでは排出の減少量が合計約1979万t/aで、うちCDOの減少量が358t/a。推算によると、プロジェクトがすべて計画どおりに完了すれば、煙塵と粉塵の排出減少量は45367t/a、$SO2$の減少は7770t/aの合計数値になるだろうと言う。煙塵の減少率は今の54548t/aの83%、SO_2の減少率は今の8899t/aの87%。COの総排出量の減少は10395t/a、HCL、Cl_2、NH_3などの有害ガスの排出量もそれぞれ減少が見込まれている。汚水排出量の減少は3903t/a、CODの減少は3146t/a、石油類などの減少も期待される。固体廃棄物の総合再利用もある程度レベルアップされるものと思われ、スラグの回収が20万t、石炭灰の総合利用量が2万t/a、塵泥が2万t/a。

本渓市環境対策プロジェクトには、国内外の先進的な環境保護と監視測定の設備、技術が導入されている。都市環境インフラの強化、本渓市の環境対策のレベルアップ、環境監視測定管理の大幅なレベルアップが実現でき、環境管理の需要に応えられるようになった。

4.2 経済面におけるメリット

　環境対策プロジェクトの実施によって、本渓市の環境保護と経済の調和的発展が促進された。今までの単純な末端的処理策に代わって、生産の全過程にわたる汚染管理システムの導入、コストが高いうえ深刻な環境汚染をおこす従来の技術と旧設備に代わって、省エネの新技術と先進設備の導入、生産原料としての再利用や二次的資源として新製品の製造への再利用などの産廃回収など、プロジェクトには数多くの新技術が含まれている。これらの技術の導入によって、生産方式が集約的となり、環境を汚さないものと変わった。環境汚染の問題が解決されると同時に、経済面の効果も大きいといえる。すべてのプロジェクトが完了すると、本渓市の年間工業生産総額4億1200万元増、年間平均売り上げ税収4400万元、年間平均利潤総額1億4433万元、年間平均所得税収1億1166万元と見込まれている。目下すでに竣工した13のプロジェクトは順調に稼働している。2001年末までに8565万元の利潤総額が見込まれている。プロジェクトには国内外でも先進的な技術と設備が多く使用されている。これらの進んだ技術と設備は、今後の本渓市の経済発展に活力を注入し、大きく貢献するものであろう。

4.3 社会的効果

　長いこと環境汚染に苦しめられてきた本渓市市民は、環境保護の意識が強く、環境問題に強い関心を寄せている。完成した13のプロジェクトによって、特にひどかった主な汚染源がなくなり、市街地の環境改善、景観の美化、住民生活の改善が実現した。このことは、社会に大きなインパクトを与えた。本渓市製鋼所、北台鉄鋼所と化学工業や医薬関係のプロジェクトは、大気環境の改善、飲用水の確保に重要な役割を果たしている。ゴム化学工場のあった住宅密集地区では、可燃・爆発性気体や生産過程で漏洩する悪臭が長い間住民を苦しめてきた。住民は工場の移転を強く訴えてきた。今回の移転は住民の願いを叶えたうえ、市の町づくり計画にも合致するものである。このプロジェクトは当該工場による環境汚染を抜本的に解決したため、住民から高い評価を受けた。目下工事中の第五期ガスプロジェクトは7.4万所帯（現在

の供給数は約9万所帯）の増加を見込んだもので、液体ガスの普及率を今の41.80%から76.20%まで押し上げることができる。2001年末完了予定の本渓市水源プロジェクト第二期工事が完了すると、8万t/aの浄水能力が増加され、飲用水の供給が35万t/aまでアップする見込みである。

このように、本渓市の環境対策プロジェクトは、環境の改善のみならず、経済や社会の発展にも貢献している。プロジェクトがすべて完了すると、本渓市の持続的発展のために、ますます大きな役割を果たすものと期待される。人工衛星から見えない都市から、持続的発展型の町に変身した本渓市の実例を通して、我々は、環境保護のために国内外の資源を利用するのは、環境と経済の調和的発展の道を切り開くのに大変有効な方法であることに気付くであろう。

5 結論

第四次円借款による本渓市環境対策プロジェクトに対して行ってきた計量的分析の示すように、中日両国の協力による本渓市環境対策プロジェクトは、数だけでなく規模も大きく、本渓市の持続的な発展を力強く推し進め、環境・経済・社会の各方面で大きな貢献をする、大変成功した協力の実例と言わなければならない。この実例から多くを学ぶことができるであろう。

まず、中国の環境保護のために中日両国の協力が大きな成果を収めたこと、そして中日両国の協力に明るい将来があることを示している。

次に、本渓市の経験から、次の二つの基本原則を見いだすことができる。環境保護における南北の協力にとっても参考になる。

①環境保護における南北の協力にとって、先進国が発展途上国に資金と技術の援助を提供することが極めて重要であること

②発展途上国が真剣で責任ある態度で臨み、観念と制度の両方から持続的発展の戦略を貫くこと

第三、中国の立場からすれば、環境保護における中日の協力に対し日本がより多くの無償援助を提供することを望むが、しかし、現実には難しい。今、環境保護における中日の協力では、有償援助または環境借款の方式がすでに

主流的なものとなっている。1999年、日本の対中環境借款はすでに対中借款総額の65%以上を占めている。環境借款を主な内容とする、環境保護における中日の協力にとって、渓市成功例は重要な示唆的意義をもつ。

　第四、本渓市の例も示すように、環境保護における中日の協力は中国にのみメリットがあるのではなく、日本にもメリットがある。と同時に、中国の広がりつつある環境保護産業は日本の環境保護の製品と技術を必要とするので日本に多くのビジネスチャンスをもたらす。

　最後に、筆者は環境保護における中日の協力に全く問題が存在しないことを決して主張しないことを断っておく。たとえば、技術移転において、日本側の要求する金額が非常に高いことや、環境対策プロジェクトの関連設備の提供などの問題が残されている。今後の詳細な調査研究が待たれる。

（張平訳）

もういちど「自然」について考えてみよう
トキやバイジー（ヨウスコウカワイルカ）の声

三島次郎

1 消さなかった火事

「火災が発生したら消す」、これが私たちの常識である。1988年、アメリカの国立公園イエローストーンで山火事が発生したとき、公園のレンジャーたちはこの常識に反する行動をとった。駆けつけた消防自動車に消火活動を許さなかったのである。結果として40万ヘクタール以上という広大な森林が焼失してしまった。東京都と神奈川県を合わせたくらいの面積である。

イエローストーンの森の地層を調べると、過去に何回となく大きな山火事が発生し、森林が消失して草原になり、そして草原から森林へといったサイクルを繰り返してきたことがわかる。

草原が拡大すれば、バイソン（アメリカ野牛）をはじめ多くの草食動物が喜び、森林面積が増えれば森の動物たちが繁栄する。これが自然の姿であり、もし自然発生した山火事を人が消せば、このような自然のサイクルを断つことになり、森の動物に一方的に味方することになる。

森林の主要な構成樹種のロッジポールパイン（ロッジポール松）は、火事によってのみ開く松かさを持ち、火災後、次の世代の森林の出発点となる多量の種子を散布する。植物たちも火事をその生存のプログラムの中に組み入れているのである。陽樹であるこの松は、やがて陰樹の森にと遷移が進むと消えてゆく運命を持つ。しかしながら、ある間隔で火事が樹木を焼いてしまえば、その後には再びロッジポール松の森林が形成される。他種との競争に

火事を味方としているのである。
　動物の食性、植物の生存のための方策（ストラテジー）、陽樹と陰樹、植物群落の遷移といったことへの理解、すなわち「自然の法則」の理解の程度が火事を消すか、消さないかの判断を変えることになる。もし、あなたが、この公園のレンジャーだったらどのように振る舞ったでしょうか。

> 雨量が少なければその土地は砂漠になる。砂漠には砂漠に特有な生物相が見られ、砂漠に特有な生態系が発達している。そこには「豊かな砂漠の自然」がある。人による自然の評価と異なり、地球上のあらゆる場所にその地域に特有な豊かな生態系が機能している。昔からの砂漠を灌漑し、森林を育てる試みは、河口近くにイワナの棲む山地渓流をつくる試みにも似て、「砂漠の自然破壊」である。

「自然を大切にすること」それは人間にとって都合の良い「自然」だけを保全することを意味しない。イエローストーンのレンジャーたちはそのことを行動で示してくれたのである。
　生物的自然の法則性に関する科学、生態学（Ecology)の役割と人間と環境との関係、ひいては地球の使い方を考える上での重要性をまず強調しておきたい。
　人間と環境の関係を考える上で、日中のみならず、人類共通の問題としてまず理解しておいて欲しいいくつかの事例を紹介してゆく。

2 生物が作った生命の星、地球

•酸素というゴミ
　今からおよそ34億6千万年もの昔、すばらしい化学反応を行うことができる生物（シアノバクテリア）が地球上に出現した。その化学反応は、光のエネルギーを利用して二酸化炭素（CO_2）と水から、炭水化物を合成し、酸素（O_2）を放出する「炭酸同化（光合成）」として知られる反応である。

$$\text{光エネルギー} \\ \downarrow \\ 6CO_2 + 12H_2O = C_6H_{12}O_6 + 6H_2O + 6O_2$$

当時の原始大気中には多量の二酸化炭素が存在し、酸素はほとんど存在しなかった。シアノバクテリアはこの豊富な二酸化炭素という資源を使い、酸素というゴミを放出した。その後も光合成をする植物が次々と現れ、大気中にわずか0.03％内外しか存在しないくらいに二酸化炭素を使い果たしていった。そして、20％にまで酸素ゴミを増加させてしまった。この酸素によって、沢山の嫌気性バクテリア類の絶滅があったと推測されている。地球における最初の「人口（個体数）」爆発、資源の大量消費と環境の汚染である（NHK取材班、1994）。

> 西オーストラリアのハメリンプールには、現在も生き続け、活発な光合成を行っている光合成バクテリア（シアノバクテリア）とその群体（ストロマトライト）を見ることができる。

・地球共生系
　もしも地球上に、光合成産物を酸化してエネルギーを取り出し、二酸化炭素を放出する生物が出現しなかったら、植物たちはどうなったであろうか。植物たちは二酸化炭素を消費し尽くし、絶滅への道を歩まざるを得なくなったはずである。植物の敵に思える動物（分解者、消費者）の出現と存在が植物の繁栄を保証してきた。
　地球共生系の基本はまず、植物（生産者）と動物（消費者）の共生的関係から出発したといって良い。
　「共生」という言葉は必ずしも「仲良く生きる」ことを意味しない。敵と味方に分かれていても、敵の存在こそ有力な味方であり、双方の永続的な繁栄を相互に保証している。

・生態系
　樹木は土壌中の栄養塩、水分の影響を受け、また、光の量、気候などにも支配される。他方、樹木は生活の結果として酸素を放出し、二酸化炭素を減少させ、土壌中の水分・栄養塩を変化させる。葉からの蒸散は気温を低下させる。生物の活動の結果、外界もいろいろな影響を受けている。すなわち、生物は外界を変えて行く能力を持っている。

図1　非生物的外界(環境)と生物群集

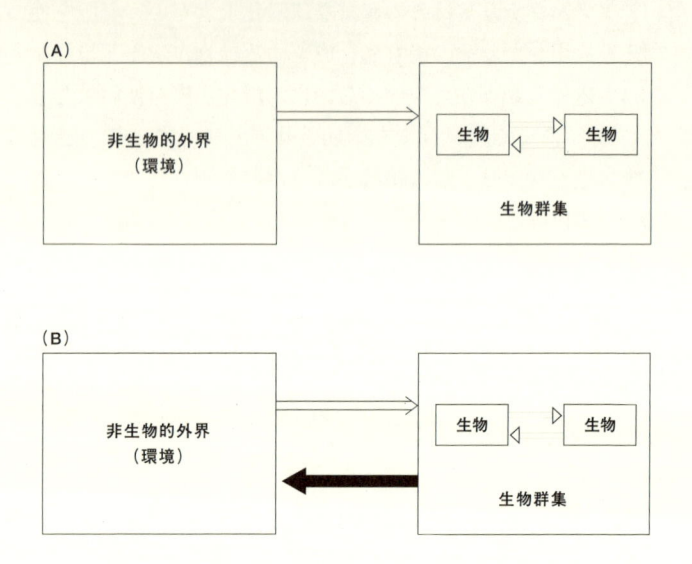

(A) 非生物的外界(環境) → 生物群集（生物⇄生物）

(B) 非生物的外界(環境) → 生物群集（生物⇄生物）、生物群集 → 非生物的外界(環境)

　林を構成している樹木は互いに空間を占有し合い、それぞれの葉は光を求めて伸長し影響を及ぼし合っている。根は地中において水分・栄養塩の奪い合いを演じている。樹木を隠れ家とし、また食物とするような多くの動物も生活している。

> 無機的自然とその地域に生活する生物が結びついて一つの系を作るという考えはイギリスのタンスリーによって1935年に提唱され、この系に生態系（Ecosystem）という名前が与えられた（Tansley, 1935）。

　生態系について定義的な記述をここで加えたのは、生態系という考え方の中には、生物的自然の理解にとって重要な鍵が含まれていると考えるからである。
　忘れてならないのは、生物は特定の生態系、そのシステムの担い手であるという認識である。非生物的外界（環境）という生活の場が与えられて、生

物が生活するのではなくて、生活の場(非生物的外界)と結びついて相互に影響し合いながら、生物（群集）も存在するという事実である。

　図1（A）に示すような考えは誤りであり、(B)に示すように生物側からの矢印を加えなくてはならない。この方向の矢印の影響力、すなわち生物からの非生物的外界への影響力を無視するか、軽視する傾向はないだろうか。

　生態系という言葉は最近では日常用語の一つのように盛んに使われている。しかし時として、その言葉によって表そうとする内容がまちまちなことが多い。すなわち、ある場合には人工の加わらない「原始的自然」を指し、またある場合には森林・草原などと同義語に使われている。その本来の意味に関係なく「生物生態系」などといわれたり、対象を特定せずに「生態系を守れ」といった意味不明な使われ方をしたりする（三島次郎、1992）。生態系とは生物と生物、生物と外界とが作り出す生態学的な系のことであり、オダム（E.P.Odum）はその教科書の中で、「ある地域の生物のすべてが物理的環境と相互関係をもち、エネルギーの流れがシステム内にはっきりした栄養段階、生物の多様性、生物と非生物部分間の物質的な循環を作り出しているようなまとまり（生物システム）はどれも生態学的な系、すなわち生態系である」と定義している（オダム、1991または三島、1992）。したがって、都市には都市生態系、農地には農地生態系が機能している。

　非生物的外界を整えれば、そのような空間を好む生物の生活が回復するとの考えは、あまりにも短絡的であり、広義の動物園、植物園、水族館をつくる考え方で、「自然を大切にすること」とは本来無縁なものである。

・生物によって変えられる外界

　図2は多摩川の多摩川丸子（調布取水堰）での河川水中の溶存酸素の日変化を示す。

　溶存酸素は大きな日変化を示し、その日較差は、8mg/lを超えている。

　太陽光が得られる昼間は植物による光合成の結果、溶存酸素量は飽和量を超え、200%に近くなる。他方、夜間、光合成が停止すると、動植物並びに微生物により酸素が消費され、5mg/l内外にまで低下してしまう。

　まだ、充分な日差しがあるのに、午後から溶存酸素の増加が鈍り始めるのは、酸素の過飽和、光合成のための二酸化炭素、各種の栄養塩の不足などが

図2　丸子（多摩川調布取水堰）での溶存酸素の日変化

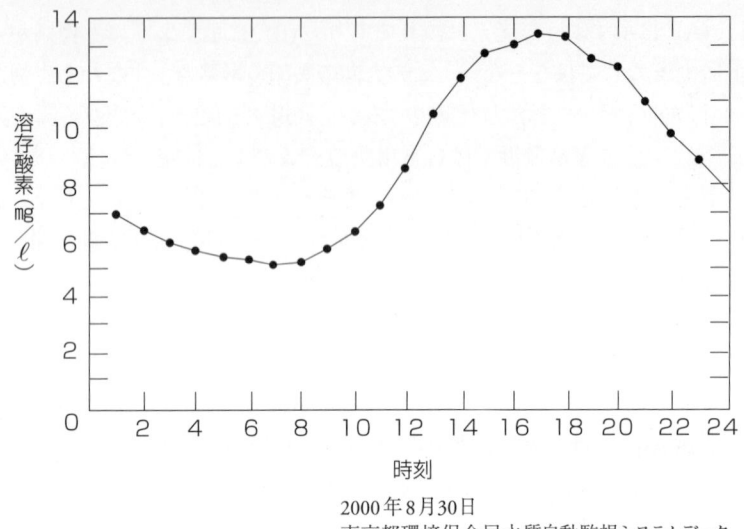

2000年8月30日
東京都環境保全局水質自動監視システムデータ

考えられる。

　このような変化は、河川で活発な生物の活動、すなわち活発な群集代謝があることを示している。表現を変えると、環境に及ぼす生物の活動の大きさをはっきりと理解できる。

　河川の水質によって生物が影響を受けるだけではなく、生物は水質を変えてゆく。

　チャールス・ダーウィン（Charles Darwin）は晩年のミミズの研究で、土壌の生成に及ぼすミミズの役割について明らかにし、地球の土壌はミミズによって作られ、絶えず耕されていると指摘している（Darwin, 1881）。

　私たちの身の回りで、直接目には見えないが、生物たちはその生活の結果として、絶えず外界を変化させていることを忘れてはならない（三島次郎、1995）。

　生物という文字を人類という文字に置き換えて、私たち自身がその生活の結果として外界を変えてゆく影響の大きさ、変化した外界が人類も含めてすべての生物に及ぼす影響の大きさについて考えて欲しい。

たとえ、その影響を小さくする努力をしたとしても、自然の回復力、調節力を超えていれば、遅かれ早かれ、外界（環境）はその姿を変えてゆくことになる。

　　生物が外界を変えてゆく大きな働きを見逃してはならない。

3 トキやバイジー（Baisy、ヨウスコウカワイルカ）の声を聞いてみよう

　この2種の動物たちが、日中両国でいまどのような状態にあるかここでその詳細を論ずるつもりはない。日本ではトキは絶滅したと言ってよく、中国の好意により送られた個体の増殖によって細々とその種としての生命を繋いでいる。また、長江（揚子江）のバイジーの現存数は100頭に満たないと報じられている。

　両国ともその種の保護、絶滅の回避のためにできるかぎりの力を注ぎ、あらゆる科学的知識、経験を動員し、政治的、経済的な配慮に努めていることは周知の事実である。

　しかし、ここでもう一度原点に帰って、これらの動物の声に耳を傾けてみよう。

- 「私たちの数が増えたらどうなるのだろうか？」

　地球上にかつては存在した私たちの楽園はすでに失われてしまった。失われてしまったからこそ絶滅への道を歩まざるを得なかったのである。絶滅に瀕した動植物を救うために保護施設という名の動物園、植物園、遺伝子保存施設が作られている。しかし、動物園、植物園、遺伝子保存施設などを作り、これらの場所で種が保全されればそれでよいのであろうか。増殖に成功したとしても、施設以外に私たちの住み場所はあるのだろうか。いつの日にか日本の各地でトキが舞い、中国の大河でバイジーの群れを散見するときが来るのであろうか。

　特別保護地域を設け、そこで手厚い保護の下に生存を続けるといった状態は、保護区という動物園そのものではないであろうか。かつてのように、私たちトキやバイジーが安心して生活する場所を、人類は私たちに返してくれ

るだろうか。

- 「なぜ私たちだけが大切にされるのだろうか？」

　地球上には300万種とも、あるいは学者によっては500万種を超えるといわれるほどの生物種が生存している。私たちの身近にかつては普通に見られた動植物が急速に姿を消しつつある。このことに気づいている人は多く、ツバメが居なくなった、セミの声が聞かれなくなった、チョウやトンボが少なくなったといった声は巷に満ちている。

　大型の動物、美しい花を咲かせる植物などだけが好感をもって迎えられ、いわゆる名もない（名前はあるのだが）、人間たちと直接の関係を持たない動植物はどうなっても良いのであろうか。トキやバイジーの生存のためにもたくさんの動植物の質的な多様性が保たれ、量的な豊富さが保証されていなくてはならないのに。

　このような声に人間はどんな解答を用意できるだろうか。
　将来には何百万種類もの生物それぞれに、管理保護の施設を用意するのであろうか。それとも遺伝子さえ冷凍保存されれば良いのであろうか。あるいは、人間に直接の関係を持たない生物は絶滅させてもよいのであろうか。そうなったとき、たとえトキやバイジーの数が増えても食物となるような諸生物がいなくなっては野生への復帰は不可能となってしまう。
　トキやバイジーたちのこのような声に耳を傾けたとき、環境や自然の保全などとして論じられている問題には、後にも述べるように、人類による地球の使い方、未来に向けての人類の繁栄の方向や質までもが包含されていることが明白になってくる。
　トキやバイジーは人類の未来に疑問を投げかけているのだということを忘れてはならない。

4 自然の指標としての蛾類

　我々はさまざまな方法で自然を評価する。生物を尺度として自然そのもの、あるいは自然界のさまざまな事象を評価する試みは古くから行われてきた。

小川のメダカに清冽な流れを意識したり、雑木林の紅葉に豊かな自然を発見したりする。広い意味では、日常生活の中での季節感といったものも、生物あるいは生物の活動によってもたらされることが多い。たとえば、蝉しぐれに夏を、梅の香りに春を感じるといった場合、蝉や梅は季節の指標として使われているわけである。

個体レベル、種レベルの指標とは別に、個体群レベルあるいは群集レベルの指標も考えられる。多くの生物種が生活している地域と生物種が少ない地域、そして、生物量が多い地域と少ない地域、すなわち種数の多少、個体数あるいは生物量の多少の二つの面、そしてこれらの組み合わせからその地域の自然を評価できる。

生物と生物が被食－捕食、寄生－宿主をはじめさまざまな関係で結ばれていることを考えると、生物の種数と量は当然のことながら自然そのものの性格・特徴、さらにエネルギー流、物質の循環など生態系の機能的な面も間接的に表していることになる。

非常に多くの種が互いに関係し合い、調和と平衡、あるいは成長と衰退の状態にある生態系から、ある特定の生物群を抽出し、その種数、ならびにそれぞれの種の個体数から全体像を推定しようとする試みは、単一種の有無から評価する場合と異なり、より総合的に自然を表現していると考えることができる。

ある生物群が指標として使われる場合、いくつかの条件が満たされる必要がある。
①群集指標として充分な種類と個体数を持つこと
②地理的に広い地点での比較のためには、そのグループが広範囲にどこにでも分布していること
③採集、サンプリングが容易であること
④常に同じ効率で採集できること
⑤計数、分類等が容易なこと
などがあげられる。
蛾類はこれらの要件をほとんど満たしている。すなわち、種類数は前述のように多く、その分布は広く都会から自然地域までどこにでも見られる。蛾類の多くは夜行性で光に集まる習性がある。光トラップ（誘蛾灯）での採集が可能である。誘蛾灯による採集は見つけ採りなどと較べて一定の採集効率を期待することができる。すなわち、採集する人の技量、熱心さなどによる効率の違いを排除できることが大きな利点である。このことは何

地点かでの同時採集を可能にし、相互の比較を容易にする。
標本の保存性は良く、また計数も容易であるが、分類は必ずしも容易とは
言えない。

　ここでは、自然を表現するための尺度として蛾の群集を取り上げ、その種類と個体数によって地域の生物的自然の性格・質、あるいは人間活動の影響の程度といったものを表現する試みについて、実例をあげて紹介する。
　日本に産する蛾類は多く、図鑑（井上寛、1985）には4,586種が取り上げられている。その多くのものは植食性で、幼虫は毛虫、いも虫等として植物を食餌とすることはよく知られている。幼虫の食性は蝶の場合ほどは調べられていないが、多くはかぎられた種類の食餌植物を利用している。従って、蛾の種の多少は、植物の種の多少を反映していると考えられる。
　個体数の多少は食餌植物量の多少を反映するとも考えられるが、生態系内でのすべての生物がそうであるように、蛾類もまた多くの動物の捕食の対象となっていて、他の昆虫や鳥などの捕食者によって幼虫、成虫共に常に捕食を受けている。いずれにしても、蛾の多いところは、高次の捕食者にとって食物の豊富な地域とみなすことができ、維持できる動物のバイオマスも大きいことを意味している。

・多摩川流域の蛾
　秋川、浅川両支流を含めた多摩川流域は上流域には標高2,000メートルを超える山々が連なり、中流域はいわゆる奥多摩と呼ばれる山峡地、そしてほとんど市街地化した下流の平野部へと広がっている。原始的な自然の姿をとどめた源流域から超都会化した下流まで「自然の自然さ」、「人間の影響の少なさ」を検討するためには恰好の地域である。
　自然の多いところ、人手が加わらないところの定義として普遍的なものとは一概に言えないが、「生物の種類と量が多いところ」と定義すれば、蛾の群集の多様さで数的に表現できそうである。更に、言い方をかえて、「蛾の多いところ」は「自然が残されているところ」として考えを進めて行くことも可能であろう。
　山地の自然と平地の自然を比較した場合、平地では開発が進み、人工の加

第二部　環境保護における日中関係

表1　河口からの距離と蛾の種類数と個体数（多摩川）

地点	河口からの距離（km）	種類数	個体数	平均個体数
9	21.0	56.0	153.0	2.7
8	37.8	119.0	339.0	2.8
7	45.6	177.0	1024.0	5.8
6	54.6	69.0	168.0	2.4
5	58.2	292.0	4882.0	16.7
4	68.7	404.0	9582.0	23.7
3	68.1	209.0	1664.0	8.0
2	74.1	342.0	7733.0	22.6
1	79.5	359.0	10770.0	30.0
0	91.5	417.0	10342.0	24.8
合計		831.0	46728.0	56.2

図3　河口からの距離と蛾の種類数と個体数（多摩川）

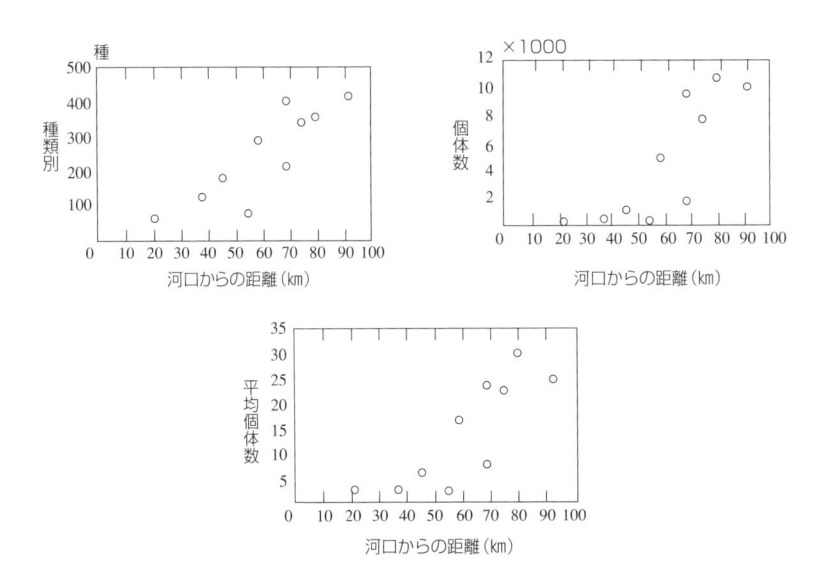

えられ方が大きく、山地でその割合が少ないことは実感として理解できる。平地度、開発度といった度合いの具体的尺度を得ることが困難なので、ここでは多摩川の河口からの直線距離を開発、撹乱の度合いの一応の尺度として検討した。

表1に、各地点で採集された蛾のサンプルの種類数、個体数、平均個体数を示してある。河口からの距離を横軸にして、これらの結果をプロットして図3に示した。

図にみられるように、河口からの距離が遠くなると、蛾の種類数、個体数ともに多くなる。また1種類当たりの平均個体数も山地で多くなる傾向がはっきり見られる（三島次郎、1993）。

多摩川沿いの各地点のデータでの種の順位とそれぞれの個体数の関係は（特に上位10種では）元村の法則[1]によく適合する。

図に示すように種数、個体数ともに自然が実感できる場所（上流地域）では多くなっていて、1種類当たりの平均個体数も上流の地点の種ほど多くなる。

多摩川流域の蛾について述べてきたが、ここではどのような種類の蛾が採集されたかといった種の名前は全くあげられていない。地域による優占種の違い、あるいはその地域を代表するような種、絶滅に近い種、人間との関係が深い種等の尺度からの注目種といった種の指摘もされていない。これは同定ができていないという理由からではなく（採集された851種のほとんどは種名まで、残りの少数種も属名までは同定されている）、ここではあくまでもどのような種が生活しているかではなく、どれだけの種がいるか、どれだ

---

1) 元村の法則
1932年、元村勲は湖底群集について、個体数の多少に従って付けられた種の順位xとその種の個体数yの間に次のような関係があると報じた（元村勲,1932）。
$\log y + ax = b$ (a,bは定数)
自然界の多くの群集について、湖底群集はもとより、トラップに集まる蛾類、植物群落などで広くこの関係が成立することが知られ、これを元村の法則あるいは元村の等比級数法則と呼んでいる。
その後、海外において、このような関係が成立することが知られるようになったのは、1950年代になってからのことである。
生物群集を構成する種とその個体数についての法則性は、木元(1975,1982)によってまとめられている。

けの個体数があるかを問題にしたかったからである。

• 蛾を大切に

かって蛾の存在について次のように書いたことがあった（三島次郎、1990）。「一種類の蛾の生存のためには多くの条件が整っていなければならない。幼虫の食物となる充分な量の食餌植物、翅を休める植物群落はもとより、その蛾が増えすぎて食餌植物との均衡を破ることがないように、その個体数をチェックする捕食者や寄生者なども無視できない。このように考えると1種類の蛾の安定した生存のためには"自然のセット"が完備していなければならないことに気がつく。目の前のその蛾の背後に、豊かな自然の影を見て欲しい。灯に一匹の蛾も集まらなくなったとき、それを滅び行く自然が発している赤信号と感じて欲しい。」

指標性を持つという点で重要なだけではなく、自然のシステム、生態系の中で蛾が果たしている役割にも留意する必要がある。また、次のような指摘も大事になってくる（三島次郎、1992b）。「自然界の生物群集を構成する種とその個体数がそれぞれさまざまな役割を果たしていることを考えると、畑や水田、単一樹種の植林地がいかにも不自然（当然、不自然であるが）に思えてくる。単一種のみを作ろうと思っても、放っておけば、第二位、第三位の種が侵入してくるし、目的とする作物以外のものが、第一位を占めてしまうことさえある。それを防ぐためには、草取りや除草剤、殺虫剤の散布という絶えざる人間の努力が必要となってくる。自然は純粋培養を許さない。厳密に単一種だけの栽培や飼育をしようと思ったら、それこそ大変な労力と費用をかけなければ不可能なのである。」

環境の調査などで、「沢山の生物はいるが、特筆すべき貴重な種類はいない」といった報告がなされることがある。このような表現は、その自然は普通のものであり、それほど貴重なものでないという評価につながりがちであるが、たとえ珍種・貴重種、絶滅危機種などが生息していなくても、たくさんの種が生活し、個体数も多いということこそ珍しく、かつ貴重な自然ではないだろうか。

蛾を大切にという声は現段階ではおそらく社会一般には素直に受け入れられないであろう。しかしながら、自然の中での役割を認識すれば、自然が持

つ生命維持機構の一端を担うものとして、蛾を含めて生物の多様性を尊重するような、新しい価値観の広まりをこれからの社会に期待したい。

　虫や魚、たくさんの生き物がいるからこそ、トキやバイジーも生きられる。

5　進歩しないという進歩

•絶滅への道

　かつて、チャールス・ダーウィンは進化論（種の起源）の中で、生存競争、適者生存を説き、生存のための競争が種を進化させるとした。競争はまた、それらにまつわる動植物に関わるシステムも進化させる。しかしながら、進化の結果、もし絶対的な強者、あるいは適者が出現したら、その種の未来はどうなるであろう。答えは簡単で、その種の繁栄に伴い生存に必要なすべての資源を使い果たし、外界（環境）を一方的に変化させ絶滅の道をたどるだけである。

　適度に身を守り、適度に利用し、適度に利用される、平衡と安定、他との調和こそが種の永続的な存続を保証する鍵となる。地球共生系はどの種にも「一人勝ち」を許さないシステムである。

　永い永い地球の発展の歴史、生物の進化の歴史の中で、多くの種が出現し、繁栄し、そして滅んでいった。現在300万種を超える種が地球上に存在すると言われるが、過去に出現した種の実に99.999％は滅んで行き、残りの0.001％が300万種に相当すると推測されている。生物の進化の歴史は、絶滅の歴史であったことをこの数字が物語っている。

　地球の大きさ、物質量、蓄積されたエネルギー量は、かつては人の営みに較べて無限に近かった。人口が60億人を超え、1人あたりの資源・エネルギー消費量が急激に増加した現在、有限、限界という壁が人類の前に立ちはだかってきた。人類が初めて経験する問題であり、初めての経験だけに過去の歴史に学び、過去の経験を未来に生かすことができないともいえる。ついこの前まで、消費は文明のバロメータといわれ、ゴミの量の多さが繁栄の証拠とされていたが、このようなことを口にする人はもう一人もいない。

　21世紀を迎えて、今人類は未来への繁栄のあり方を求めて、新たな挑戦

を始めなくてはならない。その手本は地球上で人類の何百倍もの時間を生き抜いてきた多くの生物たちに求めることができる。近い将来に99.999％の中の1種類として人類が数えられないために。

もっと生態学を
「火事を消させなかったイエローストーンのレンジャー」、「豊かな砂漠の自然」、「敵も味方」などの例に興味、あるいは疑問を感じられたら、地球上に展開する様々な生態系の構造と機能、いわゆる自然の法則性についての科学、生態学（Ecology）を学んで欲しいと思う。
生態学（エコロジー）という言葉を口にする人は多くても、その本質について理解している人は多くないのが現状である。
いま、われわれの周囲に展開する生態学的システムは、30億年以上の時間に磨かれて発達してきたシステムであり、繁栄や絶滅について人類が学ぶべき多くの事例を内包しているはずである。この辺でもう一度生態学の立場から「生物的自然」について学び、考えてみよう。人と自然との新しいつき合いが生態学の理解から生まれ、新しい文化、文明のあり方、賢明な地球の使い方もまた教えてくれるはずである。

•進歩しないという進歩

　生物はその外界を変化させる力を持ち、自らが変えた外界は必然的にその生物に跳ね返ってくる。人間についても例外ではない。

　石油や石炭が大量に消費され、空気中に放出された二酸化炭素は、粉塵とともにやがて地球上の気候変化をもたらすと学者たちは警告している。自然の力では分解できないような人工の化合物、毒物あるいは地球の生物圏の物質循環に名を連ねていない金属や熱による汚染は、人類を繁栄から破滅へと導いていくに違いないと危惧されている。

　人口の増加、産業の発展が続くかぎり、事態はますます悪化して行きそうである。つい最近まで水や空気は無限に近いものと考え自由に使い廃棄物は海にでも投棄すれば、大量の海水に希釈されて消失してしまった。だがそのような時代は過ぎ去りつつある。たとえ現在の汚染速度を遅くしたとしてもそれが自然の持つ自浄力を上回っていれば、遅かれ早かれ着実に汚染の度合いは高まって行く。

　緑の危機も叫ばれている。地球的規模で年々急速に森林が失われて行く。

どこそこと同じくらいの面積の森林が、毎年地球上から消失していくといった記事が新聞などの紙面にたびたび載せられている。
　ところで、汚染の防止や森林の保護といったことには地球上の誰もが諸手をあげて賛成する。「森を大切に」ということに反対する人は一人もいない。しかし、現実には森林はどんどん消えていく。森林資源は直接に間接に深く生活にかかわっている。建築用、製紙用とその用途を数え上げたらきりがない。必要だから伐るのである。必要だから汚染源を断てないのである。それを止めたら文明が崩壊してしまう。石油、石炭の消費を制限したら繁栄が停滞してしまう。森林を破壊から守るためには、あるいは地球を汚染から守るためには、場合によっては現在の生活水準を低めることに耐えなくてはならないということに気づいたとき、人々は問題の大きさとその解決の困難さに頭を抱えてしまう。突き詰めて考えて行くと、有限の地球上で無限の発展が可能かという命題までもが浮かび上がってくる。これは人類が地球上に生まれて以来はじめて直面する命題だということを忘れてはならない。
　新幹線は便利で、快適な乗り物である。しかし、飛ぶように流れる車窓からの風景を眺めていると、ふと昔との対比を考えてしまう。江戸時代には何日もかかって往来した道も現在はほんの何時間かに縮められた。それは大変な進歩である。リニアモーターカーの開発も進められていて、近い将来にまた大幅の時間短縮が予想されている。リニアモーターカーが完成した時点では更に高速な乗り物の開発が始められるであろう。限りない進歩を目指して、1分でも1秒でも早くと懸命な努力が続けられてゆく。
　いったい何のためにこのような努力を続けるのであろうか。どこまで行ったら満足するのであろうか。そしてこのような限りない進歩が果たして人類の未来を輝かしいものとして保証するだろうかといった疑問が湧いてくる。このあたりで、この方向への進歩が人類にもたらしたもの、そしてそれによって失ったものについてじっくりと考えてみたらどうであろうか。それは「新幹線的進歩＝人類にとって好ましいもの」という公式の見直しを意味し、人類が誕生以来追い求めてきた「進歩」を否定することにつながる。
　我々はいま、未来の分を無定見に浪費しているのではないだろうか、自らの乗る宇宙船を進歩という名の下に破壊しつつあるのではないだろうか。地球という名の宇宙船の中で人類の永続的繁栄を願うとき、未来に向けてどう

第二部　環境保護における日中関係

しても考えておかねばならない問題である。

有限の中での調和と安定を永続的に手にするためには、「進歩しないという進歩」、すなわち、新しい形、新しい方向への進歩、別な文明への模索が必要なのではないだろうか。

問題は単純に考えた方が良い結論を得られることが多い。昔より今の人の方がはたして幸福であろうかと主観を交えて自分自身に聞いてみて欲しい。なにげなしに昔を振り返って、「昔は良かった」と言う人が多いのはなぜであろうか。

かつて人々は現在と較べようもないくらいに広い空間を占有して生活をしていた。現在の都会にそんな大きな家屋やゆとりはもう望むべくもない。しかし時が流れて、未来のある時代に、「昔の公団住宅の広さとゆとり」を羨ましがることにならなければよいがと考えるこの頃である。

どのように地球を使い、どのように生きるか、それは誰かが決めることではなく、人類が知恵を持ち寄り考えて行かねばならない緊急課題なのである。

参考文献

Darwin, Cahrles, 1881: *The formation of vegetable mould, through the action of worms, with observation on their habits*（谷田専治ほか訳1935「ミミズと土」富山房）
井上寛ほか『日本産蛾類大図鑑』　講談社　1985年
木元新作『群集生態学入門』　共立出版社　1989年
三島次郎「蛾を怖がったあなたへ」　『インセクタリウム 28：6』　1990年　9頁
三島次郎『トマトはなぜ赤い　生態学入門』　東海館出版　1992
三島次郎「景観論－生態学の立場からの－」　『環境情報科学 21-1』　1992b　61-65頁
三島次郎「環境指標としての蛾類」『桜美林論集20』　1993年　13-29頁
三島次郎「一本の樹－目に見えない自然の働きを見る」　『桜美林大学産業研究所年報 13』　1995年　129-141頁
三島次郎「地球共生系について考える――地球の使い方の基本として」『産研通信 43』桜美林大学産業研究所　1998年　5-7頁
元村勲「群衆の統計的取り扱いについて」　『動物学雑誌44』　1932年　379-383頁
NHK取材班『生命　40億年はるかな旅1　海からの創世』　日本放送会　1994年
オダム著／三島次郎訳『基礎生態学』　培風館　1991年
Tansley, A.G. 1935: *The use and abuse of vegetational concepts and terms*, Ecol. 16, pp.284-307

梅雨末期の豪雨

上海と鹿児島

高橋 劭

1 はじめに

　梅雨に伴う豪雨は各地に多大な被害を与えるだけでなく多くの人命を奪ってきた。九州では1957年7月25日、諫早市で日降水量が900mmにも達し519名が溺死した（図1）。1982年7月23日には長崎市に3時間で300mmの豪雨があり約300名の人命が失われた。1993年8月6日、鹿児島では日降水量265mmが降り土砂災害などで48名が亡くなった。中国でも1992年7月～8月の期間、浙江省での集中豪雨で長江が氾濫、1060名以上の人命を失った。梅雨に伴う豪雨で洪水などの被害は中国・日本各地に毎年のように起っている。梅雨前線は北の中国高気圧・オホーツク海高気圧と南の小笠原高気圧との境界にそって伸びる（図2）。これまでの研究で梅雨前線上に波長1000km程度の擾乱が発達、高層発散場と重なり擾乱場は深まり中規模降水システムが形成されることが知られている（松本等1971）。この中規模システムは対流雲帯と層状雲から構成される（二宮・山崎1979）。謎はなぜ10km×10kmの狭い領域に豪雨が発生するかであり、この狭い領域への水の集積機構が現在不明である。本論文はこの問題にチャレンジしたものである。

2 ビデオゾンデ

　雲内での水の集積化の研究には雲内での降水粒子の情報がまず必要であ

図1　日本側観測地　鹿児島・種子島

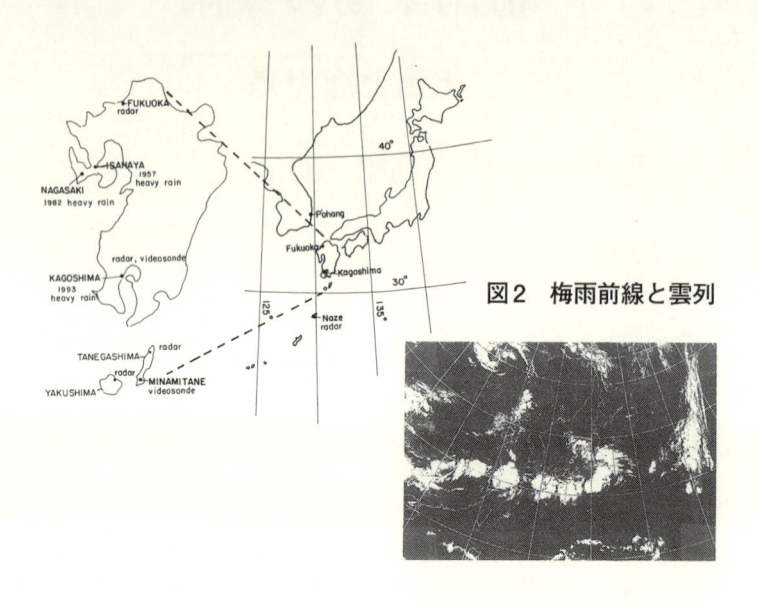

図2　梅雨前線と雲列

る。そのためビデオゾンデを開発した（図3、高橋1990）。直径0.5㎜より大きい降水粒子が赤外線束を遮るとフラッシュが作動し、その粒子をビデオカメラで撮影、その映像を1680MHzで地上に送信するものである。その他粒子の電荷、気温、気圧、湿度の情報も得られる。気球による飛揚はドップラーレーダーとタイアップして行われた。

3 鹿児島豪雨

　降水量200㎜以上の記録があった1993年8月6日の豪雨解析をまず行った。衛星写真は東西に伸びた雲列を示し15時-21時の期間、強い降雨が観測された。中規模降雨システムの中の降水強度毎時16㎜/h以上のレーダー降水反射因子域（エコー）を追跡すると大変興味ある結果が得られた。それはエコーが鹿児島市付近で突然停止、この停止エコーに前面から小エコーが次々と合流、そのつど強い降水が観測された。同様な現象が1995年8月11日にも観測された。1996年7月6日、種子島で、中規模降雨システム内に

図3 ビオゾンデ

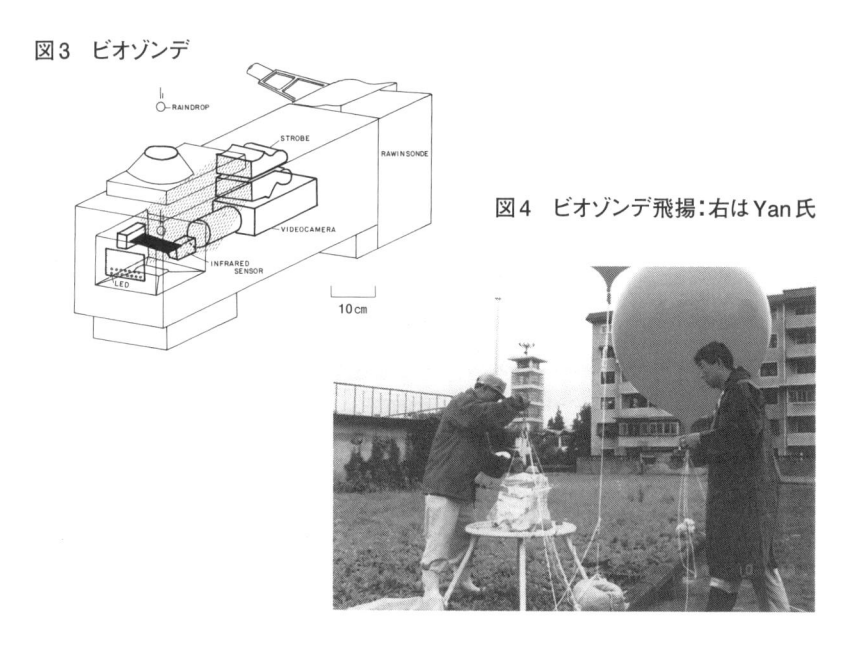

図4 ビオゾンデ飛揚：右はYan氏

エコーの合流が観測され、2時36分その合流雲にビデオゾンデが飛揚された。＋10℃層には直径6mmもの大きな雨滴が観測され、0℃層上層では氷晶と霰が多く測定された。降水粒子分布の特徴は0℃層での霰の急速な成長である。数値雲モデルの計算によれば0℃層での急速な霰成長は合流する小対流雲セルの過冷却水滴を捕捉することにより行われる。対流雲セルの突然の停止は、中層からの乾燥した北風移流により地表近くで形成された冷気塊が原因であろう。

4 上海豪雨

1999年6月17日-7月24日の期間、上海で豪雨観測を行った（図4）。このプロジェクトは中国気象科学研究院との共同研究として行われた。ビデオゾンデは上海の北、宝山高層気象台から飛揚され、中国側はBinhaiのS-バンド・ドップラーレーダーを用い、雨雲の監視を行った（図5）。1999年は大雨の年で6月7日-7月1日の期間での上海域降雨は600-700mmにも達し例

梅雨末期の豪雨

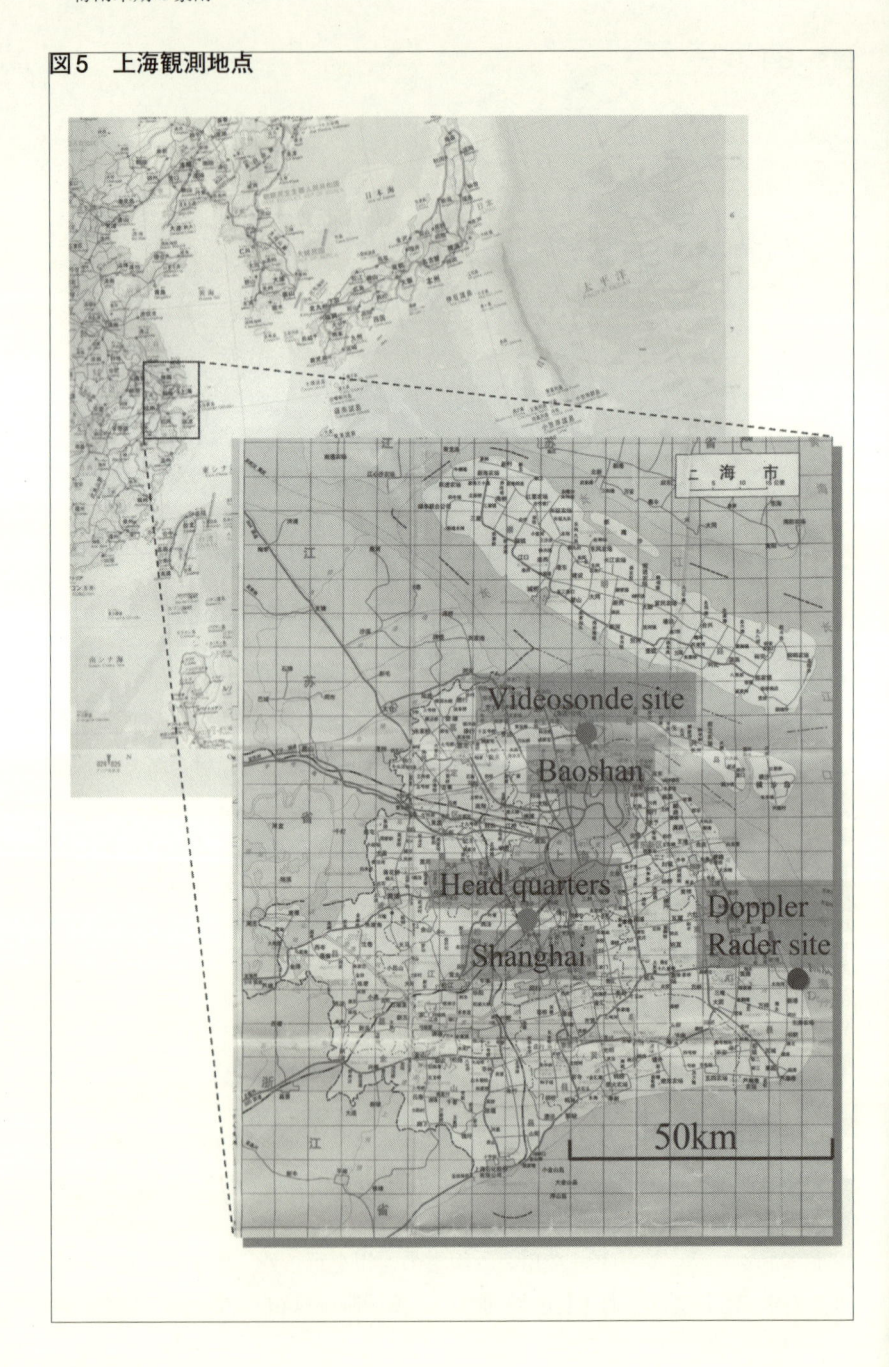

図5　上海観測地点

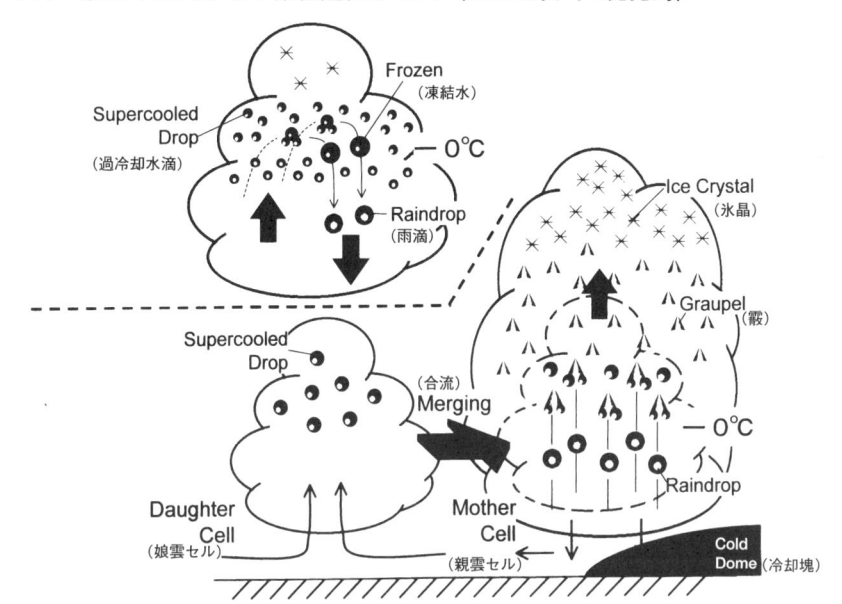

図6　豪雨をもたらす水の集積過程のモデル（上：上海、下：鹿児島）

年の降雨量の3.8倍であった。特に6月30日では日降水量は157㎜と多く、6月全降雨量は上海気象局開設（1875年）以来の記録となり各地で洪水があった。

　上海での大雨降雨に4つのパターンが知られ、それらは主に鉛直風で特徴づけられた。下層の放物線型風速分布ではパッチ状エコー、線形型シヤーで列状雲、風向きが上方に強くネジれた鉛直風で雷雲型、下層に強い南東風でスコールライン型雲システムが中規模降水系内に発達した。これらの降水システムはそれぞれ特有の降水粒子分布を示した。第1のパッチ状雲では下層の暖かい雨、上層の氷晶・霰形成の共存が見られ、第2の列状雲からは雪片形成が、第3の雷雲型では雪片形成の他、下層で暖かい雨型降水が加わる。第4のスコールラインでは暖かい雨―凍結氷の強い連繋成長プロセスが行われていた。エコー強度の断面図では第1の例では0℃層以下対流域で等エコー強度を示し、第2ではブライトバンド（0℃層での強い線状エコー）を示した。第3は下方でエコー強度が増加、第4では0℃層でのエコー強化が見

られた。日降水量の最も多かった第4の例ではスコールライン内での上昇流のため凍結氷は0℃付近に保持され凍結氷成長を通して水の集積が行われていたことが考えられる。

5 まとめ

梅雨時の豪雨機構をビデオゾンデを用いて研究を行った。水の集積は0℃層付近で行われ、鹿児島では霰が合流するセルの過冷却水滴を捕捉することで行われ、一方、上海では凍結氷の成長が重要であることが明らかになってきた（図6）。

References

Matsumoto, S., K. Ninomiya and S. Yoshizumi, 1971: Characteristic features of "Baiu" front associated with heavy rainfall. J. Meteor. Soc. Japan, 59, pp.267-281.
Niyomiya, K., and K. Yamazaki, 1979: Heavy rainfalls associated with frontal depression in Asian subtropical humid region. (2) Mesoscale features of precipitation, radar echoes and stratification. J. Meteor. Soc. Japan, 57, pp.399-414.
Takahashi, T.,1990: Near absence of lightning in torrential rainfall producing Micronesian thunderstorms. Geophys. Res. Lett., 17, pp.2381-2384.
_____, 2000: A study of precipitation processes of Asian Monsoon rain. NASDA Report.
_____, T., T. Kawano and N. Yamaguchi, 2000: Torrential rain in southern Kyushu-Cloud mergers and water accumulation. (Submitted to J. Meteor. Soc.Japan)

第三部
思想、宗教及び文化における日本と中国

発展の功利価値と人文価値

豊　子義

1 はじめに

　功利価値と人文価値は、人類の生活における2種類の価値追求として、人類文明が現れた時からすでに存在するものである。とはいえ、今日のように尖鋭に対立する矛盾として現れることはなかった。伝統的社会から現代的社会へと大きく転換し変化するに伴って、功利価値と人文価値とはますます対立関係を強め、終に世人が頻りに「人文精神を救え」と強く訴えるまでになっている。

　発展途上国にとって、人文精神の教育と高揚を重視することはとりわけ重要な意義をもつ。なぜならば、近代化への道は、西側の先進国をモデルとするため、意識的であるか否かにかかわらず、功利主義は往々にして行動基準となりがちだからである。一方、人文精神は段々と疎んじられ、無視されるようになる。そうなると、必ずや社会の発展において大きな代価が払わされ、近代化への歩みをも大きく遅らせることになる。したがって、後発発展途上国の利点を生かし、近代化への道を進む過程で現れがちな精神面の危機とマイナス要素をできるだけ避けなければならない。これは、社会の発展に関する研究の一大課題である。

2 発展への反省と人文主義的価値の重視

　人文主義的価値観の重視は、誰かが提唱することによって生まれるものではない。人々の実生活から生まれる、回避のできない要請と言えよう。簡潔に言えば、人文主義的価値観の重視は、主に二つの大きな歴史的社会背景に起因すると言える。ひとつは、発展目標の変換、いまひとつは、発展途上国が近代化を進める過程で鳴らされる警鐘である。

　発展の目標は、不断の模索と修正を続けてきている。周知のように、第二次世界大戦後、独立したばかりの発展途上国は、自国の立ち後れに気づき、経済成長の加速を強く望んだ。経済成長を発展の主要目標に設定したのは、次のような理論的仮説に依拠したからである。つまり、経済というパイを大きくすれば、その他の問題は自ずと解決を見るものだという考えであった。そのため、多くの発展途上国は例外なく「経済成長第一」という発想のもとで、全力投球でそれぞれの特色ある発展戦略を推し進めた。ところが、しばらく経つと、経済発展から生まれたものに対し、これは違うではないかと、次第に疑問が持たれるようになった。経済成長のおかげで豊かになったのは確かだが、しかし思っていたような美しいものではなかった。みんなが恩恵を受ける社会の福祉どころか、分配の不公平、貧富の両極化、社会の腐敗、政治の激変などの問題が現れた。よく言われるように、このような現象は、「発展を伴わない成長」というものである。このような現実に直面した多くの学者が従来の発展観を反省し、経済発展論から総合発展論へと変わり、さらに人間を中心とする発展論へと大きく変換した。つまり、人文主義的価値観重視の発展論である。生物の本能を超えて、夢をもち、精神的欲求をもつことが動物と区別される人間の重要な特徴だから、人間を中心とする発展は自ずと人間自身に重きを置き、功利主義的価値観だけではなく、人文主義的価値観も重視しなければならない。人文主義的価値観を捨ててしまうと、人間の発展はもとより、真の意味での人間の価値さえ存在しなくなる。

　一方、近代化への道を進む発展途上国では、功利価値への過度な傾斜のもたらす弊害についてはすでに警鐘が鳴らされている。社会の転換期において、新旧文化、新旧観念がかつてないほど激しく対立する。多くの発展途上国では、近代化の急速な伸展が物質的豊かさをもたらす一方、人間の物欲をもこ

れまでないほどに膨張させた。「物的世界」が社会生活に充満し、人間の主体的存在と「生活世界」が忘れ去られている。人々は次第に人間存在の根本を忘れ、精神の荒野の浮浪者と化してしまった。このような人間活動のもたらす二重の結果は、現実生活に様々な矛盾と衝突を招来した。たとえば、経済と倫理、歴史の進歩と社会の代価、科学文化と精神文化、物質文明と精神文明など、人文領域の問題が格段に突出している。発展途上国は開放政策の実施によって、西側の先進技術と管理のシステムを導入したが、同時に西側の頽廃的生活様式と価値観も入り込んできた。西側の個人主義と功利主義の思想が氾濫すると、社会の気風も漸次的ではあるが悪化し、道徳水準もある程度低下した。人文精神の喪失は必然的に近代化の推進に大きな障碍をもたらし、社会の発展を歪ませてしまう。世界各国で人文精神が重要視されているのは、決して偶然ではない。

　要するに、今日において人文精神が新たに議論され、人文精神の重要性を叫ばれるのは、近代化に伴う時代的課題である。近代化への道を歩む中で警鐘が鳴らされた。人文精神の喪失がもたらす災難に人々を気づかせた。社会の転換期における人文精神の崩壊を避け、社会の発展が正しい道を歩むためにどうすればよいか。近代化への道を歩む際、正しい精神支柱を見失わないためにどうすればよいか。これらの重要な問題を真剣に考え、答えを出すよう努力するきっかけを、「警鐘」が与えてくれた。人文精神の重要性を訴える意義もそこにあるわけである。

3 人文精神の批判と建設

　近代化の深化に伴い、人文精神はその重要性をますます増してきたが、しかし、我々にとってどのような人文精神が必要であろうか。これまでの議論の中で、理想、正義、崇高性、良知、究極的関心などの言葉がよく使われた。しかし、これらの言葉はどのように定義づけられているのかというと、必ずしもはっきりしない。無論、市場経済の時代に相応しい現代的人文精神を建設するのは、容易なことではない。文化だけにすがっていても埒は開かない。人文精神の重要性を呼びかけ、マスコミをにぎわせることに満足せず、問題の本質に迫っていくべきである。人文精神そのものに近づく努力が必要だ。

とは言え、内容も形式も確定された「人文精神」がすでに用意されているわけではない。人文精神が現代の文化精神の核となり、人々の心を導くものとなるためには、まず「人文精神」そのものについて反省し、批判を行わなければならないだろう。換言すれば、つまり現代の人文精神の再建を迫られているということである。

人文精神について議論し、その再建を考える際、まず次のような関係をはっきりさせておく必要がある。

3.1 人文精神と市場経済の関係

人文精神の危機が現れた原因は多岐にわたるものであるが、市場経済と直接関係していることも事実である。しかし、人文精神の重視は、いったい市場経済を非難することによって実現するものであろうか。これは人文精神と市場経済との関係をどう見るべきかという非常に重大な問題である。この問題に関する主な議論はよく言われる「究極的関心」と「功利」との関係である。「究極的関心」と「功利」とは、水火相容れないものと見る意見がある。つまり「究極的関心」と「功利」のどちらかのみを取るべきで、両者を一緒にするとどっちつかずのものになってしまうという考えである。「究極的関心」と「功利」とは確かに違う観念である。前者は人生の最も本質的な意義と価値を追求するもので、そのような意義と価値の実現を求める考えである。これは、知識と言われるものと区別される概念であるが、最も本質的な精神的悟りと洞察で、精神的境地を高めることによって心の支えと精神的帰属を発見するに至る作用をもつものと解釈される。一方、後者は現実的利益を追求するもので、感覚器官の快楽を満足させることをその第一の選択とする。精神や理想などはその視野に入っていない。しかし、「究極的関心」と「功利」は、絶対に両立できないものであろうか。この問題に答えるためには、人間の「生命存在」から検討したほうがよいのであろう。

さて、「生命存在」とは何か。「生命存在」というには、まず生命体が生きているということでなければならない。しかし、人間の生命存在は単に自然物としての肉体の存在ではない。それよりも重要な側面をもっている。すなわち生命の意義としての存在である。場合によっては、後者のほうが人間の

「生命存在」の真の中身をより本質的に象徴し体現する。人間は動物と違い、その存在と活動は本能によるのではない。有意識の存在物として、その自然としての存在を自己の「生命存在」のすべてとはしない。自己の人生の理想や人生の価値を追求し、できるだけ実現するよう努め、自己の「生命存在」がより満足できるものにしようとする。したがって、完全な「生命存在」は功利性と同時に非功利性をも具有する。人間は目先の功利を求めるのみならず、功利を超越した理想をも追求する。それに、功利的満足度が高いほど、功利を超えたものへの欲求も強くなる。人間は、このような功利を求めつつその功利を超えようとする矛盾の過程の中に生存し発展するのである。

　人間の「生命存在」の本来的な意義から分かるように、「究極的関心」は確かに「功利」を超越したものとして現れるのであるが、決して「功利」を離脱してあることを意味しない。「功利」に基礎づけられながら、「功利」に束縛されない超越である。人間は、「功利」的物欲を離れて禁欲主義的生活を送ることは不可能である。人生における「功利」超越的な側面は「功利」を追求することに基礎づけられたものでなければならない。「功利」を超越することを、「功利」を捨てて「純」精神生活と解釈するのは、虚像を見ることに過ぎない。「究極的関心」という概念の本当の意味は、空虚な精神世界で生きることを説くものではない。「功利」を求める時、「功利」に囚われて抜け出せなくなることへの警告である。

　「功利」を超越することが、「功利」を捨てることでない以上、「功利」を超越した精神的追求は、「功利」的追求と「断ち切れず、割り切れない」関係にあることを回避できない。ここ数年来、「功利」的追求の激化に伴って社会的道徳の衰退も深刻化してきた。この現象は、人々の強い関心を呼んだ。市場経済の深化と並行して、人々の道徳観、健全な社会の建設が強く望まれている。このような要望を実現するためにどうすればよいか。市場経済の深化によって自然に解決されるものだろうか。このような意見もなかったわけではないが、しかし、理論的にも実践的にも成功するとは思えない。市場に関する法規や市場の秩序が整備されていない状況のもとで、自然の成り行きに任せると、欲望が膨張し、非理性的衝動を増進させることになるにちがいない。市場経済は経済の発展には有効であろうが、社会の様々な問題をすべて解決することはできないだろう。あらゆる領域の、あらゆることをす

べて市場化してしまうと、社会の無秩序と混乱を深刻化させるだけだろう。このような代価は払えるものではない。それでは、市場経済と功利追求を非難すれば、問題は解決するだろうか。それも賢明な方法とは言えない。市場経済は言うまでもなく社会の大きな進歩である。市場経済によって社会に潜在する様々なエネルギーが解放され、社会も人々の心も明るいものになってきた。市場経済の果たす役割はこれからますます大きいものになるに違いない。社会の転換期に弊害が現れたからと言って、市場経済を否定し、「功利」への追求を否定すべきではない。市場経済を犠牲に精神文明を手に入れようというのは、あたかも鶏を殺してその卵を取り出すのと同じである。感情に走り理性を失うべきではない。

それでは、問題解決の糸口はどこにあるのだろうか。「功利」を非難するのは当たらないし、道徳説教の空論を発するのも無意味である。「功利」の追求を認め、それを基盤としつつ、「功利」を超越した境地を求めることこそ正しい道ではないだろうか。これは原則であり、方向である。「功利」を超越することは、世俗を離れ、霞を食うようなまねをするという意味ではない。「功利」を超越した「究極的関心」——「功利」的追求を内包する概念である。「功利」的物欲から崇高、真誠、思いやりの精神的境地への昇華へ人々を導く。「究極的関心」を重視するのは、物欲や功利を軽蔑し、排斥するというわけではない。物欲や「功利」を正視し、そしてそれを超越する勇気、度量と気迫を持つ。市場経済という状況の中で、競争の精神をもって「功利」を求め、同時に遠大な目標と寛容な心をもつ理想的な人格が、われわれの提唱すべき価値観である。「功利」の追求と「功利」の超越は合一すべきであるし、また間違いなくできるはずである。言い換えれば、我々の提唱する人文価値や人文精神が真に魅力あるものであるためには、市場経済という時代の背景を離れてはならないのである。

3.2 人文精神と伝統文化の関係

中国における人文精神に関する議論の中で、次の二つの意見が対立するものとしてよく見られる。

①「人文精神」というのはもともと中国になかった。だから「喪失」や

「再建」の議論をする必要もない
②中国の「人文精神」は長い歴史を持ち、最も発達したものである

　この二つの対立する意見は人文精神と伝統文化に関わる問題を提起している。近代的意味における人文主義の運動は、中国では起きなかった。西洋のように人権対神権・人間性対神性・人間学対神学の大規模な文芸復興運動も起こらなかった。しかし、人文の運動がなかったからといって、人文の伝統もないと断定するのは早計である。「人文」という言葉は、『周易』にすでに出ている。『易・賁』に「剛柔交錯、天文也；文明以止、人文也。観于天文、以察時変；観乎人文、以化成天下（剛と柔が交錯し、日月星辰・風雨寒暑が交替すれば、天文が現れ、文明——君臣・父子・兄弟・夫婦おのおのがその分を守れば、人文——人倫秩序も成り立つ。人倫秩序を観察して、天下の民を強化する）」という言葉が見える。西洋よりも長い人文の伝統があることは窺える。しかし、大事なことは、人文精神の伝統があるか否かではなく、そのような伝統がどんな内容をもつものであるかであろう。そこに示される人文精神が、我々の提唱し追い求めるものかどうかが問題である。したがって、人文の伝統について再検討し、正しく継承と止揚を行ったうえで、新しい現代の人文精神を建設しなければならない。

　中国の伝統的な人文思想、文化の内容は豊富にして複雑なものである。しかし、そこにある基本的な精神は容易に観察できる。中国の文化的伝統の言う「人」は特殊な規定を持つ。つまり、人間の人間たる所以、あるいは禽獣に優るのは、人間が倫理を有し、仁義を重んずるからということである。いわゆる「人文化成天下」とは、倫理道徳でもって民衆を教化することをその基本的な内容とする。このことは儒家や道家の膨大な数の文献に見られるだけでなく、中国の古代に行われた思想的、文化的活動のなかにも反映されている。中国の封建時代で終始支配的な地位を占めてきた儒家の思想は仁義道徳を広め、「三綱五常」を貫徹させることをその旨としていた。孔子によれば、「君子諭于義、小人諭于利（君子は道義を基準にしてものを考えるが、小人は利得を考える）」「君子謀道不謀食（君子は道を求めようとして苦心するが、食のために謀ることはしない）」「君子憂道不憂貧（君子は道を得られないことを憂えて、生活の貧しいことを心配しない）」という。孔子が言う

ところの「義」とは、実は道徳原則を言うのである。すなわち、「仁」である。孔子は、「仁者安仁、知者利仁（仁者は貧しかろうが豊かであろうが仁徳に安んじる。知者は仁徳の良さを知ってそれを求める）」とも解釈し、主張している。本当の「仁」なる者は、「仁」に安んじてこれを行う。つまり、「仁」を目的とし、「仁」のために「仁」たらんとし、「仁」を利得のための手段とするのでは、決してない。このような「仁」は、明らかに世俗的な行為と目的とは水火相容れない、まったく相関わるところのないもので、純粋に精神的追求である。

　道家の思想は論述の方法こそ儒家思想と違うが、その基本的な精神は同様である。老子は、「金玉満堂、莫之能守；富貴而驕、自遺其咎。功遂身退、天之道也（黄金や宝玉が室内に満ちるほどあっても、それを守り通すことはできない。富み栄えて高貴な身分になって心驕れば、自然に咎を受けることになる。成功すれば、その地位から身を引くのが天の道に適ったやり方だ）」という。この考えによって「見素抱朴、少私寡欲、絶学無憂（布を白のまま染めず、玉をあらたまのまま磨かず、エゴや欲を減らし、学をやめ心配事をなくす）」のを主張する。荘子は、名利のための「傷性殉身（物欲のために天性を損ない身を犠牲にする）」ことをもっとはっきりと批判している。「小人則以身殉利；士則以身殉名；大夫則以身殉家；聖人則以身殉天下（小人は利得のために身を捨て、士は名誉のために身を捨て、大夫は一族のために身を捨て、聖人は天下のために身を捨てる）」と言い、物欲を軽視ないし放棄すればこそ、自主と自由を得ることができると主張する。そのため、荘子は「忘物」「忘天」「忘己」──物を忘れ、天を忘れ、己を忘れる「真人」を特に高く評価し、世俗を離脱した孤高な精神世界に逍遥することを力説した。

　このように、儒家と道家を相互補完とする中国の伝統思想・文化の言う人文精神は、身を修め性を養うことによって、物欲を断ち切り、至上の精神境地に達することをその基本的な主張とする。このような精神境地は、現実社会を精神的に超越し、俗塵と縁を切り、貧に安んじ道を楽しみ、理を存し欲を滅することを要求するものである。したがって、中国の伝統にある「人文」思想は、つまるところ「人倫」思想であると認める学者も鮮少としない。この見方にはそれなりの理由がある。中国の伝統的な人文精神に評価すべき貴重な要素が多く含まれているのは間違いないことである。たとえば、「自強

不息」「則健有為」「厚徳載物」「修己安人」「以人為本」「貴和尚中」「誠実守信」などの思想がそれである。これらは中国の伝統思想・文化の中で神髄となる部分であり、今でもその旺盛な活力と強い影響力を失わない。しかし、これらの思想は上述した「人文精神」の基本的傾向に従属し、その影響と制約を受けるものであることも、一方において認めなければならない。

　したがって、中国の伝統的な「人文精神」をその字面に引きずられて、今日的要請とされる「人文精神」と同一視してはいけない。今日の提唱する人文精神は、伝統的人文精神と無論截然と両断できないが、何といってもそれ自体の特定の時代的内容をもつ。現代社会の要請する人文精神は、反封建、反神学、反愚昧の過程において人間の主体性を高め、人間がその現実生活の中で独立自主性、開拓進取の精神と能力を保持し、且つ外在的現実世界と内在的観念社会の改造の中で絶えず自由、自覚の最大限の実現を求め、よって全面的な発展を実現することにその目的がある。人間の主体性を高め、不断に自由と自覚を求めるという社会の歴史的過程は、実はまさに人間が現実世界を改造し、そして改造を通して現実世界を超越し、自我を止揚する過程である。換言すれば、人間の物象化（主体の客体化）と物の人化（客体の主体化）の双方向的連動と相互作用によってこそ、人間の主体性を高め、昇華させ、人文精神を広めることができるということである。したがって、本当の「人文精神」は決して現実世界を離れたところにあるのではなく、人間と現実世界との関係（人間と物、人間と人間、人間と自己との関係を含む）にあるのである。「人文」と「功利」との間に必要程度の緊張関係を保つべきで、この緊張関係の中で「人文」を昇華させる。このような人文精神は言うまでもなく、中国の伝統的な「人文精神」とは同日の論ではない。そうであるとすれば、一面的に中国の伝統文化を提唱し、封建的倫理でもって「時弊を匡す」という考えは、事実上通用しないものである。封建的宗法経済に根ざす封建的倫理道徳は、新しい市場経済と本質的において相容れないもので、そのまま新しい時代の倫理道徳の主たる内容とするのは、まったく時宜に適さないことである。このような「人文精神」に対しては、真剣に弁別し、整理を行い、有害で不要なものは取り除き、有益で必要なものは摂取する。有益なものを新しい時代精神の中に溶け込ませ、新しい人文精神を建設し、創造するのである。中国の優秀な伝統文化を継承することは大いに評価すべきで

あるが、しかし、それと旧学を提唱することとは厳しく区別しなければならない。

3.3 人文精神とポスト・モダニズム

　発展途上国では、文化建設が険難を極めている。古代文化や現代文化からの衝撃を受けるだけでなく、ポスト・モダニズムの挑戦にも応じなければならない。人文精神の建設も然りである。これまで、人文精神の議論をする場合、主に西洋のルネサンス以来の「人文主義」を参照軸としてきた。それは、人間の主体性、理性を強調することを主な特徴とする。しかし、今日では人文精神を論ずる場合、主体性と理性をその主な内容として強調するわけにはいかない。人間の感情、意志、本能など非理性的な要素を重んじ、現代の文化観念を解消することが、本当の人文精神の方向である。とすると、人文精神においてモダニズムはまだその有効性を保持しているのか、あるいは、ポスト・モダニズムがモダニズムに取って代わり、「人文精神」の基本的内容になりうるのか、といった問題が提出される。これは、人文精神の建設の方向に関わる問題であるので、明確に答える必要があるだろう。

　周知のように、西洋の文芸復興期における人文主義は、封建専制や宗教神学、無知蒙昧に対立するものとして現れたのである。人間の世俗的幸福を追求し、人間を完全に解放することを主旨とする。前述のごとく、伝統の束縛を断ち切り、勇敢に批判を行い、自由に探索をし、大胆に創造をし、効率を重んじ新しさを求める精神、民主を尊び、真理を追求する精神、人権と自由を尊重し、人類の自由と解放のために戦う精神、理想主義、現実主義と楽観主義を掲げる精神などがその基本的精神である。これらの精神は今日でもその有効性を保持し、人類の文明と永遠に共存するものと言える。のみならず、人類の文明が高度に発達するほど、これらの精神は、一層強化されるであろう。近代以来、特に工業革命以来、社会の発展において、瞠目させられる深刻な問題が多く発生した。たとえば、人間関係の物象化、生態の破壊、グローバリゼーションの出現など。これらの問題の出現を人文精神の提唱の結果に帰することはできない。反対に、人文精神の喪失と堕落にこそその原因がある。「人間の主体性」を解消し、「人類の自我中心」を退くというポスト・

モダニズムの主張は、その本質において、人間の主体性あるいは主体精神をそれの異化現象と混同させるもので、後者を否定すると同時に前者をも否定してしまっている。この問題を引き起こした主な原因は、人間の主体性に対する誤解と間違った強調にあり、人間と周りの世界との関係を正しく捉えられなかったことにある。ポスト・モダニズムのもつ批判性と超越性は参考にし、吸収すべきものであるが、しかし、そのような思潮には、「物象化」反対から、「人間化」反対へと走り、人文精神の異化現象への否定から人文精神自身への否定へと転換していくという傾向があり、批判をしなければならない。

　このように見てくると、ポスト・モダニズムの主張は精神の発展の方向を示すものとはなりえない。ポスト・モダニズムの言う人文精神は理性や主体性を否定し去るもので、原則的には取るべきものではない。真の人文主義は、理性や主体性などの要素を合理的に総合し、向上させるものでなければならない。大多数の発展途上国は「後現代」ではなく、「前現代」なわけだから、近代化を実現させるためには、まず伝統的な生産方式と生活様式をうち破り、全民族の科学技術の水準と生産力の向上を急がなければならない。それを基盤にして現代社会の発展に適応できる理性的観念や法制の観念、自主的意識、職業精神、権利と義務の観念、競争と公平の意識など、様々な思想や観念を浸透させていかなければならない。このような思想や観念こそ、人文精神を本当の意味で体現するものと言えよう。したがって、原則のうえでは、現代化に適応する人文精神は価値の理性と道具の理性との有機的な結合であるべきで、価値の理性が道具の理性に取って代わってはならない。

　このように、今日我々が人文精神の重視と再建について議論する際、はっきりとした時代性と科学性をもっていなければならない。時代性とは、時代と生活に沿うようにして人文精神の再建を行い、活動の中で文化的追求をするように人々を導き、人々の精神水準を高め、社会文明の全面的実現を促進することを言う。科学性とは、寛容で幅の広い人文的背景のもとで経済の健全な発展と社会の全面的な進歩を実現するために、歴史の流れに従って人文精神の建設を行い、自民族の文化的伝統の発揚を前提にしつつ、世界各国の文化の精華を大いに積極的に吸収し、新しいスタートラインに立って自民族の新しい精神を作り出していくことを提唱するものである。要するに、人文

精神の建設には発展的な見方、広い視野、および現実的な批判的精神が必要である。

4 人文精神再建の現実的方途

発展途上国の発展の現実から見れば、人文精神の建設は主に次の二つの面から力を入れるべきである。

(1) 合理的な価値判断の方向と価値判断の誘導の確立

価値の観念は一国家、一民族の人文精神の核をなすものであり、魂の在処である。民族の精神はその価値観の如何によって決まると言ってよい。人文精神の再建は、価値観の再建によって方向づけられる。発展途上国では、社会が大きく転換するに伴って、価値観も大きく変わろうとする。この変化は、主に価値観の「多元化」として現れる。価値判断の方向性から見れば、「多元化」の趨勢は言うまでもなく伝統的な価値観の中身を深化させ、豊かにし発展させた。しかし、価値判断の方向性の多元化は、様々の性質の異なる価値観が併存する局面を現出させた。「多元化」の趨勢は、価値判断の基準をより合理化させ、偏見をなくす一方、異なる価値判断の基準の併存が社会の主導的価値観に衝撃を与え、一部の人に価値の真空化を起こさせ、価値判断に戸惑ったり、価値規範を見失ったりする現象を招来した。したがって、合理的な価値判断の方向とその誘導の方向を確立するのは、民族精神を建設するのに必要であり、社会の健全な発展のために欠かせないことである。もし合理的な価値判断の方向と価値判断の誘導を誤ると、これによって引き起こされる物質文明と精神文明のアンバランスな現象が沈殿し、深刻な社会問題となり、ひいては社会的危機を醸成する恐れがある。社会的危機が現れると、社会の近代化の実現が挫折し、社会の全面的な進歩も期待できなくなる。合理的な価値観の確立と誘導を重視することは、社会の文明の発展を促進する重要な一環である。政府機関であろうが、理論宣伝部門であろうが、どちらも社会の健全な発展を阻害する誤った価値観の誘導を阻止し、批判しなければならない。合理的な価値判断の方向と価値判断の誘導をはっきりと訴える責任を負うものである。

(2) 道徳修養の教育の強化

人文精神、人文素養の向上は、社会の構成員の道徳水準の向上として現れる。西洋の近代化の過程を見ると、人文教化は始終一貫してその近代化に伴う重要な課題の一つであった。「文芸復興」のはじめより、人文教育は人間性の偏った発達を批判し、欠陥や偏りのない、豊かな人間性の養成を目的とした。後に、科学主義の思潮とともに現れた人文主義の思潮も、十全な人格の養成、人間としての質的向上に力を注いだ。このような人文教化の過程において、民族全員の道徳の向上がその主要な任務であった。市場経済に移り社会が転換する時期に、大多数の社会構成員が市場に魂を委ねず、「功利」を認めつつ物欲に囚われず、感性に立脚しながらそれを超越し、自己実現を追求する過程で良知を忘れない。これは、近代化を実現させる過程における人文教化の厳粛な使命である。

(3) 大衆文化の発展と誘導

　人文精神の建設と大衆文化の発展とは密接な関係にある。とりわけ普遍性と広汎性をもつ大衆文化は、社会風紀や人文精神に強い影響を与える。大衆文化の出現は文化の進歩であると認めなければならないが、大衆文化は市場の法則に支配されるので、功利的価値への追求を強め、人文価値の弱体化を招くのは必至である。人文精神建設の中で大衆文化が人文精神の建設に貢献するためには、盲目的な発展に任せず、時代の要請と文化発展の法則に基づき、真剣に大衆文化の誘導を行わなければならない。大衆文化に対し、提唱することと反対することをはっきりと示す。理論の力、世論の力を生かせ、大衆文化が健全な方向へ発展するように導く。また、大衆文化の品位を絶えず高めることが必要である。高雅な文化が大衆文化に取って代わることは当然不可能である。しかし、だからと言って、大衆文化が品位の低い、低俗な文化へと墜落するのを許してはいけない。大衆文化がその娯楽性、大衆性を保つと同時に、高雅な文化の長所を取り入れ、人生の理解を深め、鑑賞の美意識を高め、自己の品位を向上させていくべきである。大衆文化に対する誘導を強化し、その建設に力を入れられれば、大衆文化は間違いなく人文的素養を高めるのに役立つ現代の文化形態となり、近代化の実現に積極的な影響を及ぼすに違いない。

(4) 国民全員の文化水準の向上

　ある民族の文化水準の如何は、その民族の近代化に大きな影響を与える。

高水準の精神境地と道徳の修養は高水準の教育を支柱とする。文盲の充満する、愚昧で立ち後れた国において近代化に相応しい新人文精神を作り出すのはまったく期待のできないことである。人文水準と教育水準とは完全に正比例する関係にあると言えないけれども、前者が後者を離れて成り立つことはあり得ない。そのため、国民の教育水準を高めることは、発展途上国の人文精神の建設にとって極めて重要である。教育に力を入れなければならない。発展途上国の現状から見れば、国民教育の重視、教育の構造改革の推進、生涯教育の強化、近代化の要請に応えられるような教育、そのいずれも怠ってはならない。

(張平訳)

仏教と現代人の精神修養

楼　宇烈

　ハイテクの迅速な発展に伴って、人類の自然界に対する認識がますます広がり、且つ深化している。そのおかげで人類の生存する客観的存在としての環境に対してより主導的になり、より多くの自由を獲得することができた。それに伴って先進国家においては、社会的な物質生産が莫大な富をもたらすようになり、人々の物質的生活が豊かさと快適さを増してきた。しかしながら、その反面では、人類が生み出したハイテクのおかげで、自分に背反する力をも生み出し、人類にますます多くのトラブルや悩みも招来している。周知の例を挙げれば、人類を不安に陥れている地球生態の深刻な破壊と汚染の問題がそうである。特に頭を悩ますのは、広範囲にわたるハイテクの開発と応用が自然界を征服する力として機能するばかりではなく、同時に人類自身をコントロールし支配する力となっていることである。ハイテクの精密化、高速化、自動化は否応なしに人々の生活に緊張をもたらし、機械的で単調無味なものとしてしまう。そのため、ますます多くの、個々の人間としての本来的な種々の主動性と自由を喪失してしまった。多くの人はその物質的生活が絶えず豊かになり、快適なものになってきているが、しかし精神生活の面では、人生の本当の価値観を見失い、精神的な貧しさと空しさに悩まされている。

　したがって、現代人の精神面の最大の苦痛と不幸は、自我の喪失ということに集約することができる。自我の喪失は前述のように、高度な機械化、自動化に支えられた生産方式のために、機械の奴隷になってしまったなど、客

観的要因によるものもあるが、そのような外的要因による自我喪失感は表層的なもので、比較的容易に調整・補正することによって克服することできる。ところが、ほとんどの自我喪失は主観的要因のもたらすものである。たとえば、今日の物質文明の高度に発達した環境の中にあって、多くの人々が物欲の追求に夢中になり、自ら物質の奴隷になることに甘んじている。このような価値観の志向するところに生まれる自我喪失感は深層性のもので、容易に自我を見つけることはできないだろう。

　現代人の精神面におけるもっとも深刻な病症は、自我の拡張である。現代のハイテク、現代の経済、現代の政治の発展によって、社会が個々人の自我の発展にいつの時代よりも多くの可能性と広範な場所を提供できるようになったからだ。これは、社会の進歩を示すもので、個人としては当然このような環境と条件を十分に利用して、社会と人類のために貢献し、自我の人格を高め、自我の価値観を実現することが要求される。事実上、人類社会における個人は、集団から離れて独立できるものではない。我々は、他我のために貢献し、他我と一体になった時初めて、自我の存在と価値を見出し、人生の意義を体感し、充実した精神生活を獲得することができるのである。しかし、今日でも個人主義と利己主義を信奉する人は少なくない。集団より個人、自我を重視し、集団、他我より個人、自我を優先する。個人の利益を中心にして人生の設計を行うことを主張し、極端に自我を拡張し、むやみに自我の欲求の満足を追求する。それこそ人生の本当の価値、自我の完全な獲得、と考える人さえいる。しかし、実際、個人を中心とする自我の設計は現実社会では全く通用しないのである。そのような人は、集団の中に自分のいる場所を見つけることができず、本当に自我を喪失してしまった典型となりかねない。

　このように、現代人の精神上の病症を引き起こす原因は多様にして複雑である。客観的なものもあれば主観的なものもあり、様々の側面から治療を施すようにしないと効果を上げることは期待できない。しかし一方、現代人の精神上の病症を引き起こす様々の客観的原因は煎じ詰めれば人類自身の手によってもたらされるものであって、人類の自我に対する一面的な認識と偏った追求と不可分の関係にあることを見逃してはならない。したがって、客観的存在としての環境の整備も、自我に対する一面的な認識と偏った追求を改

めることなくしては実現しがたいことが多い。たとえば、今日人類の生存する環境が直面している深刻な危機について見ると、現象的には人類が節度もなく自然から奪い取り、破壊的な、略奪的な開発を行ってきたことや、大量の有害生産、生活廃棄物による汚染などに原因がある。したがって自然破壊的な、略奪的な開発を改め、計画的で、自然保護的な開発に切り替え、有害生産や生活廃棄物に対して積極的な対策を講ずれば、人類の生存する環境を改善するのに一定の効果は期待できるであろうが、しかし、これは根本的な解決には遙かに及ばないこともまた明らかである。なぜならば、環境の危機を生み出している根本的な原因は、人々の自己の欲望への無節度な盲従と追求にあるからである。ありとあらゆる自然資源の略奪や浪費はみな自己の欲望への無節度な盲従と追求のもたらす結果と言える。人類が自己の欲望への追求を制限することから着手しないと、潜在的な、より深刻な環境破壊を将来に引き起こす根源を絶つことができない。と同時に、人類が直面する環境の危機をなくすことも本当の意味においてはできない。この観点から見ると、単純な物質的療法より精神的療法の方が、より重要で根本的な意義を持つと言わなければならない。

現代人の精神上の病と苦しみを治療するのには、仏教は、大いに裨益するところがある。

仏教によると、人類の精神上の病症を引き起こすのは、貪欲心、瞋怒心と愚痴心の「三心」である。いわゆる「三毒」である。人類の身、口、意などの一切の悪行はすべてこの「三心」より生み出されるものという。貪欲は名声、財物など自分の好むものへの満足を知らない欲求という精神作用、瞋怒は、我意に合わぬ有情に対して憎悪の念を生じ、心身とも不安定に陥る精神作用、愚痴は、愚昧無知にして事理をわきまえない精神作用を言う。このような精神作用の膨張によって、人々は欲を追い求め、競争し合い、偏見に囚われ、いつまでも苦難から解脱する本当の道を見つけることができない。仏教の説く「勤修戒定慧、息滅貪瞋痴」は、人々に、戒定慧の自己修養を通して貪欲心、瞋怒心と愚痴心を取り除き、自身の心を浄化することを教えるものである。実践の上では布施を行うことによって貪欲心を、慈悲を施すことによって瞋怒心を、知恵を持つことによって愚痴心を転化することである。

仏教は清浄本性を以て自我とする。世人が利益のために、名声のために競

争し、自ら尽きることのない悩みを招くのは、実は清浄本性の喪失なのだ。正真正銘の自我の喪失である。俚諺に曰く「何も持ってはこの世に生まれず、何も持ってあの世に行かず」と。これはすべての人に当てはまる真理と言える。誰一人としてこの世に来る時も去る時も裸でない人はいない。四大、五蘊皆空の仏法第一義諦を暫く擱いておくとして、この俚諺に照らしてみても、仏教の言う清浄本性を自我とすることの偽らざる真実であることが分かる。大乗仏法は当色即空を主張し、経断滅空、離色空を戯れた説とする。したがって、仏教は人類の創造する物質的財産及び人類の必要とする物質生活を否定しない。ただ、物質に迷執し、物欲におぼれるのを戒めるのである。人類の創造する物質的財産は、究極的には社会全体に属する物で、個人にとっては体の一部となる物ではない。貪欲に追い求めるべきでないのみならず、随時に施し、大衆に還元し、皆の生活を改善するようにしなければならない。大乗菩薩は第一に「為欲貪求」「自賛毀他」を戒め、次に「性慳財」——貧しい人を前にしても哀憐の心を起こさず、施し与えないことを戒める[1]。仏道を実現するための大乗仏教六種の徳目の中でも、施波羅蜜を始めとする。その中でさらに財物の布施を第一とする。物欲のために自我を喪失してしまった人にとっては、間違いなく効き目のある療法である。

　仏教は慈悲を心とし、衆生に献身し、自身のみならず他人の済度を自らの責任とし、一闡提［訳注：成仏の縁を欠く人］でも見捨てはしない。仏陀は衆生の愛欲に戸惑い、苦海におぼれるのを哀れみ、慈悲心を起こし[2]、「抜一切衆生苦」「与一切衆生楽」と、無辺の衆生をすべて済度する誓いを立て[3]、一人でも済度されずにいる衆生がいれば、成仏はしないと言ったのである[4]。仏陀生誕の時、七歩歩き、四方を見渡し、一方の手が天を指し、一方の手が地を指して、「天上天下、唯我独尊」と言ったと伝えられている。この言葉はよく引用されるが、本当に真意を理解した人はどのくらいいるのだろうか。甚だしきに至っては、個人至上、自我中心と理解する人さえいる。仏陀の言う「我」とは、個人の心身の欲求を中心とする常人の妄りに執着する「我」ではなくして、生死利害を超越した真実の「我」を言うのである。仏陀が「天上天下、唯我独尊」と言った後、「三界皆苦、吾当安之」[5]、「此生利益一切人天」[6]とも言っている。すなわち、仏陀の言う「唯我独尊」とは、一切の人天に利益する中、つまり集団への献身の中で体現される自我の存在とそ

第三部　思想、宗教及び文化における日本と中国

の価値である。かくすればこそ、世に尊ばれ、真実の「我」——充実した、自信に満ちた人生を獲得することができる。一方、個人自身の欲求を中心とする、虚妄の執念に囚われた「我」だと、自我を自分の手で作った檻に閉じ込め、終日算段と策略に心を砕き、利益の得失に悩まされ、空虚で目的を失った人生に終わってしまう。したがって、衆生を済度し、他人に利益する仏陀の慈悲に満ちた崇高な精神は、現代人が積極的に倣い、発揚するのに誠に堪え得るものである。

　俚諺に「鈴の結び目を解くには結んだ人、心の病を治すには心」という。自我に病因を持つ病は、自我にある病因を取り除くべきである。しかしながら、人間にとって、本当に自我を認識し、自我を把握するのは、まことに容易なことではない。万物の霊長である人間は、客観的世界に対する認識においては、大なる宇宙銀河系から小なる量子真空まで、すでに相当のレベルに達している。それに、その認識をさらに深め、その姿をよりよく把握していくのに十分な自信を持っている。だが一方、自我の認識、特に自我の精神世界に対する認識においては、いまだ相当に浅薄にして愚暗不明なものに留まっている。自我を認識することによって、自我の精神世界を自覚的に把握するということになると、多くの人にとって、至難の業と言わなければならない。

　先に触れたように、人類が自ら創造した現代のハイテクの広範囲にわたる開発と応用は、それと同時に、それが人類自身をコントロールし、支配する強大な力となっているという問題を生み出している。これは、言い換えれば、人間と自然との関係における人類の自我をいかにして認識するかという問題である。これは大変難しい問題である。自然界との長い間にわたる闘いを経てきた人類は、自我の力を知り、そして一歩ずつではあるが自分の願望と目的によって自然界を人類のための存在となるように改造してきた。だから、今日では人類には自然界を征服し、支配する力を持っているという見方は、すでに疑う余地のない人類の自我認識となっている。しかるに、人類はいかなる願望と目的によって自然界を改造してきたのか、人類のもつ自然界を征服する力は一体如何ほどのものなのかと、自問してみれば、すぐに疑問のあることに気づくであろう。このような盲信のために、自然界と人類自身とが引き裂かれ、対立させられている。人間を自然界を主宰するものと見、自然

界を人類が恣意に支配できる無生命物と見なすようになっている。その結果、人類が自然界に対して勝ち取った勝利は、その度ごとに自然界から何らかの仕返しを招いている。エンゲルス（Friedrich Engels）が百年あまり前に「我々は自然界への勝利に得意になりすぎてはならない」と警告を発したのもそのためであろう。自然界に対する人類の勝利は、そのどれも第一歩は確かに所期の結果を得ることができたが、しかし第二、第三歩は往々にして全く違う、予期せぬ結果を招き、おまけに第一歩の成果をも取り消してしまうようなことが多いのである。エンゲルスは多くの実例を挙げて力説している。そして、彼はこう言っている。「自然界を支配するということは、征服者が異民族を支配するのとは決して同じことではない。自然界の外にいる人間のようには決して行かないのだ。——逆に、我々は、我々の肉体、血液、脳髄とともに自然界に属し、自然界に存在するものである。……このことは一刻たりとも忘れてはならない」と。彼はさらに次のようにも指摘している。自然科学の長足の進歩に伴って、人々はますます「自身と自然界との一致を感ずるのみならず、認識するに違いない。ギリシャ古典時代崩壊後欧州で発生し、且つキリスト教の教義において最も高度に形成された、精神と物質、人類と自然、霊魂と肉体を対立させる、荒唐無稽で自然に反する観点は、ますます成り立たなくなる」と。また、「もし、我々が自分の生産行動のもたらす比較的に遠い先の自然への影響を予測することを学ぶのに数千年の労働が必要であったとすれば、これらの行動のもたらす比較的に遠い先の社会への影響を予測することを学ぶのはもっと難しいだろう」とも言っている[7]。それ以来百年の歳月が過ぎている。我々の認識はエンゲルスよりどれだけ進歩しただろうか。どの程度まで自制することができるようになっただろうか。事実はそうではない。現代ハイテクの長足の発展に伴って、人類と自然、精神と物質、霊魂と肉体の乖離と対立は、縮小どころかさらに拡大した。我々の生産行動のもたらす比較的遠い先の自然と社会への影響を予測するどころか、我々が考えなければならないのは、目の前の、一刻の猶予も許さぬ自然と社会への影響である。これらは、すべて人類が自分の力に対する一面的な認識と、自身の願望への盲目的な追従の生み出したものである。このように、人類と自然との関係の中で、肝心要なことは自分自身に対する正しい認識と自覚的な制御であることが分かるであろう。

今日、人と人、人と社会との関係において、相互間の隔離と対立は、人と自然界とのそれよりも深刻な場合が多い。そして人と人、人と社会の関係を協調させるのはより複雑で困難な場合が多い。しかしながら、通常、先に自我に対する認識と自我の位置を正しいものにすることが肝心であることは同じである。人生の苦楽は他人や社会から切り離して考えることはできない。客観的な社会環境は個人の人生の苦楽に重要な影響を及ぼすものである。しかし、自我は個人の人生の苦楽に対して全く消極的で受身的な働きしかしないというわけではない。個人としては全く不可抗な自然災害や人為的な災禍を除けば、自我は相当程度の主導的な役割と責任を負うものである。にもかかわらず、日常生活の中で何かのトラブルに遭遇した場合や辛いことがあると、自らを反省する人は少なく、ほとんどの人は客観的存在としての環境や、運命と他人にその原因を求めがちである。その場合、ますます問題解決の糸口を見つけることができず、それまでの悩みや苦しみから抜け出すことができないばかりか、新たな悩みと苦しみを招いてしまうことさえある。実は多くの場合、自ら悩みと苦しみを招いていることが多いのである。現代人の自我の喪失感も、節度のない自我の放縦と盲目的に物質的手段に頼ることに大きな原因がある。したがって、個人について言えば、自我を反省し、自我の本来の姿を認識し、自我の位置づけを正しいものにしていくことによって自我の主導的役割を発揮することが悩みと苦しみを除去する根本的な方途になるのである。

　仏教には「依自不依他（自己に依り他者に依らない）」「自性自度（自己の本性により自らわたる）」という教えがある。自我を認識し、自我を把握し、自我の力で自身の悩みや苦しみを解脱することを説く言葉である。禅宗六祖慧能はかつて、「不是慧能度善知識、衆生各於自身自性自度（慧能があなたがたをわたらせるのではない。衆生はおのおの自身において自己の本性により自らわたるのである）」と言ったことがある。また「自性不帰、無所無処（自己の本性に帰依しなければ、どこにもよりどころがない）」「若自心邪迷、妄念顛倒、外善知識即有教授、救不可得（もし自己の心が誤り迷い、妄念を起こし転倒するなら、高僧の指導があっても、救われない）」[8]とも言った。これらの、自身の主導性の重要であることを教える言葉は、まさに今の人間に最も必要な精神修養の方法である。自身の主導性を働かせるためには、自

ら体験し、味わうようにせねばならない。自分の腹を満たすのに他人の口を拝借するわけにいかない道理である。禅宗の公案に南宋の開善道謙禅師がその友人に、他のことなら代わってあげられるが、ただ「著衣喫飯、拉屎放尿、駝個死屍路上行（衣服を着ること、食事をすること、大便をすること、小便をすること、その体を背負って道を歩いていくこと）」――この五つのことだけは代わってあげられない。自分でやるしかないと言われたことから啓発を受けて悟りを開いたという話があるが[9]、十分に嚙みしめるべき非常に興味深い話である。それに自分自身を支配するためには、険難を恐れず、錬磨に堪えなければならない。いわゆる「不是一番寒徹骨、争得梅花撲鼻香（「骨身にこたえる寒さをおかせずしては、どうして梅の素晴らしい香りを存分に楽しむことができようか）」[10]とはまさにこのことを言うのである。さもなくば、「自性自度（自己の本性により自らわたる）」の修養はただの空論にすぎない。

　自我を認識するというのは、決して孤立的に自我だけに視野を限定して自我を認識するというのではない。自我と他我、個人と集団、人類と自然などの相互関係の中で自我を認識するということである。『金剛経』に「是法平等、無有高下、是名阿耨多羅三藐三菩提（万物は平等であって高下の差別はないと知ること、これを仏の知覚、無上正等正覚と名付ける）」という言葉があるが、よくよく嚙みしめるべき教えであろう。平等心で自我、衆生、万法を認識すればこそ、分別心を泯滅し、妄執を破り、自我と他我、個人と集団、人類と自然との隔離と対立を克服し、そして自我を他我、集団の中に溶け込ませ、自我の大解脱を得ることができよう。仏教精神は、現代人の精神的需要に完全に合致するものであると言わなければならない。

(張平訳)

注
1)『菩薩戒本』（玄奘訳）に「若諸菩薩住戒律儀、有其四種他勝処法。何等為四？若諸菩薩、為欲貪求、利義恭敬、自賛毀損他、是名第一他勝処法。若諸菩薩、現有資財、性慳財故、有苦有貧、無依無怙、正求財者、来現在前、不起哀憐、而修恵舎；正求法者、来現在前、性慳法故、雖現有法、而不給施、是名第二他勝処法。……菩薩于四他勝処法随犯一種、況犯一切、不復堪能于現法中増長摂受菩薩廣大菩提資糧、不復堪能于現法中意楽清浄、是名即為相似菩薩、非真菩薩」とある。
(現代語訳：菩薩たちが戒律を守る際に、四種の重大な罪があるとのことだが、その四種

の重罪とはいかなるものか。まず菩薩たちが欲のために尊敬されることを貪り求め、自分を褒め他人を謗るようなことをしたとしたら、これが第一の重罪である。次に菩薩たちが資産を現在所有しているのに生まれつき物惜しみする心があって、貧苦にありよるべなく財を求める者が目前に現れたとき、憐れみの心を起こして恵んでやることがないとしたら、また同様に求法の人が教えを求めて目前に現れたとき、生まれつき惜しむ心があり、現在教えることのできる法があるのに教えないとしたら、これが第二の重罪である。…菩薩が四種の重罪の一つを犯したとしたら、まして四種すべてを犯したとしたら、この生涯の間に菩薩に与えられる仏智を得るための大いなるもとでを増やして受け取ることができない。またこの生涯の間に心の願いが清浄になることができない。このような菩薩を相似菩薩と名付ける。これは真の菩薩ではない。)
2)『過去現在因果経』巻一に、世尊「所以感傷群生耽惑愛欲、沈流苦毎、起慈悲心、欲抜済之」とある。
(現代語訳：ゆえに世の中の人々が愛欲にふけり惑い、苦しみの深く大きいこの世に沈み流れていることに心を痛めて、慈悲の心を起こし、彼らを救おうと願われた。)
3)「抜苦」は「大悲」、「与楽」は「大慈」である。『大智度論』に「大慈与一切衆生楽、大悲抜一切衆生苦。大慈以喜楽因縁衆生、大悲以離苦因縁与衆生」とある。(巻二十七『釈初品中大慈大悲』)
(現代語訳：仏の広大無辺の慈愛は一切衆生に楽を与え、仏の広大無辺のあわれみは一切衆生の苦を取り除く。仏の慈愛は喜びと楽しみの原因となるものを衆生に与え、仏のあわれみは苦しみを離れる原因となるものを衆生に与える。)
4) 伝えるところによると、地蔵菩薩は「若不先度罪苦、令是安楽、得至菩提、我終末願成仏」と誓いを立てたという。『地蔵菩薩本願経』巻上)
(現代語訳：もしまず罪を犯し苦しんでいる者を救い、彼らを安楽にさせ、仏の悟りに至らしめることができなければ、私は最後まで自分が成仏することを願わないだろう。)
5)『修行本起経』巻上に「堕地行七歩、挙手住而言、天上天下、惟我為尊。三界皆苦、吾当安之」とある。(現代語訳：地上に生まれおち、七歩歩いて、手を挙げて言われた。天上天下において、我こそ尊きものである。世界中の一切の者は苦しんでいる。吾は必ず彼らを安らかにしよう。)
6)『過去現在因果経』巻一に「即便墜蓮華上、無扶侍者 自行七歩、挙其右手而師子吼：我于一切天人之中、最尊最勝、無量生死于今尽矣、此生利益一切人天」とある。
(現代語訳：すなわち蓮の花の上に生まれおち、誰も支え助ける者がいないのに、一人で七歩歩き、右手を挙げて言われた。我はすべての神々および人々のなかで、最も尊く、最もすぐれている者である。はるかな過去からの数限りない生死が今尽きようとしている。この生涯においてすべての人々および神々に恵みを与えよう。)
7) エンゲルス著『在従猿到人転変過程中的作用（猿が人間になるにあたって労働がはたした役割）』(人民出版社1955年版『自然弁証法（DIALETIK DER NATUR）』145-146頁)による。
8) 敦燈本『壇経』第21、23、31節。菲利普・揚波斯基（PHILIP B YAMPOLSKY）整理本による。(NEW YORK COLUMBIA UNIVERSITY PRESS 1976)
9)「建寧府開善道謙禅師、本郡人。…後随妙喜（宗杲）庵居泉南、及喜領径山、師亦侍行。未幾、令師往長沙通紫厳居士張公書、師自謂：「我参禅二十年、無人頭処、更作此行、決定荒廃」竟欲無行。友人宗元者叱之曰：「不可。在路便参禅不得也去？吾与汝倶往。」師不得已而行。在路泣語元曰：「我一生参禅、殊無得力処。今又途路奔波、如何得相応去！」元告之曰：「你但将諸方参得底、悟得底、圓悟、妙喜為你説得底、都不要理会。途中可替底事、我尽替你。只有五件事替你不得、你須自家支当。」師曰「五件者何事？願開其要。」元曰：「著衣喫飯、拉屎放尿、駝個死屍路上行。」師于言下領旨、不覚手舞足蹈。(『五燈

253

会元』巻二十)
(現代語訳:建寧府(福建省)の開善道謙禅師は、建寧府出身の人である。…後に大慧宗杲に師事して泉南(福建省)の庵に住み、大慧が径山寺の住持になったとき、道謙も大慧に従って径山へ行きお側に侍った。しばらくして大慧が長沙(湖南省)に流されていた張淩(紫厳居士と号す)に手紙を持っていくように道謙に命じた。道謙が思ったことには、「私は禅の修行を始めて20年になるが、まだ少しも得ることがない。こんな用事で出かけたら、自分はだめになってしまうだろう。」ついに行きたくないと思った。友人の宗元という者が道謙を叱って言った。「だめだ。旅の道にあって禅の修行ができないというのか。私はあなたとともに行きましょう」。道謙は仕方なく出かけた。途中泣きながら宗元に語って言った。「私は一生の間禅の修行をして結局何の得るところもなかった。今また辛い旅の道にあって、どうしたら心のかなうことができるだろうか」。宗元は道謙に告げて言った。「あなたがあちこちで学んだこと、悟ったこと、円悟や大慧があなたのために説いてくれたこと、これらはすべて忘れて、旅の道中あなたに代わってあげられることはすべて代わってやってあげる。ただ、五つのことだけは、代わってやってあげることはできない。あなたが自分でやらなければならない」。道謙は言った。「その五つとは、いかなることですか。その要点を聞かせてください。」宗元は言った。「衣服を着ること、食事をすること、大便をすること、小便をすること、その体を背負って道を歩いていくこと」。道謙はそれを聞いた瞬間に悟った。あまりの喜びに思わずおどりあがった。)

10) 元中峰明本禅師の言葉は「苟不奮廃寝忘餐之志力、又不肯操三二十年冲寒昌暑不敢怠惰之勤労、安有自然超越之理?徒見古人悟入之易、而不知其未悟之難。……(先師)乃有「不是一番寒徹骨、争得梅花撲鼻香」之句。」(『天目中峰和尚廣録』巻五『示海印居士』)
(現代語訳:もし睡眠を削り、飲食を忘れるほどの強い意志力をふるわなければ、また20も30も厳寒酷暑にかかわらず怠けることなく勤め励まなければ、どうしておのずから凡夫の境界を越え出ていくことができるだろうか。古人がやすやすと悟りに入ったかのようにばかり見えて、いまだ悟らなかったときにどれだけの苦難を経たことかを知らず…先師にこのような句がある。「骨身にこたえる寒さを冒せずしては、どうして梅の素晴らしい香りを存分に楽しむことができようか」。)

(佛教関係の翻訳は桜美林大学教授倉澤幸久氏から多くをご教示いただいた。記して深く感謝申し上げる。ただ、文責は張平にある。)

人類の持続的発展と共生のために

中国古代思想
陰陽五行循環論の持つ意味を問う

植田渥雄

1 易学における循環論と調和論

　古代中国の人々は、あらゆる事物は、一定の法則のもとに変化するという考えを持っていた。その一つは陰陽による変化の法則である。あらゆる事物の根底には陰と陽の二つの極があり、この二つの極から生じる要素（後世〈気〉と呼ばれるもの）が互いに作用し合うことによって万物が生成する。このような考えから生まれたのが易学である。易は占いの術として発生したものであり、占術としての易は、日本では今もなお民間で広く行われているが、一方、易学は古代から近代に至る中国の伝統社会において、自然界の法則及び自然と人間との関係を思弁的に解明する哲学としての役割を担ってきた。易学の成立時期については異説が多いが、現存する『易経』の成立については、孔子が大きくかかわっていたとされている。だとすれば孔子の活躍した春秋時代には易学の基本はすでに完成されていたと見ることができる。
　『易経』繋辞伝下では陰陽変化の法則について、自然界を例にとって次のように述べている。

　日往則月来、月往則日来、日月相推而明生焉。寒往則暑来、暑往則寒来、寒暑相推而歳成焉。
　（日が沈めば月が現れ、月が沈めば日が昇る。日月が互いに作用し合って明るさが生じる。寒さが去れば暑さが訪れ、暑さが去れば寒さがやってく

る。寒暑が互いに作用し合って歳月が生じる。)

　日月、寒暑のほか、昼夜、屈伸、柔剛、憂楽、さらに天地、男女、生死等々、これらは陰と陽という二つの要素から成り立っていて、この二つの要素が互いに作用し合うことによって万物が生じる。そして万物は生成と死滅を反復して尽きることがないという。しかし一方、万物は際限なく変化していくわけではない。変化には必ず一定の周期があり、昼夜の反復、四季の交代、月の満ち欠け等に見られるように、変化が極点に達すると、また元に立ち返るのである。つまり万物は永遠に往復循環を繰り返すわけである。この点からみれば、易学は一種の循環論思想ということができる。
　『易経』繋辞伝上ではこの点を次のように述べている。

範圍天地之化不過、曲成萬物而不遺、通乎晝夜之道而知。
(天地の変化は一定の範囲に限られていて、それを超えることはなく、万物をあまねく生成して、余すところがない。そのことは昼と夜が一定の法則のもとに反復することを通じて知ることができる。)

また『易経』彖伝では次のようにも述べている。

終則有始也。日月得天而能久照、四時變化而能久成。
(終わればまた始まりがある。日月は天の法則にしたがって永久に万物を照らすことができ、四季は変化することによって永久に万物を生育することができる。)

以上の点を要約すると次のように言うことができる。
1) あらゆる事物は陰と陽の相互作用によって一定の法則のもとに変化する
2) あらゆる事物の変化は一定の周期のもとに、同一軌道上を永遠に往復循環する

陰陽の変化が一定の周期のもとに、規則的に同一軌道上を永遠に往復循環するということは、変化自体が自然界の調和の中に存在するということであ

る。それは同時に、マクロ的に見れば自然界そのものが整然とした調和の世界であることを認めるということでもある。その点から見れば、易学は一種の調和論思想である。

2 易学における〈天人合一〉の思想

　古代中国の人々は、自然界の法則を以上のようなものとして捉えていた。そしてこの変化と調和の法則に即応することによって、人間の生き方、社会のあり方を想定してきたのである。極端な言いかたをすれば、一切の自然界の法則はそっくりそのまま人間界にも当てはまるものと考えられていたのである。この点について『易経』説卦伝では次のように述べている。

> 昔者聖人之作易也、将以順性命之理。是以立天之道、曰陰與陽、立地之道、曰柔與剛、立人之道、曰仁與義。
> （昔、聖人が易を作ったのは、人間を天命の道理に順応させるためである。そこで天の道を立てて陰と陽と言い、地の道を立てて柔と剛と言い、人の道を立てて仁と義と言ったのである。）

　ここでいう天の道とは日月星辰の運行を司る天体の法則、地の道とは山川草木の生成を司る地上の法則、人の道とは人倫関係のあり方を司る社会秩序の法則である。前二者が自然界の法則であるのに対して、後者は人間界の法則である。また、陰陽、柔剛は明らかに相対概念と言えるが、これと仁義を同列に扱うのは、一見したところ論理的に整合しないように思われる。なぜなら仁と義は類似概念としては成立し得るが、相対概念としては成立し難いように思われるからである。しかし、仁を人間の内面における理想形態、義を行動に現れる理想形態と見なせば、両者は相対概念として成立し得る。ちなみに、『孟子』では「仁は人の心なり、義は人の路なり」（告子上）と言い、『論語』では「君子の仕ふるや、その義を行ふなり」（微子）と言っている。むしろ問題はこの三つの相対概念を一体のものとして捉える点にある。ここに易学における認識論上の特徴を見ることができるのである。これがいわゆる〈天人合一〉の思想である。

以上の点から総じて言えることは、易学の本質は循環論であり、調和論であり、且つ天人合一の思想であるということである。『易経』繋辞伝上では、これをさらに一歩進めて次のように言っている。

　　一陰一陽之謂道。繼之者善也。成之者性也。
　　（一陰一陽の変化、これは天の道理というものである。これを継承するものは善である。これを成就するものは人間の本性である。）

　これは、自然界の変化の法則に、人間界の道徳概念を重ね合わせ、それを体現する潜在的な能力を人間の本性として想定する思想である。これは孟子の唱えた性善説に通じるものであり、同時に儒教思想の基本理念に合致するものである。これはまた、易学の原理を説いた『易経』という典籍が儒学の経典として存立する所以でもある。
　以上述べてきたように、易学は自然界の解明を契機として、人間社会のあり方を想定しようとする、ひとつの完結した思想体系であると言うことができるが、その出発点において、自然界の解明よりも、人間社会のあり方の想定に傾斜していた。つまり易学は、自然科学よりも倫理学に限りなく傾斜していく宿命を初めから背負っていたのである。

3 陰陽五行説

　万物変化の仕組みを解明する手段として、古代中国人は易学のほかに、さらにもうひとつの方法を考え出していた。それは五行説と呼ばれるものである。
　五行説とは、あらゆる事物を、その属性を代表する木、火、土、金、水という五つの要素に振り分け、万物の変化と生成の仕組みを解明しようとするものである。その原形は、孔子が刪定したとされる『書経』洪範に見られる。そこでは次のように述べられている。

　　五行、一曰水、二曰火、三曰木、四曰金、五曰土。
　　（五行は、一に水と言い、二に火と言い、三に木と言い、四に金と言い、

五に土と言う。)

　しかしこの段階では事物の属性とその用途を示すにとどまり、変化と生成については触れていない。五行説を流動生成説として最初に提唱したのは、戦国時代の鄒衍と伝えられている。鄒衍は五行流動説によって王朝交代の正当性を理論づけようとしたと言われているが、その詳細は散逸して、ほとんど伝わっていない。五行説が盛んに行われるようになったのは漢代以後のことである。『礼記』月令篇鄭注に次のような記述がある。

　五行自水始、火次之、木次之、金次之、土爲後。
　(五行は水から始まり、火がこれに次ぎ、木がこれに次ぎ、金がこれに次ぎ、最後が土である。)

　ここでは五行変化の序列らしきものが述べられている。また、『孔子家語』には次のような記述がみえる。

　天有五行、水火木金土、分時化育、以成万物。
　(天に五行があり、水火木金土とそれぞれ時を分けて化育し、それによって万物を生成する。

　これは一年を五つの時節に分け、それぞれの時節における事物の変化と生成について述べたものである。ここに五行説の基本的な形を見ることができる。漢代においてはこの五行説が戦国時代に活躍した陰陽家たちの学説と結びつき、陰陽の相互作用によって五行変化が起こるとする陰陽五行説として流行した。また、儒学の世界ではこれが易学の陰陽理論と結びつき、経書の解釈にも応用された。さらに道教の世界では、災異説や讖緯説と結びつき、社会不安をあおる契機ともなったのである。一方、五行変化の順序や、五行のうちのどの項目にどういう事象を当てるかについては、諸説があって必ずしも一致していなかった。

4 相生と相剋

　陰陽五行説が現在伝わっているような形で定着するのは、およそ六朝時代以後と考えられる。隋の蕭吉の『五行大義』は漢代から六朝にかけて流行した五行説を集大成したものであるが、その中に次のような記述がある。

　　天有五行、木火土金水是也。木生火、火生土、土生金、金生水。
　　（天には五行がある。木火土金水がそれである。木は火を生じ、火は土を生じ、土は金を生じ、金は水を生じる。）

　木から火が生まれ、火から土が生まれ、土から金が生まれ、金から水が生まれ、水からまた木が生まれ、木からまた火が生まれる。このようにして万物は五つの要素を巡って生成を繰り返す。これがいわゆる五行相生説である。五行には様々な事物や事象が配当される。例えば、色ならば青→赤→黄→白→黒、味なら酸→苦→甘→辛→鹹（塩からい）、五官機能なら目→舌→唇→鼻→耳、内臓なら肝→心→脾→肺→腎、方位なら東→南→中央→西→北、季節なら春→夏→土用→秋→冬、神獣なら青竜→朱鳥→黄竜→白虎→玄武、というぐあいにそれぞれ相生の順序に合わせて配当されるのである。

　一方、五行には相生説のほかに相剋説がある。相剋について『五行大義』は次のように記している。

　　剋者、制罰爲義。以其力強能制弱、故木剋土、土剋水、水剋火、火剋金、金剋木。
　　（剋とは、罰を定めて正義を行うことである。強い力は弱者を制御することができる。だから木は土を剋し、土は水を剋し、水は火を剋し、火は金を剋し、金は木を剋するのである。）

　相剋はまた相勝ともいう。木は土に勝ち、土は水に勝ち、水は火に勝ち、火は金に勝ち、金は木に勝ち、木はまた土に勝つ。このような形で相剋を繰り返すと考えるのが相剋説である。

　相生といい、相剋といい、その根拠はどこにあるのか、『五行大義』では

第三部　思想、宗教及び文化における日本と中国

木火土金水それぞれの属性を説明することでその理由付けが詳細に述べられているが、ここでは省略する。〈木生火、火生土、土生金〉、〈水剋火、火剋金、金剋木〉等のように、一見合理的に見える面もあるが、一方〈金生水〉〈木剋土〉等の説明では牽強付会が目立ち、必ずしも人を納得させるものではない。ただここで興味を引くのは、相生と相剋を組み合わせることによって、ひとつの完結した世界が見えてくることである。その世界を図で表わすと次のようになる。

五行循環図

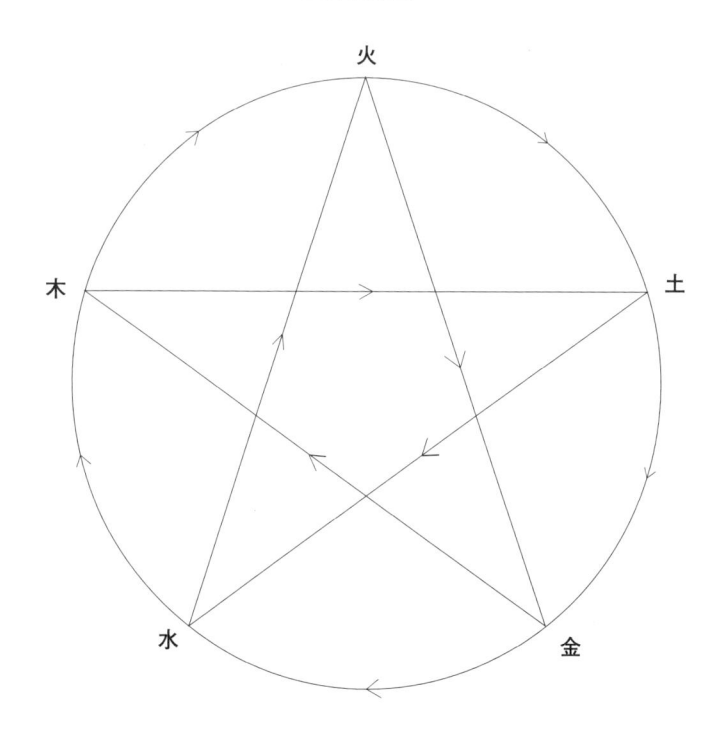

木──肝　火──心　土──脾　金──肺　水──腎
相生：木→火→土→金→水　　相剋：金＞木＞土＞水＞火

図の円上にある矢印は相生関係を表わし、星形上にある矢印は相剋関係を表している。まず木を出発点としてこの二つの関係をたどっていくと次のようになる。木は土に勝つが、土は金を生み出し、これが木に勝つ。同様に、火は金に勝つが、金は水を生み出し、これが火に勝つ。さらに、水は火に勝つが、火は土を生み出し、これが水に勝つ。つまり「己より生ずるものをして、己を剋するものを剋せしむ」という、まるで敵討ちのような関係が成り立っているのである。しかしこの関係は相剋という対立関係を内部に孕みながらも、マクロ的に見れば完全な循環と調和の関係である。このことから五行説も易学と同様、循環論であり、調和論であると言うことができる。
　また『五行大義』はその序文に「それ五行は蓋し造化の根源にして人倫の資始なり」と記し、天地人一体の論理を展開している。やはりこれも天人合一の思想であることは明らかである。

5 西洋的思考との比較

　さて、これまで中国の伝統思想を代表する易学と陰陽五行説について述べてきたが、その特徴は、いずれも循環論であり、調和論であり、天人合一の思想であるということである。さらに付け加えれば、その思考方法は個々の事物の本質を極限にまで究明しようとする分析的思考方法ではなく、事物と事物の相関関係の解明に重点をおく、いわば相関的思考方法と言うことができる。
　次にこれを、西洋古代思想を代表するギリシャ哲学と比較してみよう。古代ギリシャにはエンペドクレスが唱えた四元素説がある。この世界は火、空気、水、土という四つの元素から成り立っていて、これが、愛と憎という、相反する二つの力によって結合と分離を繰り返し、万物の諸変化が生じるというものである。この想定自体は中国の陰陽五行説に極めて類似していると言える。しかし四元素説は、この宇宙を構成する根源的な物質は何であるかを究明しようとする分析的思考から生まれたもので、事物間の相関関係に重点をおくものでは必ずしもなかった。重点はむしろ、相反する二つの力によって起こる結合と分離にあったと言える。その意味では中国的な循環論とは明らかに趣を異にしている。逆にそれは対立物の統一によって新しい事物が

第三部　思想、宗教及び文化における日本と中国

生じるという、弁証法的発展論に通じる思考である。しかも相反する力の衝突の結果として起こる暫定的な調和は、常に内部に不安定な要素を孕んでいるので、このような認識に基づく思考は中国的な調和論の対極に立つものと言ってよいであろう。

　さらに古代ギリシャには四元素論に対立する説として、レウキッポスとその弟子デモクリトスの唱えた原子論がある。これは、この宇宙は無数の最小不可分の原子から成り立っていて、この原子が互いに衝突することによって結合と分離が起こり、世界の諸変化が起こるという説である。二つの学説は一見対立しているかに見えるが、相反する力の衝突によって万物が生じるとする点では共通するものがある。

　一方、ヘラクレイトスは世界のエネルギーの根源を火に求め、火→水→土、土→水→火と転化する往復循環説を唱えるが、同時に、この往復循環によって生じる世界の暫定的調和は、あたかも燃え盛る火のように常に不安定なものであるとしている。これもやはりマクロ的な調和に重点をおく中国的な循環論の対極に立つものである。

　以上の点を総合して言えることは、中国の伝統的な思想の特徴が循環論的かつ調和論的であるのに対して、ギリシャのそれは、その対極に立つものであるということである。これを敢えて形容するとすれば、発展論的かつ対立論的であるということができよう。「人は同じ川に再び足を踏み入れることはできない」というヘラクレイトスの説はそのことを端的に物語ってる。その根底にあるものは、この世界が不安定な対立関係の上に成り立っているという認識である。

　さらに天人合一説について言えば、中国の天人合一説は、世界がマクロ的な調和と安定の中にあるということを前提として生まれたものである。したがって、この世界が極めて不安定な対立関係の上に成り立っているとするギリシャ的な思考からは、中国流の天人合一説が発生する余地はないのである。

6 調和的循環論の問題点

　古代ギリシャに発生した四元素論と原子論は、後に弁証法へと発展し、長

い中世的停滞を経たあと、新たに生まれ変ったキリスト教世界に取り込まれることによって、近代科学を生み出す原動力として再生した。これに対して古代中国の易学と陰陽五行説は、後に仏教的思考を取り入れることによって宋学の成立に寄与した。宋学は後に日本、韓国、ベトナムを含めた東アジア漢字文化圏の支配思想となったが、究極的には近代への厚い壁を打ち破るには至らなかった。その原因は、中国の伝統的思考が、調和的循環論の域にとどまり、多くの人々の現状打開への努力にもかかわらず、発展論への契機を見出すことができなかったことに求められる。西洋近代文明成立の裏側に、それを支える発展論的思考が存在することに中国の多くの人々が気づくまでには、なお数多くの歴史的試練を必要とした。ここに中国近代化への苦悩を読み取ることができるのである。

　アヘン戦争後、約半世紀にわたる歴史的試練のあと、最初に中国に西洋近代思想を持ち込んだのは厳復だった。日清戦争に敗れたあと、清朝政府は大量の留学生を海外に送るようになった。その目的は、西欧先進国から工業と軍事を学び、列強に対抗するための富国強兵策を図ることにあり、西洋近代思想に目を向けたものでは必ずしもなかった。その第一期の留学生の一人として選ばれたのが厳復だった。厳復はイギリスの海軍兵学校に留学し、そこで先進的な軍事技術を学ぶ一方で、はからずも近代思想に触れる機会を得たのである。彼は帰国後、トマス・ハックスリーの『進化と倫理』（漢訳名『天演論』）、アダム・スミスの『国富論』（漢訳名『原富』）、ジョン・スチュアート・ミルの『自由論』（漢訳名『群己権界論』）、ハーバード・スペンサーの『社会学』（漢訳名『群学肄言』）、モンテスキューの『法の精神』（漢訳名『法言』）等の近代名著をたて続けに翻訳した。特に、ダーウィンの進化論を受け継いだハックスリーの〈適者生存、優勝劣敗〉の論は、当時の若い知識人たちに強い衝撃とともに、祖国滅亡の危機感をもたらす結果となった。その後西洋近代思想が普及するに及んで、中国古来の伝統思想、特に易学と陰陽五行思想は、古典研究の対象としてはともかく、イデオロギー的には封建思想を代表するものとして、次第に排除されていった。その後さらにマルクス主義が導入され、第二次大戦後、社会主義体制が確立するに及んで、この傾向は一層強まっていったのである。

7 中国医学の再生と陰陽五行理論の可能性

　中華人民共和国成立後、社会主義化が進む一方で、毛沢東の提唱のもとに文化遺産の整理も進められた。その中で最も注目されたのは中国医学の再評価である。その後、60年代半ばから70年代にかけての文化大革命中、西欧近代思想と中国伝統思想が同時に排斥される中にあって、中国医学だけは格別の保護を受け、国家の威信をかけた研究が進められた。日本の医学界もこの影響を強く受け、旧来の漢方医学が見直され、一時は中国医学ブームさえ起こったほどである。一方、中国では文革中、基礎的な医学知識も持たない、いわゆる〈裸足の医者〉が大量に現れるなど、毛沢東神格化の流れの中で極端な中医偏重の傾向が現れ、医学の常識を飛び越えて狂信の域まで達したこともある。しかし現在では一時の熱狂は影を潜め、日中双方で地道な研究と医療が進められているのである。

　中国医学の基本原理は、中国古代医学書の『傷寒論』、『黄帝素問』等に示されているが、その拠って立つところは陰陽五行説の調和論と循環論である。それは、健全な人体とは人体の各機能が程よく調和していて、気の循環が順調に行われている状態である、という認識に基づいている。病気とは文字通り体内を流れる気の循環が本来あるべき調和を失った状態を言うのであって、必ずしも臓器そのものの欠陥を指すのではない。したがって病気治療とは本来あるべき調和を回復させることであり、西洋近代医学のように薬品や手術によって病根を破壊したり摘出したりすることではないのである。調和を回復させる手段としては、主に鍼灸や生薬が用いられるが、その処方にはしばしば陰陽五行の相生と相剋の理論が適用される。相生相剋の理論には牽強付会なところもあり、いまだ科学的に解明されていない部分も少なくないが、臨床的には確実に成果を上げているのである。

　中国医学が万能とはもちろん言えない。多くの病気治療については近代医学の力を借りなければならないし、近代科学の方法論による中国医学の研究も現に進められているが、陰陽五行理論に基づく中国の伝統医学が臨床的に有効であるという事実を認める以上、陰陽五行理論そのものの有効性を否定し去ることはできないであろう。

　さて、この理論を地球環境に当てはめてみるとどうであろうか。地球環境

保護の必要性が叫ばれるようになって久しいが、そもそも環境破壊がなぜ起こったか。それは人類が自らの快適な生活を確保するために、本来この地球が持っていたはずの、相生と相剋によって成り立つ生態系の調和と自然界の循環機能を崩したからにほかならない。人類は、特に先進国において、近代という、まさにヘラクレイトスの言うところの燃えさかる火のように不安定な土壌の中で、発展論的な思考を普遍化することによって、快適な生活環境を確保することに成功してきたが、逆にそのことが人類の未来に暗い影を投げかける結果となっているのである。この地球の自然が、人類の持つ無限の征服欲に耐えられるほどに強大なものであるならば、少なくとも地球規模の環境破壊については、おそらく何の問題も起こらないであろうが、幸か不幸か人類は己の住む地球を破壊し尽くすほどの力を持つに至ってしまった。その力によっていまや地球は病んでいると見るべきであろう。だとすれば、この病気の治療には、対症療法として、人類自らが生み出した近代科学の力が必要であることはもちろんであるが、同時に、中国医学における陰陽五行理論に見られるような循環論的調和論的な思考をさらに普遍化し、人類の共有財産として確保することが必要となろう。それは、いわば人と人、人と自然の共生、換言すれば、形を変えた新時代の〈天人合一〉と言えないだろうか。

参考文献
劉長林『中国智慧與系統思惟』　商務印書館
中村璋八、『五行大義・全釈』　明治書院
中村璋八、中国古典新書『五行大義』　明徳出版社
内野熊一郎、中国古典新書『呂氏春秋』　明徳出版社
市原亮吉・今井清・鈴木亮一、全釈漢文大系『礼記』　集英社
鈴木由次郎、全釈漢文大系『易経』　集英社
池田末利　全釈漢文体系『尚書』　集英社
中村璋八編著　『中国思想文学通史』　明治書院
内山勝利、ギリシャ思想論集『哲学の初源へ』　世界思想社
内山勝利編『ソクラテス以前哲学者断片集』　岩波書店
大塚敬節　『傷寒論解説』　創元社
間中喜雄　『鍼灸理論と考え方』　創元社
新村勝資・土屋憲明　『古典に学ぶ鍼灸入門』　医道の日本社

道元の思想の現代的意義

倉澤幸久

1 はじめに

　道元（1200-53）は鎌倉時代に中国から禅宗である曹洞宗を日本に伝え、日本曹洞宗の開祖となった。曹洞宗は現在日本の仏教各派の中でも最大の寺院数（1万4000余）をかかえる有力宗派となっている。

　禅宗では不立文字といって真理は言葉で表現することはできないと説き、ただひたすら坐禅の修行をおこなって体得することを勧める。道元も弟子たちには「只管打坐」（ひたすら坐禅すること）を教えるが、一方、証悟以後の自己の表現の行として、禅僧には珍しく多量の著作を書き残している。それが主著『正法眼蔵』である。それは日本思想史における最高の達成の一つとされる。

　道元は24歳から4年4か月にわたり中国に留学し、天童山の如浄禅師の下で身心脱落の体験をし、一生参学の大事を了えることができた。

　現代から見て道元禅師の思想において注目すべき点を以下に述べる。

2 形ある身体における鍛錬を重視する点

　道元が中心的行とするのは坐禅であるが、結跏趺坐の形を取り、呼吸を整え、心意識の活動を抑えるのである。その修行が熟すると、身体を通路とし

て世界の豊かさが体得される、ということを説いている[1]。また日常生活の中での立ち居振る舞いについてもその作法を細かく規定し、教えている。たとえば、洗面・歯磨き[2]また髪や爪を短く切ること・トイレの作法等である[3]。自らの身体、四肢のすみずみまで注意が行き届き、それらの礼法が意識的におこなわれるのではなく、意識せずに自由自在な活動としておこなわれることが求められる。日常生活の行住坐臥における自在な活動は坐禅修行により鍛えられるとともに、その日々の活動は坐禅の実践と等しいとされる。

近代人は心・精神と身体・物質を区別してとらえ、精神により高い価値をおいている。人間の人間たるゆえんは精神にあると考えられ、精神活動の中でもとりわけ理性・知性の働きが重視されている。しかし、理性・知性が偏重され、身体と身体に深く関わる情動の活動が抑えられることにより、本来心身一体の人間の生き生きした活動が損なわれることがある。また抑圧されていた身体と身体に関わる情動が暴発し、理性・知性に反乱を起こし、陰惨な犯罪を引きおこす事態も起きている。

この近代の心身二元論的かつ精神を優位におく考え方に対し、われわれは道元の身心一如的かつ身体を優位におく考え方から多くを学ぶことができると考える[4]。

3 人間と自然の関係を交感的関係としてとらえる点

道元は目の前の山水は仏の言語表現として現れ出ているという。仏とはこの世界を真実に見ることができる眼（正法眼）を開いた、目覚めた人のことである。その正法眼によって見られた世界は、仏の表現する行によって存在している、というのである。仏の表現する行とは、坐禅の実践であり、日々の行住坐臥における活動である。すなわち、仏としての人間の坐禅の修行、

---

1) 道元『普勧坐禅儀』、『道元禅師全集第5巻』、春秋社、1989年、4-9頁。
2) 道元『正法眼蔵第五十洗面』、『同全集第2巻』、1989年、37-53頁。
3) 道元『正法眼蔵第五十四洗浄』、『同全集第2巻』80-91頁。
4)「今、我が家は、身心倶に得也。（中略）然ば、道を得ことは、正く身を以て得也。」『正法眼蔵随聞記』、『同全集第7巻』、1990年、103頁。

日々の活動によってこの世界は真実の活動の世界として現成している、というのである。この世界が真実の活動の世界として現れるとは、自然がその本質を十全に展開することであるが、道元にとってそれは自然が活発な生命活動として現れることであった。以上のことを、別の言い方で言えば、ある山に真実の道人が入り修行をおこなえば、その山は樹木が鬱蒼とし、そこに住む禽獣はみな秀でた風貌をもつようになる、と言われる。そして修行者は好んで山に入るが、それは逆に自然が修行者に命を与えるのである[5]。

　このような考え方は、近代科学の見方から言えば、非科学的、迷信的であろう。近代科学的世界観は、前項の論点とも関わることだが、精神と物質の明確な区別に基づいて成立し、自然を単なる無機的な物質と見ることにより機械論的自然観を取るようになった。これはまた人間が主人公として対象物たる自然を支配することを可能にする自然観であった。しかし、この近代科学的自然観も現在反省を迫られている。地球規模での環境問題の深刻化という状況において、人間もまた自然の命の一つとして生態系の連鎖の一つを形作っているというエコロジーの考え方が重要となっている。

　この自然観という点についても、われわれは道元から大いなる示唆を受けることができるだろう。

4 ありのままに平常に生きる、という自足的生き方を説く点

　道元の帰国後の説法。「近来空手還郷。所以山僧無仏法。任運且延時。朝朝日東出、夜夜月落西。雲収山谷静、雨過四山低。三年必一閏、鶏向五更啼。」[6]（近頃、手ぶらで中国から帰ってきた。だから私には仏法はない。成り行きに任せて暫く時を過ごしている。朝毎に日は東に出、夜毎に月は西に沈む。雲が収まって山谷は静かであり、雨が過ぎて四山は低い。三年毎に必ず閏月があり、鶏はいつも暁に鳴く。）何かありがたいものが外側から付加されて自分を立派なものとして飾り立ててくれる、ということではない。この世の常に変わらないあたりまえの秩序、筋目に従って静かにもともとの自分を生

5）道元『正法眼蔵第二十九山水経』、『同全集第1巻』、1991年、316-328頁。
6）『道元和尚広録（永平広録）』、『同全集第3巻』、1988年、34頁。

きる、ということである。

　道元の「本来の面目」と題した和歌。「春は花夏ほととぎす秋は月、冬雪さえて涼しかりけり。」[7] 四季のそれぞれにその季節を代表する風物を並べただけの、一見月並みな和歌である。しかし、春と言えば桜花であり、桜花を愛でることは春をいとおしむことであり、その今の春をかけがえのないものとして生きることである。それぞれの時をそれぞれの時において生きることを説いている。

　道元が愛した先師天童如浄の偈頌。「瞿曇打失眼睛時、雪裏梅華只一枝、而今到処成荊棘、却笑春風繚乱吹。」[8] （ゴータマ仏陀が眼睛を失ってしまった時、雪裏の梅華がただ一枝だけであった。それが今や至る所に荊棘をなして枝を広げ、春風に咲き誇る華々を散り乱している）。孤絶の厳しい純潔さ、そしてのびやかに広がり匂い立つ豊かさ、それぞれの時は「而今」としてかけがえのない時であった。

　現在の世の中に欠けているのは、このようなひそやかな自然のリズム、この世のあたりまえの理法に心静かに従って今を生きるということではないだろうか。

---

7)『道元禅師和歌集』、『同全集第7巻』、158頁。
8) 道元『正法眼蔵第五十三梅華』、『同全集第2巻』、70頁。

第四部
人材育成における日中関係

国境を越えての人材養成

光田明正

1 はじめに

　「国境を越えての人材養成」について論ずる。このテーマは二つの側面をもつ。

　一つは、自国のみではなく他国の人材養成にかかわるという、あるいは自国のみではなく他国の力を借りて人材養成を図るという側面である。留学生の交流は典型である。

　もう一つは、国境を越えて役立つ人材の養成という側面である。受け入れ国に有益な人材、あるいは派遣国の建設のためという目的ではなく、現存の国境を通り越して、世界規模で人類に役立つ人材の養成という側面である。

　この両者は、往々にして同一視されて語られる。しかし、異なる側面である。互いに密接に関連している。不可分のものであるが、同一のものではない。

　両者とも、現在の人類にとって最も重要な事柄である。では、その実際はどうであろう。また、本質的問題は何であろう。これを考えるにあたり、以下、現在の諸国の教育の流れを見、留学生交流のいろいろな様相を見、その背後にある真の問題点を見、今後の展望を見ることとする。

2 教育改革推進の動き

　世界は急速に変化している。「国際化時代」という人もいる。もはやその時代を通り越して「グローバル時代」であるという人もいる。また情報化が強く指摘される。

　このような時代、また今後の時代に応ずるため、人材養成、教育が最も重要な問題であるとし、世界各国でみなされている。

　米国のクリントン大統領は教育改革をことあるごとに訴えている。また、例えばかつて California Master Plan を策定し高等教育の発展を図ったことで著名な California 州では、この夏から、再度教育を見直す大作業を開始している。

　英国では、保守党政権のサッチャー首相が教育改革に強いリーダーシップを発揮した。世界中に広く知られていることである。労働党に政権が移った現在、ブレア首相はどうかというと、経済のグローバル化に伴う国際競争激化の中で、多様な人材養成こそモデル国家に英国を成すために、最も重要なこととし、国民に訴えている。英国では人材問題は党派を超えての課題とみなされている。

　日本でも、歴代内閣が教育を重要課題として扱ってきた。特に最近では橋本内閣が、五つの大政策の一つとして教育を取り上げた。現在の小渕内閣も教育改革を最重要課題の一つとし、「教育改革国民会議」を設置し、広く教育について論ずることを目指している。

　国際的には、1998年のG8の首脳会談で教育を論じている。従来、政治経済や安全保障を論題としてきたサミット会議においてである。

　このように人材養成は時代の要請として見られている。

　では、その内容はどうであろう。グローバル時代という。しかし、主権国家は現存する。世界を網羅しての一つの政府がすでに形成されたということではない。国々が存在し、歴史を異にし各自の伝統を保持する民族の壁が消失したわけでもない。各国の政策は、各国の国家目標を前提にしたものである。

　中国でも、教育の整備が急務とされている。それは中国の国家建設に有用な人材を養成するという見地からである。これは誰も否定しないであろう。

クリントン大統領はアメリカの社会の荒廃を案じて教育を強調していると見受けられる。日本でなぜ現在教育を強調するかというと、現実の日本社会の学級崩壊、暴力の横行等目前の問題を憂いての発想ともいえる。

　教育についての熱意、人材養成の目標を概観すれば、それぞれの主権国家の国民として、有能な人材を育てるというのが目標である。必ずしも「国際社会（世界全体）に有用」ということを目標にかかげているのではない。世界市民の養成ではない。もちろん、その中にも、さまざまな違いがある。

　まずアメリカを見てみよう。世界の大国をもって自認するアメリカにおいては、アメリカに有用すなわち世界に有用という発想になっておかしくはない。であるから、特段、一般的に広く、このことが問題として深刻に考えられることはない。間欠的に外国語教育の重要性を説いたりすることはあるが、基本的には、アメリカの歴史の流れに沿っての教育の発展を考えるのである。

　Californiaを見てみよう。Californiaがこの時点で最も関心を示しているのは、マイナリティの子弟をいかにアメリカ社会にふさわしい人材に育てるかという側面である。その多くは南接するメキシコよりの移民である。当初はその集団の個性を考え、1997年までスペイン語による初等教育をも実施してきたのであるが、それを不可としたのである。コンセンサスは、まずは米国民として米国の言葉を覚え、米国の言葉で理科数学等の科目を履修せよという趣旨である。国民的見地からの人材養成である。

　ブレア首相もイギリスをモデル国家にするためと、目標を明示している。ひいてはそれが世界に貢献するということになるであろうが、直接的目標は国家的要請である。

　極端にいえば国益を前提としている。公に問われれば、各国とも、国益は排他的なものではない。そうして、むしろ積極的に「自国に役立つ人材であってこそ国際的に役立つと」という答えが返ってくるであろう。

　G8での論議は、インターネットに象徴されるグローバル化に対応して、人材養成を考えるべきであるという観点にたってである。これは、国際社会（世界全体）に有用という見地から人材について各国連帯して考えようという方向への踏み出しの一歩と言えよう。

　では、世界各国は今まで自国の人材以外には人材養成の役割を全く果たし

てきていなかったか。そうではない。現在、アメリカには48万人を超す留学生が学んでいる。イギリスには19万7千人以上、ドイツには15万9千人以上、フランスには17万人以上、日本には5万2千人近くの外国人学生が学んでいる。

これらは「国際的に人材養成に貢献している」というべきである。これは「国際的に有用な人材を養成」とは第一義的には必ずしも一致するものではない。

この違いは、1973年～74年に中国政府が打ち出した留学生派遣政策を振り返って見ればよくわかる。中国政府は各国に中国近代化に必要な人材養成の協力を要請したのである。中国の国家建設が主眼である。

また大半の国民が飢餓線上にあり、識字率も低い発展途上国においては、自国民の基礎的教育が人材のあり方を論ずる場合、まずは念頭に置かれてしかるべきであろう。

しかし、世界全体を見渡した場合、それで十分であろうか。政治経済は人材を抜きにしては語れないこと過去30年来のOECDやUNESCOでの議論で明白である。そうすれば、世界の政治経済について主動的役割を果たすのを任務と自認する国々は、必然的に、自国に役立つという地歩に止まらず、世界全体はどのような人材を必要とするのかを視野に入れざるを得なくなる。

「国境を越えての人材の養成」がこれからの最も重要な問題となろう。そのためには、国境を越えての国際的教育協力が不可欠でもある。

3 教育の目的と目標

国民として有用な人材の養成か、世界全体を前提にした有用な人材の養成かは、目的を異にする。これからは後者が重要な課題となるのではないか。ここで留意すべきは、人材養成とその手だてである教育を論ずるには、目的・目標をはっきりと把握して論じなければ正鵠を得難い。ここで、少しこの点について、述べる。

国家としての目的・目標と個人の目的・目標は、全く同一かという点を見よう。

1970年代にUNESCOで、教育計画が大いに論じられるようになった。低開発国の未来を語るのに、将来は先進諸国に劣らぬ発展をするという目的に向かって、年次計画を立て、その目標に向かって資金投入等を計画する。このようなPlanである。

前記のCalifornia Planは、州民の知的創造力を極限まで効率的に伸ばすという目的のために、どのような機関がどの程度の数のどのような人々を受け入れるかという目標をたてたものである。

例えばUniversity of California機構はバークレイを筆頭に九つのキャンパスをもち、高等学校修了者の上位者を入れる。これらは基本的にはresearch instituteである。State Universityはより多くの学生を受け入れ、これらは基本的に教育機関であるとするというようなことである。

このような国家なり州なり共同体全体としての目的・目標がある。では、そこに入る人々の目的は、その国家目的と全く同じか。必ずしもそうではない。発展途上国の場合、個人の幸を第一の目的としてその手だてとして、国家目標は、その追及の便宜として、活用するということがあってもおかしくはない。例えば、あるアジアの国の例をみよう。多くの優秀な人材が国外へ流出している。カナダ等はその良き目的地である。大学学部レベルまでは本国で修める。大学院レベルで海外へ流れる。そうするとその国政府の高等教育の計画の目標がずれるし、全体の目的にも必ずしも沿うことにはならない。

Californiaの場合も、卒業生がどこへ行くかまでは州は読み切れない。進学の目的も個人の充実のためであり、州のためと考える学生は多くないであろう。修了後、他の州でよりよい機会があれば、なんの躊躇もなく、移動する。

個人にとって、個人の栄達が第一次の目的であってもおかしくはない。例えばバイオリニストを例に考えよう。自分がバイオリンが好きだから音楽学部に進むのが通常であろう。国民の生活をより豊かにするために自分はバイオリンを学びに音楽学部に進むという人はどちらかというと稀であろう。医学部に進むのは、個人的生活の安定の確立のためであっても不思議ではない。世の人々の病苦を助けることを第一義的な目的としない人がいることもあると認識すべきである。

この点は特に海外留学を考えた場合、この齟齬は大きい。頭脳流出といわれるものである。国家は国家建設という目的のために、例えば、エンジニアが一定数必要と考え留学を命ずる。しかし、個人にとっては、その知的欲求のためのよりふさわしい環境を離れたくなく、留学先に留まる。これは珍しくない例である。

　全体の目的と個人の目的がみごと一致したのは明治維新期、明治初期の日本であろう。医学部に進むのは医者になることによって国家に寄与するためであり、法学部に進むのは、役人になり、国家に尽くすという風にである。海外へ文部省留学生として赴く。必ず帰国して、その学んだもので国家建設に貢献する。もちろん野口英世のような例外もある。また後藤新平のように医学を学びながら、政治に入った例もあるが、大方は国家ないしは属する社会の目的を個人が目的とし、学び働き明治の日本を作り上げたといってよい。しかし世界的に見るとこれは例外と言えるかもしれない。

　いずれにしろ全体と個人の目的は基本的に異なることがあることは、念頭に置かなければならない。その総合のうえに、全体の目的が成立する。

　「国境を越えた人材養成」を考える場合、特に現段階ではこの点は見逃してはならない。人類全体の求めるものと、個々の国家の追及するもの、個人の求めるものが一致するかである。必ずしも同一ではない。

　特に留学について見てみよう。受け入れ側の教育目標と送りだし側の教育目標の齟齬を考えなくてはならない。

　多くの先進国では特に大学は個人を念頭に設計されている。個人の知的追及の場であると見てもよい。したがって、発展途上国が、国家的ミッションを課し、留学生を送り込んだとしよう。教授は必ずしもその国家目標に沿って研究を指導するとは限らない。非常に優れた研究態度を示した場合、研究室に居残るよう求めることはよくあることである。実務家として伸びるのを期待するのか研究者として大成するのを期待するのかも、違い得る。

　この問題は分野によっても、異なる様相を示す。科学技術については、比較的問題は少ない。いずれにしろ結果的には、調整がつくからである。野口英世の場合も、流出はしたが、日本人も科学者として十分素質をもっていると白人世界に認識させたという点において、帰国する以上に国家日本に寄与したといえる面もある。

社会科学、人文になると研究すれば研究するほどその属する社会の精神的真髄に近づく。人類はまだ宗教や信条を共有するに至っていない。社会制度、社会現象はそこを避けて語っても深みは生じない。触れること、研究することと、共鳴することを峻別するのは容易ではない。

　明治維新期の日本は『和魂洋才』をモットーとした。それでも、なおキリスト教文明と伝統との関係に、悩み苦しんだ人々は決して少なくない。

　また学問のあり方自体において、送りだし側と受け入れ側で異なる側面も見逃せない。

4 教育協力——留学生交流に関する矛盾

　留学生を迎えての人材養成には、いろいろと矛盾も現出する。受け入れ側が、留学生の出身国の養成に完全に合致した体制をもつことはむしろ珍しい。なぜなら各国の、例えば大学は第一義的にその国の若者を対象として構成されているからである。

　大学はuniversalであるという。実際にハーバード大学、オックスフォード大学などには多くの留学生がいる。しかし、大多数はハーバードではアメリカ人であり、オックスフォードではイギリス人である。一般に世界で著名な大学では留学生が全体の学生数に占める比率は大体10パーセントといってよい。非常に大きい比率であるが、本体に抜本的変革を迫る比率ではない。各国の教育機関は本来は自国民を対象としているのである。

　留学生に対して、ある程度は特別に考慮を加える。例えば、最近の日本の大学では英語による特別コースを設けるところが多くなってきている。しかし中心となるところは、本来の姿を変えない。留学生を迎えるためにカリキュラム全体をその出身国のカリキュラムに合わせるということはない。日本の大学は基本的には日本語で講義を行う。これを変えるということはない。アメリカの大学ではForeign Student Advisorがいて、留学生受け入れに慣れているといわれる。それは、本来の姿に馴染ませるための助力であり、留学生に合わせて他国語での授業を行うことは、寡聞にして聞かない。

　留学生交流は、人材養成の国境を越えての協力である。その目標が受け入れ機関の本来の使命と、留学生本人、その出身母体の目的と合致するかどう

かは、難しい問題である。出身国にないものを求めて留学する。しかし、異なった社会を前提にデザインされているものが、求めるものを提供できない場合も多い。

郭沫若は現代中国の最も著名な文化人である。その人生は成功した人生といえよう。彼は日本のトップの高等教育機関の一つ、九州帝国大学の医学部に学んでいる。今の九州大学である。しかし、郭沫若が病人を診た、あるいは医学の研究で優れた論文を残したとは寡聞にして聞かない。あの時代の九大の社会的地位は、現在の比ではない。その医学部に学ぶというのは自他共に優れた医学者となることを前提としてである。国家としての大いなる社会的投資である。おそらく日本人で九大医学部を卒業し、医学の道に進まなかった人は、今に至るまで数えるに足るであろう。

人生の営みはすべてその後の人生になんらかの影響を与える。したがって九州で学んだ医学が郭沫若のその後の文化人としての活躍に全く役立たなかったとは言い切れない。その文化人としての足跡は大きい。しかし、九大医学部の教育研究が本来狙いとし、郭が時間を費やし学んだ医学はそれに直接に結び付くものではない。医学者として養成しようとした九州大学にとって成功したケースであろうか。指導教官が空しさを感じなかったと言い切れるか。また郭本人にとって、その年月はなんであったのであろうか。

魯迅は日本の東北で医学を学んでいる。その小説で藤野先生の名は広く知られている。人間の情けに触れ、涙をさえ誘われるものである。立派な子弟関係を育てたという点で、魯迅の留学はそれだけで十分成功したといえなくもない。しかし、藤野先生は第一義的には魯迅の医学の学習を助けるためにノートに朱筆を入れたのであろう。その第一の目的は結果的には達成されなかった。魯迅の場合は比較的早くに医学を断念しているので、無駄はそれほどでもなかったといえるが、藤野先生のノートを考えるにつけ、人材養成の難しさを痛感する人も多いのではないか。

属した教育研究機関で学んだこと、研究したものが直接活きているケースは理学者に多い。そうしてこの分野では、国際的協力による人材養成が、結果的に全世界的に寄与することになることも多い。例えば、アメリカに留学し物理のノーベル賞を受けた楊博士、李博士のケースは好例である。その研究はアメリカの国益に益する、あるいは中国の国家建設に貢献するという段

階を通り越した人類の真理の探究への願望に則したものといえよう。帰国はしていないが、成功した留学とみてよい。

5 真の問題点——現代文明の特質

　このような矛盾の背後にあるものは何であろう。基本的には、現代の世界の文明の特質からくる。現代の科学技術は西欧に源をもつ。そうしてこれに関しては、中華文明は一応敬意を表し受容する。ここで留意を促したいのは、「一応」という点である。

　文明全体として見た場合、中華には中華の思考方式、宇宙観、人生観がある。西欧から学ぶものがあるという前提で留学する。そうして、その学びの途に入る。しかし、間もなく気がつく。それは専門分化した学問であると。

　伝統的中華の人間観は、全人的なものを良しとし、その完成を目標とする。儒の伝統である。西欧にもルネッサンスの人々のように、万能を旨とする伝統もある。近現代ではエディソンなど好例である。しかし、特に現代に至っては専門分化し、各専門の深い追及が知識人の一般的傾向となっている。もちろん一流の仕事を成した人々の中には広く教養を身に付け、狭い領域の専門家に留まらない人も多い。二つの領域で一流の仕事をする人もいる。例えばシュバイツァーがオルガニストとしても一流であり、その活動による収益を医療活動に用いたという話がある。また、今世紀前半のピアノの巨匠の一人、ポーランド出身のパデレフスキーは、首相も務め政治家としても活動した。このような例はあるが、特に現代になるほど、基本的には、ある領域での完成を目指す。物理学者は物理学者、化学者は化学者である。

　子細に綿密に研究を積み重ねる。必ずしも伝統的中華の理想ではない。例えば医学の高度な研究に入ると、このような微視的なことに時間を費やしてよいものか、一人二人の患者を診るより、もっと天下を俯瞰し国家を語るのが大丈夫のあり方ではないかと感ずる。孫文ももとは医学生であったが、天下の救済を自らの使命としたのである。

　西欧的社会科学は、綿密な論理構成、細部の考証を求める。中華の伝統に育った人とっては無味乾燥に覚えてくることもあろう。歴史的に訓詁の学も盛んであったし、科挙の試験には、祖述を重んずる面もある。だが中華で理

想とされるのは、大きな宇宙観をもち、教養として詩歌管弦を楽しむ姿である。特に現代の細分化し専門化した研究は体質に合わないという面が見受けられる。一応西欧文明に引かれ留学する。大学に入って、そこに見出すものは、本来自分の目標とするものではないと発見するのである。

　この問題は現在の問題でもある。1974年に長春に赴日留学のための予備校が多大な困難を乗り越えて創設された。日本の大学の学部へ中国政府の費用で留学させるべく17～18歳の青年を初年度100名を全国から集めた。選りすぐられた俊才である。国家建設に必要な科学技術を学ぶのを目的としたこのプロジェクトは5年続いた。結果、どれほどの人々が、その専攻分野に留まっているのか。また、帰国したのは全員か。彼等は選りすぐられた人材であるから、関係した人々には愛された。日本に残り、事業を起こし成功している人もいる。しかし多くの場合、大学での専攻とは直接結び付かない。個人としては、成功である。日本人と結婚して定住している人もいる。

　日本人が、西欧に対面したときはどうか。すでに指摘したが、明治維新後、文明開化を国是としたとき、「和魂洋才」をモットーとした。中華と異なるのは、歴史的に中華から摂取吸収し日本の国、文化を育ててきた伝統がある。学びの伝統である。前世紀の動きは、学ぶ方角を変更したのであって、学ぶという伝統は変わっていない。長安に赴く代わりにベルリン、ロンドンへ出かけて行くようになったと見てもよい。それと、伝統的に「工」に対し、日本は敬意を表している。また、島国である。天下国家を論ずるより、自分が目前関与し担当している部分のみを磨くことに人生の意義を感ずる傾向が強い。この二つの要因が、分析し綿密に考証する社会科学を含めての西欧科学を摂取するに当たり、中華と比較し抵抗が少ないと見てよい。

　しかし、日本には日本の大きな問題が二つある。摂取という、学びの態度である。国の黎明期より学びに馴染んできている。先進文明に対し、敬意を表する習性がある。言語が全く異なる大和、平安の日本人が漢文を自在に操れるほど消化したことを想像するとよい。敬意より発する熱情であろう。しかし、これが身に染み込み過ぎると、先発者を乗り越える力が削がれることにもなる。想像力、創造力が弱まる。現代日本は一見経済大国であり、科学技術は高度に発展している。しかし、世界において、第一走者である日本人は多くない。日本全体のノーベル賞受賞者の数は、Berkeley一つにいる受賞

者の数にも満たない。工学の方面では、ソニー、トヨタのように世界で認められている例はあるが、全体として見た場合、創造者の後を追い、不備を補うという傾向が今なお強い。

　もう一つの要素は、『和魂』である。すなわち社会体制人間関係すべて、日本的なるものを強く保持している。特に、西欧文明の根幹の一つである宗教においては独自性を明白に保持している。明治元年が1868年である。以降、西欧に学んだ人の数は数え切れない。いちはやくメートル法が取り入れられ、五線譜が学校で教えられるようになった。ベースボールは国民大衆の日常の楽しみとなるまでに至っている。しかし、この百数十年の間クリスチャンが100万人を超えたことはない。

　日本人としてのアイデンティティは20世紀末の現在でも明瞭である。そうすると日本での生活が個人にとっては最も快適となる。学んでは帰国する。その成果は日本のためになる。外国に残ることは非常に稀である。

　このようにして見ると、日本の現在のあり方は日本人としての教養学問をしているのであり、国境を越えて、世界全体に貢献するという展開ではない。

　中華の伝統の強さ、日本人のアイデンティティ、これと国境を越えた人材養成はどのように整合するのか。

6 国境を越えた人材養成

　現代がグローバル時代であるということは否定できない。科学技術、特にインターネットに象徴される情報伝達手段の画期的進歩により、人間生活の多くの面が、否応なしに、身近な要素のみにではなく、地球各地で進行する事柄によって影響されるようになっている。また、各自の行動が起こす波は、近隣の土地・人々に限らず、たちどころに世界全体に輪を広げる。

　経済は特に顕著である。アメリカのスーパーで中国で作られた運動具を見るのはもはや日常茶飯事であり、特別の感慨も呼び起こさない。トヨタ、ソニーは世界中で走り回っている。東京で「上海蟹の季節が来たね」という日常会話が交される。航空の発達により、距離さえも、あまり問題にならなくなってきている。

数十年前まで、日本人には「お国のためになる人間になる」ことを修業の目的とした人が多かった。上記のように世界が変化した現在、人材養成の目的は、「お国のために役立つ」ではなく、国境を超越し世界のためにという時代に来ていると論ずる人々がいる。確かにそうである。では、その方策はどうか。誰が何をすればよいのか。西欧の態度、中国の立場、日本の立脚点を冷静に考えると、どのようにすればよいのか問題は容易くない。

　まず、西欧を、その代表ともいえるアメリカを中心に見てみよう。現代、人類が享受している諸々の便益は、多くアメリカを発祥地とする。あるいは電話、航空事業、credit card system, internet, スーパーマーケット、大衆ホテル、あげれば切りがない。

　これらは世界中で用いられている。システムを開発したのは英語を用い、西欧的思考に育ったアメリカ人である。もしこれらの便益のより一層の開発、応用、普及をグローバルというならば、英語の普及と学習、西欧的思考への馴致となる。

　日本では、留学生を迎えるに当たり、日本語が難しいということが論点となる。英語で教える特別コースの設置に努力をする。アメリカには中国の留学生が多い。寡聞にしてアメリカの大学で、中国人留学生を迎えるために中国語の特別コースを設けようという動きを聞いたことはない。英語を学ぶことを当然のこととして求める。また、実際に英語を学ばないと、最新の科学技術に直に触れることは至難である。欧米人の創出活力はなお旺盛である。欧米以外の我々を引き付ける。日本語や中国語のみでは、それらを共有することはできない。アメリカに在留し活躍する中国人、日本人はその知的活動を英語ですることになる。当然の如くにである。議論は英語でし、論文を英語で書く。

　しかし、全く異なる角度から見てみよう。言葉は、思想そのものである。道具であるという人もいるが、言葉は、一つ一つの語に、命が宿っているといえる。英語を用い、その文脈（コンテキスト）で語るとき、その語り手はすでに自らの属する文明圏をはなれ、西欧文明の流れに身をおいているといえないであろうか。

　中国の人々の場合、西欧と異なる思想、思索方式を強く意識していると考えてよい。この両者をどう調和させるか。

第四部　人材育成における日中関係

　日本人の場合は、与えられたなんらかの条件で外国に永住することとなったら、比較的早く自己のアイデンティティが薄れる。周りの文化を摂取する。今までは、海外に移住した場合と限定できた。しかし、今は情報が所在を構わず浸透してくる時代となった。すでに、日本国内でも浴衣を日常に用いる日本人は少なくなりつつある。e-mailの日本語への転換が面倒で、日本人同士英語でやり取りを始めている若者もいる。自己喪失になりはしないか。
　また、日本人について語った場合、英語ができて外国の人々と政治経済などについても活発に議論ができたとしよう。一般的にこのような人を「国際的」と認めて、敬意を表する。しかし、一歩踏み止まって考えてみよう。海をひとまたぎすれば、広大な中国大陸である。そこに住んでいる10億を超える人々は5千年の伝統を誇りにし、それを継承している。10億は、世界人口60億の6分の1である。このどれだけが英語を話すであろうか。そこへ赴き、英語で議論するのが「国際的」と発想したとすると、その見識を問われることになろう。
　かつての日本人は漢文を自己のものとして学んだ。「国際化」し、英語で議論できる「国際的人材」が日本でもだんだん増えてきている。また、それを増やすのを目標とする人も多い。しかし、このような人材は多分、北京大学で中国の古典を論じようとする場面では、全くの初心者としてしか扱われないであろう。「国際的」でなかったかつての日本には、そのような場面において決して恥ずかしくない参加ができた先達がいると聞く。
　日本に入る留学生の最大多数は中国からである。欧米人をより多く迎えるために英語のコースを発想するのは理解できる。しかし、英語で教えるのを「国際的」とし、中国人留学生を迎えるコースを英語で行うと発想する人も出てきている。中国人が日本で英語で学び、日本人と中国人が英語で議論する。これが「国境を越えた人材」の姿であろうか。
　そこで、問題となるのは何が「国境を越えての人材」であるかということになる。
　全部の西欧の人々ではないが、多くの西欧の人々にとって、これは我々非西欧圏の人々が悩むほど難しいテーマではない。自ら創出した文明、発展させつつある科学技術、これらの恩典を世界中に普遍させる。それができる人、このような姿が望むべき人材の姿である。矛盾はない。

振り返って日本、中国はすでに述べたように、多々矛盾を抱えることになる。科学技術に限定して語れば事柄は比較的簡単である。飛行機は篭より便利である。よほど特殊な発想をしない限り、アメリカ人が開発したものだから、嫌うという人はいないであろう。ワープロは便利である。誰が着想し開発したかは問題とならない。中国人も日本人も喜んで使う。しかし、科学技術はそれのみで存在するものではない。文明は総合的なものである。西欧文明をみるとき、キリスト教、文芸復興、自由主義民主主義の思潮、アメリカ独立とその人権思想など、すべてが綾なし、相互補完し合っているものである。それが社会体制にまで及ぶ。西欧人にとっては矛盾のないものである。善悪の問題ではない。

科学技術の成果はよい。しかし、思想哲学という段階まで来ると、非西欧の人々にとってはそう簡単な問題ではない。ここ何十年かの日米の経済摩擦はそれを端的に物語っている。アメリカ側は、経済活動において、日本の社会のあり方、人間関係のあり方について変革を求めるのである。経済が初期の頃は、物の流れだけで済んだ。しかし関係が濃密になると、雇用関係、流通の仕組など西欧から見れば、不合理で「改善」しなければならないこと、「近代化」しなければならないことと映る。

同僚が総出で葬式を取り仕切る。かつては村でしていたことを、現代では属する組織である。組織が村である。しかし、西欧の目で見ると会社は経済活動の場のみである。おかしい現象となる。有給休暇も取らずに働くのは強制労働であり、非人間的であると映る。

だが、会社が村に相当するとすれば、人によっては楽しみでさえあるのである。会社の同僚の批判はしない。してはいけない。これも一つのあり方である。善し悪しの問題ではなく、民族の伝統体質の問題である。

現実の問題として、科学技術によってもたらされた物的快適さを追及する流れから、このような思想的感覚的日本らしさは、急速に失われつつある。それをもって「近代化」とし、「国際化」といい、肯定的に進歩とする人もいる。また、独自性を失っての「国際化」は避けなければならないとする人もいる。

美的感覚について、ちょっと見てみよう。ワープロの開発により、ファックスの出現により、かつての喜びであった墨の香も高く、筆書きの麗しい手

紙をもらうことは少なくなってきた。日本では毛筆はもう日常用品ではない。かつての中国の知識人の必須の教養であった書は、中国においてなお健在であろうか。「国際化」とは、そのような伝統を消し去ることか。

　日中の人々にとっては、西欧の人々と立場が異なり、21世紀を迎えようとする現在、「国境を越えて」ということ、「グローバル化」といってもよい、このことは真剣に深く考えなければならないことである。

7 日中の協力

　何が「国際化」か、「国際的人材」とはどういう人材か、これらの問題は日中共通の悩みである。問題の所在は異なる。あえて単純化していうならば、学習に長けた日本にとっては、自己喪失の恐れである。己の文明を誇り保持する中華にとっては、西欧との衝突の危うきである。

　この違いはある。しかし、日本は長く学習の源としてきた中華に対し、なお敬意を失っていない。また、中華は1979年以来の留学生派遣に見られるように日本より学ぶものありとする態度がある。真に必要な人材養成、何がその姿かを探究すること、これは両者が協力して対処できる問題である。また、両者の協力すべき最も重要な課題であろう。そのためには、第一にあらゆる機会において、出来得る限り、「国際的人材」のあるべき姿について、相互の理解を深める必要があろう。当然その前には、自ら自らの求めるものを深く考えねばならない。そのうえで、互いに、提供できるものを明確にすることが望まれる。共同目標を模索する。日中にとり問題の所在が異なると述べたが、少なくとも次のようにはいえる。各自の伝統、独自性を喪失させモノカルチャー世界を人類は目指しているのか。目指すべきか。そうではないであろう。その前提で、人材のあり方を考えるべきであろう。各自の属する国や社会に役立つと同時に、国境を越えて貢献するということは、どのようなことになろう。

　そのためには、この段階では、異なる伝統、文明に対する知的理解を推進するのをまずは課題とすべきである。情報は氾濫しているが、その実、どの程度世界の人々は国境を越えて、文明の垣根を越えて理解しあっているのか。

インターネットの発達により、誰しもが、いつでも地球の反対側の情報をも得られるという。また、英語がインターネットでは主に使われ、世界共通の国際語英語を用いれば、コミュニケーションができるという。多くの日本人はそのように思っている。だが漢語の中に、広東語あり、福建語あり、客家語ありと知っている日本人は知識人の中にもそうは多くない。これは日本人を例に挙げた一例である。日本人のみではない。グローバル時代とはいえ、現世代の世界全体についての人々の知識は必ずしも十分とは言えない。中国の13億人口のうち、今の日本の総理の名、それがどのように選ばれるのかを知る人は何人いるであろうか。

諸々の動きが、地球規模で動いている一方、知的状況は、このような段階である。日中が協力するならば、この前提に立ち、焦らず、互いに深い理解を進めるよう、学び、謙虚に交流促進の努力を積み重ねる必要があるのではないか。

世界の文明の現段階の発展を見ると、日本、中国にとって目指すべき「国境を越えての人材養成」は不可欠である。そうしてそれは上記のような姿においてであると考える。

中日留学生交流

彭　家声

　現在、世界のいかなる国においても、文化の発展と社会の進歩は、他国との交流なしにはありえない。相互に学び合い、影響を与え合い、参考にし合いながら、外からのものを吸収することにより、発展し続けるができるのである。

　各国の間で相互に留学生を派遣することは、各国間の友好交流を促進させ、理解を深め、互いに学び合い、共に発展していくための重要な方法の一つである。

　中日両国は一衣帯水の隣国であり、両国間の交流の歴史は二千年以上にも及ぶ。また、交流の範囲も広範で、社会生活の各分野にまで及び、その影響は非常に深いものである。両国の政治、経済、文化、科学技術の発展だけでなく、民族感情、国家関係、革命運動、人民の友誼等にも大きな影響を与えてきた。そしてこれらの領域において留学生がなした貢献の大きさは無視することのできないものである。

　古代において、中国の政治、経済、文化は比較的発達していたため、両国の交流の多くは、中国文化を日本に送り出すものであった。例えば、「遣隋使」小野妹子に従って中国を訪れた留学生高何玄理（滞在37年）や留学僧旻（滞在24年）が、学問を終え帰国した後、日本文化の発展と大化の改新に果たした役割はすこぶる大きい。また、毎回「遣唐使」には数多くの留学生や留学僧が同行し、中でも吉備真備、玄昉、最澄、空海らは、帰国後、政治、学術、宗教などの分野で貢献してきた。

近代に入り、明治維新の後、日本は西洋に学び始め、改革を進め、30年にも満たない間に世界の資本主義列強の隊列に加わった。特に日清戦争において、新興国日本は、大の先輩である清王朝を一挙に打ち負かし、清朝に領土の割譲と賠償金の支払いを迫ったのである。このことにより中国人、特に進歩的な知識分子は大きな打撃を受けた。彼らは日本の侵略を非難する一方、日本に学び、変法維新を実現するよう呼びかけたのである。このため、20世紀の初め、中国青年の間には日本留学熱が高まり、1万人に達したという。彼らの多くは「(国を) 滅亡から救い存続を図り、中華を振興させる」目的を胸に抱いて日本を訪れ、先進的な政治、経済、思想、文化、教育および科学技術を学び、中国社会の発展と進歩に重大な影響を与えた。

　日本に数多くの留学生がいたため、孫中山などは長期にわたり日本で革命活動を行った。1905年、同盟会が日本で設立され、本部は東京に置かれた。日本は中国旧民主主義革命の活動基地となったのである。当時日本政府は中国人留学生を差別し、中国革命党員の活動を制限していたが、どんなときでも正義感ある日本の友人たちが中日間の友情を守り、多くの貴重な支持と協力を与えてくれた。

　この他に、中国新文化運動の代表人物である陳独秀、李大釗、魯迅なども日本留学の経験者である。彼らが提起した民主、科学、新思想、新文化は、少なからず日本の進歩的思想、文化の影響を受けている。

　李大釗らは更に日本において社会主義とマルクス主義思想に接したのである。周恩来総理もまた、日本留学期間中にマルクス主義思想に触れた。

　それ以外に、郭沫若、茅盾、都達夫、巴金、氷心、夏衍、田漢など数多くの新文学作家も日本留学あるいは滞在の経験をもっている。

　日本軍国主義が満州事変に続き蘆溝橋事件を起こした後、1945年第二次世界大戦終結に至るまで、この間、多くの日本留学経験者は様々な形で日本軍国主義との闘いに参加した。日本軍国主義は中国の領土において野蛮かつ気狂いじみた大破壊、大虐殺を行い、中国人民に甚だしい災難を与えた。勿論、中日両国人民の二千年の長きにわたる友好の歴史からみれば、この間の不幸な歴史は短いものであり、両国間の友好発展の歴史が主流である。従って、過去を総括し、未来を切り開いていくことこそが、両国人民の望むことであり、大勢の赴くところである。

第四部　人材育成における日中関係

　1972年の中日国交回復および1978年の中日平和友好条約締結後、中日両国の関係は正常化へと向かっている。中国の改革開放政策の実施に伴い、中日両国の留学生交流も新たな、より大きな発展を見せている。
　中国政府が発表するところによれば、我が国公民が、各種のルートと方法により、世界各国及び各地域の高等教育機関、研究機構等へ赴き、留学、研究、学術交流等の活動を行っており、これは、我が国の対外開放政策の重要な一部分であるという。
　1978年から1998年に至るまでの20年間の間に、中国全土から300,000余名の留学生が派遣されている。そのうち学業を終えて帰国した人は100,000余名にのぼる。この同一期間中に日本へ派遣された留学生の総数は35,990名となっている。そのうち国による派遣は6,062名、職場からの派遣は9,858名、自費留学生は20,070名となる。彼らの中の13,000名が学業を終え帰国している。
　帰国留学生の大多数は教育、科学研究、経済建設、企業・行政管理等の第一線で活躍しており、各部門の中堅となっている。その中で、科学院の院士あるいは工程院の院士になった人は4名、大学の学長になった人は7名、副大臣になった人は1名いる。
　このような素晴らしい成果を上げることができたのは、次のような理由によるものと考えられる。
　1）日本政府、特に文部省が多大な努力を払い、留学生の生活環境を改善、向上させてきたこと
　2）多くの友好団体および友好人士による強力なる支持と援助
　3）留学生が在籍する大学当局の支援、特に指導教官の熱心な指導と物心両面の支援

　日本滞在中、現代的な科学技術や文化的知識を学んだことは言うまでもないが、そのほかに、日本民族の勤勉・地道・真剣・厳格な態度と仕事を全うする精神を見習うことができたと、帰国留学生の多くは言う。彼らは各々の持ち場に置いて重要な役割を果たし、職場で高い評価を受けている。その他にも、彼らの多くは、以前在籍していた大学あるいは学術団体と学術交流を行ったり、共同研究を進めている。

（南條克巳訳）

日本の留学生受け入れ政策およびに中国人留学生の現状と今後の発展性に関する考察

遠藤　誉

1 はじめに

　1983年（昭和58年）、日本の文部省は「留学生10万人受け入れ計画」を打ち出したが、それと同時に法務省も「アルバイト規制緩和策」を同じ年に施行している。

　世界中のどの国においても、外国人の「在留資格」と「在留活動」は一致していなければならない。従って「留学」という在留資格を持つ留学生は、その在留活動が「学習」であることから、「収益のある労働」に従事してはならないのが、世界共通の大原則である。この大原則に対して、それぞれの国が多少の配慮をし、私費留学生の学費・生活費をサポートするために、民間の奨学金を与えたりするほかに、例えば大学のキャンパス内での仕事なら許可する等、各国各様の工夫をしながら規制を緩和しているのが現状だ。

　しかし日本は1983年に、「留学生が生の日本の生括を学び、多少の経費の支弁を補うために、週20時間以内という範囲内においてなら、アルバイトをしてもかまわない」という形で在留活動規制を緩和させた。

　一方中国に於いては、1976年に文化大革命が終息し、当時中共中央副主席であった鄧小平が翌年5月24日に「尊重知識、尊重人才」という教育を重んじる基本方針を打ち出してからは、次々と大きな教育改革が推進され、10月12日に教育部は「1977年高等学校招生工作に関する意見」（中国では高等学校は日本の高等教育機関の意味）を発表して高考（高等学校全国統一

考試）と呼ばれる大学入学全国統一試験を再開している。1979年には海外からの留学生受入も再開されて（1月8日、外国留学生工作会議）、1980年には、日本の文部省国費留学生の第一期生を日本に送り出すに至った。

　日本が「留学生10万人受入攻策」を打ち出した1983年は、まさに中国に於いては私費留学生の海外留学を解禁し始めた時代背景とも重なり、日中両国の留学生受入と送り出しに関する社会的状況は、push-factorとpull-factorが相乗的に働いて、爆発的な効果を招くに至ったのである。

　それでは以下に、日本の留学生政策の現状と問題点を中国人留学生に焦点を絞りながら考察し、留学生教育における今後の日中関係の発展性に関して私見を述べてみたいと思う。

2 日本の特殊性と中国のpush-factor

　日本の留学生受入における特徴は、当時4-1-16-3という在留資格に分類されていた「就学生」という存在に如実に表れている。彼らは本来なら「留学生」（4-1-6）の範疇に入れて良い外国人入国者であったのだが、「日本語」という特殊な壁が、それを不可能にした。すなわち、一般に英語圏の国へ留学するときには、TOEFL等の試験を受けて英語の能力を判定しその得点によって留学先国における大学への入学の合否を決定し、出国前に大学の合格通知書を手にしているのだが、日本の場合は日本語の普及度という限界があるために、海外における合否決定が困難で、原則として日本語は来日してから学ぶという形を採用した。そのため、私費留学生の多くは無試験で来日し、先ず民間の日本語学校で日本語を学んでから日本において日本の大学を受験した。この日本語学校等に入学して日本語を学ぶ外国人学生を「就学生」と定義する。これを入管法ではpre-college studentと称している。大学あるいは専修学校専門課程等、高等教育機関に入学すれば、晴れて「留学」という在留資格を得、在留資格変更をすることができる。大学の学部受験をする私費留学生の多くは、このコースを辿った。

　大学院へ進む留学生（資格：原則として本科4年制卒業生）は主として「研究生」という非正規生の身分で大学に直接入学する形で来日し、それから大学院を受験して合格すれば正規生となる。彼らの場合は初めから「留学」

という在留資格である。
　図1に、留学生と就学生の推移を重ねて示す。

　(1) 図1において、1987年から88年にかけて就学生新規入国者数に関して大きなピークが見られるのは、一つには法務省が査証申請に関して、海外に於ける領事部での受付のみでなく、日本国内において代理人によって直接法務省地方入国管理局に申請する「代理申請制度」を導入し、かつ申請手続きを簡素化したことが作用しているが、もう一つには、「日本に行けば考えられないほどの大金が稼げる」という風聞が中国全土に走ったからであると考えて良い。冒頭で述べたアルバイト規制緩和策は就学生にも適用されて、留学生のみならず就学生も週20時間以内であるならばアルバイトをしても良いということになっていた。しかし「週20時間」などという制限を守る人は少なく、勉学はそっちのけで、体が保つ限り働きまくる人が出現した。いわゆる「出稼ぎ就学生」の出現である。当時中国と日本の外国為替レートのギャップは大きく、「日々が給料日」という言葉が中国人就学生の間で流行し、夜を徹して一週間も働けば、人によっては中国における年収分を稼ぐことが可能で、事実巨万の富を貯え、帰国後福建省等に白亜の御殿を建てた人が現れたり、帰国して会社を興した人も出現している。「偽就学生」という言葉は日本の社会現象として、マスコミを賑わした。組織的な偽造文書作成が摘発され始めたのも、この頃である。日本語学校に入学はしても、そのあと姿をくらまして不法滞在する者が激増したのである。
　これらが中国人就学生を中心として発生した経緯を、法務省データから見てみよう。
　表1に示すのは、就学生による不法残留者の推移と中国人就学生の割合である。全体の80％以上を常に中国人就学生が占めているという数値は無視できない事実であると思われる。
　(2) 国際社会に貢献すべく打ち出した、留・就学生のアルバイトを認めるという法務省サイドの規制緩和が、裏目に出たのである。
　悪質な日本語学校が出現し、「上海就学生事件」が発生。入国時前審査願い出4千人に対し、日本語学校入学許可証所持者が3万人もいたという事件である。2万6千人が偽の入学許可証を渡され入学金を騙し取られた。1988

図1 留学生・就学生数の移動

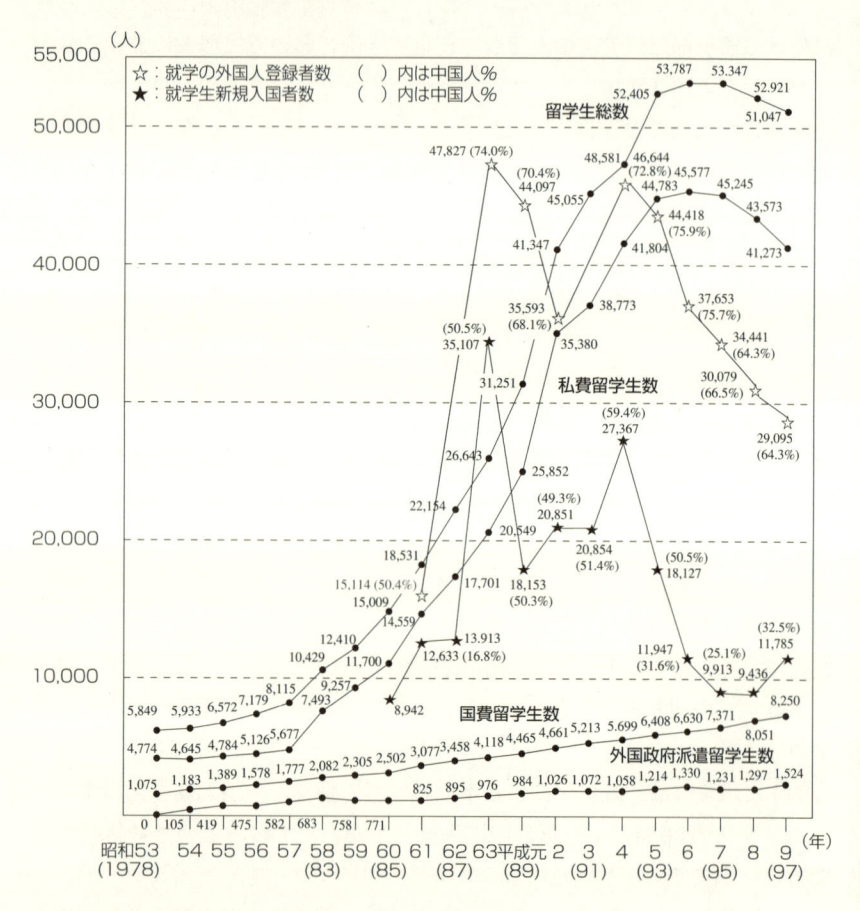

(出所)留学生数：文部省データ、就学生数：総務省データ
政府派遣留学生派遣団：中国、マレーシア、インドネシア、ブラジル、タイ及びシンガポール

表1　就学生による不法残留者の推移と中国人就学生の割合

	1991	1992	1993	1994	1995	1996	1997
不法残留者数	15,145	18,112	22,122	23,493	21,166	17,873	15,083
うち中国人数	12,678	15,094	18,110	20,163	17,993	14,948	12,272
中国人の割合	83.7%	83.3%	81.9%	85.8%	85.0%	83.6%	81.4%

年11月のことである。これは国際問題となり、日本の国会でも論議を呼び起こして、日本語教育振興協会が発足した。

図1に見られる1989年における就学生新規入国者の激減は、この反映と見ることができるが、そこには中国における、もう一つの現象が重なっている。

1989年6月4日の「第二次天安門事件」の勃発だ。これ以降しばらくは、海外留学する者に対して、十分に高い政治意識あるいは良質の思想が求められるようになった。筆者の大学においても、留学することになっていた少なからぬ中国人学生が、この年の渡日を諦めており、この傾向は1991年頃まで続いた。

(3) 1988年までに見られた留・就学生の高潮の中には、別の強力な要因もある。

文化大革命期間、約10年に及んでほとんど停止状態にあった最高学府における教育は、1980年2月の国務院学位委員会による学位条例発布によって飛躍的に高められたと言って良い。中華人民共和国誕生後、初めて学士学位・碩士（修士）学位そして博士学位が設置されたのである。これは中国解放史上初めて成された快挙で、この実現の背景にも鄧小平の教育改革への絶大な影響力があった。この、博士学位取得への渇望が、爆発的に吹き出したのが海外留学でもある。なぜなら、年齢の高い層の教員は学位を持っていないが、なりたての若い教員の方が学位を持っているという現象が出始めたからだ。当然その人たちの方が先に昇格する。文革で研究を中断し、学位を持っていない人は、中国国内の学位を持つ若者より上に出る方策として「海外の学位敢得」を目指したのである。

その多くは若い頃ロシア語を学び英語を得意としない。こういう範疇の人々が日本を目指した。従って高年齢で既に40を過ぎた人が多く、かつ学歴が大学院受験資格であるところの「16年」を満たしていない場合が多か

った。文革の間は学制が短縮されていたからである。

　(4) この「16年の学歴」に関しては、文部省に第213号通知というものがあり、「その国の教育制度により16年に満たない国から来た者に関しては、概ね1年間、研究生等として大学あるいは研究機関で勉学をし、指導教官が16年の学歴に相当すると判断した場合は、大学院受験資格を与えて良い」ということになっている。そこで多くの中国人留学生がこの通知に則って研究生となり大学院を受験したのだが、中国では以前、「専科学校」にも「〜大学」という名称を付けていたことから、もともと「専科」なので「3年制」なのか、本来なら「本科4年制」だけれども文革で短縮されたので「3年制」になったのか区別がつかないものが生じて混乱を来したため、筆者は中国国家教育委員会計画建設司と連携をとり、協力を得て「学士学位授与権」を持っている大学とそうでない大学を選びわけ、かつ「大学」という名称がついている高等教育機関のうち、どれが本科でどれが専科かを選別し、かつ国家教育委員会によって認定を受けている高等教育機関のみを集めて、『中国大学総覧』(1990年、第一法規)を出版した。このような分類は中国でも初めてのことであるとして、中国側がその後の全国調査に際して、この項目を採用してくれるようになった。

　(5) このような苦しい状況の中、高齢層の留学生たちはよく勉学して苦難を乗り越え、ついには勝利を獲得して現在第一線で活躍している者が何人かはいる。しかし、残念なことに、高年齢であるが故の焦りから、若者のスピードに追いつくことが出来ず、また奨学金も高年齢者を対象としたものが少ないことから、自殺という不幸な結果を招いた者も、1990年代初期の頃までは見受けられた。

　(6) 高年齢層の中国人留学生の中には、もう一つ中国の特殊事情を反映した人たちがいた。それは既にどこかの職場で働いている人たちである。ほとんどは中学校や高校の教員が多かったが、彼らは「分配制度」によってその職場に配置されているため、自由に職業選択をすることが出来ない。しかし海外に留学したのちに帰国すれば自分で職業を選んで良いという特典があった。従って、ただ単に「職業選択の権利を獲得する」という目的で出国してきた中国人留学生も、1980年代の高潮時期には多かった。

　高年齢層の中国人留学生が多かったもう一つの原因は、「勤務義務期間制

度」で、つい最近まで本科4年制以上の卒業者に対して、海外に親戚がいる等の「六類人員（六種類のカテゴリーの人たち）」に対してのみ、それまでの「培養費」（教育費）を国に支払えば出国が許されるという状況にあり、それ以外は5年間国に奉仕してからでないと出国が許されなかった。「国家培養」を基本として、国が教育費を出していたからである。

　そのため、各国留学生の中で中国人留学生だけが年齢が高く、種々の面で不利を被った。

　(7) 高年齢層に共通に見られた悩みは奨学金である。奨学金は、ほとんど年齢制限があり、「35歳まで」という制限がついているのが最も多い。しかし、高年齢層の中国人留学生は、平均して37歳から42歳くらい辺りに集中していたので、奨学金をもらえるチャンスは少ない。奨学金がなければアルバイトを増やすしかない。アルバイトをすれば、それだけ勉学時間が少なくなり、良い成績は取れない。良い成績が取れないと「授業料免除」をもらうことが出来ない。おまけに年齢が高くなれば日本語を覚えるスピードも鈍る。

　コンピューター等も、先端技術に追いつきにくい。落伍者がどうしても多くなる。

　高年齢層の中国人留学生は、二重三重に困難が重なり、しかもそれが連鎖して悪循環を形成していったのである。その彼らが生き残り、成功していった例を見ると、我が事のように嬉しい。

　(8) 次に小さな変化を示したのは、1990年（平成2年）に行われた入管法改正である。このときに4-1-16-3といった、定義できない在留者をひとまとめにしていた分類法は廃止され、入国者に関する新しい国際状況を考慮して28種類の在留資格が作り上げられた。注目すべきは、この改正により、学習修了後の元留学生に対する日本企業就職に関する規則が改正されたことである。その一つはそれまで企業側に要求されていた「資本金1億円以上の企業」等の資格要件が取り外されて、中小企業でも留学生を雇用して良いことになり、資格要件は「留学生自身が大学学部卒以上である」等、留学生自身に求められることになり、専門知識あるいは能力を発揮するための職種であれば「留学」から各種「労働ビザ」への資格変更が可能となった。それに伴って、専修学校卒業生に対する規制が逆に厳しくなり、関連業務に関して6年あるいは10年の実務経験がある者以外は、基本的に日本企業就職を認

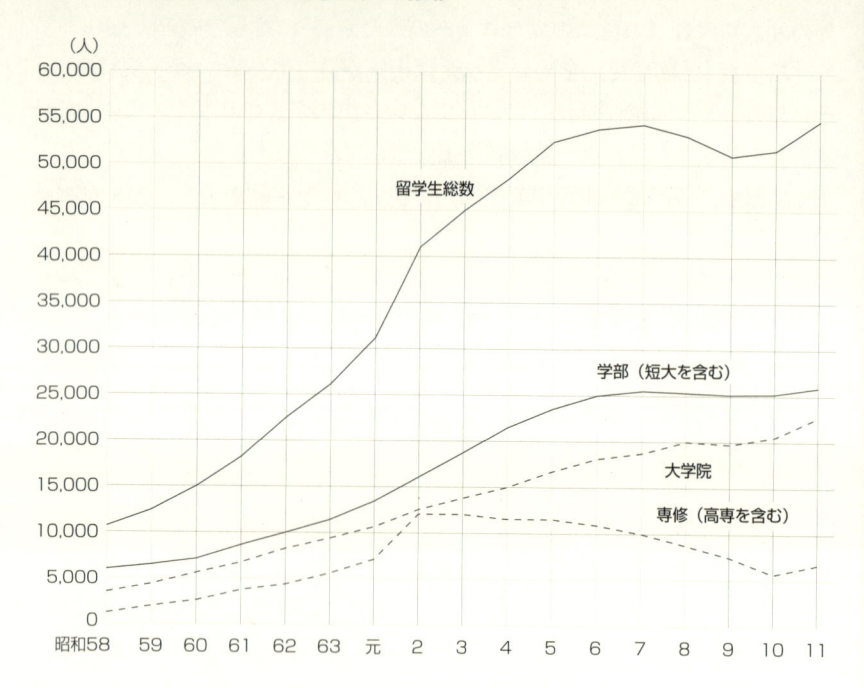

図2 学習段階別外国人留学生数の推移

めないという規制が加わったのである。
　このため、専修学校を目指す留学生が激減し、留学生全体の数も増加率に減少傾向を示し始めた。図1から判るように、特に中国人就学生の割合の減少が目立っている。因みに、専修学校専門課程における留学生数の推移を見てみると、図2に明らかなように、1990年を境として、減少に転じている。
　(9) 1992年の変化には二つの要素がある。
　一つは組織的な偽造文書が摘発されたために一時出国を止められた上海地区の就学生の出国が翌年に持ち越されたための一時的増加が挙げられるが、それ以降の就学生新規入国者の減少、特に中国人の割合の激減は、偏に中国側の社会状況の大きな変化に負うところが大きい。それは言うまでもなく、鄧小平による南巡講話である。もちろん留学生受入初期における改革開放路線の影響は否めないが、1992年2月の南巡講話により中国の市場経済化が加速され、天安門事件で一時冷え込んだ国際交流も再開されて、中国

経済は爆発的な発展の勢いを見せ、留学生予備軍であった在中国の学生たちは、うかうか中国を離れていることが出来ないという状況になり、2、3年も不在をしていると、もうその発展の勢いから置き去りにされてしまうという不安感に駆られるようになった。日本経済の不況風が追い打ちをかけ、日本に来る留学生、特に就学生の数は激減するに至ったのである。

それに伴って、日本人学生の中国留学が盛んになり、逆流現象が起き始めている。

（10）最近見られる現象として、中国人留学生の若年化が挙げられるが、一人っ子政策による影響なのか、横柄な態度をとる若者が出現し始めた。教師に命令口調で話をし、すぐ相手が悪いと責めてくる。留学生教育の現場は、中国の社会状況を映す鏡である。

3 日本側の問題——総合的政策の欠如と大学教育のあり方

　日本が、就学生（日本語学校）→日本において大学受験→留学生〈大学合格〉といった経路を外国人留学生に対して辿らせなければならなかった要因は、「日本語の国際的普及度の問題」だけであったろうか。筆者は、「否」であると考えている。すなわち、そこには日本の大学入試制度と大学教育に関するあり方、および日本政府の総合的政策の欠如が挙げられると思われるので、それに関して若干の見解を述べたい。

　（1）日本は大学の入口の門を厳しくし、出口を緩くしている国である。最近では変わりつつあるものの、大学入試は従って日本の全ての子供にとって大きな関門であり、子供のいる全ての家庭にとって厳しい課題となっていた。ともかく良い大学に入ること、そしてその「肩書き」によって良い企業に就職して安定した一生を送ること、それが多くの親たちの願いでもあった。

　大学の出口に関しては、よほどの失敗さえなければ保証されており、中国と違って、学部卒業と同時に学士学位が自動的に授与され、卒業論文に関しても、それほど厳しい要求は課せられない。企業の方でも、大学内で貯えた知識よりは、企業の要求に沿ったトレーニングを始めから行うので、むしろ柔軟性がある方が有り難いのである。入社した最初の2、3年間は教育投資

を行い、企業人として即戦力を持つところまで教育する。だから高学歴者は疎まれることが多かった。

こういった日本の入試制度は外国人留学生に対しても適用されて、入学試験を自分の大学のキャンパス内で行い、また入口の段階で厳しく淘汰するという精神を実施している。何らかの方法で海外でおおよその実力を判定し、入学後に厳しく教育をして卒業判定の方に重きを置くといった方法を日本は取っていない。

そのため日本語学校を終え、まじめに勉強しようという意思を持っている者でも、大学入試に失敗すれば、敗残者として中国に帰国するしかなくなる。来日するには10年分ほどの年収に相当するくらいの借金もしている。帰る面子がないので不法滞在してせめてお金を稼ぐしかないのである。「学位かお金」の何れかを手にして故郷に帰る。

このことが、留学生減少の原因の一つになっていることは、先述の図2からも明らかである。

図2によれば、学部留学生数が停滞しているのに対して、大学院レベルの留学生が増えていることが判るが、大学院レベル留学生は、まず非正規生である「研究生」になって、大学に入学した形で来日し、大学に在籍している状況で、1～2年後に大学院を受験することができるので、就学生が辿るほどの高い危険性を孕んでいないのである。逆に言えば、就学生が辿るルートはリスクが多すぎ、少なからぬ人がこの道を選ぶのを避け始めているということが出来る。これは日本語学校の存亡とも関わってくる、重要な問題である。

(2) 留学生の多くは日本人学生の勉学態度に驚いている。

日本人学生があまりに勉強しないからだ。大学入試までに十分勉強をしすぎて、すでに疲れ切っているのである。大学に入ったら、もう勉強に燃えるのは放棄して、遊びまくる人が多い。卒業はところてん式に待っているし、○○大学卒の肩書きも、勉強しようとすまいと、一生涯ついてまわる。これも日本の入試制度の落とし子である。

(3)「留学生10万人受入れ計画」を打ち出したとき、文部省はせめてフランス並みに、という数値目標があっただけで、それなら語学をどうするのか、また生活費、学費そして宿舎はどうするのかといった総合的な対策を考えた上で実施し始めたのではない。

語学に関しては民間の日本語学校の自然発生的勢いに任せたし、経済的問題に関しては、アジア諸国、特に当時の中国との外国為替レートのギャップを考慮することなく、「保証人制度」と「アルバイト規制緩和策」という法務省サイドの動きに「おんぶ」していただけである。それも法務省と連携を持ちながら走り始めたわけでもない。

　従って、経済保証人が留・就学生の経済支弁を行うのではなく、すべての留・就学生が日本に知人を持っているわけでもないので、留・就学生が保証人を「買う」ことによって日本の斡旋業者の生活を支えるという逆転現象を招き、国際社会の顰蹙をかった。大学受験に失敗した人たちが出現した場合の対策も考えず、先に入国させてしまっておいて、自然淘汰を待った形になる。

　これを日本語の普及率の低さのせいだけにすることは出来ない。なぜなら（華僑等の特殊な状況を除いた）国際社会における中国語の普及率はそう高くはないものの、中国では実に系統的な外国人留学生の受入制度を実施しており、それぞれの大学に留学生を受け入れるに足る教育・宿舎等に関する一定の水準があるか否かを審査し、一定水準に達している大学にのみ外国人留学生受入資格を国が与えている。その資格のない大学は受け入れてはならない。中国語は、やはり国が指定したいくつかの大学において集中的に教育し、語学を修得し終えたら、出国前から入学が決定している当該大学に戻る。宿舎は完備していなければ受け入れられないから、逆に言えば必ず宿舎が用意されており混乱を招くことはないのである。また一定の資金あるいは奨学金を持っている者にしか入学許可を与えないので、その意味での問題も生じにくい。数はまだ少ないかもしれないが、こうして留学生に苦悩と反感を植え付けることなく教育を施して母国に帰すことが出来るから、長い目で見れば、この方が賢明だ。

　日本は「数値目標」をまず掲げ、その目標に達成するために、ともかく数を増やそうとした。受入準備は、世界でも最も後進国レベルだと言っていい。それは政策を打ち出し実施に移す前に、十分な総合的政策を練ってないことが生み出した結果である。その精神の根底にあるものを指摘するなら、次のように言うことが出来る。すなわち、「日本の政策は決して相手の立場を考慮し相手のために実施されているのではなく、自国の立場を考慮し自国の近視眼的評値を高くさせるために実施されているに過ぎない」と。

これは取りも直さず、日本の対アジア政策の中に長年巣くっている精神構造そのもので、この視点を根本的に改めない限り、日本への牽引力を高くすることは出来ないのではないだろうか。特に、優秀な留学生を惹きつける魅力を持ち得ない。
　(4) 日本人が反省しなければならない大きな特徴が一つある。
　それは「欧米崇拝アジア蔑視」という視点である。
　例えば、研究生として直接海外から大学に入学する形で来日した留学生が二人いたとしよう。二人とも日本語が話せないとする。すると、もし、その留学生が欧米圏の人で英語しか話せないとすると、指導教官は喜んで英語で話をし、かつ自分の英語が通じたかどうかをひどく気にして、諂わんばかりの、おどおどした態度をとるのである。ところがその留学生が中国人であったりすると突然態度を変え、「ここは日本だ。日本に来るのに日本語もしゃべれないとは何ごとだ」と言って、堂々と日本語を使うのである。指導教官は自分が中国語を話せないことを恥じたりなどは決してしない。
　この種の屈辱感を味合わなかった中国人留学生は少ないと思う。
　これは日本人の真の自信のなさを露呈したもので、ただ単に英語が世界語であるために便利だからという理由だけとは思えないのである。日本人は「国際化」を叫ぶのが好きだが、このような精神からは真の国際化は生まれない。

4 外国人留学生が日本社会を変えてゆく

　世界に悪名高い日本の「入国在留のための身元保証人制度」は、1996年10月に廃止された。それまで多くの関係者の反対運動があったが、筆者も出入国管理政策委員の一人として常に議会で身元保護人制度撤廃を建議し、同年夏の会議で再度建議して法務省サイドのおおよその同意の感触を感じ取ったので、さらにマスコミにおいて提言したところ、法務省は遂に撤廃に踏み切ったのである。それを受けて筆者は文部省・法務省そして外務省代表を招いて留学生教育学会主催の公開シンポジウムを開催し、今度は文部省に対して大学入学の際の身元保証人制度撤廃を求め、やはり同意を得るところまで漕ぎ着けた。さらに、アパート貸借時の保証人等もあるので、必ず文部省

が全国都道府県に設置している地域留学生推進協議会あるいは内外学生センター等と協力し、留学生に対する集団保険的な保証を民間に対して行うシステムを設置してゆくことを提案。そうすれば何かの災害時、あるいは補償をしなければならないときにも、民間に迷惑をかけなくてすむ。授業料は払えなくなった時点で、事実上退学しているのが現実で、身元保証人に払わせることは稀なので、その点からも必要ないと考えた。

但し何らかの連絡人はいた方が良いのは良い。しかしいなくとも、本国と国際電話をすることもできればFAX連絡や電子メールによるやりとりをすることもできる。もし保証人あるいは連絡人を要求するなら、本国に必ずこういった何らかの手段で速やかに連絡を取れる「拠点」を置くことを要求する方が賢明だろう。

以下に、入国在留のための身元保証人制度を撤廃したことに関わる、いくつかの問題点を記す。

(1) 日本特有の身元保証人制度は、撤廃してみれば、実は留・就学生には、都合の良い隠れ蓑になっていた面が浮き彫りになってきた。

すなわち日本特有の制度が外されれば、諸外国と同じになり、同じように厳しく「経済支弁能力」が審査され要求されるという事実が強調されてきたわけである。欧米圏の場合は、出国前にTOEFL等を受け、得点が高ければ奨学金を得ることが出来る。しかしその制度が普及していない日本では、出国前に奨学金を得ることの出来るケースは私費では稀なので、「現金」を貯蓄しているか否かという事実が直撃を受ける。そこで、「貯金残高」に関する手の込んだ「偽造」が横行する結果を招いたわけだ。「保証人を買う」という現象がなくなった代わりに、今度は中国において「偽造業者に多額の金銭を払う」という現象が出始めたのである。

(2) 身元保証人がなくなれば、入学時にも、「経済支弁能力」が強く問われる。

入学時に「十分な経費支弁能力があり、学費・生活費に関して全く問題ありません」と誓約をたてた留学生も、学生証を手にしてしまうと、今度は奨学金申請や授業料免除申請に向けて「自分はいかに貧乏で、いかに学費が払えず、いかに生活さえできないか」を、これでもかこれでもかと書き立てて

くる。奨学金がもらえず、授業料が免除されなかった暁には、まるで筆者が悪いことでもしたかのように相談室にやってきて、涙ながらに責め立てるのである。日本の制度は間違っていると。入学時のあの「誓い」はどこへ行ったのかと言いたくなるが、「事実」はこちらには判っている。

これも、「人数」を稼ごうとすることを優先した日本の政策の歪みだろう。

5 欧米留学組と比較した留学効果と、元留学生の日本に対する評価

筆者は1994年から96年にかけて、文部省科学研究費国際学術研究学術調査として、「帰国中国人留学生の比較追跡調査による留学生教育の改善と展望に関わる研究」というのを行った。これは日本に留学して中国に帰国した元留学生と欧米に留学して中国に帰国した元留学生を調査対象として、その留学効果や留学先国への評価等を比較し、以て留学生教育の改善に資することを目的としたものである。カウンタパートは中国社会科学院社会学研究所であった。その研究結果の中から興味深い事例をいくつか拾ってみたい。

(1) 留学効果は一般に高く、「非常に高い成果を収めた」から「多少の成果を収めた」まで入れると、日本81.2％、欧米87.2％で、僅差はあるものの、日本への留学効果が決して低くないことを示した（図3）。

(2) もう一度長期に再出国するとすれば、どの国を選ぶかという問いに対して、「かつて留学した国」という回答者、日本59.9％に対し、欧米45.1％で、日本が欧米を凌いでいるのは注目に値する（図4）。

(3) 留学中に得た有用な能力に関する日・欧米比較を行ったところ、欧米は専門分野における知識や国際理解、柔軟性等で日本をしのぎ、日本は言語能力、忍耐力、意志力等で欧米を凌いでいた。但し、この回答は複数選択の結果である（図5）。

これを単数選択で、一項目選んでもらったところ、次のような顕著な違いが現れた（図6）。

(4) 海外留学前の学位の日・欧米比較を行ったところ、僅差であるが、高学歴者は欧米を志向し、低学歴者は日本へ偏っている傾向が見られた（図7）。

これは何を反映しているのであろうか。

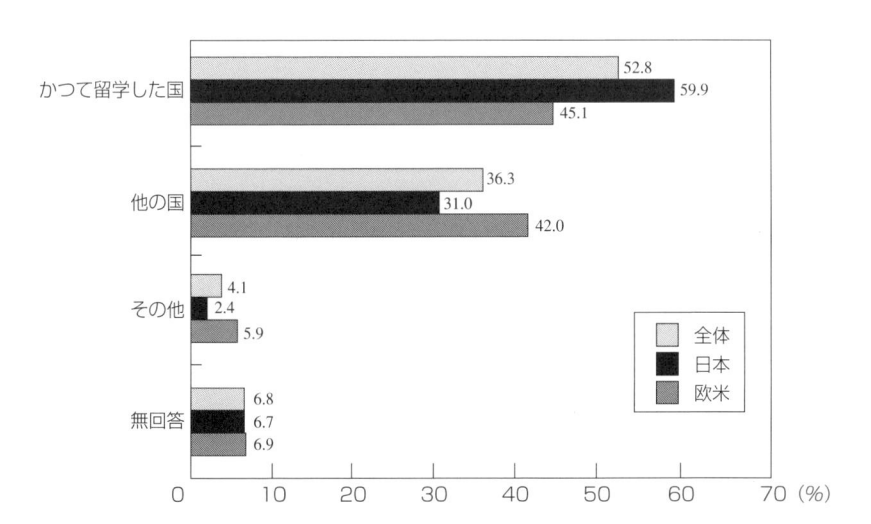

図3 帰国後の仕事上の成果に対する自己評価に関する日・欧米比較

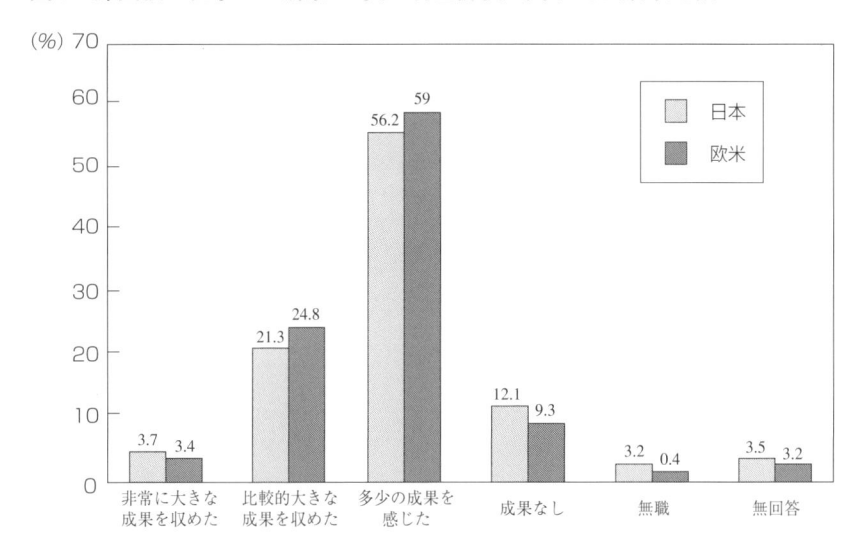

	非常に大きな成果を収めた	比較的大きな成果を収めた	多少の成果を感じた	成果なし	無職	無回答
日本	3.7	21.3	56.2	12.1	3.2	3.5
欧米	3.4	24.8	59	9.3	0.4	3.2

図4 長期的再出国の場合に選択する国

	全体	日本	欧米
かつて留学した国	52.8	59.9	45.1
他の国	36.3	31.0	42.0
その他	4.1	2.4	5.9
無回答	6.8	6.7	6.9

図5　留学中に得た有用な能力に関する日・欧米比較（複数選択）

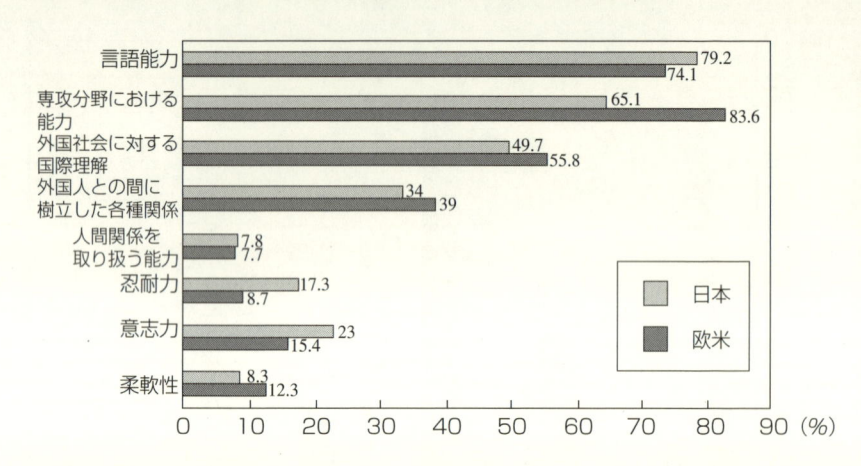

能力	日本	欧米
言語能力	79.2	74.1
専攻分野における能力	65.1	83.6
外国社会に対する国際理解	49.7	55.8
外国人との間に樹立した各種関係	34	39
人間関係を取り扱う能力	7.8	7.7
忍耐力	17.3	8.7
意志力	23	15.4
柔軟性	8.3	12.3

図6　留学中に得た有用な能力に関する日・欧米比較（単数選択）

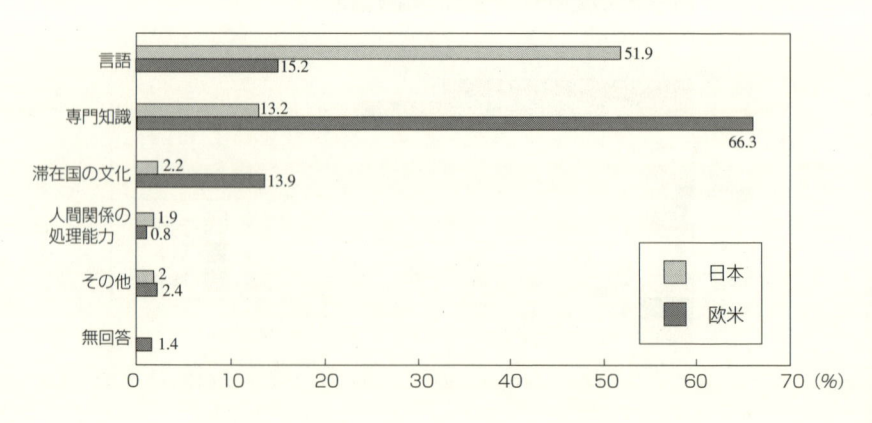

能力	日本	欧米
言語	51.9	15.2
専門知識	13.2	66.3
滞在国の文化	2.2	13.9
人間関係の処理能力	1.9	0.8
その他	2	2.4
無回答		1.4

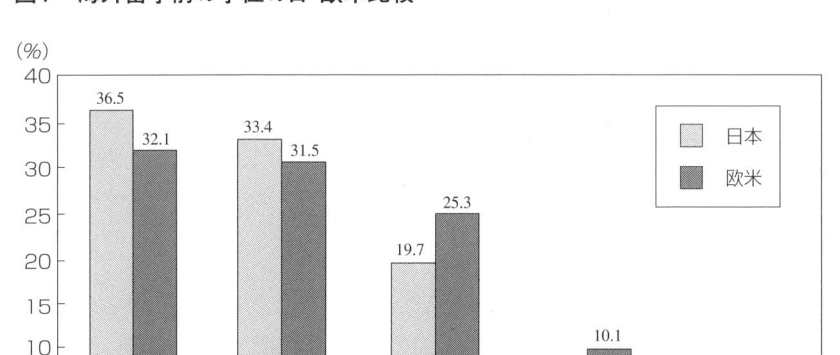

図7 海外留学前の学位の日・欧米比較

学位	日本	欧米
無学位	36.5	32.1
学士	33.4	31.5
修士	19.7	25.3
博士	4.1	10.1
無回答	6.3	1

　高学歴者が英語を得意として低学歴者が日本語を得意とするということは考えにくいので、原因としては、学位に対する社会的評価と教育内容に対する評価の差異が考えられる。そこで、次に学位評価と教育評価に関する日・欧米比較を見てみよう。

　(5) 各国の博士学位に対する中国での社会的評価を示すと次のようになる。

　日・欧米留学を含めて、全体の49.4％の人が、アメリカの博士学位を最も価値が高いと見なしており、続いてドイツの学位が最高だと思っている人が9.7％、日本の学位が良いと思っている人が8.0％となっている。日本は学位がとりにくく、その分だけ希少価値があるのではないかと想像していた我々の期待はここでは裏切られた。表2にまず、全体の評価を示す。

　高学歴者が、欧米、特にアメリカを目指す原因の一つが、学位評価の肯定にあったことが、まずここで明らかとなった。次に、表3の、日・欧米留学比較を示す。すなわち日本に留学した人がどのような評価をし、欧米に留学した人がどのような評価をしているかに関する比較である。

　欧米留学者は、日本の学位の評価をアメリカ、ドイツ、イギリス、フランスの次に置いていることが判る。しかも、欧米に留学した人達の中には、日本の博士学位に価値があるとみなしている人が、わずか「0.8％」しかいないのである。この数値は、高学歴者が欧米を目指す大きな原因は、彼らが

表2　各国の博士学位に対する中国での社会的評価（％）

国名 順位	米国	ドイツ	日本	イギリス	フランス	中国	カナダ	オーストラリア	旧ソ連ロシア	その他	無回答
第一位	49.4	9.7	8.0	5.7	1.9	1.0	0.2	0.3	1.2	0.5	22.1
第二位	9.3	20.8	13.6	18.5	2.9	2.6	2.3	0.3	1.7	0.3	27.7
第三位	5.9	15.1	13.5	16.2	7.2	3.1	6.2	1.4	1.5	0.2	29.7
第四位	4.8	8.5	10.2	17.0	11.6	3.6	7.2	4.0	1.7	0.2	31.2
第五位	2.7	5.6	10.4	5.4	15.6	7.8	10.3	3.8	3.4	1.3	32.7

表3　各国の博士学位に対する中国での社会的評価の日・欧米比較（％）

国名 順位		米国	ドイツ	日本	イギリス	フランス	中国	カナダ	オーストラリア	旧ソ連ロシア	その他	無回答
第一位	日本	47.5	5.9	14.8	3.0	0.9	1.5	0.2		0.6	0.2	25.4
	欧米	51.3	13.7	0.8	8.7	3.0	0.4	0.2	0.6	2.0	0.8	18.5
第二位	日本	8.5	18.9	20.4	13.5	2.0	3.0	1.5	0.2	0.7		31.3
	欧米	10.1	22.8	5.3	23.6	3.8	2.2	3.2	0.4	2.8		25.8
第三位	日本	6.1	15.0	16.5	14.5	5.8	2.8	3.3	1.1	1.3		33.6
	欧米	5.7	15.0	10.3	18.0	8.7	3.4	9.3	1.8	1.8	0.4	25.6
第四位	日本	3.2	9.3	7.4	20.6	11.1	4.6	4.5	1.9	2.2	0.2	35.6
	欧米	6.5	7.7	13.3	13.3	12.1	2.6	10.1	6.1	1.2	0.2	26.9
第五位	日本	3.0	7.1	8.9	6.9	17.1	6.9	8.3	2.8	2.4	1.1	35.5
	欧米	2.4	4.2	12.1	5.9	14.1	8.9	12.3	5.0	4.6	1.6	28.9

表4　教育方法に関する国別評価（％）

国名＼回答	非常によい	比較的よい	あまり良くない	非常に悪い	無回答
日本	10.0	74.6	10.9	0.6	3.9
米国	23.3	68.9	3.2		4.6
カナダ	14.3	67.9	14.3		3.5
イギリス	18.7	74.7	6.7		
フランス	19.6	71.7	6.5		2.2
ドイツ	24.6	59.4	1.4		14.4
旧ソ連・ロシア	7.7	69.2	15.4		7.7
オーストラリア	16.7	76.7	3.3		3.3
その他	11.6	72.1	7.0		9.3

「日本の学位の価値を低く見ている」からであるということを物語っているということができよう。

　さらに注目に値するのは、日本留学者でさえ、アメリカの博士学位を第一位とみなし、日本の学位の価値をそのずっと下に置いている人が多いという事実である。

　これは日本にとって、かなり衝撃的なデータだ。それなら彼らはなぜ日本をめざしたかという疑問は、解明するのに値する課題だろう。

　(6)　教育方法に関する国別評価でも、アメリカ、ドイツが高く、日本は低かった。「非常に悪い」を選んだのは、日本留学者のみであった（1044人中0.6％なので、6人）（表4）。

　このように教育方法に関しても、日本の評価は高くない。ここでも「非常によい」はアメリカとドイツに集中しており、日本は「比較的良い」という平均的評価は受けているものの、「あまり良くない」の値も大きく、また「非常によい」の数値は、残念ながら低い。以上より、高学歴者が欧米特にアメリカを志向し、低学歴者は日本に偏る原因は、博士学位に対する社会的評価の差異と、教育内容に関する評価の差異が原因であったと言える。この結果は日本にとって教訓的である。

　(7)　アメリカに留学した私費留学生があまり帰国していないのを発見したので、中国人留学生の最も多いCaliforniaへ行って調査した。調査対象は70人という予備調査段階だが、「留学生活により愛国心が強まったか否か」という質問に対して、「海外にいるほうが愛国心が強まる」と答えた人が大半を占め、「弱まった」と答えた人は例外的であるほど少なかった。そのことが調査をしている筆者らを感動させ、アメリカへ渡って調査を試みて良かったと実感させた。

　ただ、涙ながらに「我愛中国、不過、中国不愛我」（私は中国を愛している、しかし、中国は私を愛していない）と答えた女子学生の言葉が印象深かった。「自分たちは片想いの恋をしている」と泣いていた。「祖国を思わない人がいますか」と、泣き腫らした赤い目を向けた。以下に示すのは、「留学生活により愛国心が強まったか否か」という質問に対する回答分布である。

　(8)　Californiaのシリコンバレーでは、多くの元中国人留学生が、実に意欲的に活躍していた。どの企業にも、Chinese Projectがあり、その勢いの良

	人数	%
1) 非常に強まった	23	32.9
2) 強まった	19	27.1
3) 大きな変化はない	17	24.3
4) 弱まった	6	8.6
5) 非常に弱まった	1	1.4
無回答		5.7
計	70	100.0

さに圧倒され、たとえ中国に帰国しなくとも、彼ら彼女らは、こうして結果的に祖国中国に貢献していることが判り、この力が未来を変えてゆくということを実感した。

これは長い目で見た、中国の大きな収穫になろうと確信する。

(9) 日本にも多くの元留学生が大きな成功をおさめて活躍している。

① まず、「留学」（中には「就学」）という在留資格から「人文・国際」、「技術」や「教授」等の就労ビザに変更した元留学生の数の推移と許可率を見てみよう。

表5から判るように、日本の不景気で日本企業側の雇用件数が全体として減少したために、1997年には申請件数が減少はしているものの、許可率は年々上昇し、昨年、即ち1997年は過去最高の許可率を示している。

② 次に日本企業等に就職できた人のうち、中国人元留学生の占める割合を見てみよう。ここでも圧倒的多数が中国人によって占められていることが判る（図8）。

③ それでは、日本企業に就職した元留学生達は、どれくらいの給料をもらっているのだろうか。次に示すのは月額報酬別許可人員の推移である。最も多いのが月額25万円から30万円までという辺りだが、これは入管法により、「日本企業側が外国人を雇用する場合は、低賃金で雇用してはならない」という大原則があるからである。低賃金で外国人を雇用すれば、一つには外国人蔑視につながり、もう一つには、高年層や女性あるいは地方の若者等の日本人の雇用の機会を排除することになる。企業としては低

表5　留学生等からの就職目的の申請件数と許可率の推移

	1989	1990	1991	1992	1993	1994	1995	1996	1997
申請件数	949	1199	1322	2674	2299	2555	2551	3135	2735
許可件数	707	1004	1117	2181	2026	2395	2390	2927	2624
許可率	74.5%	83.7%	84.5%	81.6%	88.1%	93.7%	93.7%	93.4%	95.9%

(出所)法務省データ

図8　1997年許可人員上位5カ国の占める割合

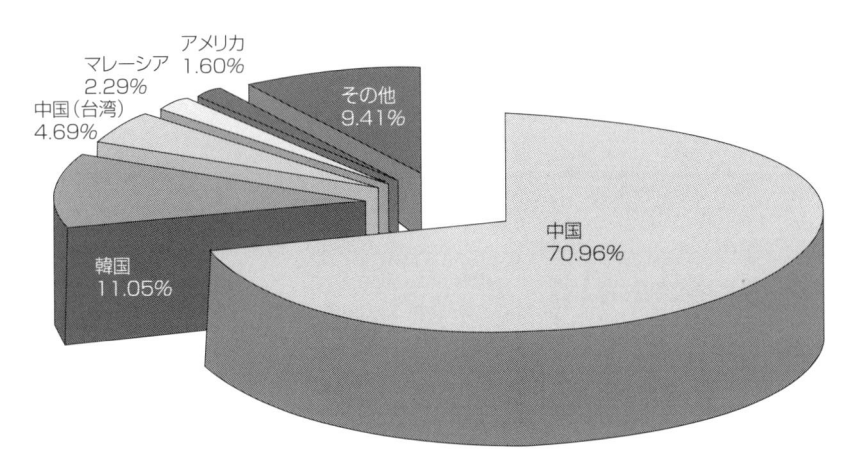

- マレーシア 2.29%
- アメリカ 1.60%
- 中国(台湾) 4.69%
- その他 9.41%
- 韓国 11.05%
- 中国 70.96%

表6 月額報酬別許可人員の推移

年 月額	1990	1991	1992	1993	1994	1995	1996	1997
15万円以上 20万円未満	563	243	255	126	234	258	310	219
20万円以上 25万円未満	263	206	493	387	496	794	740	662
25万円以上 30万円未満	108	510	1,048	1,141	1,214	996	1,460	1,259
30万円以上 35万円未満	27	108	206	245	241	184	246	267
35万円以上 40万円未満	22	25	61	67	81	48	63	72
40万円以上 45万円未満	9	10	20	17	22	27	48	46
45万円以上 50万円未満	5	4	13	18	20	18	12	14
50万円以上	7	11	13	19	27	16	20	59
不明	—	—	73	6	60	49	28	26
合計	1,004	1,117	2,181	2,026	2,395	2,390	2,927	2,624

(出所) 法務省データ

表7 最終学歴別許可人員

日本での 学歴	大学 学部生	大学院生		短期 大学生	専門 学校生	その他
		修士課程	博士			
許可人員	1,270	778	372	96	47	61

賃金で雇用できる方が楽だからだ。従って、民間日本企業に於ける外国人の給料は割に高いのである。低賃金だと、在留資格変更を認められる可能性も低くなる。

過去最高額は、初任給（月額報酬）が80万円というのがあった。うらやましい話だ。バブル崩壊以前の逸話である。

④ それでは、どのような学歴の人たちが主に日本で就職しているのであろうか。最後に、最終学歴別許可人員を見てみよう（表7）。

日本に於ける学歴は、大学学部生が1,270人であるのに対し、大学院生は合計1,150人と、それほど大きな差異がない。ここに大きな問題がある。実は日本人学生の場合だと、民間企業は一般に大学院を出た人を取りたがらない。企業教育をしにくいからだ。博士学位などを取ってしまうと、研究職ならいざ知らず、一般の民間企業は敬遠する。一つには専攻や思考パターンが固まりすぎていること、もう一つには「態度がでかい」からである。従って扱いにくいし、給与も多く与えなければならない。従って学部卒の方が歓迎されるのである。

ここが日本企業の特徴で、学部で何を学んだかは、あまり問わない。ある程度の知識とある程度の基礎力があれば、後は柔軟性がある方がいい。仕事の内容が、学部時代の専攻と異なっていても、ゼロから企業教育をするので、それほど厳しくは問われない。日本の企業は多くの成功を収めてきているので、筆者には、その是非を論ずるだけの知識も力もないが、少なくとも、次のことだけは確信を持って言える。即ち、「日本はやがて、低学歴社会になってゆくだろう」ということである。

事実、日本の大学の大学院を見てみるといい。ほとんどが留学生によって占められている。顕著な例は土木だが、90％はアジア系留学生によって占められているのが現実だろう。それ以外の分野においても、博士の学位を取得していくのは外国人留学生である。彼らの方が学位を取りやすいという状況もなくはない。日本の学位を取得して、それぞれアジアの各国へと帰って行く。

日本企業も、外国人留学生であるならば、高学歴者を雇用することにそれほどの躊躇を示さない。すぐ帰国するかもしれないという考えもあり、また高学歴の方が入管での許可も下りやすい。従って、あらゆる面で、留学

生の方が博士学位を取得することに躊躇を示さないのである。

日本にはまた大学の入り口を狭くしており、その抑圧が原因の一つとなって多くの歪みを生ぜしめ、登校拒否を招いて、高校にさえ上がらない生徒たちが増えてきた。価値観も変わりつつあるが、少なくとも日本は、気が付いたらアジアの低学歴国になっているという可能性は否めない。

6 結語

以上、長々と見てきたが、世界のどこへ行っても中国人の活躍ぶりは近年特に顕著になってきた。アメリカのカリフォルニア一帯と日本、そして中国各地を結んで、元留学生たちの躍動的な活動が目立つ。21世紀は中華民族の時代になるであろうことは間違いないと思う。

その中で日本がどのように自らを位置づけ、どのように行動していくか、それが日本の今後の課題であろう。

(なお、拙文は今から7年前に書いたものなので、現在ではかなり状況が違っている。そのいくつかを列挙したい。
  1) 留学生教育学会は数年にわたり法務省入国管理局を招いて、入国審査に関する公開シンポジウムを開催し、審査基準の見直しと緩和を求めてきた。入管はそれ等の要求を受け入れ、抜本的な緩和が実施された。その結果、中国人留学生の急激な増加が見られ、留学生10万人受入れという数値目標が達成された。
  2) バブルの崩壊が招いた日本経済の低迷は、終身雇用制度を崩し、人材雇用を見直させた。その結果、日本においても学歴の高い者や即戦力のある者が雇用されるようになり、大学院のあり方を変えさせた。
  3) 18歳人口の激減により、大学受験という競争が様相を変えた。
  4) 拙文の後半に書いたアメリカにおける中国人元留学生の活躍は、予測通り、その後中国中央政府と結びつき、全世界に強烈な人材ネットワークを形成させるきっかけとなった。筆者はそれを『中国がシリコンバレーとつながるとき』(日経BP) にまとめた。)

第五部

日本人の中国研究と中国人の日本研究

日本の中国研究

丸山　昇

1 「中国研究」ということばについて

　私の報告は、李玉先生のご報告「中国的日本研究」に対応するものでありまして、題名も李玉先生の題名の「中国」と「日本」を入れ替えたものになっています。しかし、歴史上、中国にとって日本が持った意味と、日本にとって中国が持った意味との間には大きい違いがあり、それを反映して、中国についての日本の研究は、中国における日本研究とは違った特徴を持ちました。そして、その特徴にしたがって、中国についての日本の研究は、一言で「中国研究」とは言いにくい性格を持ちました。近代以降、日本語では、中国を研究する学問を指すのに、「漢学」「支那学」「中国研究」「中国学」といった四つ（あるいはそれ以上）の言葉が用いられてきたという事実によって、それが示されております。もちろん、これらの言葉は、常に全く違ったものを指し、違ったものとして理解されてきたというわけではありません。一般には同じようなものと理解されていた面もありますし、専門家の中でも、時により人によって、四つの言葉の指すものが重なることもありました。そしてその重なる部分の大きさも、いろいろでありました。しかしまた、この使い分けが、その研究者の時代・観点・方法等の違いを、時には微妙に、時にはきわめて鋭く反映することもありました。

　周知のように、そもそも日本文化はその形成の初期から、中国の文化の圧倒的な影響を受けました。日本語を表現する文字が、中国の文字すなわち

「漢字」とそれをもとに生まれた仮名から成り立っていること一つ取ってみても、その決定的な影響の跡は明らかであります。日本にとって、中国は多くの外国（国家という概念が明確なものになるのは、もっと後のことになるでしょうが、ここではその問題はおいて、言語や文化を異にする人びとが住む地域・社会といった程度の常識的意味で使っておきます）の一つではなく、ほとんど唯一の異世界でありました。特に重要なことは、圧倒的な高さを持つ文化の唯一の源だったということであります（中国以外のものとしては僅かに朝鮮半島が考えられますが、これには違った要素が絡みますので、ここでは一応別問題とします。また、少なくとも近年まで、朝鮮半島から受け容れた独自の文化も、朝鮮半島を経由しただけで、源は中国だった、と考える傾向が日本に強かったことは否定できません）。インド文化である仏教も、日本には中国経由で、漢訳仏典によって伝えられました。

このような歴史の中では、中国の社会制度や文化を外国のものとして意識するより、普遍的性格を持った、まず受け容れ、学び取るべきものと意識したのは、必然的でありました。儒教は中国の古代思想の一つであるよりも、そのまま日本にも通ずる「聖賢の教え」でありました。日本の文化は中国文化を学び取ることで形成され、それが日本の学問の主流をなしました。現在から客観的に見れば、かなり独自の日本的特色を具えていたと考えられる平安女流文学でさえ、「書は文選・文集」という清少納言の有名な言葉が示すように、程度の差はあれ中国の文学と深い関わりを持っていました。中国文化と異質な日本の文化の存在をはっきり自覚し、その自己主張と結びついて、中国文化をある程度相対化する態度が生まれてきたのは、部分的・萌芽的なものを別にすれば、江戸時代の「国学」まで時代を下らなければなりませんでした。

したがって、言い過ぎを恐れずに言えば、日本の学術・研究は、ある時期までほとんどが中国の学術・研究の学習と受容だったわけで、「日本の中国研究」という言葉を広くとれば、少なくともある時期までは日本文化史、日本学術史そのものと重なり、あるいは日本文化に対する中国文化の影響といった大きな問題と重なることになります。これは私の能力に余るばかりでなく、このシンポジウムの性格をかえって曖昧にすることにもなるでしょう。李玉先生が、「山海経」「漢書地理志」等から説き起こされたようにはできな

い理由がここにあります。

2 「漢学」「支那学」について

　私は先に、「漢学」「支那学」「中国学」「中国研究」という四つの言葉について触れました。それはこれらの用語に「咬文嚼字」風にこだわるからではありません。これらはいずれも先行する学問への批判を意識して生まれたものであり、そのことが、それぞれの性格・特徴に正負両面での影響を与えました。したがって、それが先行者に対するどのような批判を意識して生まれてきたかを考えることは、それぞれの性格・特徴を考える上で欠かせない問題であり、また日本における広い意味での「中国研究」が持たされた独自の問題に関わることだと考えるからであります。

　幸い、1995年が敗戦後50年にあたり、また敗戦後間もなく生まれた中国関係の各学会が、ここ2、3年の間に創立50周年を迎えたため、中国を対象にした研究が日本においてどのような歴史をたどってきたかを回顧し総括する試みが、それぞれの専門家により、さまざまな形でなされています。詳細はそれらに譲るしかありませんが、それらによりつつ、近代以降の日本における、中国を対象とする学問の特徴を、その目的・問題意識等を中心に概観してみよう、というのが、この報告のテーマであります。

　日本語で「漢学」という場合、中国語における「漢学」とはその指す内容が違います。中国におけるそれが、漢代を中心にほぼ魏晋までの学問、特に訓詁を中心とする学問、あるいはとくに最近では、時代と学問分野を問わず中国に関する外国の研究すべてを指すのに対して、日本での「漢学」は、江戸時代に「国学」が生まれ、また幕末に「蘭学」を始めとする「洋学」が流入してきたのに対して、それ以前の中国文化を主とする学問一般を指す言葉として定着したものとされています。とくに語学的には、一部の学者を除いて、中国の文言文および旧体詩を、外国語としてでなく、日本語の意味をそれに当てはめ、日本語になおしながら読むという、「訓読」俗に「漢文読み」と呼ばれる独特の読み方によるのがその特徴でありました。しかし訓読以上に「漢学」を特徴づけたものは、明治10年代半ばにそれが日本の近代学制の中にあらためて位置づけられた時、一つには明治初期の「洋化」政策の

「行き過ぎ」を改め、また一つには当時高揚期を迎えつつあった自由民権運動への対策を必要としていた体制を儒教を軸とする思想・倫理面で支える役割を、むしろ自ら進んで担った、いわば「体制教学」という性格を強く持ったことでありました。この時期に重視された儒教が、むしろ江戸時代の体制教学であった宋学すなわち朱子学を中心とするものであったことも、注意しておかなければなりません。この点については、参考文献にあげた三浦論文が、「ごく簡略化して云うならば」と断りつつ「本邦の中国哲学」の立場を次の四つにまとめています。

　1）儒教を信奉し、今に生かそうとする体制的護教的立場
　2）清朝考証学を継承し、科学的実証的に古文献を研究しようとする立場
　3）西洋哲学を範と仰ぎ、そこから中国思想を解釈しようとする立場
　4）中国（哲）学を近代的学問として確立させようとする立場

そして三浦氏は「漢学」について、「(1)の立場が主流」であった、と述べています。もちろん個々の学者について見れば、「立場」の濃淡もあり、学問的に優れた業績を残した人が少なくないことは言うまでもありませんが、「漢学」全体として見れば、上記の性格が強かったことは否定できないでありましょう。

このような「漢学」の傾向とその中心であった東京大学の学風に対する批判的視点と、ある種の対抗意識を持って生まれたのが、「支那学」でありました。1906年に創設された京都大学文科大学を中心とするものであったため、「京都支那学」とも呼ばれました。

多士済々をもって知られる「京都支那学」の特徴を一言で表すのは至難の業でありますが、一面的になる危険を承知の上で敢えて言えば、「漢学」の護教的・体制的性格への反発をバネとし、実践倫理の色彩の強い宋の朱子学・明の陽明学などよりもむしろ清朝考証学の「実事求是」に精神的範をとって、中国文献のより正確・客観的な理解を目指し、同時にまたフランスを始めとして欧米に起こってきた「シノロジー」をも強く意識しことなどをその特徴と言うことができるでありましょう。

三浦論文は、先の4分類を適用するならば「支那学」は(2)と(4)すな

わち「清朝考証学を継承し、科学的実証的に古文献を研究しようとする立場」と「中国（哲）学を近代的学問として確立させようとする立場」の2項に当てはまると述べています。また、戸川論文は、「支那学」の基礎を定めたとも言える、狩野直喜についての、高弟たちの回想を引いています。個人を通じてより具体的に「支那学」の特徴を語ったものとして、転引させていただきます。

　「従来の所謂漢学にも属せず、又支那哲学派や東洋史学派にも属せず、さうかといって全然清朝風の考証学と同一にもあらず、それよりもはるかに広い内容を持ったもの。（小島祐馬）」
　「あくまで中国の人の美しさおもしろさの線に沿って美しさおもしろさを理解されようとした。（中略）（それ）に反して中国を理解しようとする傾きに絶えず反対された、少なくとも不安を抱いておられた。（倉石武四郎）」
　「先生の愛された文学は、先生の細かな咀嚼に堪え得るだけの緻密さを持つもの（中略）ことにその緻密さを外にはあらはにせずして、深くそれを内に蔵し、内に蔵する緻密によって、緊張した色沢を呈するもの、（中略）（その）原動力としては、作者の知的な教養を重視された。（吉川幸次郎）」
　「本来経学者であり考証学者であった先生は、ただに宋明の理学を好まれなかったばかりでなく、思想的なものを総じて嫌はれ、同じく漢学であっても西漢の公羊学などは余り好まれなかった。（小島）」
　「尤も先生の最も好まれる支那は清朝でありまして、ヤング・チャイナはお嫌いでした。（小島）」

　最後の「ヤングチャイナはお嫌ひでした」という小島の言葉は、狩野という個人だけでなく、「支那学」全体が持ったある偏りを鮮やかに示しています。彼らの多くが、「ヤング・チャイナ」すなわち辛亥革命以後の中国、特に文学革命以後の新文化に関心や興味を示さなかった理由は複雑でありますが、学問的に一種の完成度を持っていた考証学の伝統を受け継いだために、東京の「漢学」に批判的になると同時に、中国の「新文化」の持った傾向と、

荒削り・未熟さが受け容れにくかったこと、一時京都に亡命してきていた清朝の遺臣羅振玉・王国維等との親交が、心情的に現代中国に反発させた側面があったこと、「明治人」であった彼らには、「革命」はやはり受け容れがたいものであったこと、「辛亥革命」特に「文学革命」以降の中国に起こった、儒教を始めとする伝統文化への強い批判の流れに対して違和感とある種の喪失感を持ったこと、等があげられるでありましょう。

　その点で、「支那学」も「漢学」と共通の面があったことも否定できないでありましょう。とくに晩年の孫文による聯ソ・容共政策の採用を見て、現代中国がいよいよ伝統文化を否定する歩みを決定的にしたと考え、むしろ儒教を中心とする中国文化の核心は日本に残った、それを維持し、むしろ中国に逆輸出すべきである、という転倒した使命感が、「漢学」の指導者であった、井上哲治郎、服部宇之吉の著述に見えることは、すでに戸川論文が指摘しておりますが、「支那学」にも、色合いと程度を異にしながらも、民国以後の中国の状況を中国文化が失われんとしている状況と捉え、それを愛惜し継承・維持したいとする姿勢が強く働いていたことは確かであります。

　もちろん、「支那学」の中には、「ヤング・チャイナ」の動きに、敏感な反応を示した人びともありました。「支那学」の創始者たちよりやや若い世代になりますが、1920年に創刊された雑誌『支那学』の創刊号から第三号までに連載された、青木正児の「胡適を中心に渦いている文学革命」は、まさに渦中にあった「文学革命」の状況を伝え、魯迅の名を最初に日本に知らせた文献であると同時に、まだ「阿Q正伝」も書いていなかった時期の魯迅を「未来のある作家」と評するなど、青木の眼識を示してもいる文献でもあります。ちなみにこの連載された『支那学』は青木から胡適に、また胡適を通して魯迅にも送られて、魯迅から青木にあてた礼状は『魯迅全集』に収められております。またさらに10年後になりますが、倉石武四郎は（当時京都大学助教授）は、30年代初頭、大学の演習のテキストに魯迅の『吶喊』を使いましたが、これは戦前の国立大学で魯迅（そしておそらく中国現代文学が）が教材に取り上げられた最初でありました。戦後間もない50年に小島祐馬が著した『中国の革命思想』『中国共産党』は、一般向けの本でありましたが、当時としては先駆的なものでありました。この時期にいち早くこれらの著述が出せたと言うことは、「支那学」の違った側面を示すものであ

りましょう。

しかし、これらの先駆的業績にもかかわらず、敗戦以前の日本のアカデミズムにおいては、現代中国の研究が、正当な位置を与えられていなかったことは事実であり、それは「漢学」「支那学」を問わずそうでありました。これには、「研究」が時事的・ジャーナリスティックに流れることで学問的正確さを失うことを恐れるアカデミズム固有の態度によるものでもありましたが、さらに近代日本の国・社会全体を覆っていた風潮として、現代中国を経済的市場・軍事的進出の対象としてのみ捉え、その文化に対する正当な関心が育ちにくかったこと、外国語としての中国語の教育・研究も、「訓読」に比して重視されず、現代中国語は、貿易・軍事上の必要を満たすだけの道具と考える傾向が強く、もっぱら実務担当者の養成機関であった外国語学校・高等商業学校・陸海軍関係の学校に委ねられ、旧制高等学校・国立大学では無視あるいは軽視されていたことがあげられる、と考えます。

3 戦前・戦中の「中国研究」

以上のような歴史的条件の中で、日本では、「中国研究」とは、広い意味で「漢学」や「支那学」を含めた中国についての研究全体を指す言葉として使われる場合もありますが、狭い意味では、比較的最近まで先ず現代中国についての研究を指す言葉でありました。そしてその意味での「中国研究」は、先ずアカデミズム以外の人びとによって担われることになりました。

たとえば、代表的人物としては、橘樸（1881-1945）、中江丑吉（1889-1942。彼の著作は中国古代思想に限られており、現代中国についての著作はありませんが、自身の体験と鈴江等との親交の中で、多くの知識と情報を持ち、鈴江にも影響を与えた、とされています）、鈴江言一（1894-1945）、尾崎秀実（1901-44）等があげられます。彼らはいずれも、ジャーナリストあるいは市井の思想家として、中国に長く生活（もっとも短かった尾崎でも6年、他の3人はほぼ30年前後）する中で、激動する現代中国・中国革命への関心を強め、独自の中国観を深めた人物であります。彼らの個々については、ここで詳しく述べている余裕もありませんし、主要著作も刊行されており、研究書も多いのでそれらに譲ることにします。ただ共通の特徴として言

えることは、彼らの中国論が、複雑な個性的性格を持ち、単純な評価がしにくいことでありましょう。彼らの中国論は、それぞれある時期において先駆的見解を示しながら、時代・情勢の変化につれてさまざまに変化しました。時には「方向転換」を示し、さらに後にはまたその「方向転換」を悔い、あるいは「国策」に沿うような言辞の中に微妙な表現で独自の中国認識と日本軍国主義への批判を潜ませました。それらの言動の中には、「偽装」と「本音」を区別しにくいものもありました。また彼らの仕事を経済的に支えたのも、あるいは「満鉄」であり、あるいは西園寺公望や曹汝霖であり、時には「関東軍」だった場合さえありました。彼らの思想や足跡のなかに、今日から見れば、理解しがたいもの、容認しがたいものを指摘することは、もちろん可能でありましょう。しかし、彼らの思想や研究にそのような複雑な陰を持たせたものは、次第に中国侵略の歩みを早めていった日本現代史の中に生きつつ、彼らが持ち続けた日本と中国の運命と前途に対する深い憂慮と期待だったのであり、正負を含めて日本における中国研究の歩みを総括する上で、不可欠の一頁を占めるものだと考えます。

戦前戦中の中国研究の中で、重要な位置を占めたものに、南満州鉄道株式会社すなわち「満鉄」（とくに調査部）を始めとする研究調査機関がありました。

「満鉄」は、周知のように、日露戦争によって、東清鉄道の南半を始めとしてそれまでロシアが中国東北の南半に持っていた利権をロシアから受け継いだ日本が、1906年に設立した会社で、資本金2億円の半額を政府が出資し、「満州」における「植民政策の中心点」（後藤新平：初代総裁）としようとした会社でありました。

「満鉄調査部」は、元来は後藤総裁によって07年に設置され、その後日本政府内部の「満州政策」の揺れや満鉄内部の主導権の変遷によって縮小や拡大を繰り返しながら、39年松岡洋右総裁によって、傘下のすべての調査機関が統合されて「調査部」の名も復活したときには、2000名の人員を擁する巨大機関に膨張しておりました。

「満鉄調査部」の仕事は、基本的には、「満州」における日本の植民地経営のための調査という性格を免れないものでありましたが、個々の調査・研究の性格は、担当者の質の違いなどによりまちまちであり、中には学術的価値

を認められて、戦後に復刊されたものもあります。また30年代以降、国内における左翼運動が弾圧され、ほぼ解体した後、「転向」あるいは沈黙したマルクス主義者が、生活と仕事の場を「満州」に求める現象が起こりました。彼らのある者は、「農事合作社」運動にある種の社会主義的要素を求めて参加し、またある者は、東北さらには中国全体の社会科学的分析・研究の可能性を求めて、満鉄調査部に職を求めました。また満鉄の側も、必要とする大量の人員を満たすため、その経歴をある程度知りながら、もはや政治的力を失い危険性が減ったと判断した彼らを登用した側面もありました。この傾向は、41年の「尾崎・ゾルゲ事件」の検挙以降、「在満日系共産主義運動」に対する警戒を強めた陸軍憲兵隊により、「満鉄調査部」内の「左翼分子」の主要部分約30名が逮捕されたこと（「満鉄事件」）で壊滅し、やがて敗戦に至ります。

　同様の現象は、「中国研究」を仕事とする研究機関、たとえば「東亜研究所」（38年創立、総裁近衛文麿）その他にも多かれ少なかれ共通して見られたものでありました。

　中国現代文学研究については、私は別に論文を書いておりますので、詳しくはそちらに譲り、ここでは簡単に触れるだけにします。日本の中国現代文学研究は、青木正児の文学革命紹介以後、個々の翻訳・紹介が断続的に続いた後、30年代にはいって佐藤春夫等による魯迅の翻訳などからようやく日本の読書界に知られ始めますが、34年、竹内好等、東大の中国文学科（当時は「支那文学科」）・中国哲学科（同）の卒業生を中心として「中国文学研究会」が作られました。彼らは東大の「漢学」にも京大の「支那学」にも、さらに左翼の「プロレタリア科学研究所」（28年創立の「国際文化研究所」を解体して29年創立、略称プロ科。なお周揚は、「国際問題研究所」の主催した英語講習会で受講したことがあり、胡風も、プロ科の芸術部会で、戦後、文芸評論家として活躍した平野謙・本多秋五等と親交を結びました）の研究にも不満と批判を持ち、現代文学を中心に新しい視角から中国文学を見なおそうとしました。

　この会も、中国侵略に公然と反対できないまでも批判的な見解を持ちながら、41年の太平洋戦争開戦時にはこれを支持する声明を出し、しかしまた42年日本の占領地域からの文学者を集めて開かれた「大東亜文学者大会」

には、日本占領地区からの「中国代表」を、「中国文学の代表とは認められない」として参加を「辞退」するなど、曲折した歩みを残しますが、日本の中国現代文学研究の基礎は、主にこの会のメンバーによって築かれました。戦後に専門家に成長した者の大きな部分が、彼らの学生であったり、間接に影響を受けた者であることが、この会が果たした歴史的役割を示しています。

なお日中戦争には反対でありながら太平洋戦争開戦と同時に支持した、という例は、中国文学研究会だけでなく、当時日本の知識人のかなりの範囲に見られた現象でありました。その原因・意味については、多様な見解があり得ますが、近代日本において、中国およびアジア対欧米という二つの勢力・二つの文化に対する日本人の矛盾を含んだ心理・対応を示す代表的な例の一つであることは確かであります。

4 戦後の「中国研究」（1945-76）

1945年8月の敗戦まで、日本国民の多くは戦争の実際をほとんど知らされていませんでしたが、それが明らかにされるにつれ、日本国民の多くが懐いたのは、なぜあんな戦争を起こしたのか、ということであり、中でも以前に日本の軍国主義化に対して危惧や批判を持ちながら抵抗できなかった者にとっては、なぜ軍国主義化を阻止できなかったのか、なぜ多かれ少なかれ戦争に協力してしまったのか、という悔恨でありました。

とりわけ中国研究者においては、敗戦にほとんど引き続いて起こった中国革命の展開と勝利、中華人民共和国の成立という現実を見たとき、自らの中国認識の不足、中国が内に潜めていた可能性を認識できなかったことに対する悔恨がこれに重なりました。

戦後最初に民間の中国研究機関として活動を始めたのは、中国研究所（略称中研）でありました。この研究所はいち早く46年1月に創立され、戦中に満鉄等の調査研究機関で仕事をしていた者、新聞記者、左翼運動体験者を主なメンバーとしていました。中研は、中国革命と「新中国」の「実情」を日本国民に紹介・宣伝することを主たる使命としました。中華人民共和国の状況・中国共産党の方針・毛沢東の思想などの情報は、外務省およびその外

郭団体が「内部資料」として集めていたのを別とすれば、50年代前半までは、中研によって紹介されたものが大きな比重を占めました。「新中国」についての知識と関心を高める上で中研が果たした役割は、小さくなかったと言えましょう。

ただ、中研を代表とする当時の「親中国」的中国研究には、弱点もありました。国交もなく、人の交流もない、文献の入手も簡単ではない、という条件の中で、彼らの仕事は、ほとんど『人民日報』など、中国語でいう「官方（官側）」の情報によって、中国政府と中国共産党の公式見解を知り、それをそのまま肯定し、解釈し、伝えるという傾向のものになりがちでありました。

そういう傾向が生まれたのには、無理からぬ面もありました。当時は言うまでもなく日本は占領下にありました。アメリカ占領軍の占領政策は、中国革命の成功、朝鮮戦争などを経て、当初とっていた「民主化」政策から、日本を中ソに対する世界戦略の中に位置づけ、社会主義に対する防衛線の一部として強化する方向に転じました。

占領下においては、中国についての情報を伝えること自体に制約がありました。代表的な例だけあげますが、エドガー・スノウの『中国の赤い星』（中国訳「西行漫記」）の日本語訳は、上巻だけは普通に出版されましたが、下巻は研究団体の内部資料の形で出ました。連合国の一員であった国民党政府の意向が働いた、と言われています。日中友好協会の役員でもあった研究者が、『人民日報』を配布したという理由で、アメリカ軍の軍事裁判に問われ、沖縄で強制労働に従事させられた、という事件もありました。52年に講和条約が発効した後は、このような直接の制約はなくなりましたが、日本政府は、台湾の国民党政府を中国を代表する政府と認める態度を変えず、中国本土についてはマスコミの直接の取材も不可能でした。こういう状況の中で、中研だけでなく、当時中国革命と中華人民共和国を支持する人びとの眼が主に中国の成果の側面に向かい、それを伝えることに使命感を感じたのもある意味で当然だったことは認められます。また情報源が、他には少なかったことも事実でした。しかし、「反右派闘争」「大躍進」など、中国の矛盾や否定面が大きくなってくるにつれ、断片的には否定的現実を伝える情報も入り始め、これらの研究者の中にも、微妙な違いや分化が起こり始めますが、

その後も同じ態度をとり続けた人びとも多く、否定的側面を正視する点で弱かったことは否定できません。彼らの相当部分が、戦争中満鉄その他、政府系機関で調査・研究に従事した過去を持っており、そのことが、主観的意図はとにかく客観的には中国侵略の一端を担ったという「贖罪」意識を生んでいたことが右に述べた傾向を強めたことも、指摘され得るでしょう。

アカデミズムにおける変化は、戦後間もなく、国立大学における「支那哲学科」「支那文学科」などの名称が、「中国哲学科」「中国文学科」に改められることから始まりましたが、やがて変化は教育・研究の内容に及びました。現代中国も、正式に教育・研究の対象に取り上げられるようになりました。現代中国語も、第二外国語として教えられるようになりました。

そのような変化も、当初は学部ではなく附属研究所が先行しましたし、大学による不均等もありました。中国語を正式の科目として認めた大学はまだ少数でありましたし、その少数の一つであった東京大学の教養学部（戦後の学制改革によって1949年創設。最初の2年ここに在学した後、各学部に進学する）でも、第二外国語に中国語を選択し得る者は文学部中国文学科進学予定者に限るという条件が付けられている、という状況でした。つまり、法学部や経済学部に進学する者はもちろん、文学部の東洋史学科（中国史を含む）・中国哲学科進学を志望する者でさえ先ず独・仏語を学ぶべきで、中国語は二の次だ、という認識であったことを示しています。私立大学を含めても、現代中国研究を専門とする専任教員がいるところは数えるほどしかなかった、といっても決して過言ではありません。大学や学科によっては、歴史学にせよ文学にせよ、卒業論文のテーマに、現代を選ぶことが許されなかったところも、珍しくありませんでした。文学でも、中国現代文学を専門とする専任教員がいたのは、東大、都立大、大阪市立大等、数校に過ぎませんでした。このような状況は50年代中頃から次第に変化し、大学における中国語履修者、現代中国関係の講座も増え始めますが、それらが飛躍的に増加するのは、72年の国交回復以後のことになります。

50年代末から60年代にかけて現れた新しい傾向は、アメリカの中国研究に対する関心が強まったことでありました。戦後のアメリカにおける現代中国研究が、人民共和国成立によって中国観・中国政策の再構成の必要を認識した、アメリカ政府の政策的必要と結びついていた面があることは、広く認

められておりますが、その中でも、フェアバンク（漢字名費正清）等をはじめとする学者によって、客観的・学問的な研究が成果を上げておりました。これに注目する必要をいち早く指摘し、自身も中国共産党史の客観的研究を進めるとともに、アメリカにおけるこの分野の代表的研究である、B. シュウォルツ (B.Schwartz): "Chinese Communism and the Rise of Mao" 1951の日本語訳を、64年に出版した石川忠雄氏のおられた慶應義塾大学（通称慶応大学。なお、胡風は30年代の日本留学当時、この大学の英文科に学びました）は、その後すぐれた現代中国研究者を多く育て、現在では、日本における現代中国研究の中心的存在の一つになっております。アメリカの研究への注目という面では、反「アメリカ帝国主義」意識が強く、アメリカの中国研究の背景にアメリカ政府の「対中国政策」があったという側面を過大に警戒する傾向の強かった「左派」が、遅れをとったことは否定できません。

　また新しい分野として成立した国際関係論によっても、中国を中米関係等から見なおすことで、中国をより相対化して捉える視角・方法が開かれ、この分野からも、新しい研究者が多く生まれました。

　50年代後半以降には、アジア経済研究所、国際問題研究所など、政府の外郭団体として作られた研究機関が、資料集、共同研究の組織と成果の公刊、専門家の育成等に成果を上げるようになりました。

　アカデミズムにおける「漢学」「支那学」の別は、学問全体の発展の中で薄らぎ、相互に接近しつつありました。「中国学」という言葉は、そのような状況の中で、前近代をも含む中国を対象とする研究すべてを包括する言葉として使われ始めたものであります。とくに狭い意味での「中国研究者」すなわち現代中国研究者の中では、「漢学」「支那学」の別はほとんど無意味なものになっておりました。現代中国研究者にとっては、むしろ50年代中頃までは、「漢学」「支那学」を含む、中国を対象とする伝統的な学問全体に対して自己主張をすることの方が切実な問題だった時期であり、それ以後は、ソ連におけるスターリン批判、東欧におけるポーランド・ハンガリー動乱、中国の「反右派闘争」、中ソ論争、といった激動に洗われる中国の動向を、（もちろん個人差はありましたが）情報不十分のまま見つめるしかなかった時期ということができるでしょう。

　このような状況にあった日本の中国研究に、大きな衝撃を与えたのが、60

年代半ばに始まった「文化大革命」でありました。文革に対する当初の反応は当惑でありました。そもそも事実についての情報が少なく、判断は容易に下せませんでした。しかし、日毎に予想外の展開を見せた文革は、それまで中国と距離を置いて比較的冷静に中国を見ていた人びととはとにかく、中国が単なる研究対象であるだけでなく、個人の視角・研究方法、さらには世界観とより切実に結びついていた人びとにとって、それまでの一人一人の中国観、中国研究の方法を揺さぶるだけの力を持っていました。現代中国研究者のあいだに、文革の評価をめぐって、大きな亀裂が起こりました。

　文革を肯定的に評価した人びとの心理的動機になった最大のものは、資本主義社会にもソ連・東欧の閉塞状態にも失望し、それを打破する可能性を中国に期待する心理だったと言えましょう。幹部や「学術権威」に対する紅衛兵の批判を、「社会主義」の宿弊である官僚主義・党専制に対する下からの批判とする解釈が、それを強めました。文学について言えば、文学界における文革が、周揚批判から始まったように見えたことが、「反右派闘争」以来の文学の状況に不満・批判を持っていた人びとに、従来の傾向が是正される可能性を感じさせた面もありました。またそうした問題以前に、すべて中国の公式見解に沿って事実を解釈しようという態度が、深く身についてしまっていた人びとがいたことも事実でありました。

　否定的評価をとったのは、現実社会に対する批判の点では前者と共通するものを持ちながら、文革における「階級闘争」のあまりの強調に、かつては中国自身も批判したスターリンの「階級闘争激化論」に近いものを感じた人びと、文革に先立って起こった「中ソ論争」における中国の論理が、公式主義さらには「原理主義」的傾向を強めていると感じていた人びと、「毛沢東思想」の絶対化とその日本への「輸出」に反対する人びとなどでした。この側から見ると、紅衛兵等の幹部批判も、毛沢東を絶対化した上での「異端狩り」であり、周揚批判も論理もその質においては、「反右派闘争」のそれと同じ、むしろその拡大であると思えました。

　中国で、直接文革を体験された方には信じがたいことでありましょうが、現代中国研究者の中では、前者が多数でありました。

　この見解の相違は、研究者の中に深刻な亀裂を生みました。亀裂は、時には政治的立場の対立・人間的対立にまで拡大して、研究者の共同・対話の基

盤を傷つけました。この傷がほぼ修復されたのは、分野や地域による違いもありましたが、ほぼ10年以上たった後のことでありました。(文革当時についての叙述は、拙稿「日本における中国現代文学」『桜美林大学　中国文学論叢』23号、98年3月と重複する)

　文革終了後、中国研究をめぐる状況は根本的に変わりました。「改革・開放」政策の採用によって、主に「官方」の情報に頼らざるを得ない、という状況がなくなりました。研究者の往来、相互の留学生の増加によって、個人レベルでの深い交流も可能になり、中国の人びとの考え方・感じ方を直接知ることができるようになりました。国交回復後、経済交流が飛躍的に盛んになるにつれ、企業内の調査・研究者の活動も活発になり、実務体験に裏付けられた興味深い発言も増えてきました。研究に直接に関わる状況ではありませんが、中国語学習人口の増加も目立っています。50年代前半は、ある面では中国に関する関心がピークに達した最初の時期でありますが、その頃でも、中国語学習人口は決して多くありませんでした。当時と比べて、現在ではおそらく数百倍、あるいはそれ以上になっていると思われます。この増加はまだ安定したものではなく、その中の相当部分が、中国語を「還給老師了」(先生にお返しした。学校で習ったことを忘れてしまったという意味で使われる)ことになるかも知れませんし、また1989年の不幸な事件の翌年には、大学で中国語を履修する学生数が3割から5割減ったように、まだもろい面を残していますが、中国に対する関心の高まりを示す意味でも、次世代の人材養成のもっとも基本的な条件の強化を示す意味でも、心強いことは確かであります。

　中国研究のあり方も、大きく変化しつつあります。文革後に明らかにされた事実は、文革を肯定的に捉えた人びとの期待を完全に裏切るものであったのはもちろん、批判していた人びとの想像をもはるかに超えたものでした。しかも、それらの問題は、文革で初めて起こったものではなく、それ以前に胚胎したものであることが、否定できないものになりました。それがどんなものであり、いつ頃から生じたか等については、もちろんさまざまな見解があり、現在でも一致していません。しかし、かつて現代中国を見る上で存在した、さまざまの枠組みは、いずれも何らかの見直しを必要とすると考えられています。

現在の研究状況の特徴をもっともよく表す言葉を求めるなら、それは「多様化」でありましょう。文革前の中国研究が、情報の量と質に制約されて、党と政府の政策、その基礎にある思想・理論に集中しがちであったのと異なり、政策に対してある程度独立性を持った、中国社会のさまざまな側面が、関心の対象になってきています。学問分野としても、かつて中心であった政治・経済・思想などのほかに、民族学・民俗学・文化人類学・社会人類学・等々あたらしいアプローチが増えています。「現地調査」も、まだ困難はありますが、ある程度可能になりました。

　今、大きく分ければ、日本の現代中国研究は二つの大きなテーマに向かって進んでいると言えるでしょう。第一は、中国は今後どういう道に進んで行くのか、どのような国になるのか、という問題であり、第二は、文革を含む1949年から76年までの歴史上の諸問題、さらには国民党政府時代を含む中国現代史全体をどう把握し、どう位置づけるか、という問題であります。

　現在のところ、研究者の多数の関心は、第一の問題に向かっていると言えるでしょう。これが、今後の日中関係にとっても、アジア全体の前途にとっても、重要な意味を持っていることは明らかです。しかし、第二の問題も、第一の問題に正確な答えを得るためにも避けることのできない問題であり、さらにこの二つの問題を統一し総合する視点が必要であることも確かであります。

　現在、さまざまの試みがなされていますが、研究者の多数の賛成を得られるに足る新しい枠組みは、まだできておりません。しかし、これはある意味で喜ばしい現象だと、私は考えます。分析の枠組み・方法等ができあがったと錯覚した途端に、研究の進歩は止まり、崩壊が始まることは、日中両国において、形は違ってもそれぞれ体験したところであります。日中両国のそれぞれにおいて、また両国間、さらには他の外国をも含めた直接交流の中で、「禁区」のない自由な討論が行われ得る条件を大切にし、強めていきたいと願っております。

　以上、専門をはみ出る部分が多い問題の報告を、無力をも顧みずお引き受けした私の無謀さのために、浅い分析にとどまり、また多くの点で独断や偏見、一面性の少なくない報告になったかと恐れますが、討論や懇談によって是正していただければ嬉しく存じます。

参考文献:
関係する文献を網羅的に挙げることは不可能だし、分野別・問題別に文献目録はいろいろ出ているので、「中国研究」の歴史・総括に関するもの、とくに本報告に関係の深いもの少数にとどめた。

戸川芳郎「漢学シナ学の沿革とその問題点」 『理想』397号 理想社 1966年
野村浩一『近代日本の中国認識——アジアへの航跡』 研文出版 1981年
山根幸夫『大正時代における日本と中国のあいだ』 研文出版 1998年
中国研究所主催連続研究会報告「20世紀における日本の中国研究」 『中国研究月報』596号(97・10)
  1. 斉藤秋男:「中国文学研究会とわたし」)
  2. 阪谷芳直:「中江丑吉の中国認識」
  3. 内山雅生:「『華北農村慣行調査』と中国認識」
  4. 田島俊雄:「日本人による戦前・戦後の中国農村調査」
  5. 久保田文次:「萱野長知——その中国との関わり、中国認識」
  6. 飯倉照平:「中国文学研究会と竹内好」
  7. 小島晋治:「明治日本人の中国紀行について」
  8. 安藤彦太郎:「戦時期日本の中国研究について」
  9. 藤田佳久:「東亜同文書院の中国研究——書院生の中国調査旅行を中心に—」

以降継続したものを含む計15篇と総括シンポジウムの記録をまとめて小島晋治・大里浩秋・並木頼寿編『20世紀の中国研究——その遺産をどう生かすか』(研文出版、2001年)となった。
三浦国雄「中国研究この五十年——哲学・思想」 『日本中国学会五十年史』 日本中国学会 1998年
興膳 宏「中国研究この五十年——文学」 『日本中国学会五十年史』 日本中国学会 1998年

日本における中国近代史の研究

山田辰雄

　本稿の意図するところは、第二次世界大戦後に主としてわが国において達成された中国近代政治史の研究成果を確認し、新たな方向を示唆することである。それはまた、私の中国近代史研究でもある。しかしそれは、個々の著作に言及するのではなく、研究の視角に焦点を当てようとするものである。その主要な検討対象は、20世紀中国の政治（史）である。ここでは、日中両国の研究の相互作用が強く意識されている。

　19世紀から20世紀にかけて中国の指導者が直面した共通の課題は、欧米諸国に対抗できるだけの強い中国を作りだすことと、欧米諸国と異なったやり方で中国を発展させることであったと。それは、経済・軍事建設と「社会主義」となって現れる。但し、ここでいう「社会主義」は資本主義を修正・変革しようとするあらゆる試みを包括する。

　20世紀初頭の中国において、ヨーロッパ社会にその起源をもつ近代化の症候群は、中国の人々を惹きつけるに足るものであった。進歩と革新への信仰、宗教的権威からの解放、「合理性」の追求、分業・専門化の発達、科学・技術の発展、産業化、市場化、生産力の増大、都市化、交通通信手段の発達、教育の普及と高度化、人権の保障、政治参加の拡大、国民国家の統合と独立、議会制民主主義の発達、国家機能の拡大と官僚制の強化、文民支配などの現象が指摘されるであろう。

　ヨーロッパの近代化は資本主義とともに発展してきた。「社会主義」はかかる資本主義の否定ないしは修正を迫るものであった。しかし、それは近代

化それ自体を否定するものではなく、むしろそこに共通する要素を内包していたのである。

20世紀が終息しようとする今日の時点に立ってみると、一面では近代化の理念と諸要素は今世紀中に実現され、21世紀まで生き延びるものもあるが、他面では修正を迫られているものも多い。進歩への疑問、「合理性」の追求に伴う人間の疎外、科学・技術の発展によってもたらされた幸せと災い、豊かさによる資源の枯渇・環境破壊と精神の荒廃、都市化による生活の破壊、政治参加の拡大に伴う衆愚政治化、官僚制の肥大化、民族対立の激化などの現象を指摘できるであろう。この歴史的状況が研究のあり方を規定し、研究の課題を生み出すのである。それでは、かかる状況は中国においてどのように現れ、日本の中国近代史研究とどのように関連していたのであろうか。

1945年8月敗戦後の日本に、アメリカ軍の占領下で戦後民主主義がもたらされた。

1949年10月中華人民共和国の成立によって、イデオロギーとしての社会主義と結合した、新しく独立した国民国家が中国で生まれた。反帝国主義・民族独立、民主主義、社会主義が時代の潮流として設定された。その反面、世界的規模での冷戦の進展は排他的自由主義、排他的社会主義をもたらした。そのような状況のなかで、中華人民共和国ならびに中国共産党に対する評価も分極化し、後述する民国史観的観点が成立する余地がなかったのである。

1949年10月1日中華人民共和国が成立したことは、第二次世界大戦終結後の日本の中国近代史研究に大きな影響を与えたことはいうまでもない。中国研究の対象が国民政府から新しい共産党の政府に移ったこと自体が、大きな転換であった。どのような立場をとるにせよ、なぜ中国共産党が政権を獲得したかを解明することが当面の研究の焦点となった。

その場合、中国における著作が大きな影響力をもった。それを受け入れるにせよ、批判的立場をとるにせよ、中国共産党の公式文書あるいはその公認のもとで書かれた歴史が重要な参照基準を提供した。それらのなかには、1945年4月中共第6期7中全会採択の「若干の歴史問題に関する決議」、胡喬木『中国共産党的三十年』(1951年)、胡華『中国新民主主義革命史(初稿)』(1950年)などがある。

中共の勝利の要因に関する1950年代の研究は、その支配の正統性と結び

ついていた。一方では、基本的には中共の主張に沿って多くの研究がなされた。そこでは、いろいろに解釈されたマルクス・レーニン主義的方法が支配的であった。主要な問題の焦点は、中ソ両共産党の団結、『毛沢東選集』の翻訳、勝利した毛沢東の立場に基づいた党内路線闘争の分析、毛沢東の孫文論による国民党理解などにあった。その背後には、新民主主義段階を予定よりはるかに早く終了し、社会主義段階へ移行させた毛沢東主導下の中共の政策、さらには冷戦の進行があった。要するに、中共に指導された社会主義の正統性と必然性を証明することに主眼があったのである。

それとは対照的に、中共に対し批判的に一定の距離をおいて研究する立場もあった。そこでは、中共・ソ連・コミンテルンの中国革命に対する路線の異同、都市と農村、毛沢東と陳独秀、瞿秋白、李立三、ソ連留学生派との路線の相違と権力闘争、抗日戦争期における毛の政治的権威と権力の確立過程、中共指導部の性格などの問題がとりあげられた。

これら二つの異なった立場に共通しているのは、中国近代史を中共中心に捉えていることである。1960年代から70年代に至り、文化大革命によって中国近代史は中共と毛沢東個人の歴史に収斂していった。文革は、一面では権力闘争を内包した、中国における新しい社会主義の創造を目指す運動であり、他面では世界的規模での、近代化された管理社会に対する若者の反乱と連動していた。この間、毛沢東に関する多くの著作が刊行された。但し、このことを逆の側面から見れば、それ以外の領域における研究成果が乏しかったことを物語っている。

政治の発展の方向を考察するにあたり考慮すべき一つの重要な側面は、対立する政治勢力の力関係である。この立場に立てば、中共中心の中国近代史研究は不十分である。しかし事実上、それまでの研究は中共と対立した国民党や軍閥の分析なくして中国近代史を叙述してきた。筆者はかねてより中共と対立した国民党史研究の必要性を主張してきた。その主張を通して筆者が意図したのは、国民党の敗者復活戦ではなく、国民党の路線を提示することによって中共の路線を相対化し、中共中心の歴史観を修正することにあった。それは同時に、国民党中心の歴史観の修正をも迫るものであった。そうすることによって、政権掌握者としての国民党と挑戦者としての共産党との力関係を分析することが可能になる。筆者は後に、「民国史観」と称し、中共、

国民党はいうまでもなく、中華民国期に活躍した主要な政治勢力の相互関係を分析することによって中国近代史を再構成することを提唱した。その視角は、共産党あるいは国民党中心の歴史を水平的に拡大したものであった。この観点は、今日日本の学界において受け入れられている。

すでに1960年代からアメリカにおいて、必ずしも同じ問題意識に基づくものではないが、中華民国史の研究が行われていた。1976年の毛沢東の死は中共の相対化につれて中華民国史研究の水平的拡大を一層促進することになった。つまり、毛の死は文革時代の毛沢東中心の歴史を修正することになる。それはまず、毛沢東とともに中国革命を闘ってきた朱徳、周恩来、劉少奇らの主要な指導者の役割を検証することから始まった。鄧小平の台頭はこの傾向を一層促進することになる。それと平行して、これらの指導者が関与した事件や彼らと対立した指導者の役割の再評価が行われた。初期毛沢東の研究、陳独秀路線の再検討、瞿秋白の思想と政治指導の研究、李立三路線の可能性と限界の解明、中共指導者の回想録の発表などがそれである。

中共の相対化は、中華民国史、国民党史の研究により大きな研究の余地をもたらした。民国期の諸政治勢力の興亡を叙述する、正史としての中華民国史の編纂、国民党通史の刊行が見られる。また、これまで国民党の発展が孫文を中心として興中会、中国同盟会、中華革命党、中国国民党の系統で捉えられる傾向があった。しかし、国民党史研究の相対化はこの系統から排除された人物や思想により大きな光を当てることになった。変法派の康有為、梁啓超、同盟会系の章炳麟、黄興、蔡元培らの思想と政治指導に加えて、日本と協力した汪精衛と南京国民政府までが研究の対象になってきたのである。さらに注目すべきは、蔣介石と彼の率いた国民党が研究の対象となり、部分的にではあるが（例えば、抗日戦争時期）その評価が肯定的に変化してきていることである。

中共や国民党の相対化は、さらにそれと対立した軍閥や両党の中間にあった第三勢力の研究にも光を当てることになった。袁世凱をはじめとする主要な軍閥の指導者およびその支配が分析の対象となった。しかし、中国における研究の視点はこのような領域の拡大にもかかわらず、その評価は基本的には依然として中共の運動の推進との関連において下されている。その意味で、それはわれわれのいう民国史観とは異なっている。

台湾は中国近代史研究のいま一つの重要な拠点である。むしろ、国民党中心の歴史観に基づきながら台湾の学界はこれまで中華民国史の研究ではより多くの研究成果を生み出してきた。台湾における政治的民主化の進展もまた国民党中心の歴史観の相対化をもたらした。国父として絶対化されてきた孫文に関する研究がより自由になり、それにつれて孫文ならびに国民党に対する関心自体が後退しつつある。同様に、蔣介石に関する研究も、その個人文書の公開とともに、より自由に客観的に行うことが可能になってきた。

　日本における中国近代史の研究はこのような中国と台湾における研究の発展と近年の変化に影響されてきた。中国と台湾における変化に先行する研究が日本になかったわけではないが、極めて少なかったことは否定しえない事実である。それは日本の中国研究の自立性の問題である。

　過去50年の日本の中国研究を振り返ってみると、われわれは中国の動向にあまりにも大きな影響を受けてきた。1950年代の社会主義中国の建設、60年代から70年代にかけての文化大革命、70年代末以後の改革開放の方向から中国の発展を見てこなかったであろうか。そして、中国の政策が大きく変わるごとに、われわれの研究も方向転換をしてきた。これに抗する研究がなかったわけではない。しかし、大勢としてその潮流に流されていった。一つの時代の潮流を設定し、そこから中国を観察することには危険性を伴うのである。

　そうであるとすれば、筆者がこれまでに述べてきた中国近代史の水平的発展だけでは中国の過去・現在・未来の発展を考えるには十分ではない。われわれは、揺れ動く中国の歴史のなかに変化しない連続性を見出し、その連続性の変化のなかに将来の中国の発展を見出すことに努めるのである。それは20世紀中国政治の連続性の問題であり、時系列的・垂直的研究の発展である。筆者はこの方向に新しい中国近代史研究の可能性を見出したいと考えている。

　その場合、歴史と現代との関係は矛盾をはらんでいる。歴史は現在のすべてを説明することはできない。なぜなら、歴史上経験されなかった新しい現象が、現在生まれてきているからである。それと同時に歴史なくしてし現在を語り、未来を予測することはできないことも事実である。つまり、現在と未来の現象は、過去の歴史構造に拘束されるからである。

筆者にとって、また多くの日本の研究者にとって、1989年の天安門事件は重要な一つの転機となった。改革・開放のスローガンの下にそれまで進行しつつあった経済体制改革、政治体制改革にもかかわらず、党・国家の支配が依然として有効であることが証明された。ここにわれわれは過去からの連続性を見出したのである。われわれ研究者に課せられたより重要な問題は、民主主義と人権という政治的・道徳的立場から一面的に事件を批判することではなく、なぜ党・国家の支配が今日まで存続しえたのかを解明することであった。それは、中華民国と中華人民共和国との歴史的連続性の問題であった。

20世紀中国の政治を振り返ってみると、一つの共通した現象を見出すことができる。つまり、辛亥革命は王朝を倒し、共和主義的民主主義を実現しようとしたが、袁世凱の武断的独裁に帰結した。国民党は、軍閥と帝国主義と闘い民族の統一と独立を目指したが、その訓政理論によって一党独裁を正当化した。共産党は、国民党の独裁に対し「民主主義」を要求し、労働者・農民の政治参加を拡大したが、中華人民共和国において実質的には党の独裁を堅持した。1956〜57年の放鳴運動に対する反右派闘争、1978年の「北京の春」に対する弾圧、1986〜87年の学生の民主化要求の抑圧、1989年の天安門事件における鎮圧などがその主要な例である。以上の例を通して、20世紀中国の政治発展は、民主化・解放と独裁・集権の異なった方向性を同時に内包しながら、後者に帰結する傾向があったことを指摘することができる。

かかる傾向を、一番最近の1989年の天安門事件のなかで検証することにする。独裁・集権の一つの側面は、学生・知識人の民主化要求に対してそれを「動乱」と断定し、鎮圧したことのなかに見出すことができる。「これは通常の学生運動ではなく動乱である。断固として制止し、彼らに目的を達成させてはならない」、「その目的は共産党の指導を転覆し、国家、民族の前途を喪失させることである」、「われわれには数百万の軍隊があるではないか。何を恐れることがあろう！」（矢吹晋編訳『チャイナ・クライシス重要文献』第一巻、蒼蒼社、1989年、129〜132頁）。これは、天安門事件における党・国家による学生・知識人の運動の抑圧を正当化した鄧小平の発言である。ここに、反対勢力に対する党の排他的支配の論理が見出される。

独裁・集権のいま一つの側面は、党・国家による上からの改革にある。「総じて中国には安定が必要である」、「いま外国に新権威主義という新しいスローガンがある。それは途上国で経済発展を行うには、一人の意志の強い人間が指導しなければならないということである」（矢吹晋編訳、前掲書、85〜86頁）。これも天安門事件当時の鄧小平の言葉であるが、それは改革は上からの指導によらなければならないことを示している。逆の面から見れば、改革への市民的要求は認められないことを意味する。当時の状況に則していえば、政治改革は学生や知識人の民主化への要求に基づくのではなく、共産党による上からの指導によるものでなくてはならないことを意味した。

筆者は、このような指導様式を「代行主義」と呼ぶことにしている。代行主義とは、「エリート集団が人民に代わって改革目標を設定し、人民に政治意識を扶植し、目標を実現するために人民を動員するが、人民が自発的に異議を申し立てるための制度的保障を欠く指導体制と指導様式」と定義される。そこではエリート集団の指導性確保が絶対的であり、改革への市民的要求がエリート集団の支配下にある党・国家の改革に先行することは許されないという歴史的に引き継がれてきた要素があった。

問題は、なぜ独裁・集権の傾向が連続して中国に存在してきたかということである。振り返ってみると、20世紀中国には異なった政治的利益をもった集団の利害関係を調整・解決するための制度的枠組みが存在しなかったか、あるいは非常に弱体であり、これが20世紀中国の政治構造の重要な特徴であった。このことが独裁・集権と関連していた、というのが筆者の見方である。そこでなぜ政治の制度化が弱体であったのかが解明されなくてはならない。

第一の理由は、近代国家としての中華民国が統一性を欠いた、弱体な国家であったということである。中華民国時期において、地方の軍事勢力が高度の独立性を有し、共産党も独自の農村革命根拠地を保持しており、中央政府としての国民政府の支配が全国的に十分浸透しなかった。議会制度のような共通の制度的枠組みはヨーロッパ的経験に照らせば、近代的国民国家のなかで生まれてきたが、国民国家としての中華民国が弱体であったが故に制度建設が行われず、共産党もこの状態を中華人民共和国に引き継いでいった。

第二の理由は、制度建設を行う社会的勢力が弱体であったことである。再

びヨーロッパの歴史を考えると、近代民主主義革命によって封建勢力と闘った資本家階級、そして後にはイギリスのように労働者階級が政権に参加することを通して議会制民主主義が成立した。しかし中国では、袁世凱政権は旧官僚と軍人に依存し、国民党は一面では近代的ブルジョアジーに支えられていたが、他面では軍人や地主層に依存していたのである。

第三の理由は、中国では引き継ぐべき封建制議会が欠落していたことである。近代ヨーロッパの議会制民主主義は、封建的議会のなかから議会の枠組みそのもの、運営の慣行、政権交代の方式などを受け継いできた。清朝政権の危機に際し急遽開設された諮議局と資政院は引き継ぐべきものを残さなかった。

第四の理由は、近代中国において主要な政治集団（政党、軍閥）が独自の軍隊と支配領域をもっていたという事実である。このような状況のなかで独自の軍隊と支配領域を他の政治集団に譲り渡すことによって共通の制度的枠組みを作ることは自らの存立を否定することになるので、そこでの政治対立は生きるか死ぬかの闘争に転化する。すなわち、政治闘争は容易に排他的な軍事対立に転化し、政治的対立を解決するための共通の制度的枠組みを構築することが不可能になる。このようななかで革命を生き抜いてきた共産党の人々は、反対派に対する非寛容の態度をもつようになったのである。

第五の理由は、帝国主義の存在である。近代中国の指導者にとって共通の課題は、帝国主義の侵略に対して強い中国を作りだすことであった。この要請は中央への権力の集中、反対勢力の排除を正当化することになった。したがって、そこには政治的利害対立を解決するための共通の制度的枠組みを生み出す余地はなかったのである。

歴史的連続性の第三の要素は、伝統的アイデンティティと国民国家的アイデンティティとの交錯である。天安門事件当時学生が提起した「われわれは国を愛するが、政府を憎む」というスローガンは、中国という国は愛するが、現存の党・政府の支配、その主張する社会主義をもはや受け入れることができないということを意味する。そこにはアイデンティティの危機が存在する。それでは、ここで言う「国」に対するアイデンティティとは何を意味するのであろうか。

伝統的中国には、皇帝を中心とする朝貢体制によって支えられた伝統的ア

イデンティティが存在していた。朝貢体制の下では、周辺諸民族は皇帝の支配を承認する限り一定の自立性が認められていた。この体制が「中国」あるいは「中華」として認識されていた。

ところが19世紀から20世紀にかけて中国は列強の侵略にさらされ、伝統的アイデンティティが危機に瀕した。中国は新たに強い国民国家を作りださなくてはならないという問題に直面した。筆者は、このような強い国民国家を求める意識を国民国家的アイデンティティと呼ぶことにする。国民国家は領土のすみずみまで中央の権力が及ぶ政治体制である。今日の中国人の意識のなかでは、中央権力が必ずしも浸透していなかった伝統的アイデンティティの領域が国民国家的アイデンティティのなかに組み込まれている。つまり、伝統的アイデンティティと国民国家的アイデンティティが交錯しているのである。かかるアイデンティティが歴史的連続性として今日まで引き継がれてきている。

筆者は、今後の課題として、以上の三つの歴史的連続性の要素から20世紀中国政治史を再構成し、それらの諸要素の相互関係を解明することを提唱するものである。かかる試みは、初歩的ながらすでに始まっている。袁世凱、孫文、蒋介石の思想や政策の再評価はかかる傾向の重要な一部分を構成する。それはやがて中国共産党の再評価にも及ぶであろう。中国近代政治史研究のかかる垂直的発展は、これまでの水平的発展と結合することによってより豊かなものになるのである。

本稿は、『東方学』第百輯（2000年9月）に発表したものを加筆・修正したものである。

中国の日本研究

回顧と展望

李 玉

1 はじめに

　中国の日本研究は、中国社会発展史及び中日関係史と密接なかかわりがあり、特に、社会制度、政権の変更は日本研究に大きな影響を及ぼした。従って、中国の日本研究史の時代区分を検討する際、これらの要因を考慮すべきである。よって、中国の日本研究史を次の大まかな時代に分ける：(1) 明代以前 (2) 明代 (3) 清代 (4) 中華民国の時代 (5) 中華人民共和国の時代。以下、簡要に紹介したい。

2 明代以前の日本研究

　中国の日本に関する最も古い記述は古代地理書『山海経』である。同書「海内経」に、「蓋国は燕鋸の南、倭の北にあり、倭は燕に属す」とある。ここでは、蓋国を紹介するとともに、「倭」について述べ、燕の南に位置すると記している。この「倭」が今の日本を指すのか否かは判断し難い。『山海経』は戦国、前漢に書かれたものだが、「海内経」4篇は前漢の初期に書かれた。

　前漢の歴史家班固は紀元1世紀に書いた『漢書』「地理志」のなかで、「夫れ楽浪の海中に倭人あり。分かれて百余の国となり、歳時を以て来たり献見す云々」と書いている。これが中国の日本地理位置に関する最も古い記述で

ある。

　紀元289年(晋　太康10年)陳寿(223-297年)の書いた『三国志・東夷伝』(『魏志・倭人伝』)は比較的系統立てて日本の状況を記述している。いまから千七百年前に、中国は日本の研究を始めたのである。

　『三国志・魏志・倭人伝』の時期から明代にかけて、日本に対する記述はみな官撰の正史に書かれ、各朝廷は正史のなかで本国の歴史以外に周辺隣国のことも記述した。そのなかに日本も含まれる。これらの正史は次の表1に示す。(そのうち、明史、新元史、清史の稿は明清時代の編纂)

　そのなかで、かなり価値のあるものは、『三国志』、『後漢書』、『宋書』、『隋書』及び『宋史』である。明代以前の中国の日本研究の特徴は次の通りである。

　　1. 日本に関する記述はみな各時代の官書、即ち、正史のなかに入れられている。即ち、皇帝の勅命で国家が編纂する官撰制度。これと同様、形式は外国伝記としており、いずれも「倭国伝」と称し、格式は画一的で篇数も限られている。例えば、『魏志・倭人伝』は全文1,987字である。『宋書・倭国伝』は全文565字である。
　　2. 内容的には紹介と実録的な記述である。
　　3. 方法的には見聞録或いは前史の抄録である。例えば、『後漢書』(445年)の大部分の内容は『三国志・魏志・倭人伝』からのものであり、ごく一部に修正と補充がなされている。

3 明代の日本研究

　明代に入り、中国の日本研究はかなり発展した。これは当時の政治情勢と切り離すことが出来ない。明代には「北虜南倭」に直面する。「北虜」とは北方モンゴル人の侵入であり、「南倭」とは日本海賊集団、即ち、倭寇の騒乱を指す。当時、倭寇は日本列島から朝鮮半島に沿って北から南へと現れ、しばしば明代の商人や住民を襲撃し、中国の沿海州の海上輸送と正常な往来を妨害していた。このほかに、陸上からの脅威も軽視出来なかった。1592年3月、日本を統一した豊臣秀吉は16万の軍隊を派遣して朝鮮へ侵入、明朝は朝鮮へ援軍を派遣した。海上と陸上からの日本の脅威に対し、日本研究

表1

書名	作者	写作年代	志伝名称	対日本の名称	備考
三国志	陳寿	晋太康10年（289年）	東夷伝	倭人	
後漢書	範曄	宋元嘉22年（445年）	東夷伝	倭	
宋書	沈約	斉永明6年（488年）	東蛮列伝	倭国	
南斉書	蕭子顕	梁天監13年（514年）	東南夷伝	倭国	
梁書	姚思廉等	唐貞観9年（635年）	東夷伝	倭	
隋書	魏徴等	唐貞観10年（636年）	東夷伝	倭国	
晋書	房玄齢等	唐貞観20年（646年）	四夷列伝	倭人	
南史	李延寿	唐顕慶4年（659年）	夷貊伝	倭国	
北史	李延寿	唐顕慶4年（659年）	四夷伝	倭	
旧唐書	劉昫	後晋開運2年（945年）	東夷伝	倭国・日本	両称並用
新唐書	欧陽修等	宋嘉佑6年（1061年）	東夷伝	日本	
宋史	脱脱等	元至正5年（1345年）	外国伝	日本	
明史	張廷玉等	清乾隆4年（1739年）	外国列伝	日本	
新元史	柯劭忞	民国9年（1920年）	外国伝	日本	
清史稿	趙爾巽等	民国16年（1927年）	邦交志	日本	

は急を要した。また、明の朝廷は対日政策（対日貿易と海上からの通商の禁止、倭寇対処策、援朝抗倭の問題）、日本研究をさらに推し進めた。

　明代の日本研究の成果はすこぶる豊かであり、官撰の『元史・外夷伝』『を除き、日本について記述した主な著作には、『日本考略』、『籌海図編』、『日本風土記』（或いは『日本考』）、『図書編』、『皇明書』、『皇明象胥録』、『潜確居類書』、『国朝献徴録』、『全辺略記』、『博物典彙』、『名山蔵』、『殊域周諮録』、『皇明駆倭録』、『倭変事略』、『靖海紀略』、『両朝平攘録』、『倭患考源』等数十種がある。こうして、中国歴史上の日本研究は最初のピークを迎えた。

　明代の中国の日本研究の特徴は次の通りである。

1) 編纂制度から見ると、それ以前の官撰制度に沿って正史を書き日本を研究したほか、民間学者、官僚、軍人を日本研究に参与させ、編纂陣容を拡大した。専門の学識さえあれば、書を著し説を立て、独立して研究成果を発表することが出来た。これは民間の自主的な研究に新しい道を開くものであった。

2) 形式から見ると、官撰正史の画一的な格式を打破し、多くの著書が

専門書として現れた。例えば、薛俊の編纂した『日本考略』、計3巻（一説には4巻）は、沿革、境界、州郡、属国、山川、特産、戸籍、世紀、制度、風俗、朝貢、貢物、辺寇、文詞、評議、防御等17の部分からなっており、内容は全般を網羅し詳述している。これは、中国人が編纂した最初の日本研究の専門書であると言える。また、鄭若曾の編纂した『籌海図編』計13巻は、図も文も多く、内容も豊富であり、如何にして倭寇の侵入を阻止し、抵抗するかを研究した専門書である。この書の第二巻の『倭国事略』は、倭寇の活動を専門に記述し、日本の天皇および中国の皇帝の差違について論評を加えている。

3) 多くの著書は内容的に見ても新たな研究領域を切り開くものであった。例えば、『日本考略』の「寄語略」は、明代日本研究の新しい試みである。寄語とは、日本の中文訳詞であり、中日対訳単語詞集である。この中では、350余りの日本語単語が収録され、天文、地理、人物、花草、衣服及び飲食等計15類に分けている。さらに、鄭舜功の編纂した『日本一鑑』も、多くの新しい領域を切り開いた。例えば、職員、人物、器用、鬼神の欄等は、それ以前の如何なる著作にも触れられていない新しい領域である。

4) 明代の日本研究は、それ以前の、海を隔てた日本研究及び前史の抄録という研究方式をまだ完全に脱してはいないが、それ以前の研究と比較して、実地調査を通じてチェック対比する研究方式がとられている。例えば、『日本一鑑』の著者鄭舜功は、1556年自ら日本視察へ出向き、「その風俗、地理を諮問し、その説を聞き、その書を見る」とあり、半年間にわたる直接的な調査と観察を通じて得た生の資料をもとに研究したものである。従って、その研究の成果は、内容的にも幅広く、史料としても真実性がある等、いずれも顕著な進歩の跡が見られる。例えば、同書に記述されている日本の614の郡名、町村数及び官名はみな日本典籍や文献からのもので、信憑性は極めて高い。

4 清代の日本研究

清代の日本研究については二つの時期に分けられる。以下詳述したい。

4.1 第一期、清朝の建国（1644年）から明治維新（1868年）まで

　この時期は、日本は正に「鎖国時代」に当たり、徳川幕府は、内に対しては日本人の出国を厳禁、外国人との接触を禁じた。外に対しては外国人の日本入国を厳禁、中国人、オランダ人及び朝鮮人に対してのみ指定地区に入ることを許可した。中日間ではまだ外交関係はなく、小規模の貿易も長崎の「唐人館」にて行うよう制限を加えた。この時期の清国は、国勢の隆盛期にあり、日本を「朝貢小国」としか見ていなかった。乾隆年間（1736-96）、朝廷が編纂した『大清一統志』の中で、30余りの朝貢国を挙げているが、日本は12番目である。同書の「日本条」には、「建制沿革」、「風俗」、「土産」の3項目だけで、内容はいずれも旧史から写したもので新しい史料は何もない。乾隆年間編纂の『皇清職貢図』には、日本を朝貢国としているが、日本の紹介は僅か138文字と極めて簡単である。従って、この時期の日本研究の成果は微々たるもので、質的にも低い。ここに挙げられるのは、陳倫炯の『海国見聞録』の中の「東洋記」、汪鵬の編纂した『袖海編』及び翁広平の編纂した『吾妻鏡補』（別名『日本国志』）である。『吾妻鏡補』は1814年（嘉慶19年）に出され、30巻と28巻の2種類がある。内容は、世系表19巻、天皇世系及び中日関係史で、ほかに、地理志（2巻）、風土志（2巻）、食貨志（1巻）、通商条規（1巻）、職官志（1巻）、藝文志（7巻）、図書（1巻）、兵事（1巻）、付属国志雑記（1巻）である。同書は内容が広範囲にわたり、資料も豊富で確かなものであり、この時期の中国人が日本鎖国時代を研究した代表作である。

4.2 第二期、明治維新（1868年）から辛亥革命、清朝の滅亡（1911年）まで

　日本は明治維新後、積極的に西洋に学び、維新改革を実行し、急速に資本主義の道を歩む。特に、1894-95年の甲午海戦で清軍が大敗したことは、中国の朝野に大きなショックを与えた。有識の士は、夢から覚め、日本理解と日本に学ぶことを余儀なくされた。特に、急進的な改革派は積極的に日本を

手本とし、変法維新を実行するよう積極的に提唱した。こうした背景のもとに、明治維新から20世紀初めにかけ、中国の日本研究、日本学習のピークが起こった。これが中国史上の日本研究の第二のピークである。それは主として以下の通りである。

1) 中国の日本国駐在公館の職員が積極的に日本研究に従事した。中日両国は1871年9月に調印した「中日修好条約」を通じて、外交関係を正式に打ち立てた。77年には中国の日本国駐在公使館が出来、職員は日本駐在という有利な環境のもとで、広く友人と交わり、多方面から資料を収集し、日本に関する研究で多くの成果を上げた。例えば、初代の公使何如璋は、日誌形式で『使東述略』を書き、詩文形式で『使東雑詠』を書いた。初代の副公使の張斯桂は『使東詩録』を書いた。二代の公使黎庶昌は訪日旅行記や雑記を書き、のちに文集『拙尊園叢稿』として出した。ほかに、黄遵憲（参事官）は『日本雑事詩』、『日本国誌』を出し、楊守敬（参事官）は『日本訪書誌』、姚文棟（随員）は『日本志稿』及び『日本地理兵要』、陳家麟（随員）は『東槎聞見録』を書いている。

2) 数多くの中国留学生が日本へ渡った。（1901-06年、留学生の数は12,909名に達した）日本の進んだ技術、進んだ思想を学習、研究し、多くの科学技術、文化教育及び軍事関係の人材を輩出した。これと同時に、多くの中国人学者や愛国の志士が明治維新を研究し、富国強兵の道を求めて続々と訪日視察に出かけた。彼らは帰国してから、文章や旅行記を書き、日本紹介の書を出し、また、日本の近代化の事情を広め、中国の改革と維新を推進した。こうした人の中から多くの日本研究学者、専門家が生まれ、彼らの著作や造詣の深さは後の人々へ大きな影響を与えた。

上述の人々が書いた旅行記や著作の主なものには、王韜の『扶桑遊記』、王之春の『談瀛録』、李筱圃の『日本紀游』及び『日本雑記』、傅雲龍の『游歴日本図経』及び『游歴日本図経余記』、顧厚焜の『日本新政考』、葉慶頤の『策鰲雑摭』、呉慶澄の『東游日記』、劉学洵の『游歴日本考察商務日記』、

羅振玉の『扶桑両月記』、黄瓊の『游歴日本考察農業日記』、呉汝綸の『東游叢録』、張謇の『東游日記』、程淯の『丙午日本游記』、盛宣懐の『愚斎東游日記』、程恩培の『日本変法次第類考』、王先謙の『日本源流考』、康有為の『日本変政考』等がある。

清代（主として後期）の中国の日本研究の特徴は下記の通りである。

1) 歴代と同様に、清朝は乾隆4年（1739年）、官撰の『明史』のなかにも「日本伝」を設けた。その篇数はかなり多く、内容も豊富である。主として、明朝と日本との関係を記述したものであるが史料価値は高い。しかし、清代の日本に関する研究著書は、主に民間からのものであった。民間の研究が主導的な地位を占め、官撰のものは副次的な地位に落ちた。これは、根本的な転換であり、中国の日本研究をして徹底的に官から民間へ移し、また、日本研究に従事する人員もかなり広範囲のものであった。

2) 日本研究の成果は次第に多様化の方向へ向かう。一般的な著作や専門著書を除き、旅行記、詩集等。

3) 研究方式から見ると、これまでの、海の彼方から日本を研究するという方式は徹底的に改められた。日本に関する専門著書、旅行記等、その多くは実地調査によって大量の生の資料を収集して書かれたもので、研究の成果は質的にも高められた。

4) その内容から見ると、一つには、この時期の日本に関する研究著書の多くが、研究の領域を国家間の往来、商業貿易、民間交流等に集中しているとは言え、次に挙げる著作のテーマから見ると、研究の範囲は拡大していることである。王韜の『扶桑日記』の内容には、文人風貌、山河、文芸、古跡が含まれている。葉慶頤の『策鰲雑摭』の内容には、国名、世系紀年、彊域、徭賦、官制、俸給、軍艦、山川、季節、名勝がある。黄遵憲の『本雑事詩』の触れた領域は、日本神話、歴史、政治、地理、民情、教育、文化、宗教、服飾、医術、商業、技術、鳥獣等である。程恩培の『日本変法次第類考』計25類には、憲法、裁判所、民法、商法、刑法、官刑、官規、統計報告、外交、地方制度、土地、警察、出版、監獄、衛生、家教、財政、軍事、教育、勧業、鉱

業、設計、運輸、郵政等がある。二つには、研究の質から見て、ある特定領域に関する研究を行ったある種の著作には、ある程度の深みがあることである。この方面で抜きんでているのが黄遵憲の『日本国志』である。同書は、1表（中日対照表）と12誌からなっている。12誌には、(1) 国統誌（日本の歴史を記述）、(2) 隣交誌（中日関係史等）、(3) 天文誌（暦法史）、(4) 地理誌（各藩の地理状況）、(5) 職官誌（政府機構、官吏投球、俸給等）、(6) 食貨誌（戸籍租税、財政、国債、貨幣等）、(7) 兵制（陸海軍の状況等）、(8) 刑法誌（1881年に公布した処罰法、刑法）、(9) 学術誌（漢学、洋学、文学、学制）、(10) 礼俗誌（祭典、婚礼、葬儀、服飾、飲食、楽舞、仏教、氏族、社会）、(11) 物産誌（物産と貿易）、工芸誌（医薬、農事、織工、刀剣、漆器等工芸技術の発展の状況）がある。同書は、日本研究のレベルが最も高く、最も影響力のあった著作であり、この時期の中国人の日本研究における代表作である。

5）研究の出発点から見ると、これらには明確な目的があった。即ち、外為中用（外国のものを学び、中国化して用いる）、中国の実際状況とマッチさせ、日本を理解し、研究、学習し、中国の近代化を推し進めた。例えば、前述の黄遵憲の『日本国誌』の重点は明治維新を紹介することにあり、中国の実情に結びつけて啓蒙的な論評を加えている。この点は、後の戊戌変法運動の中で極めて大きな役割を果たした。また、康有為の『日本変政考』20巻、12冊は、明治元年（1868年）から明治23年（1890年）の間に発生した重要な事件を記述し、重点的に明治維新で実施された一連の改革に対して逐一注釈を加え、その利益と弊害、さらに、中国はどのようにして模倣すべきかについて説明している。この注釈は同書の精髄であると言える。作者の明治維新研究が決して普通一般の学術研究ではなく、当時の中国の改革実践とマッチさせる中で行われたものであるのがわかる。また、後の「百日維新」で、光緒皇帝が下した詔書には、同書の注釈を直接引用したもの、及びそれからヒントを得て書かれたものが多くあると伝えられている。

5 中華民国の時期の日本研究

　辛亥革命による清朝政府の転覆、中華民国の成立（1912年）から中華人民共和国の成立（1949年）まで、わずか30年余りであるが、中国の日本研究はかなり大きな発展を遂げる。この時期の日本研究は、おおよそ以下の2段階に分けることが出来る。

5.1 第一段階、1912年から1930年まで

　即ち、民国の成立から「九・一八」事変まで。この段階の日本研究は、中国人の日本観を根本的に変えた時期でもある。前述のように、明治維新後、中国では日本理解と研究のピークを迎え、多くの人員が訪日し、或いは留学する。また、新聞雑誌が日本の政治社会と風土人情を大量に紹介する。この時期における人々の関心事は、明治維新の経験を研究し学習し、中国の民主主義革命と現代化を推し進めることにあった。

　しかし、中国人民は甲午戦争、八国連合軍の中国侵略及び日本が表面的には孫中山革命派を支持することを装いながら、実際には裏で北洋軍閥と結託し、各親日勢力を援助し、矛盾を作りだし、挑発を行い、中国革命に反対していたことを目撃した。特に、1915年、日本が中国を滅ぼそうとする「二十一ヶ条」をたたきつけた後、日本帝国主義の中国侵略は公然としたものとなる。ここで、中国の人々は、明治維新への憧れという夢から目覚めて、あらためて日本を見直し、日本帝国主義の真の姿を見抜き、中国の日本観も根本的に転換した。こうして、15年以降、特に20年代に入り、中国の日本研究の重点と方向にも重大な変化が現れる。即ち、これまでの、客観的な日本紹介、明治維新及び日本の近代改革の宣伝と賞賛の域を脱して、次第に日本帝国主義の研究に転じ、その本質の暴露と批判へと転換した。

　この段階の日本研究の特徴は以下の通りである。

1）日本をさらに深く理解したいという人々の渇望と相まって、日本語著書の中国語訳本（翻訳書）及び日本旅行記が大量に出版された。日本の学者、実藤恵秀の統計によると、1911-31年の間に、中国で出版

された翻訳著書は計665種（毎年平均約32種）、日本旅行記計50種である。
2）研究の重点は明確である。即ち、日本は何故帝国主義の道を歩んだのか？　日本帝国主義はどのように中国を侵略したか？　この方面の研究著書が相継いで出版された。例えば、『日本帝国主義の中国に対する経済侵略』（候培蘭1913年）、『日本の満蒙侵略史』（支恒貴1927年）、『日本帝国主義の正体』（李士剛1925年）、『日本帝国主義の中国侵略史』（蒋堅忍1931年）、『日本帝国主義と東北三省』（許興凱1930年）等である。
3）研究の領域も拡大され、レベルも高められた。一般的な研究のほかに、専門史とテーマ研究の著作が出る。例えば、『中日国際史』（史俊民1919年）、『中日外交史』（呉敬恒1928年）、『中日外交史』（陳博文1929年）、『日本社会史』（徐孔曾1931年）、『日本文学』（謝六逸1929年）、『日本論』（戴季陶1928年）、『日本無産政党研究』（施存統1929年）、『日本関税制度』（周培蘭1928年）等である。

その中でも、学術的なレベルから見ると、戴季陶の『日本論』が最も高く、同書24章は、政治、経済、歴史、軍事、社会、文化、思想及び日本の対外関係等、内容が充実していて、論述もきめ細かく、特に、明治維新発生の原因、日本帝国主義の本質及び日本の国民性に関する分析は一般のものと異なり、独特な見解を論述している。同書は、黄遵憲の『日本国志』に次いで、次世代に引き継ぐべき名著である。

5.2 第二段階、1931年から1945年——「九・一八」事変発生の年から日本帝国主義の崩壊まで

この段階では、中日関係は敵対状態にあり、抗日の気運が高まる中で、全国挙げて日本の動向に注目していた。各界の人士が様々な角度から日本に対する調査と研究を行った結果、研究の成果が大いに上がり、内容も豊富で、レベルも高められ、かなりの深まりが見られる。この時期は、中国の日本研究における歴史上の第三回目のピークである。

第五部　日本人の中国研究と中国人の日本研究

　この時期に日本研究が急速に進んだ原因として、一つには、前述したように、1915年以降、中国人の日本観に重大な変化が見られ、日本に対する認識が一段と深まり、そして、それが日本研究をさらに深めるための恰好の基盤となったことである。二つ目は、「九・一八」事変後、日本帝国主義の、まず「満蒙」、次に華北、そして全中国征服、アジアに覇を唱える侵略拡張の世界戦略を加速し、推進したことである。37年に「七・七」事変を起こし、全面的な中国侵略が始まり、次いで41年に太平洋戦争を始めた。中華民族は、最も危険な時機に遭遇した。逼迫した情勢の中で、中国人は日本研究を強化せざるを得なくなった。このようにしてこそ、「己を知り、彼を知り」、正しい戦略と対策を立て、抗日戦争を徹底して進め、最後の勝利を勝ち取ることが出来たのである。

　この段階の日本研究の特徴は以下の通りである。

1) 研究成果の量が多く、内容が豊富である。筆者が関係資料によって統計をとったところ、1931-45年の間に出版された中日関係史、歴史、経済、教育、文学芸術、語学、政治制度等の領域に関する研究著書は計920種あった。その中で、中日関係史に関するものは446種、日本史の研究に関するもの266種である。種類別に区分すると、表2の通りである。

2) 日本研究はかなり広範囲にわたり、また、普及した。それは、主として、次のいくつかの方面において見られる。

　一つは、1930年代以降、日本研究は少数の人の研究という局限性を打ち破り、次第に社会へ広がり、皆が共に関心を寄せ、共同して行う作業になったことである。研究者の陣容は、少数専門家から広範囲のインテリを含む、社会の各層の人士へと広がった。

　二つ目は、日本研究叢書が大量に出版されたことである。統計では、1930年代、全中国で出版された各種の日本研究叢書は計50余セットに達した。その中で、南京日本評論社出版の『日本研究会小叢書』は、「各週一種、各種一問題を論述」することで、「近代日本の破綻を暴露し、その真相に徹底的に迫る」（同叢書の編集趣旨）。同叢書は計83種。その中で、日本経済に関するもの25種（30.1％）、政治と政

表2　1931〜45年出版された中日関係史関連の研究著作の分類統計

種別	数量（種）
中日関係史概述	26
日本侵華史	68
年表、大事記、資料集	36
中日甲午戦争	7
2,30年代中日関係記述、評論	37
抗日戦争及国際社会	31
抗日戦争史料	11
抗日戦争史	7
九・一八事変與七・七事変	16
「満蒙」問題	86
日軍侵華暴行	34
抗日救亡運動	85
中日文化交流史	2
合計	446

表3　1931〜45年出版された中日関係史関連の研究著作の分類統計

種別	数量（種）
日本綜述	49
日本通史	26
日本游記	11
明治維新	7
日本論及日本民族性	11
日本政治制度及政党史	7
工人、青年、婦女運動	4
日本国内政局	55
日本法西斯化	13
戦争前後対外関係概述	30
日米関係及太平洋戦争	15
日蘇外交	7
日本軍隊及軍備	13
日本現在人物	18
合計	266

党に関するもの5種（6％）、社会運動に関するもの7種（8.4％）、文化教育8種（9.6％）、軍事12種（14.5％）、国際関係10種（12.1％）、その他9種（10.9％）である。同叢書は大規模なもので、内容も充実しており、『反日帝国主義叢書』（昆侖書店出版12冊）、『日本国情研究叢書』、『日本知識叢書』等を含めて、日本研究は各領域にわたっている。このような大量の叢書の出版は、中国の日本研究が孤立した、個人研究の枠を打破し、領域ごとにシリーズとして共同作業する方式に変わったことを物語るものである。また、このような共同研究は、日本研究の層の広がりを反映するもので、この時期の日本研究の展開を大いに推進するものであった。

三つ目は、日本研究雑誌が大量に出回ったことである。統計によると、1930-40年代に全国で発行された日本研究雑誌の種類は23種にのぼる。その中の主なものに、『日本研究』、『日本』、『日本評論』、『日文と日語』、『日本論壇』等があるが、これらの大半は、月刊或いは半月刊誌で、発行部数も多い。例えば、『日本研究』（上海新紀元日刊社、

上海日本研究社）の創刊号は初版5万部であった。これらの多くは、上海、南京、広州、重慶等の大都市で出版され、従って多くの読者を抱えており、影響も大きいものであった。

3) 新しい研究領域を開拓し、研究の重点もますます際だってくる。辛亥革命以降、特に、1930年代に入り、日本研究の領域は、それまでの国家的往来、商業貿易、民間交流等から、哲学、歴史、経済、法律、文学、言語、芸術等の領域へ拡大する。また、それに伴って、絶えず新しい領域が開拓された。例えば、人口学（社会科学類）、農業経済、鉱業経済、金融、銀行、交通運輸（経済類）、図書出版（文化類）、教育学、各種教育（教育類）、文学評論、民間文学、児童文学、戯曲、絵画（文学芸術類）である。

1930年代以降、日本帝国主義の対中国侵略が拡大されたことによって、日本研究の重点はさらに際だってくる。即ち、日本の政治、軍事、中日関係及びそれに関係するファシズム、軍国主義、武士道、大和魂等である。そして、これらの問題の研究は、つまり、日本帝国主義を研究して中華民族の抗日戦争に奉仕するという一点に集中するものである。当時、崑崙書店が出版した『反日帝国主義叢書』の序文は、この点を最も明確に述べている。同叢書の序文は次のように述べている。

「日本帝国主義を打倒することは、長期間にわたる事業であり、また、全中華民族の共通の責務である。日本帝国主義を徹底的に認識しなければ、日本帝国主義打倒の正しい路線と手段は得られない。本書店はこれに鑑み、特に、日頃より日本問題を研究している学者にお願いし、厳格な科学的立場に立って、日本帝国主義の社会、経済、政治等の状況及び中国侵略史、一般国際情勢について触れていただいた。全12冊。それぞれが専門ごとに重要な問題について研究されたものである。しかも、各問題とも密接な関連がある。これは、反日の一大専門叢書であり、正に、抗日救国運動での必読の書である。」

4) レベルの比較的高い著作が出現したが、これらの中には、日本神国思想を批判し暴露したものがある。例えば、『日本とファシズム』（姚宝猷1934年）である。日本主義、ファシズムを批判したもの、『日本

とファシズム』(傅無退1933年)、『日本主義批判』(李毓田1938年)、日本の民族性の研究、中日民族性について比較したもの、『中日民族論』(繆鳳林1928年)、『日本民族性』(陳德征 1928年)、『日本人——一外国人の日本研究』(蒋百里1939年)、『強靱な日本伝統精神——日本文化の考察』(羅白釗)、日本の政治状況を分析研究したもの、『日本政治経済研究』(許興凱)、『日本の軍部、財閥、政党』(鄭学稼) 等がある。これらの著書は、かなり深みのあるもので、蒋百里の書を例にとると、同書はまず、日本の自然、地理、風土及び人種から書き出し、次いで日本の歴史、政治、経済等の方面の多くの代表的な人物の経歴について分析比較し、その上で結論を導き出している。即ち、日本人は先見性に乏しく、性情が粗暴で、かつ、定見がなく、悲観的で、運命論的で、常に矛盾に満ちていると（心理と個性の二重性格）。1940年代、アメリカ人、ベネディクトの『菊と刀』に日本人の二重性格についての論述があるが、これが最も深みがあって正鵠を得たものであるが、この観点と蒋百里の分析とは、ほぼ一線上にある。しかし、蒋の所見は、アメリカ人より7、8年も早い。これから見ても、これらの日本研究著書のレベルが如何に高いかが分かるであろう。

6 中華人民共和国時代の日本研究

1949年10月1日、中華人民共和国が成立。これより、中国の日本研究は新しい段階に入る。それまでの、45年8月、日本帝国主義崩壊から新中国成立までの短期間、当時の国内外の条件の制約によって、系統的な研究の展開は難しく、僅かに一部著名な学者と専門家だけが日本の戦後処理及び日本が如何なる道を歩むべきか等の問題をめぐり文章を発表し、戦後の日本の状況を紹介する著作を出したに過ぎない。中華人民共和国の成立は、中国の日本研究のために新しい領域を開いた。しかし、諸々の原因で、新中国成立後の日本研究は、苦しい、紆余曲折の過程を歩み、80年代以降になって、やっと新しいピークを迎える。

中華人民共和国成立から今日まで、日本研究は大まかに二つの時期に分けることが出来よう。

6.1 第一期／第一段階、1949年から1966年まで

　第一期、1949年から78年、即ち、中華人民共和国成立から中国共産党11期3中全会開催まで。この時期については以下2段階に分けて述べたい。

　第一段階、1949年から66年、即ち、新中国の建国から文化大革命の開始まで、50年代から60年代前半期であるが、この時期には、中国は50年代の回復、発展期を経て、60年代に至り、かなり大きな変革が見られる。しかし、経済は依然として発展していない。50年代から「三反」、「五反」運動、反右派闘争及び反右傾闘争等の政治運動が相継いで起こった。日本政府のアメリカ追随、中国敵視政策によって、中日国交は不正常な状態にあった。従って、この段階の日本研究は、以下の二つの特徴を持つ。

1) 日本研究は普通、対日工作の必要上、即ち、政治の必要性に服従することに限られる。①研究者と研究機構から見ると、一部の渉外部門或いは日本と往来関係のある機関の研究者がそれ自身の業務と関係する調査研究に限られていた。②研究内容の多くは、当時の国際情勢にマッチしたものである。例えば、1950年代の日本研究は、日本国内の動向やアメリカの対日政策に対する暴露と批判であり、戦後の日本及びアメリカの日本再軍備に関する著作、論文の紹介と発表である。その中の重要なものに、「戦後の日本問題」（思慕）、『日本の平和運動』（鄭森禹）、『日本』（張香山）、『日本問題概論』（李純青）等がある。統計では、50年代に出版した著作21冊、論文189篇、ごく少数の学術問題以外は、大半が戦後の日本の政治、経済、社会の変化、アメリカの日本再軍備及び日本人民の平和、民主闘争を記述したものである。従って、全体としては、日本研究はまだ低調な状態にあった。

2) 日本研究の発展は、党と国家の政策と密接に関係する。1963年末、中共中央、国務院の「外国問題の研究を強化せよ」との指示が出され、全国の大学、研究機関がこぞってこれに応え、日本研究を強化充実させた。2年にも満たない間に、相継いで新しい日本研究機構が作られた。それらは、遼寧大学日本研究所、吉林大学日本研究所、東北師範

大学日本研究所、中国科学院哲学社会科学部東南アジア研究所日本組、天津市歴史研究所日本史研究室、上海国際問題研究所日本研究室、復旦大学世界経済研究所日本経済研究室、北京大学アジアアフリカ研究所日本研究室等である。これらの研究機構の設置によって、中国の日本研究は確固たる基盤を作りあげ、また、人材養成、資料の蓄積のための基盤を作った。これと同時に、日本研究のムードが盛り上がった。例えば、1961年6月、長春にて開催されたアジア史セミナー、同年12月、北京で開催された史学年会にて、いずれも明治維新についての討論が行われた。著名な日本史専門家の周一良、呉廷璆、鄒有恒がこのテーマについて論文を発表している。また、中日甲午戦争、東方会議及び「田中上奏」等についても著作、論文を発表している。統計では、60年代の上半期（1960-65年）に、日本関係の研究論文177篇、著作21冊がある。なかでも、朱謙之の『日本哲学史』、『日本の古学及び陽明学』、『日本の朱子学』は、専門学科の歴史、テーマ著作としてはかなりの分量があった。

このようにして、中国の日本研究は半ば停滞状態を経て、1960年代上半期から活発になって来る。しかし、66年の文化大革命は、この盛んになり始めたばかりの日本研究熱に水を差すこととなった。

6.2 第二段階、1966年から978年まで

この段階は、以下二つの部分に分けられる。

1) 1966年から72年。文化大革命により、学校は休校となり、研究所は閉鎖され、教師と研究者は下放され、少数の政府業務部門を除いて、全体の日本研究は基本的に停頓状態に陥る。統計では、66年から71年、全国で出版した日本研究著作は僅か4冊。そのうちの3冊は、学術書でない翻訳資料であった。もう1冊は、批判用の小説の翻訳であった。

2) 1972年から78年。1972年の中日国交正常化は、中国の日本研究に活力を与えた。国内の各日本研究機構は相継いで活動し始め、日本語

学校は募集が再開され、ようやく日本研究に活気が出てきた。この段階の特徴は以下の通りである。

(1) 人材養成の重視

研究機構の復活により研究陣容の再整備、若い研究者の養成、特に、数十箇所の大学で日本語学科や日本語研究室を設置し、100カ所以上の大学で、第二外国語の日本語課程を開設し、全国の複数大都市でアマチュア日本語放送講座及び通信教育講座を設け、日本語熱が急速に沸き上がる。これは、日本研究陣容の拡大と研究者の質的向上に基盤を築くものであった。

(2) 先行的な研究の展開

但し、これには多くの問題がある。一つは、これらの研究は、基本的に分散、孤立して行われていた。二つ目は、「左」の思潮の影響をまだ受けていて、研究の範囲が狭く、内容も単調であった。統計では、1972年から78年、日本関係の著作と翻訳は合計116冊。そのうちの多くは、日本の国情と風俗習慣、例えば、衣食住、冠婚葬祭等で、深みのある専門的著作は少ない。

6.3 第二期、1979年から現在まで

1978年、中共中央第11期3中全会で、経済建設を中心に、「思想開放、改革開放」、特色のある社会主義現代化中国の建設という総体的な方針路線を制定した。この方針は、中国の日本研究に対し根本的な保障を与え、全国の日本研究に従事する人員を長期間にわたる思想上の束縛から脱却させ、これまでの障害を取り除いた。思想は大いに開放され、視野はさらに広がり、各自、研究に努力専念し、全力を挙げて日本研究に従事した。統計では、78年12月から93年3月まで、全国で出版された日本研究に係わる著書と翻訳は315冊。この出版量は、49年から78年の17.5倍である。研究成果の量も空前の記録を作り、しかも、質的にも明らかに高まった。この時期に、全国各地にある科学研究機構及び日本研究機構は90余りあり、全国或いは地域の日本研究を行う民間団体は40余りの多きに達した。これらは、1979年以降の、中国の日本研究が4回目のピークを迎えたことを物語る。

この時期の日本研究の特徴は以下の通りである。

1) 学術誌は日本研究の重要な出版物であり、中国の日本研究のなかで重要な役割を果たした。大まかな統計では、1972年以来、中国では53種類の日本研究誌が出ている。これらに掲載された論文と資料はともに高いレベルを有し、多くの読者を獲得した。79年から89年の主な日本研究誌の中の13誌に発表された論文は1,354篇で、内訳は、経済78篇（58％）、文化科学、教育162篇（12％）、言語文学芸術169篇（12％）、歴史地理96篇（7％）、政治100篇（7％）、法律軍事21篇（2％）、社会（17.1％）である。これらの各誌は橋渡し、案内、諮問の役割を果たし、また、文献として中国の日本研究と学術交流、日本への認識と理解の重要な手引きともなった。

2) 交流と協力がますます発展する。中日国交正常化と両国の往来が頻繁になるに伴って、この時期、即ち第四次のピーク時、及びそれ以前のピーク時に比べて、中国の学術交流と協力関係が特に顕著になった。両国の学術交流と協力関係は広範囲にわたり、政府間、各民間研究機構と学術団体間、また、個人ベースの交流へと広がった。形式は多様化し、いろいろな規模の学術、文化講習会、中・高級の日本研究者養成のためのトレーニング、修士博士養成のための大型共同プロジェクト、学者間での共催或いは国際学術シンポジウムへの共同参加、中日学者間の共同研究（共同のテーマ研究、日本語教材、資料の共同編纂）等である。こうした交流と協力関係の中で、研究者には基本的に二つの性格があった。一つは、「来ていただく」、即ち、日本の学者を中国へ招請すること。もう一つは、「出向く」、即ち、中国の学者が日本へ行くこと。こうした直接対面しての交流は、意思の疎通と理解を深め、特に、中国の学者が日本へ出向いて研修し、講義し、学術セミナーに参加し、資料を閲覧調査することは、最も直接的であり、最も効果があり、最も深く理解出来る日本研究の一方式であり、中国の日本研究を力強く推進するものであった。北京大学日本研究センターを例にとると、同センターでは、1988年の創立から98年までの10年間、学者、延べ144名を訪日させた。そのうち、国際学術シンポジウムに参加した者、延べ48名、研究に従事した者、延べ35名、（そのうち、1年以上滞在した者、延べ28名）、日本で講義を行った者、

延べ15名、(そのうち、講義が1年以上にわたる者2名)。日本訪問と研究を通じて、大量の資料を独自で調査収集し、日本研究をさらに深めるための基盤を築いた。例えば、厳紹湯教授は83年より日本が収蔵する漢籍善本（明代と明代以前の典籍）について大規模な調査を行い、15年の間に14回日本へ出向いている。日本の学者の協力により、日本が収蔵する漢籍、計7,800種余りを収集した。文化学的、文献学的及び史学的研究を通じて、『漢籍の日本への流布に関する研究』、『日本蔵宋人文集善本鈎沈』の専門著作を出した。ここに至り、ついに基本的に、千五百年余りにわたる中国文献の交流の中での漢籍の日本へ伝わった基本的な状態及び現状を掌握することが出来た。こうした成果は、「日本漢学」と「日本中国学」の研究の基盤を作り、中国文献学界の研究に、新たに学術的領域を切り開く上で大きく貢献した。

中国は世界で最も早く日本研究に着手した国である。中国の日本研究は古代より始まるが、最初は海を隔てての研究であった。明代に入り多少変更されたが、晩清に至ると顕著な転換が見られる。しかし、徹底した転換はこの時期であった。「出向く」、即ち、日本へ出向いての研究は、第四のピーク時期で、広さ、深みとも前の第三ピークを大いに超えた。中日学術交流と協力が頻繁になったことは、中国の日本研究の上での重大な変化であると言える。また、このことは、中国の日本研究が第四のピークに入ったことを象徴するばかりか、このピークの到来を促した要因でもあった。

3) 研究の広さと深さが著しく発展した。研究の広さの発展とは研究の拡大を指すものであり、主に二つの面に現れている。一つは、日本研究が哲学、政治、法律、軍事、経済、文化、科学技術、教育、言語、文学、芸術、歴史、地理等の各領域で進められた。二つ目は、各学科領域での研究範囲が拡大されたことである。例えば、日本経済の研究は、日本経済自体の内容（産業構造、経済管理、企業文化等）に係わるものだけでなく、さらに、それらと関連する多くの領域、例えば、環太平洋経済研究、環渤海経済研究、東北アジア（環日本海）経済研究等にまで広げられた。

研究の深さ、即ち、研究次元の高まりはさらに顕著なものがある。研究次元の高まりは徐々に進行したのであるが。まず、かなり直感的に日本を紹介し、その後で、逐次ある方面についての日本研究へ発展し、引き続いてかなり系統的に日本を総合研究し、さらに、文化から日本を研究する。例えば、1980年代に入り、日本経済に対する研究の多くは、改革開放に適応させ、中国社会主義経済改革を加速させ、日本の成功の経験と失敗の教訓というところから出発している。従って、日本経済の研究では、日本の産業構造、経済構造調整及び実務面での問題解決、例えば、財政、金融、対外投資等がかなり重要視されている。80年代下半期および90年代初期から、次第に系統的な総合的な日本の近代化成功の経験を総括する方向へ転化し、分量もあり深みのある著作が出された。例えば、『日本経済論』、『日本勃興論』、『日本は近代化へ進む』、『戦後の日本経済発展史』、『戦後の日本産業政策』、『戦後の日本経済の基礎構造』等である。

特に、全国の日本経済研究者が共同研究した「日本発展の展望に関する研究」プロジェクトは、かなり突っ込んで日本の未来、行方について検討を加えている。その争論の部では集中的に日本経済について論述し、マクロ的な観点から日本の行方について論述している。

さらに、日本史研究では、1980年代以降、テーマがさらに増えて、系統的、総合的な研究を通じ、研究は深まり、学術的レベルも上がった。こうした領域やテーマとして、邪馬台国（地理位置と社会性質）、部民制とその性質、大化改新、日本封建社会の特徴、明治維新、自由民権運動、維新政権と天皇制の性質、東方会議と「田中上奏文」、ファッショ化、戦後の民主改革およびアメリカ占領政策等がある。中でも、特に、明治維新の研究が最も加熱した領域として論争点が最も多く（明治維新の性質、歴史期の区分け等）、論争が特に激しく、しかも研究レベルは最も高い。

この時期に最も注目されるのは、日本文化の研究が次第に人気を博したことである。中国学者の日本伝統文化と現代化、日本人と外来文化、政治文化、日本国民性、社会構造、社会思潮、思想文化等の重要な問題について広範囲な突っ込んだ研究が展開された。一般的に言えば、

文化研究は困難さを伴う、高い次元の研究の範疇に属し、人文社会研究の総合的な体現である。従って、この時期における日本文化研究の深まりは、文化研究を展開することを通じて、中国の日本研究の基礎基盤が強化されたということを物語っている。

7 おわりに

紀元3世紀に書かれた『三国志』「魏志・倭人伝」によって正式に日本研究が開始されてから現在に至るまで、中国人の日本研究の歴史は千年余りになるが、その間、4回ものピークを迎えた。前述の如く、各歴史時期における中国の日本研究の状況と特徴を概略記述したが、千年余りにわたる中国の日本研究史を振り返ってみて、全体として、中国の日本研究には如何なる特徴があるのであろうか。筆者はおおよそ以下5点があると考える。

1) 中国は日本研究の最も早かった国であり、その研究史も最も悠久である。この2点は世界的に見ても、中国をおいてほかにはない。
2) 中国の日本研究の発展状況は、それぞれの時代で決して一様ではなく、ピークの時期もあり、低調な時期もあった。しかし、全体的に見て、間断なく連続し継承されてきた。各時期の日本研究は勿論、内容的にも、形式的にも、或いは研究の方式などの面においても皆、前の時期の成果をベースに発展させたものである。即ち、今日の研究成果は、正に、研究の経験と成果の累積である。この連続と継承はまた、中国の日本研究が長く栄えて衰えない重要な原因であった。
3) 中国の日本研究史上に現れた紆余曲折、隆盛と衰退は次の2点と密接に係わるものである。一つは、中日両国関係の状態。二つ目は、中国国内政治情勢の変化である。

中日関係の正常化と非正常化は、中国の日本研究の上での隆盛と衰退と正比例せず、日本研究の隆盛と衰退に影響を与えた単なる一要因に過ぎない。例えば、20世紀の20-30年代に、日本が中国への侵略を拡大したとき、中日両国は敵対関係にあり、中国は抗戦するために対日研究を強化せざるを得なかった。従って、中国歴史上での3回目のピ

ークを迎えた。また、1972年、中日国交正常化、特に78年の中日友好条約調印後、中日両国の往来が頻繁になるに伴って、中国の日本研究はもう一つのピークを迎える。

中国の国内政治情勢の変化は、往々にして中国の日本研究の隆盛と衰退に直接影響を与えてきた。情勢の善し悪しは、日本研究の隆盛と衰退に正比例する。例えば、1966年の文化大革命の10年間、国内情勢が揺れ動いたため、大学は休講となり、研究機関はなくなり、研究人員は下放され、日本研究は停止状態に陥った。逆に、80年代以降、11期3中全会が提唱した「思想開放、改革開放」の方針の徹底化と中国の改革がたゆまず推し進められ、国民経済が日増しに発展するという素晴らしい情勢下に、中国の日本研究は最も良い歴史時期に入り、実りある成果をおさめた。

4) 古くから、中国が日本研究において最も重要視したのは現実の日本の研究であった。しかも、この研究は政治と密接に係わっており、即ち、国家的必要性からのものであった。中国の日本研究史上4回目のピークの出現がこの点を物語っている。

明代には、倭寇を撃退し、防衛と国境線を固めるために対日研究を強化した。そこで第一次日本研究のピークを迎えた。清代、日本の明治維新後、日本を理解し、日本に学び、経験を吸収し、中国の現代化のプロセスを推進するために、第二次日本研究のピークを迎えた。3回目のピークは、前述の如く、抗日戦争の必要性と密に係わるものであった。第四次のピークも改革開放、外国の進んだ経験に学び、中国の経済発展と現代化の必要性と切り離せない。

5) 中国の日本研究の深さは、各時代の研究の方式と方法の改善と密接に係わっている。前述の如く、中国は古くから、海の彼方から日本を研究したものであり、見聞録或いは前史から抄録したものであって、高いレベルの研究とはとても言えなかった。明代に入り、多少改善される。ある学者は、実地調査を行い、チェック対比する方式で研究したので、その著作の信憑性と学術的なレベルは大いに高められた。清代、さらに多くの人が日本への視察と研究のために出かけて行った。ある学者の著作（例えば、黄遵憲の『日本国志』）は極めて高いレベ

ルに達している。19世紀の20-30年代、日本研究叢書が出版され、個人研究の枠を打ち破り、シリーズとして複数の人によるセットの本を出す方式を実行してから、日本研究はさらに高い次元へと押し上げられた。80年代以降、「出向き」、「迎える」というやり方によって、中日学術交流と協力関係はかなり頻繁になり、多くの高いレベルの論著が世に出て、中国の日本研究をさらに新たな段階へと押し上げた。

上述の、中国の各時代の日本研究の状況とその特徴の概略記述で、中国の日本研究史の輪郭を描き出すことによって、その発展のプロセスと特徴に対して初歩的な認識を持ち得たと考える。では、そこで、未来の、即ち21世紀の中国の日本研究の今後に対して明確な展望は見出せるのか。筆者は、研究がまだ浅く、資料にも限りがあるため、まだ初歩的な展望しか見出し得ない。しかも、その展望はまた、今後、如何にしてさらに良く中国の日本研究を展開していくかという課題と結びついており、以下記述するものは展望というより、アイデアと提案と言った方がいいかもしれない。

1) 中国の日本研究は悠久の歴史があり、連続性と継承性を有している。では、この悠久の歴史の過程で、中国の研究はどのようにして発展し展開されたのか、また、その優秀な伝統とは何か。欠点は何か。一言で言うならば、何を継承すべきか、何が反省の鑑となるのか、ということである。この点は、今後の中国の日本研究の推進発展にとって極めて重要である。そのために、各領域での日本研究の歴史と現状をさらに検討しなければならず、また、各領域ごとの各時期の代表的な研究者と論著及びある領域の専門的な問題研究のなかで代表的な観点、研究中の焦点或いは論争について重点的に検討されなければならない。これらの研究によって、各領域での今後の検討すべき問題点が明らかにされようし、また、中国の日本研究の状況、レベルと特徴を全般的に把握することが出来よう。また、それは中国の日本研究の優秀な伝統を総括し、継承し、さらに発揚させるための拠り所ともなろう。
2) 研究の方法と方式を改善することは、日本研究を発展させる上で極

めて重要である。しかし、現在、中国の日本研究にとってさらに重要なことは、情報の収集と交流である。従って、ネットワークを通じ、情報収集し、交流してこそ中国の日本研究を世界の日本研究と直結させ、新たな、さらに高いレベルへ押し上げることが出来よう。具体的には、①日本からの情報収集。われわれの研究対象国である日本からの各種の情報は、中国の日本研究の上で必要な源である。それを掌握すれば、中国の日本研究を高度な情報化と科学化のベースの上に打ち立てることが出来る。②その他の国家と地域、例えば、中国周辺の国家、アメリカ、EU、ロシア等の日本研究の情報もまた極めて重要である。それにより、各国の研究の動向を知ることが出来、中国の日本研究をさらに推し進める上での参考となる。③国内の各研究機関および学術団体の日本研究の情報収集。これは、横の連携連合を強め、研究課題の重複を避け、共同研究を展開し、中国の日本研究の全体のレベルアップにつながる。

3) 中国の日本研究をさらに推し進め、研究のレベルアップを行うために、次の2点を留意すべきであろう。一つは、絶えず新たな研究領域を開拓し、新しい課題を研究すること。特に、学科の垣根を越えた研究を行うこと。次いで、基層次元の研究を行う。例えば、系統的、総合的な研究を行うと同時に、各研究領域及び課題の中の個別的な研究を行う。特に、研究する中での基礎資料の収集と整理に留意する。さらに、人文科学研究の総合的な形である文化の研究を強化する。なぜなら、ある意味において、それは中国の日本研究の基礎的な研究プロジェクトを推し進めることでもあるからである。要するに、基礎的な研究を強化してこそ中国の日本研究をたえず発展させることが出来るのであり、また、強固な基盤の上に打ち立ててこそ豊かな学術的内容を持たせることが出来るのである。

4) 中国の改革開放、安定、持久的な発展の態勢、これを維持して行くことと、安定、強固な基盤の上に打ち立てられた中日関係を固め発展させることは、中国の日本研究をさらに発展させる上で重要である。勿論、中国の日本研究のさらなる発展は、われわれの日本理解と認識把握を推し進めるだけでなく、理解を深めること、即ち、深く日本を

理解し研究することは、中日関係の強化と発展にとって有益である。しかも、この点こそ今後の日本研究を強化する重要な出発点でもある。

（南條克巳訳）

参考文献
武安隆・熊達雲『中国人の日本研究史（日本語版）』　日本六興出版社　1989年
李玉・劉玉敏・張貴来主編『中国日本学論著索引(1949-1989)』　北京大学出版社　1991年
北京日本学研究センター編『中国日本学文献総目録』　中国人事出版社　1995年
北京日本学研究センター編『中国日本学年鑑(1949-1990)』　科学技術文献出版社　1991年
北京日本学研究センター編『中国日本学年鑑(1992)』　科学技術文献出版社　1992年
馬興国・崔新京主編『中国の日本研究雑誌に関する歴史的回顧と展望』　遼寧大学出版社　1995年
中華日本学会・北京日本学研究センター編『中国の日本研究』　社会科学文献出版社　1997年
『思考と摂取——北京大学日本研究センター設立十周年を記念して』　北京大学日本研究センター編集・印刷　1998年

北京大学の日本研究

李　玉

1 はじめに

　1898年に設立された北京大学の前身、京師大学堂は、中国旧式の書院とは異なり、中国近代史上著名な「戊戌の変法」の産物である。当時、専門課程のほかに英、仏、露、独、日5ヵ国の言語文字課程も設立され、学生の自由選択に任せていたが、その中でも日本語は「みんなが学ばなければならないもの」であった。当時、日本語は東文と呼ばれ、日本から教員として招聘された人も少なくなかった。そのため、東文教員の人数は一番多かった。1902年（光緒28年）から1908年（光緒34年）の間は、計35人が東文を教えていたが、その数は英、仏、露、独4種の西文教員38人のほぼ総数に等しい。1906年北京大学の日本語教員は、専任兼任合わせて24人に達する多さであった。日本の学者服部宇之吉、厳谷孫蔵、杉栄三郎等はいずれも、京師大学堂で専任か兼任として日本語教員になったことがある。日本の新しい法制国家体制と各課程の学習、研究をさらに推し進めるため、1904年の初め、京師大学堂は余棨昌、馮祖荀等31人の学生を日本へ遊学させた。これらの留学生の多くは1909年相次いで帰国し、京師大学堂の教員となり、中国の高等学校のために多くの新課程を開設した。

　1911年辛亥革命の後、京師大学堂は、1912年5月に北京大学と改称した。以後、北京大学の教員や学生は絶え間なく、考察、研究のために日本へ赴いた。多くの学部が訪日団を組織し、大学も1920年、高一涵教授を団長とす

る北京大学遊日団を組織し、日本へ派遣した。教師や学生を日本へ派遣し考察、研究を行わせる一方、日本の学者、たとえば東京商科大学教授の福田徳三博士や、早稲田大学教授の片上伸氏などを招いて講義を行い、帝国大学、早稲田大学の学生との交流も推し進めた。このような状況は20世紀30年代の初めまで続いたのである。

1931年、九・一八事変以降、北京大学の学生の多くが抗日救亡運動に加わった。一部の教員、学生は1934年に「1936年研究会」を創設した。この会の創設が、北京大学における日本の政治、経済、軍事、外交等の組織的、計画的な研究の発端を作ったと言えよう。また、日本語教育は1902年東文（日本語）課程を開設して以来、途絶えずに続いた。1920年代、日本語を外国語学部から独立させ、東方文学部を設立し、日本語専攻の学生募集を始めた。総じて言えば、この時期における北京大学の日本研究は、時の必要に応じて行われていたので、体系性に欠け、流動的であったと言える。

1930年代から1949年中華人民共和国の成立まで、北京大学の日本研究は若干の日本史研究以外は、ほぼ停滞の状況にあった。ただ、日本語教育だけは継続していた。

1949年中華人民共和国成立後、共産党と国家の配慮と重視によって、北京大学は迅速な発展を遂げた。北京大学の日本語教育と日本研究もまた迅速に発展し、1950～60年代影響力のある著作や論文をいくつか出版、発表した。たとえば、陳信徳の『現代日本語実用文法』、劉振瀛の『日本文学史』、邵循正の『中日戦争』『二千年の中日友好史』、陰法魯の『音楽と戯曲史から見る中国と日本の文化関係』、朱謙之の『日本哲学史』『日本の古学と陽明学』、周一良の『明治維新の幾つかの問題点について』などである。しかし、このような研究の良い勢いも「文化大革命」の発生によって大きな挫折を余儀なくされた。

1980年代に入ると、中国改革開放の実施に伴い北京大学の日本研究も再び盛んになり、研究に参加する人の数も増え、研究領域もますます広がりを見せてきた。

各学部、各研究機構で行われている日本研究を統合、調整するために、北京大学は1988年4月22日「北京大学日本研究センター」を設立した。このセンターは、学科を超えた総合的な日本研究機構で、成立以来北京大学の日

本研究を強化、促進させ、学内外に限らず、国内外、特に中日両国の学術界における交流と協力などの面で多くの成果を上げた。

日本研究センターは、現在70余人の研究者を擁し、そのうち教授、助教授は30人あまりいる。彼らは北京大学の各学部、各研究所（室）で、日本の政治、経済、文化、歴史、言語、文学、思想などの領域において教育と研究に携わっている。また、研究センターでは国内外において知名度の高い研究者を20人ほど招聘し顧問としている。それに加え、国内外から数人の学者を特別研究員として招聘している。

1998年、北京大学日本研究センターは設立10周年を迎えたが、10年来、北京大学当局をはじめ国内外の研究機構、企業・事業団体、基金会、それに学者、友好人士の支援のもとで、日本研究センターは上述の趣旨と役目に基づき、積極的に各種活動を展開し、科学研究、人材育成、対外交流等の方面で成果を上げている。以下において主なものについて紹介する。

2 課題研究と日本研究の深化

北京大学日本研究センターの最も主要な仕事は、テーマ別に中心となるメンバーを集めて研究を行い、日本を深く研究することである。10年来、公に出版された著作133冊、訳著69冊、学術論文709篇、訳文174篇にのぼる。

これらの論著の関わる主な研究領域をあげると、

1) 日本の政治と法律
    この領域の重点は次の3点になる。
    ① 日本政局の変化、日本政党体制の再横築から右翼思潮と日本の政治趨勢等に関する研究
    ② 日本の対外関係、主に日米関係、中日関係及び日本の大国外交に関する研究（専門書『戦後日本外交史』を出版、重要な論文18篇を発表）
    ③ 犯罪学と制度法規を中心とする日本法律に関する研究（『国外青年犯罪とその対策』『中外少年司法制度』『日本犯罪学研究の歴史

と現状』『日本青少年犯罪の予防と主な措置』『日本少年犯罪の動向及びその対策』等を出版)

2) 日本経済に関する研究

日本経済に関する研究は、戦後日本の資本独占主義、戦後日本経済の発展、日本政府の経済政策、日本農業に関する諸問題、日本の金融証券市場、日本製品の国際競争力、日本の「バブル経済」、日本の企業文化と経営との関係、21世紀中日経済関係の展望等を主なテーマとする。

3) 日本歴史に関する研究

日本史に関する研究は広範囲に及び、成果も大きく、学術レベルがかなり高い論著が多く、好評を博している。

① 主に大化の改新以前と江戸時代の二つの時期を中心とする古代史研究（専門書1冊と論文30余篇）
② 明治維新、大正民主運動、日本のファシズム化等をテーマとする日本近現代史の研究（専門書11冊と論文60余篇）
③ 中日関係と中日文化交流史の研究（専門書8冊と論文90余篇、専門性が高く、研究分野も広範囲にわたる）

4) 日本文化に関する研究

1980年代末以降、日本文化の特質と民族性、日本の哲学思想、日本の民俗芸能、日本文化と現代化についての研究が行われてきた。10冊あまりの専門書と50以上の論文を見るに至り、学界に刺激を与えてきた。

5) 日本文学に関する研究

北京大学における日本文学の研究は長い歴史があるが、改革開放以来、特に1980年代後半にもなると、いよいよ盛期に入ったと言える。研究課題は主に以下の5項目になる。

① 日本文学史と流派、思潮の研究

②日本人作家と作品の評価、研究
③日本文学の伝統理念、美意職
④中日文学の比較研究
⑤日本文学の発生論的研究

6) 日本語に関する研究

北京大学の日本語教育と研究は比較的早く開始され、中華人民共和国成立後、特に改革開放以降、教育と研究の両方において、大きな成果を上げている。現在まで、日本言語に関する著書は教科書や専門書、訳著を合わせると28冊、論文は100篇を数える。そのうち、日本語教育のためのものは、基礎日本語のテキスト、自習教材、共通科目としての日本語教科書などがあり、研究所は基礎文法研究、誤用研究、敬語研究、古代語研究、中日言語対照研究、機能文法研究、談話研究と語用論研究などがある。

上述以外に、北京大学の日本研究は日本の教育や科学技術、日本の社会、日本の「漢学」と「中国学」及び日本の中国語教育等の領域にも及び、成果を上げている。

3 学術講座と講演

北京大学の日本研究と中日の学者交流を促進するために、北京大学日本研究センターは設立当初より、不定期にさまざまな規模の学術講座と講演を行うほか、日本の著名な学者、社会活動家、政治評論家、企業家を招聘し学術講演を行ってきた。ある統計によると、日本の学者が担当した学術講座と講演会は18回にも及ぶ。

4 国際学術フォーラム

北京大学日本研究センターのもう一つの重要な学術活動として、国際学術フォーラムの開催がある。これまでに開催された学術フォーラム6回、その

中でも重要なものは『国際文化交流——大化の改新学術フォーラム』(1988年8月)、『中日民俗比較研究国際学術フォーラム』(1991年3月)、『中日共同研究フォーラム——東アジア近代化の歴史における偉人』(1995年12月)、『国際学術フォーラム——21世紀の中国と日本』(1996年3月)、『国際学術フォーラム——伝統文化と中日両国の社会・経済の発展』を数える。

5 『日本学』『日本研究叢書』の編集と出版

　北京大学の日本研究の成果を迅速に公開し、国内外、特に日本の学界の最新研究成果や研究動向を紹介するために、北京大学日本研究センターは設立当初より日本研究の著作、訳著、論文集の編集と出版に力を注いできた。

　(1) 論文集『日本学』の編集と出版
　『日本学』は、北京大学日本研究センターの年報で、1989年の創刊から今まで8集出版されている。8集の『日本学』には計143篇の論文が掲載されている。政治・外交11篇、法律6篇、文学15篇、歴史28篇、中日関係17篇、社会7篇、言語9篇、文化12篇、教育4篇、科学技術3篇、学術動向13篇と書評12篇で、研究領域は多岐にわたる。そのほか、翻訳が59篇ある。
　(2) 『北京大学日本研究叢書』の出版事業
　北京大学日本研究センターは『北京大学日本研究叢書』を企画し、北京大学出版社から出版している。いままで10種以上の出版を実現している。
　『研究叢書』には専門書や論文集、また辞書類などがあるほか、日本人の著書を多数翻訳し紹介している。著者名で言うと、たとえば、日本の著名な政治家池田大作、宇都宮徳馬、企業家立石一真、岡本常男、芸術家平山郁夫、学者坂本太郎等の著書を翻訳出版している。

6 中日文化交流を促進する事業

　北京大学日本研究センターは、設立後、中日両国の親睦交流や学術交流を積極的に推し進めてきた。

これまで北京大学日本研究センターのメンバーで海外を訪れた人数は延べ約186人、そのうち144人は日本を訪問先としている。国際会議に参加の延べ人数は48人、研究訪問の延べ人数は35人、そのうち1年以上の滞在は28人にもなる。講義に招かれた人は15人、うち2人は1年以上の滞在である。
　一方、北京大学日本研究センターは日本の各界より多くの方を招聘している。その数はおよそ7〜800人にものぼるものであろう。
　このような活発な交流によって、北京大学の日本研究センターと日本の各界との協力関係は大きく促進され、また、協力と支援を得て、北京大学の日本研究は絶えない発展を実現できたのである。

（南條克巳訳）

北京大学の社会科学研究と
中日学術交流
回顧と展望

胡　姮霞

1 はじめに

　中日両国は一衣帯水の隣国である。両国の文化交流には長い歴史がある。日本の阿倍仲麻呂は唐に入り任官、中国の鑑真和尚は東の扶桑に渡り経を伝えた。これらは中日文化交流史に久遠に語り伝えられ、現在でも両国人民が称賛して止まない。中国の近代高等教育を拓いた先駆者である北京大学は、日本文化と学術の交流の面では悠久な歴史を有し、また、輝かしい成果を上げてきた。

2 日本研究の勃興

　早くも1902年の京師大学堂（北京大学の前身）当時、すでに日本語言語文学の課程を開設している。その当時は日本語は東文と称し、日本から多くの教員が招聘された。1906年には東文教習の専任教員は24人に達した。京師大学堂の日本語学習、日本研究が如何に積極的で情熱的であったかが分かろう。

　日本の新しい法制度及び各学科について学習研究し、中国側の教員を養成し、新式の大学を拡大するために、1904年初め、京師大学堂は余棨昌ら31名の学生を日本へ遊学させた。これら留学生の多くは1909年前後に帰国し、京師大学堂にて教職に就き、新しい課程を開設した。例えば、余棨昌の開設

した法政学、馮祖荀の開設した数学等である。

京師大学堂は1912年5月、北京大学と改称された。以後、北京大学の教授、学生の訪日視察研究活動はますます活発になった。当時彼らが関心を寄せた問題は大学の学制や課程、図書館、実験室等の設備、大学の教育内容、大学教育体制の問題だけでなく、その多くは日本の政治、経済、社会、軍事、工業等の問題についてであり、例えば、学生運動、青年の思潮、マルキシズムおよび社会主義運動の状況、法廷、監獄の状況、陸海軍の要塞、社会状況、硫酸工業、醸造工業、化学工業、化学エンジニアリング及び標本、日本の地震の状況、東京・大阪等各都市の経済状況、中日貿易の情勢等であった。

北京大学の教授、学生が視察研究のため訪日したほか、日本からも学者を招聘し講義をしてもらった。また、各国立の帝国大学、私立の早稲田大学の学生とも交流した。こうした北京大学と日本の文化、学術の交流は20世紀の30年代初めの頃まで盛んに行われた。

1931年の「九・一八」事変後、一部北京大学の教授、学生は国際情勢が急変したため、1934年3月、「一九三六研究会」を設立したが、これは国際情勢及び事変への中国の対応について研究するものであった。研究対象としては英国、米国、ソ連、日本、ヨーロッパ大陸及び中国の関係である。各関係領域には、それぞれの国内階級の状況、各帝国主義国間の矛盾、帝国主義国と植民地との衝突、各国の経済、軍事工業、対内対外の状況の分類研究である。これらは北京大学で行われていた日本の政治、経済、軍事、外交等に関する組織的、計画的な研究がその基盤と発端となっていた。

1937年、盧溝橋事変により全面的な抗日戦争が始まる。また、中日両国の政治情勢が変化した等の原因により、北京大学での日本研究は日本史以外は殆ど停止状態に陥った。しかし、日本語の教育だけは北京大学では停止することなく続けられた。また、西南聯合大学に疎開した時期においても、そこでの外国語学部では日本語教科を開設している。

1946年、北京に戻ってから、北京大学は東方言語学部を開設したが、日本語はやはりこの学部での主要な語学学科であった。

1949年、中華人民共和国成立後、党と国家からの支援を受けて、北京大学は空前の発展期を迎える。北京大学での日本語教学と日本研究も急速に発展した。北京大学が養成した日本語科卒業生は、1950-60年代に新たに設立

された多くの大学及び研究機関での日本語教学と日本研究陣の骨幹的な存在となっていった。北京大学の日本語教材は例えば、陳信徳の『現代日本語実用語法』、『科学技術日本語自習読本』、『訳注科学技術自習文選』であり、劉振瀛の『日本文学史』、『日本文語語法』等も1950-60年代の全国大学の統一教材或いは主要な参考書となった。あるものは現在においても主要な参考書として用いられている。これと同時に、日本のその他の方面に対する研究も逐次展開され、影響力のある著作が出版された。例えば、邵循正教授の『中日戦争』、『二千年の中日友好関係』。陰法魯教授の『音楽と戯曲史から見た中国と日本の文化関係』。朱謙之教授の『日本哲学史』、『日本の古学及び陽明学』、『朱舜水と日本』。周一良教授の『鑑真東渡と中日文化交流』、『日本明治維新前後の農民運動』、『明治維新の幾つかの問題について』等々。不幸なことに、こうした好ましい発展の勢いは「文化革命」の発生で極めて大きな挫折を経験した。北京大学での日本研究、乃至中国の日本研究は崩壊寸前まで追いやられた。

3 日本との学術交流

　改革開放以来20年、北京大学での日本研究は未だかつてない空前の隆盛時期を迎えた。特に、ここ10年来、中国の改革開放が進み、政治的に安定し、経済が飛躍的に発展し、学術研究が繁栄したことは中国の国際舞台での地位をさらに高めるものであり、また、これらは我が北京大学の日本との学術交流と協力の面に得難いチャンスを与え、さらなる発展をもたらすものであった。

3.1 学術研究の成果

　90年代に入り、北京大学の学者の日本研究は新たな飛躍的な発展をみた。ここ10年来、日本問題に関する学術的な著書、翻訳著書、論文、翻訳類の出版物の数は計1,000篇余りを超えた。これは改革開放前の10年間の2倍である。また、これらの中には学術的にかなり価値の高いものが多く、国内外の極めて高い評価を博した。

また、最も代表的な学者として周一良先生が挙げられる。周先生は早くも1950-60年代において「日本の明治維新前後の農民運動」(「北京大学学報」1956年3期)を発表し、明治維新革命の原動力となった農民運動について論述している。周先生は主として、明治維新の30年前頃に発生した農民暴動が如何に幕府の統治支配を揺るがし、また、「維新」運動において農民が如何に貢献したかについて論述している。さらに、維新後の農民運動は、不徹底なブルジョアジー革命の結果発生したものであり、同時に農民運動は維新後の改革を推し進めたと論述している。この著作の中で、周一良先生は明確に次のように提起している。

「明治維新は資本主義発展のために道を切り開くブルジョアジー革命であったが、同時に、未完成の不徹底なブルジョアジー革命であった」と。

その後、周先生は『明治維新の幾つかの問題』(「北京大学学報1962年4期」の中で、矛盾論の観点と方法から明治維新直前の日本社会の様々な矛盾を分析し、明治維新の性格及び歴史的位置について分析論証している。そして、次のように指摘している。

「われわれは明治維新直前の主要な矛盾と維新後の歴史を研究し、経済の基礎及び上層構造の弁証法的関係を考察し、政権の分析、力、政策の3つの方面から明治維新が不徹底なブルジョアジー革命であったと論証出来る。

'明治維新'は日本資本主義発展のために広々とした道を切り開き、日本は以後、資本主義から帝国主義への道を進んだ。従って、明治維新は日本社会の性質の転換の始まりであり、また、日本近代史の始まりを意味している。」

周先生が提起したこれら一連の観点と卓見は長期にわたり、また現在にあっても依然として中国学術界で主流を占めている。周先生の明治維新研究の力作は史学会に極めて大きな影響を及ぼし、明治維新を研究する後学の必読の書であり重要な参考文献である。80年代以後、周先生はまた、数多くの日本史及び中日関係史の論著を著している。それらは90年代に出版した『中日文化関係史論』(江西人民出版社、1990年)に集大成されている。周先生はその中で、大所高所から気概に満ちた闊達な視点から文化関係史の枠組みを構築することに力を入れている。また、その内容の論述は古今に及び、東西を貫き、横からの比較、縦からの遡及、史実の考証、微細な論述と多く

を網羅している。従って、この著作は中国学術界におけるこの領域最新の研究成果であると言える。

　周先生のこのような学術上での卓越した成果により、彼は第15回片山蟠桃日本研究大賞を受賞した。中国の学者としては周先生の受賞が初めてである。周良一先生の大賞受賞は、国際的学術界が均しく認めるところであり、彼の日本研究が日本学術界から注目称賛される証である。また、これは日本歴史文化研究の成果、卓越した業績への褒賞と称賛であり、またそれは日本問題を研究する広範な中国学者への激励でもある。

　北京大学には日本問題を研究する優秀な学者が数多く集い来ている。周良一先生の後を継ぐ若手の学者としての王暁秋、沈仁安、李玉、厳紹璗等の各教授の日本研究も学術界から注目され、素晴らしい多くの成果を上げている。ここ10年の間にも日本問題で独特な見解を発表した青年学者を次々と輩出した。こうして、北京大学の日本問題の研究は百年近い間、延々として衰えることなく続けられた。当初の語学教学に始まり、現在のあらゆる人文及び社会科学研究の領域まで網羅している。

　政治の研究：政局、対外関係、司法制度
　経済の研究：戦後の独占資本主義、戦後の経済発展、政府の経済政策、農
　　業問題、金融証券市場、国際競争力、"バブル経済"、企業文化、中日経
　　済関係
　歴史の研究：古代史、近現代史、中日関係と中日文化交流史
　文化の研究：文化的な特質と民族性、哲学思想、民俗芸能、文化と現代化
　文学の研究：日本文学史及び流派思潮、作家と作品の論評、文学伝統理念、
　　美意識、中日文学の比較、日本文学の発生学、言語学研究

　そのほかに日本の教育、社会に関する研究も行われている。

　これらの成果は、北京大学の日本研究が多学科にわたり、多角的であることを示し、北京大学の人文社会学科が専門別に多岐にわたり優れていることを示している。また、北京大学の日本研究の成果を即時発表し、また、国内外の、特に日本学術界の最新の研究成果と情報をも紹介している。さらに、北京大学は日本学研究に関する著作、翻訳著述及び論文集の編纂出版にも力を入れている。論文集『日本学』、『北京大学日本研究叢書』の編纂出版がそ

の例である。北京大学は日本問題の研究を組織的に大規模に進めるため、我が大学の総合力を結集し、1988年に「北京大学日本研究センター」を設立した。

3.2 大学間の交流協力と人事往来

　北京大学は中日両国の友好往来と学者間の交流を積極的に推進すべく、学者の訪日活動、日本の大学との交流、協力関係を積極的に進めている。これは改革開放前の空白状態を埋めるものであり、すでに19の日本の大学と協力関係を打ち立てている。(詳細；表参照)

　北京大学のアジア諸国の大学との交流で最も際だって多い国家が日本である。

　交流の特徴から見ると、改革開放前の10年の期間、北京大学と日本の大学とを比較すると、研究費と学術レベルの面で大きなギャップがあった。従って、北京大学は大学間の交流で、かなり積極的であり、時には実質的な内容があるなしに拘わらず、我が大学と協定を結びたいと希望するところとは喜んで応じた。しかし、協定に調印後は往々にして一枚の空文と化してしまい、放置して連絡もない場合が多かった。改革開放後のここ10年、中国の経済の発展に伴い、我が大学の教学、科学研究体制は世界に並び、特に、日本問題の研究では一層深化し、研究者の陣容も強化され、一枚の紙切れだけのような協定をしていた大学も我が大学と学者の交流、学生の交流、シンポジウム等多種形式の交流をし始めた。また、一部の大学は校名を記した旗を掲げてやって来て、あらゆる方法を講じて我が大学と交流関係を作る手を考え、我が大学と交流関係ができることを栄誉とし、自らの知名度を高めようとした。

　交流の内容について見ると、初期段階に協定を結んだところは、たまに資料情報の交換をし、儀礼的な表敬訪問するだけであった。後の段階では交流と協力の形式、内容とも刷新、拡大され、教授だけでなく、学生等の人員の定期的な交流、情報交流、プロジェクト協力、共同して数多くのシンポジウムを開催した。

　人員の交流では、単に留学だけでなく、現在の講義、共同研究、博士課程への進学等多くの形式が採られ、ここ10年の間に、北京大学が日本の各大

表1　大学間の交流・協力と人事往来

番号	大学名	契約年	交流内容
1	創価大学	1980	学者交換
2	早稲田大学	1982	学者交換
3	法政大学	1982	学者交換、学生交換
4	京都大学	1983	
5	東京大学	1985	学生交換
6	慶應義塾大学	1985	学者交換
7	九州大学	1985	
8	日本大学	1986	学者交換
9	大阪経済法科大学	1986	学者交換、学生交換
10	学習院大学	1988	
11	一橋大学	1990	
12	東京工業大学	1991	
13	北陸大学	1992	学生交換
14	中央大学	1993	
15	神戸大学	1994	
16	共立女子大学	1996	学術協力
17	関西大学	1998	学者交換
18	桜美林大学	1998	学術会議
19	立命館大学	1999	学生交流

学へ1年以上滞在派遣した学者数は202名に達した。日本での国際会議、共同研究に短期間赴いた学者数は計り知れない。と同時に、我が大学は日本から学者及び各界の人士を招請した。日本からも多くの学生を派遣して漢語学習、学位修得をさせている。頻繁な友好往来相互訪問は必ずや中日両国の学者と学生間の理解を増進し、北京大学と日本各界との協力を促進するであろう。我が大学は日本の多くの大学と交流、協力関係を打ち立てると共に、日本の多くの企業とも協力関係を打ち立てている。中国の大学が世界一流大学を目指す措置が実施されるに伴い、北京大学の国際的な影響力も日増しに拡大し、ますます多くの海外の大型企業、大型会社が進んで我が大学といろいろな形式で協力することを望んでいる。日本の各大会社の社長も北京大学の人材資源に目を付け、教学と科学研究等多くの方式で我が大学と協力関係を作りたいとして巨額の資金援助を供与し、我が大学の教学と科学研究を支援している。

3.3 学術報告と国際会議

　北京大学の日本研究と中日学者間の学術交流を促進するため、北京大学はまた、不定期に様々な学術シンポジウム、報告会を開催し、日本の著名な学者、社会活動家、政治評論家、企業家を招いた。例えば、21世紀委員会の日本側委員。また、学習院大学東洋文化研究所所長香山健一教授は「アジア太平洋時代の展望と日中関係の未来」と題して報告し、日中関係史を回顧し21世紀を展望し、新しい世紀は「アジア太平洋時代」であると指摘し、従って、「日中両国は平和と友好、競争と協力の中で生きて行き」、また「このような基盤を構築することは時代がわれわれに与えた共同の任務である」と指摘した。東京三菱銀行の大久保助中国駐在総代表は「中日経済の現状と今後の日中合作――人材養成の重要性」について報告し、経済関係での人材養成の役割を強調し、「日本政府はこれまで資金面での協力を行ってきたが、今後は人材の養成に転換すべきである」と指摘した。また、北京大学は常時、中国国内の日本問題研究家を招き報告会を行ってきた。近年来、北京大学が開催する日本研究学術報告会は、人文社会科学等の各領域にまたがり、かなりの反響を呼び、北京大学の日本研究の発展を促進し、積極的な役割を果たしている。

4 中日学術交流の未来

　東アジアは世界政治経済の枠組みの中でさらに発展しよう。中日関係及び中国経済が発展するに伴い、北京大学の人文社会科学は中日学術交流の中で、その優勢さと力をさらに発揮し、対日交流の中で新たな変化を巻き起こすであろう。

　まず、日本との学術交流の規模をさらに拡大しよう。未来の50年は中国が逐次現代化を達成する50年となろう。中国の現代化と外国人の中華文明に対する研究、興味が増大するに伴い、中国の国際学術交流、対日交流も含めて、投入する力は大幅に増強されよう。北京大学は中国の学術研究での地位と役割から、対日交流を含む中国の対外交流が拡大する中で必ずや、さらに多くのエネルギーを得ることであろう。従って、北京大学と日本の学術交

流の規模もさらに拡大するであろう。

　次に、中国の現代化と国際的地位が高められるに伴って、一層多くの領域が対外開放されよう。対日交流を含め、国際学術交流の範囲もさらに拡大されよう。また、対日学術交流の中で、環境と持続的発展の可能な、東方文明及び経済学、経営学等の学科がさらに重要視されよう。中日両国は一衣帯水の隣国であり、環境問題でも相互依存の関係がある。同じく東方文明を共有する中日両国は共同の文明の研究に手を携えて進めるであろう。世界経済がグローバルに急速に発展するに伴って、各国の経済の中での問題も単に一国だけの問題ではなくなり、周辺国家共通の問題となっている。1997年のアジア金融危機がそのいい例である。世界で最も発達した資本主義国家の一つである日本は、市場経済の理論と実践の面で多くの経験を有し、現代的企業管理、経営体制では独自の特色を有している。北京大学の教育科学研究体制、研究方法及び手段が国際的に認められるためにも、上記の研究領域で広範囲な協力が確実に強化されよう。

　最後に、対日学術交流の形式もさらに変化進歩するであろう。これまで、北京大学の対日交流と協力の形式は主としてシンポジウムや日本側の資金提供による形式が採られてきた。今後はシンポジウムの開催だけでなく、相互に研究者を派遣し、特定のプロジェクトに関して長期に共同研究する形式が大幅に増えるであろう。また、日本側だけが経費を負担する状況も逐次改善されよう。

　以上要するに、北京大学と日本との学術交流協力の前途は素晴らしいものがあり、双方が手を携えて努力し、前進する過程で困難を解決して行くならば、その成果は必ずや輝かしいものとなろう。

　　　　　　　　　　　　　　　　　　　　　　　　　　　（南條克巳訳）

参考文献：
王学珍「北京大学と日本研究」　1998年
李玉「北京大学日本研究センターの10年」
劉鍵、宋成有「日本歴史研究（古代史）」

付録
桜美林学園の創立者 清水安三と中国

桜美林創立者
清水安三の北京時代

清水　畏三

　本日は、北京大学の創立百周年を記念して開かれるシンポジウムであります。従ってまず北京大学の先生方に、心から「おめでとう」とお祝いを申し上げます。

　さる5月4日、北京の人民大会堂で北京大学百周年記念式典が盛大に開かれた際、私どもの佐藤東洋士学長も招待していただき、誠に光栄、感謝であります。

　しかし北京大学の創立記念日が、本当に5月4日であるのか、私は疑問を抱きました。偶然、"五四運動"の5月4日であるはずはないのではないか。調べてみますと、清朝の光緒帝が1898年7月4日、北京大学の前身・京師大学堂の設立を正式勅命した。ちょうど百年前です。しかしその開学直後、西太后が政権掌握、義和団が北京進入、8国連合軍が北京を占領するという大混乱期が続いた。ようやく1902年12月17日、京師大学堂が清朝の勅命に基づき正式再開学され、入学式が挙行された。以来、この12月17日が〈校慶日〉（創立記念日）になったとのことであります。

　おそらく解放後、新生北京大学に相応しい創立記念日として、5月4日に変更されたわけでありましょう。さすが中国人、考え方が弾力的であります。

　まあ、そんなことはともかくとして、世界の大学史上、北京大学ほど波瀾万丈の闘争、苦難の道を歩んできた大学は珍しい、おそらく皆無ではないかと思います。再開学できた1902年以降においても、北方軍閥政府（袁世凱、段祺瑞、張作霖）、南京国民党政府、日本軍の支配が相次ぎ、北京大学は強

圧的に校名や組織を変更させられたり、解散させられそうになったり、校舎を占領されたり、奥地移転を余儀なくされたりしました。

とりわけ日本は抗日戦争中、北京大学に大きな迷惑をかけました。北京大学が誇る文学院が所在していた〈紅楼〉は、日本軍憲兵隊の本部になり、その地下室で拷問が行われている、との噂でした。私は中学生時代、この〈紅楼〉前を自転車で通学しておりました。

1 桜美林の前身——崇貞学園

　私ども桜美林学園の創立者・清水安三先生は、1921年5月、北京市の朝陽門外において、〈崇貞学園〉（当初の名称は崇貞工読学校）と称する中国人対象の女子学校を創立しました。創立当初は、生徒数が60名足らずの小学校でありましたが、徐々に発展し、のちに中学校をも設置しました。

　清水安三先生は創立当時29歳、基督教の牧師でありましたが、なぜそのような中国人教育に乗り出したか。それは、崇貞学園創立の前年、華北5省が干害で大飢饉に見舞われたからであります。清水安三先生は自ら救済事業を企画して、朝陽門外に災童収容所を設けた。そして農村各地を荷馬車で回り、親から子供を預かった。それらの子供の数は799名にも上り、農村の収穫が回復するまで面倒を見て、親元に帰した（その功労で、大総統・黎元洪から勲章をもらいました）。

　そのような体験をもとに、今度は教育事業に乗り出したわけであります。
　当時の朝陽門外[1]はひどい貧民の町、親が幼い娘を売る、娘や人妻が売春するなど、極貧状況でありました[2]。なぜかというと、中国の南北を結ぶ大運河がその役割を終え、そのために朝陽門外の輸送業務従事者は大量失業した。さらに清朝が倒れて満州族や蒙古族の八旗兵が失職、没落した。

　要するに、朝陽門外においては、時代変化の打撃がとりわけ深刻であった

---

1) 朝陽門は北京防衛の要。明朝を倒した満州族、義和団を鎮圧した8国連合軍の日本軍も、この城門を突破して北京占領した。そのため満州族および蒙古族の八旗兵多数が、家族と共に城外の"営房"（＝兵営長屋）で共同生活をしていた。
2) のちの時代において私自身が体験したところでも、現在、日本大使館がある日壇付近、まさに不潔、悪臭芬芬、一般人が往来できるところではなかった。

からであります。

　崇貞学園はそのような貧民の娘を教育する学校でありますから、生徒は授業料なし、学校で手工（刺繍）を習い、製品を作り、その工賃で家計を助けるという文字通り働き学ぶ"工読"学校でありました。とは言え学園の気風は、当時の〈五四運動〉の影響下、まさに意気軒昂でありました。例えば創立期に作られた校歌が、それをよく反映しております。

　　　　崇貞学園の校歌
（一）
崇貞女校美如花　　美徳教育冠中華
礼儀廉恥張四維　　中華一統万古垂
（折り返し）
教育平等是平権　　空説解放亦徒然
富強責任男女均　　慶祝崇貞万万春
（二）
我愛崇貞重知育　　学有淵源文郁郁
光芒万丈呑四海　　照耀東亜放異彩
（三）
女児身体更宜強　　体操唱歌楽洋洋
強国根基在少年　　不譲男子著先鞭

　ところで、崇貞学園の董事長は張伯苓先生でありました。張先生は南開大学[3]の創立者、周恩来先生の老師であります。1937年7月7日、〈芦溝橋事変〉が突発、北京大学／清華大学／南開大学の3大学が、急ぎ北京から長沙に避難、臨時大学を設立、同年末の南京陥落後、昆明に移転、西南連合大学を設立しました。張先生も南開の校長として同行され、終始その運営任務を果たされました。

　張先生は基督教徒でもあります。清水安三先生が残した思い出話によりま

3）日中戦争初期、南開大学の抗日運動が激しいため、日本軍は校舎を空爆、大きな損害を与えた。

すと、張先生は甲午戦争(日清戦争)より少し前、青年士官、海軍中尉として北洋艦隊の軍艦に乗り組み、大阪湾に停泊。たまたま大阪市内見物の通りすがり、〈北野〉という中学校[4]の開校式典を見聞された。親切な人がいて来賓扱いにしてくれたが、張先生は日本語が全く分からない。しかし感銘を受けた。「日本は教育を重視している。中国も……」。

そこで張先生は帰国後まもなく海軍を退き、南開中学を創立した。〈南開〉[5]という校名は、〈北野〉に対抗して名付けた。

もう少し清水安三先生の思い出話を追加します。張先生は狭い三間房子(間口6m、奥行き4m)の南開宿舎に住み、極めて質素な生活振りであったそうです。清水安三先生は心から張先生を尊敬しておりました。それのみならず、張先生を模範とし、自分自身も張先生流の生活を心掛けておりました。

2 交遊：魯迅、李大釗、胡適

清水安三先生は文筆活動の人でもありました。日本国内の新聞や雑誌に寄稿したり、著述したり、『北京週報』(北京で発行)の主筆を務めたりして、"五四運動"以後の中国情勢を日本に伝え、舌鋒鋭く日本〈軍閥〉という表現で、その対中国政策を批判しました。

当時の日本はいわゆる大正デモクラシーの時代、幸い言論の自由[6]が維持されていたからであります。

大正デモクラシーの時代といえば、その論客チャンピオン(主将格)は吉野作造先生(東京大学教授、政治学)であります。吉野先生は日本の対朝鮮政策や対中国政策を厳しく批判された。その吉野先生が清水安三先生の著書

---

4) 現在、この北野中学は大阪の最優秀公立高校。
5) 本当にそうであるのか。〈南開〉とは、張先生が発明した固有名詞であるのか。私は確かめるため、文化大革命終結後の南開大学を訪問した際、質問したがわからなかった。しかし大きな収穫は、校内見学で周恩来先生が書いた「我愛南開的」という大きな石碑を見たことである。なぜ私立学校である南開が校名を残せ得たか。おそらく張先生の人徳がしからしめたのではないか。
6) 言論の自由が抑圧されるのは、1927年以降の昭和時代、治安維持法が成立してからのことになる。軍国主義・対外侵略政策が進行し、1931年の満州事変=〈九一八〉に至るわけである。

2冊（いずれも1924年出版、書名『支那当代新人物』『支那新人と黎明運動』）を、大いにほめられた。わざわざ序文を書いて、およそ次のように述べておられます。

　序文などを書かないという年来の方針を破って、清水安三君の新著を紹介すべくここに筆をとる。清水君の本は非常にいい本だ。予が氏を知るに至ったのは、実は大正9年（1920年）の春、同氏が某新聞に寄せた論文に感激して、われから教えを乞うたのに始まる。同氏はいろいろの雑誌新聞に意見を公にされているが、ひとつとして吾人を啓発せぬものはない。今日の支那通の中で、けだし君の右に出るものはあるまいと信ずる

　清水君の論説する所は、ことごとく種を第一の源泉から汲んでいる。書いたものによってその人の思想を説くのではない。直接に氏の書中に描かれた人々と永年親しく付き合っているのである。このごときは清水君でなくてはできぬ芸当だ。何となれば支那の新人と接触してよくその腹心をひらかしむまでに信頼を博するは、ことに今日において我が同胞にほとんど不可能だからである。清水君はこの不可能をよくし得た唯一の人である。

　清水安三先生の文筆活動は、"五四運動"から始まります。
（1）1919年5月4日午後、北京大学学生が先頭に立つデモ隊が、天安門前から行進を開始しました。清水安三先生はその目撃者として、なかなか詳しいルポルタージュ（現地報告）や、その意義を論じた文章を日本国内に寄稿しました。この日以後、彼の主張は一貫しております。要するに、なぜ日本人がこれほど中国人から嫌われるか、醜い日本人の在り方、日本〈軍閥〉が中国の〈権門〉（北方軍閥）を籠絡してもだめだ、今や中国の民衆民意を味方にすべきだという論法であります。
（2）1926年末、清水安三先生は論説を掲げ、南方の国民革命軍を支援しようと主張しました。日本人有志が武器を携え従軍志願せよ、というわけであります。

彼自身は国民新聞（現在、読売新聞）の特派員として南方に赴き、1927年3月19日、九江にて蒋介石・総司令（当時39歳）との単独会見をスクープしました[7]。清水先生は蒋介石の人品から好ましい印象を得た。蒋介石の日本語は、流暢ではないが、よくわかる日本語であったそうです（蒋介石が北伐途上、新聞記者との会見に応じたのは、これが初めてでした）。

清水安三先生はその後、武漢政府を取材して北京に戻りましたが、間もなく4月28日、友人・李大釗先生が刑死（当時38歳）、5月に入ると、日本政府（当時の首相は田中義一、対中国強硬論者）が第一次山東出兵を強行しました。もちろん清水安三先生は、激烈な出兵批判の論陣を張りますが、ともあれ、まさに歴史の転換点を身をもって体験したわけであります。

ところで清水安三先生は、北京大学と深い関わりがある魯迅／李大釗／胡適先生らと、親しく交わっていました。晩年、思い出話の中で、「魯迅のような偉い人物は、日本からは出ない。会ったことはないにせよ、毛沢東もしかり。しかし李大釗に匹敵できる日本人なら、まあかなりいるのではないか」、「自分は魯迅や胡適にも親愛感を抱いているが、やはり李大釗に最大の親愛感を感じる。もっとも先方側で私に最も親愛感を抱いてくれたのは、どうやら胡適かもしれない」といったことをもらしておりました[8]。

2.1 魯迅先生との交遊

清水先生の話によりますと、最初の出会いがなかなか面白い。

当時、魯迅と周作人、この両兄弟は西直門に近い八道灣に住んでいた。周作人はすでに有名、魯迅はまだ無名であった。

清水安三先生は日本からの有名人を案内して、しばしば周作人を訪ねていた。しかしある日、単独で周作人を訪ねたところ、門番が中国流の「没在家」。清水先生が粘って「洋車で1時間もかけてきた。なんとか5分間でもよい…

---

[7] 蒋介石はその翌日から南京攻撃、4月12日、上海で反革命、共産党弾圧。国共合作時代が終結。南京国民政府樹立。

[8] それには、おそらく年齢差が作用していると思う。清水安三先生は1891年生まれ、1881年生まれの魯迅先生より10歳年下、1889年生まれの李大釗先生より2歳年下、しかし胡適先生とは同年齢、血液型も同じO型。

…」と言っても、どうしてもダメ。

その時、鼻の下に濃いヒゲを生やした中年男が姿を現わし、話しかけてくれた。「僕でよかったらいらっしゃいよ。お話ししましょう」。そこで部屋に入れてもらえた。その人がなんと魯迅先生であった。

魯迅という人は、そのように本当に心が温かい人柄だったそうです。それが縁で、清水先生は魯迅を日本に紹介、世に出すのに一役買ったことになります。魯迅日記を見ても、〈清水〉の名がかなりたくさん出てきます[9]。

2.2 李大釗先生との交遊

清水先生は李大釗先生がまだ有名ではないころから付き合い、その名を日本に紹介したそうです。

李大釗先生の家は西単の石駙馬胡同[10]、清水先生は東単からしばしば訪れ、何時も非常に楽しかった。李大釗先生は日本の食べ物が好きで、よく東単で材料を仕入れていた。甘い日本の饅頭を持参すると、喜んでくれた。魯迅ほど達者な日本語ではないが、いつも日本語で会話した。日本人なら、田舎の村長さん然とした風貌、非常に親切でおだやかな人。いつも興奮せず静かに仲よく話す人。「日本人に対して実に優しい感情を抱いていて、誰が訪れても親切に遇した」そうです。

李大釗と言えば、なにしろ中国共産党の大立者、北京大学で毛沢東主席を世話した人、"三一八"流血事件（1926年）の指導者でありますから、とかく闘志満々の英雄的人物をイメージ（想像）したくなりますが、どうやら実像はかなり違うようです。

李大釗先生が奉天系軍閥につかまり、絞首刑で殉難（1927年4月28日）した直後、清水先生は5月8日付け『北京週報』誌上で、その死を心から悼む、誠に感動的な長い弔文を捧げています。私は当時の中日関係において、そもそもそのような友情があり得たことに、いささかなりとも救いを感じる

---

9) 魯迅が教えた女子師範学校の卒業生が、魯迅の紹介で崇貞学園の校長に就任。彼女は満州旗人。
10) 私は文化大革命終結直後、石駙胡同の李大釗先生旧居を捜し当てた。小さな家であった。現在の住人が親切に、部屋を見せてくれた。

次第であります。

2.3 胡適先生との交遊

　清水先生は"五四"直後、1919年6月から翌1920年にかけて、北京大学が招待したJohn Dewey（杜威）[11]やBertrand Russell（百船羅素）の連続講演を熱心に聴講しました。その講演の通訳は胡適先生でありました。

　清水先生は1924年7月から北京を離れ、2年間、米国留学しました。清水先生は新島襄（おそらく初めて米国の大学を卒業した日本人）が創立した同志社大学の卒業生、しかも基督教牧師、教育者としてはJohn Deweyにつながる教育哲学の影響を受けている自由主義者でありますから、胡適先生と親しくなれて、むしろ当然ではなかったかと思います。

　ところで"九一八事変"（1931年:満州事変）を経て1936年春、清水先生は中国内陸部各地、四川省まで長期旅行しました。国民党政府が着々と対日戦争の準備をしている。全面戦争の暗雲が垂れ込めている。それを肌で実感した清水先生は、北京に帰着後、直ちに胡適先生の家を訪れ、口を酸っぱくして戦争阻止、中日平和のため、胡適先生が奔走されるよう訴えました[12]。胡適先生は蒋介石総統の信頼が厚い人だからであります。

　しかし胡適先生はさっぱり耳を貸さず、煙草をスパスパ吸いながら、英語で「我々は日本と戦う」と叫び、「自分は以前、国民から嘲笑を浴びながら

---

11) John Deweyは胡適の米国留学時代の恩師。清水先生の思い出話によりますと、ある日のRussell講演で、ひとりの学生が起立、「先生！　どうしたら中国は滅亡を免れましょうか」と質問した。当時は列強の間で〈中国国際管理論〉さえ提唱されていた。するとRussellはやや考えて、「もしも中国に百人のGood men〈好人〉がいたならば、中国は亡びないでしょう」と答えた。それに感動した胡適らが、直ちに〈中国一百好人党〉を結成しようと聴衆に呼びかけた。参加志願者に署名が求められると、自分の指をかみ切り、血で署名する学生さえいたという。
ついでながら、清水先生は李大釗追悼文の中で、彼がRussellの著書をほとんど全て英語で読破していることを知り、その読書ぶりに驚いたと記述している。
12) その後間もなく、清水先生の妻・郁子が、南京に赴き、蒋介石総統夫人・宋美齢に面会、中日両国の女性が協力して戦争回避しようと直訴しました。これは日本の『婦人公論』誌に会見記を載せるという名目の会見。しかし、宋美齢夫人はそのような和平説得に対して、断固、同感の素振りさえ示さなかった。すでに戦争を覚悟していたからであろう。宋美齢夫人が話す英語は、すばらしい最高水準のものであったらしい。

も決して戦ってはならない、と主張した。しかし今や、どうしても一度は日本と戦わねばなるまい……と感じている」と言われたそうです。

この年、間もなく"西安事件"が起こる。胡適先生は翌年7月の"芦溝橋事変"に先立ち、清水先生に「北京を離れるからやってこい」と言われた。清水先生が出掛けていくと、「中日関係の前途から見て、もし貴方がいよいよ困るときがきたなら、遠慮なくやってきなさい」といった別れの言葉を残してくれたそうです。

その後の胡適先生については省略します（胡適は中日戦争の最中、駐米大使、日本敗戦後の1945年9月、北京大学校長に就任）。

日本敗戦後の1951年、清水先生が学園のため、渡米。募金旅行した際、胡適先生はわざわざプリンストンからニューヨークまで訪ねてきてくださったそうです。

3 "芦溝橋事変"から日本敗戦へ

時計の針をもう一度、"芦溝橋事変"の時点まで戻します。事変後、清水先生をめぐる中日関係が一変しました。なるべく簡潔、あっさり申し上げますと、

（1）北京市内を戦場にしないよう、清水先生は中日両軍司令官に嘆願書（宋哲元軍が北京城から自発的に撤収する、日本軍はそれを阻止、追撃しない、という協定内容。北京大学の教授や米国人ら有力民間人が署名）を提出、両軍から同意を得る工作を推進しました。（まず日本軍側が同意。かつて宋哲元に洗礼を授けた牧師が、宋哲元に嘆願書を届けた。その効果であったのか、7月27日、宋哲元軍北京撤収。）

（2）崇貞学園の董事長が、張伯苓先生から銭稲孫先生に代わりました。この方は〈偽北京大学〉、すなわち日本占領時代における北京大学の校長です。（崇貞学園の生徒の中には、延安の抗日戦争に参加、解放後、北京副市長夫人になった女性もいます。）

（3）1939年10月から翌年7月まで、清水先生は崇貞学園の資金を集めるため、米国に赴き、募金旅行しました。北京に戻ると、〈紅楼〉の日本憲兵隊から出頭を命じられました。なぜかと言いますと、ハワイで在住日系人相

手に講演した際、米国で大々的に報道された日本軍の南京事件について質問を受けた。清水先生はそれに対して、残念ながら事実は隠せるものではないという立場で返答した。そのために日本領事館から呼び出され、日本に送還されそうになった。そのようないきさつがあったことによります。（相当長い期間、毎日朝、〈紅楼〉に出頭し、夕方まで黙って坐っているだけ。結局、米国で集めた寄付金を憲兵隊に寄付するという形で放免。その間、故郷の老母が亡くなったが、帰国を許されなかった。）

(4) 日本敗戦後、崇貞学園は接収されました。（解放後の崇貞学園は、市立朝陽中学になり、数年前から陳経綸中学と改名されています。）

清水先生は1946年3月帰国、同年5月、この桜美林学園を創立しました。

以上、一人の日本人をめぐる中日関係の歴史についてお話し申し上げました。ご清聴、ありがとうございました。

若き日の清水安三

崇貞学園と桜美林学園の創始者

衞藤瀋吉

　今日私が申し上げたいことは二つであります。一つは一流の学者と言われる方でも、人間が行なう現状分析をそのままには信用できない、間違っていることが少なくない。第二、清水安三先生は五・四運動を分析してその歴史的な価値を正確に評価した最初の日本人ではないか、この2点でございます。

　もう2点を申し上げましたから、これで終わってもいいのでありますが、それでは、桜美林大学に申しわけありません。それに付随した話をこれから申し上げます。私の父が清水安三先生の名前を口に出しましたのは何芳川先生が生まれるよりはるかに前であります。「清水君も偉くなったもんだなあ、よく頑張って崇貞学園を経営している、大したもんだ」ということを子供であった私に申しました。

　そのとき、私の父の本棚には2冊清水先生の本がございましたが、戦争によってなくなりました。しかし、その後、清水先生がお書きになって父に送った本は、ここにぼろぼろになってまだございます。1939年でございました。

　そういった縁でこれから若き日の清水先生についてお話をさせていただきます。清水先生は滋賀県でお生まれになって、安井川という小さな小学校を卒業しました。安井川小学校は醤油の蔵を学校に使っていた、60人ぐらいの小さな小学校だったそうであります。そこから県立膳所中学校、さらに同志社大学、それからアメリカのオハイオ州、オーバリン・カレッジに行かれ

たのでありますが、安井川の小学校が一番懐かしいと書き残しておられます。このオーバリン・カレッジの名前をとって、桜美林という名前がつけられたのは皆さんがご存知のとおりであります。

膳所中学時代に、英語を週に一遍ウイリアム・メレル・ヴォーリズ先生から教わりました。ヴォーリズさんは日本のキリスト教徒はほとんどその名前を知っていると思いますが、建築家でもあり、たくさんの教会を建てました。私のいまおります東洋英和女学院の最初の建物はすべてヴォーリズさんの設計でありました。

どこで覚えてきたのか知らないのですが、ヴォーリズ先生は油のなかに香料を入れた薬を売りましてメンソレータム、日本人はメンソラ、メンソラという、それを売ったところが、大変売れまして大成功。そののち、清水先生は中国におけるメンソレータムの販売権をもらって、それで崇貞学園の財政を助けたのであります。

同志社時代に苦学をしまして、人力車夫をやったり、電灯代を節約するために電車の待合室に行って勉強したりして生活費をやりくりしていたようであります。ヴォーリズ先生の影響が非常に強くて、中学時代に洗礼を受け、敬虔なクリスチャンになり、そしてミッションスクールである同志社大学に進んで、いろいろな事情から中国で伝道をしたいという志を持つようになります。中でもアメリカ人の宣教師のホラス・ピットキンという人の殉教の物語に大きく心を動かされたように聞いています。

ピットキンはイェール大学を卒業しましてから、結婚して子供1人をもうけて、3人で保定に宣教師としてまいります。そこで義和団事件に遭い、天津に家族を避難させると、彼はひとりで保定に戻ります。そして遺書を書いて、その遺書のなかで、「自分が殺されたら、子供は再び中国で伝道するように育ててほしい」と書き残します。

保定は義和団の拠点になりまして、外国人の宣教師はすべて殺されます。そして、そのあとイギリス軍とアメリカ軍が保定を占領しまして、義和団の首領、それから義和団に与した清朝の官兵の指揮官等々大量の処刑をします。このピットキンの殉教の話を同志社の長老で後に総長になった牧野虎次から聞いて非常な感銘を受けたようです。ヴォーリズ先生に相談しましたところ、ヴォーリズ先生は、ぼくと一緒に滋賀県で伝道する約束ではなかったか、も

う縁をきるといって、たいへん怒られたのであります。その後、北京で崇貞学園を経営するのをみていて、ヴォーリズ先生は「あなたはぼくの誇りだ」とおっしゃるまでになったという話が清水先生の記録に残っております。

　1917年、日本でいうと大正6年に念願の中国伝道の準備が整い、清水先生は牧野虎次と一緒に、大連に上陸し、やがて奉天に移ります。いまの瀋陽ですね。奉天には、小川勇という医師がいました。敬虔なクリスチャンで、日本赤十字社の奉天病院の院長でありましたが、この方の世話で日本総領事館の真ん前に大きな家を借りることができました。清水先生が奉天で最初に集会を持ったときは20名集まったそうです。私のおります東洋英和は1884（明治17）年にカナダ人の女性宣教師が小さな英語塾を開いたのが始まりですが、そのときの生徒の数は2人。だから東洋英和よりは清水先生は恵まれていたことになります。彼は直ちにその庭を開放しまして児童館を作ります。彼自ら、これを崇貞学園の前身だと称しております。ところが、奉天よりも北京のほうが言葉を勉強するのにはるかによいということを悟り、北京に移ります。1919年3月のことであります。

　勉強のために北京で住んだのは、同じく中国語を勉強しにやってきた連中が大勢寄宿していた同学会という下宿屋でしたが、その頃清水先生は新聞記者としてあちらこちらにいろいろな記事を書いております。

　当時ちょうど五・四運動の前後でありまして、北京大学を中心に学生運動が非常に盛んでありました。日貨排斥が日常的に行なわれ、特に1923年（大正12年）は、反日運動が東北から北京・天津にかけてたいへん盛んになる年であります。清水先生はその時代に北京で毎日中国人と付き合って、生活をしていたわけであります。そのころ、京都帝国大学文学部の東洋史の主任教授は内藤虎次郎——内藤湖南、日本で群を抜いて中国問題に詳しいと言われていた人でありました。その内藤先生を招いて、ある日、大阪の紡績業の経営者たちが中国問題について会合をもった記録が残っております。ちょうど五・三〇運動の頃であります。

　内藤帝国大学教授はおっしゃいます、「騒動が少し大きくなったって鎮まれば向ふ十年位は二度とおこりっこはない。……諸君はややもすると政府を頼りにするが日本の外務省にソンな強硬な腰があるものですか」。

　「ここで一頻り支那における日本人の地位や、支那そのものの将来を、将

来に関する意見が交換されたが、内藤博士は片っぱしから、ソレは支那を買ひかぶってゐる。ソレは諸君みずからの自惚れぢゃと無遠慮に反駁される。」
　ここである人が質問して、「それでは今日の支那学生中から日本の維新当時のやうな志士は出て来ぬでしょうか」。内藤先生は答えて、「出ますものか。出たって知れたものです」。これが、当時日本で最高の中国通の五・三〇時代の中国観であります。
　それに対して北京にいた清水安三はどう見ていたか。そこに翻訳がありますから読み上げます。
　「小山をなせる日本貨物には、一罐の石油がぶっかけられた。……1人の中学生はこの日自転車に乗ってやって来てゐた。余程感じたものかその自転車を火の中に投込んだ。
　この自転車も日本品だ。
　彼はこう叫んだ。群衆はドッと笑った。何ぜ皆笑ふだらう。不思議に思ひ乍らぢっと見てゐると、その中学生は泣いていた」。

　また、こういうことも書いております。
　ある日学校で先生が教へた。我々は日本の品物を用ゐてはいけない……。折悪して生徒の中に混じてゐた日本人を母に持つ子供が、お友達の皆んなから一斉に視線を浴びせかけられて、しくしくと泣き出した。……お友達はその頓狂な泣き声を聞いて吹き出した。……泣ける子はいたたまれずして家に帰った。

　こういった文章が当時の清水安三先生の書き残したものにいっぱいあります。実は同じ頃に北京に住んでいた鈴江言一という日本人がおりました。彼は後に李大釗や陳独秀と付き合っているうちに中国共産党の秘密党員になり、秘密党員として日本と中国の間を往復します。その鈴江言一、中国の名前では王子言と呼ばれておりましたが、その鈴江が中国の学生運動の強さ、ナショナリズム運動の底力を自覚するようになったのは清水先生よりも数年後のことであります。
　清水先生の時代を見る目の鋭さをご理解いただけたと思います。だから、一流と言われる学者が時事問題を論じたときは、信用したらいけない。ぼく

は一流ではありませんから、信用してよろしい。無名の人でも清水先生のように鋭く時代を見抜く人の言うことは信じてよろしい。

以上で、話は終わりますが、いろいろな縁が、いろいろな大学の間で繋がっていることを申し上げておきます。

ピットキンはイェールの出身でありました。イェールはその後中国研究にたいへんな力を入れて、イェール・イン・チャイナ——中国語を勉強するための最も優れた教科書をイェール大学は出したのであります。その後、義和団事件の賠償金をアメリカ政府が一部分返還したとき、北京政府はそれをアメリカ留学生のために使い、アメリカ留学生に準備勉強をさせるためにつくったのが清華大学——当時は大学と申しておりませんが——清華学校であります。そしてそのイェールに繋がるピットキンに感激して、アメリカに留学をした清水先生が学んだのがオーバリン・カレッジであります。

子供のときに私は父から「清水君はオーバリンで北京の話を聞いてひどく感激し、ピットキンの胸像を写真に撮って帰った」という話を聞いた覚えがあります。ところが、清水先生の本のどこにもそれは書かれていない。今度、オハイオに行く機会があったらオーバリンを訪ねて、ピットキンの胸像がオーバリンに残っているかどうかを確かめてみたいと思います。オーバリン・カレッジで勉強した清水先生が北京でつくったのが崇貞学園、そしてその清水先生が、東京でつくったのが桜美林、すべて繋がっているわけであります。

参考文献
清水安三『支那新人と黎明運動』　大阪屋号書店　1924年
清水安三『支那当代新人物』　大阪屋号書店　1924年
清水安三『支那革命史論』　南満州教育会　1929年
清水安三『崇貞學園一覧』　崇貞女學校　1936年
清水安三『支那の人々』　鄰友社　1938年
清水安三『朝陽門外』　朝日新聞社　1939年
清水安三『姑娘の父母』　改造社　1939年
清水安三『開拓者の精神』　鄰友社　1940年
清水安三『支那の心：続支那の人々』　鄰友社　1941年
清水安三『支那人の魂を掴む』　創造社　1943年

清水安三『石ころの生涯―崇貞・桜美林物語―』　キリスト新聞社　1977年
清水安三『朝陽門外』大空社　1996年
山崎朋子『朝陽門外の虹――崇貞女学校の人びと』　岩波書店　2003年

創立者清水安三と現代中国

丸山　昇

1 はじめに

　この共同シンポジウムの一部として、本学園の創立者である清水安三（以下清水と呼ぶ）について報告せよ、というのが、私に与えられた課題である。

　この問題については、一昨年（98年）、このシンポジウムの冒頭に、当時の清水畏三理事長も話しているが、それを一面では補足し、また一面では少し異なった視角から、具体的な資料も含めて報告したい。

　私を含む何人かの教職員は、ここ2、3年来、清水についての研究会を重ねてきた。教育者・キリスト者としての清水については、本学園内でしばしば語られているが、現代中国の初頭、1910年代末から20年代にかけて、政治・社会・文化全般にわたって急速に変化しつつあった中国の現実に対して、当時の日本においては、彼が基本的に正確な認識を持ち得た少数者の一人であり、また30年代以降においても当時の日本人としては理性的な中国理解を示した点で、現代中国研究・紹介の先駆者の一人であることはあまり知られていない。このことを遺憾に感じた有志が、単に創立者の業績を顕彰するだけでなく、より客観的・学問的に彼の業績を検討し、正当に位置づけたいと考えたのが、この会発足の最初の動機だった。

　その過程で、研究の対象は、清水安三本人だけでなく、その伴侶として、また教育学者、女子教育専門家として安三を支えた郁子夫人にも広がり、ま

た彼の主要な活動分野だったキリスト者・教育者として側面も含めて全面的に研究を深めようという方向に広がった。その結果、去る11月11日、それまでの成果の中間総括として、学外の研究者も招いて、「清水安三・郁子に関するワークショップ（研討会）」を開催した。その内容はすでに別冊の資料集に見られるとおりである。

本日は時間の関係もあるので、その結果を踏まえながら、中国の先生方にも知っていただきたいし、またもっとも興味もおありと考える、当時の中国の新しい動きに対する清水の理解・紹介がどんなものだったかを、簡単にまとめて報告したい。以下、囲みの部分は、先日の研討会における栃木利夫法政大学教授の報告提要からの引用である。

栃木氏は、清水と現代中国との関係を、先ず次のように概観する。

> (1) 清水の中国への関心
>
> 1913年徳富蘇峰『支那漫遊記』を読み、唐招提寺で鑑真和尚の話を聞く（22歳）。
>
> 1915年平安教会の祈祷会、宣教師殉教の話（牧野虎次牧師、義和団事件）を聞き、中国行を決心。1917年6月1日大連上陸、6月14日奉天（瀋陽）着、6月15日に張作霖と面会（円いどす黒い小さい顔の男であったという）。1919年1月（ないし5月）北京に移る。大日本同学会に入り、中国語研究に没頭。天津時期の生活実感から書いた「支那生活の批判」が『我等』1919・5・1に掲載される[1]。
>
> 1) 長谷川如是閑付記「清水安三氏は、三年前支那人に対して基督教を伝道する唯一の邦人」「各地に宣伝に従ひ」「支那事情の研究に没頭してゐる篤志家」と紹介した。
>
> (2) 『我等』投稿時期（その他『日本及日本人』『読売新聞』『大正日日新聞』[2]など）
>
> 中国新動向を紹介（文学革命、思想革命、魯迅、李大釗、胡適、陳独秀、周作人）。
>
> 2) 吉野作造「先月央ば『大正日日新聞』に表はれた清水安三氏の所説は此点に於て大いにみるべきものがある」（「支那学生運動の新傾向」『中央公論』1920・2月号）

1919年5月　北京居留民大会の日本軍出兵要請決議に唯一反対した。
「在支外人生活の批判」1919・12・1
1924年7月米国留学のため、北京を離れ、9月オベリン大学留学（〜1926年5月卒業）アメリカ見聞と観察から新たな知見を得る。
1927年3月19日蔣介石と単独会見、1928年4月28日李大釗処刑
1928年3月読売新聞北京特派員、北京週報論説委員。
1929年1月『支那革命史論』（南満州教育会、旅順）出版
1930年〜1932年同志社大学講師。

(3)『支那新人と黎明運動』（大阪屋号書店、1924年9月）＊吉野作造序文（前掲）
『支那当代新人物』（大阪屋号書店、1924年11月）吉野作造序文（同文）
『支那新人と黎明運動』は藤原鎌兄から『北京週報』の原稿料（毎週30〜40枚分月100円）をもらいながら書き溜めたものを集めて出版した（『朝陽門外』）。
吉野作造は、それらの叙述で清水が、
　中国情勢に対して「極めて公平な見識」を示し、紹介する人物とは「永年親しく交わって」いて、そこから論説の「源泉」を汲みだし、「同情と興味」をもって扱っている。しかも「悪いことは悪いと憚りなく」言うだけの「勇気と聡明」さを示した、と評価した。
その特徴をまとめると、

　中国社会のそこに流れる新しい動きを、旧いものと対比しつつ、確実に捉えていた。たとえば清水は「何れにせよ舊来の孔教中心思想、眞髄は支那民衆から時代遅れ扱ひをされるべき日が、刻々来りつつある」とみとうしたのである。「学生が民衆運動の主役者」「世論の中心」とみて、「書斎より街頭に飛出すところに、青年らしい意気がある」「生きた学問も出来やうといふもの」なのであった。しかも他方では常にその批判の目が日本の中国政策へ向けられていた。「軍事協定などの如き反故にもならぬ協約」を設えて「得意になったり安心したりして」ゐる間に、排日運動は民衆の中に醸成されていったことを、捉えていた。

(4) 国民革命情勢の深化と清水の論説(『北京週報』)

このような情勢把握の深さは、国民革命期になっても変わることがなかった。『北京週報』等で「婦人運動」「現支那の文字」「最近の支那思想界」「漢字革命」などの「新事情」を紹介していた。「支那の主義者」やカラハン、江元虎、梁啓超、孫文、陳独秀等の「新しい時代の人物」も引き続き紹介され、清水の新しい潮流へ強い関心をもっていた。アメリカ留学からの帰国後、1926年6月、北京に戻った清水は、国民革命の南方・北方の新たな革命情勢の展開に注目し、「新しい時代」を捉えようとする論説を「清水」や「不見死生」の署名で『北京週報』等の載せた。

それらの論説の特徴は、以下の諸点である。

> まず南方革命への期待とその国民革命を支援する日本人(新支那浪人)の出現を期待す。いまや中国は「浪人風な杜撰な頭の人間には不向きな舞台」となった。中国人自身が「シャープな観察と徹底したる思想を抱こうとしている」からだと、清水は主張する。ただ中国のほうが「一歩も二歩も進歩しそうなこと」を気づいている日本の共産主義者は日本の方を考えているので、「国粋主義のこりかたまりの我々」から「新支那浪人」を出す以外にないと論じていた。

それと関連して、第2には、革命運動と愛国運動についても論及している。中国の革命派は「愛国心」の一念に通じ、「攘夷論」であるとして、日本人はその革命運動に同情しきれないようでは「餘になさけない」という。民族主義と革命主義、ナショナリズムとインターナショナリズムの矛盾と日中間の相違を認識しつつ、中国の民族革命への共感を示していた。

第3には中国の不平等条約関係を指摘し、治外法権と租界の放棄を主張していた。

第4に「国家力」と「社会的勢力」との対抗関係、その矛盾を認識し、後者に未来への可能性を求めていた。国家の枠を超えた「被支配階級」の「国境を超え」「平面的に一致して結束し相援助する時代」とみていた。このような連帯論は、大正デモクラシー時代の地平で同時代の知識人達が共通に認識しえたものともいえるが、国家の崩壊と新たな民衆と社会的連帯

の道筋を見ながら、中国情勢を捉えていたことは評価されて良い。これまでに見てきたような同時代の認識を踏まえて、新しい視座を持ち得たのはなぜか。同時代を認識しうる中国在住の魯迅や内山完造らの人々とのネットワークにも踏み込み、日本と中国との新たな連帯の道を模索した清水安三を、あらためて再認識していきたいと思う。国民革命末期の国共対立と日本の山東出兵などの侵略行動が起こる新たな情勢の前に、清水の認識にも変化が見られる。しかし、中国の民衆や社会の新しい変化を鋭く見る視座は、1930年代になっても受け継がれていく。

　以上の中、注目すべきものとして、私はA：清水の五四運動・文学革命観、B：清水の国民革命観、C：清水の「支那基督教」観の3点について、栃木報告を補足する形で報告したい。なお、紙誌名等の固有名詞をはじめ、当時の文章中の「支那」の語は、そのままにする。

2　清水の文学革命・五四運動観

　当時の清水の言論活動は、『北京週報』を中心に展開された。当時北京で発行されていた日本人経営の新聞は、『順天時報』と『北京週報』の2種だった。『順天時報』は1901年東亜同文会の中島真雄によって創刊されたが、05年「公使館に譲渡」され、「外務省保護の下に」委ねられた新聞（飯倉1974）で、日本の機関紙と見られがちであった。『順天時報』に対しては、周作人が「日本浪人と順天時報」（25年10月）、「再び順天時報（再是順天時報）」（27年8月）など、十数篇にわたって鋭い批判を加え、「日本が中国を侵略するためのもっとも悪辣な手段」である「日本の漢字新聞中のもっとも悪辣なるもの」（「再び順天時報」）といっているので、中国の先生方もご存じであろう。これに対して『北京週報』は、12年に刊行された北京最初の日本語新聞『日刊新支那』（12年創刊の『週刊新支那』と並行して刊行、週刊は18年停刊）に勤めていた藤原鎌兄が21年末に新支那社をやめて、独力で極東新信社を創立、その日曜版として創刊したものである。『順天時報』が当時における日本の古い中国観を多く反映していたのに対して、『北京週報』は折から起こりつつあった新文化運動・文学革命に興味と共感を示して

いた点で対照的だった。その独自性を与えたのは、その記者だった丸山昏迷（本名幸一郎）や、その影響も受けた清水安三等の活動であり、彼らはむしろ古いタイプの「支那通」だった社主の藤原鎌兄の思想に反して、五四運動から国民革命にかけての中国の新しい潮流を支持した。

　丸山昏迷（1895-1924）について清水安三は戦後こう書いている。

> 　丸山は、……極めて進歩的な思想の持ち主でもあって、当時の北京では、坂西公館で小山貞吉氏と共に働いていた早大出の鈴木長次郎君、『新支那』の丸山昏迷、それから私自らが、何を隠そうラジカルの三羽烏であった。……北京の思想家や文士達に最初に近付いた者は、実に丸山昏迷君であって、多くの日本からの来遊の思想家や文士達を、或いは周作人さん、或いは李大釗先生の家々へ案内した者は丸山昏迷であった。実を言うと、かくいう私自身も、同君の同道で周作人や李大釗を訪ねたのであった。（清水安三1968）

　山辺健太郎「パリ・コンミューンと日本」（『図書』71年8月号）によれば、1920年に結成された日本社会主義同盟の加入者名簿のかなりはじめの方に、支那北京北京大学内の李大釗と共に、支那北京新支那社の丸山幸一郎の名が載っている、という。20年3月から21年7月までの『新支那』に18篇の文章を発表した後、22年『北京週報』創刊のため極東新信社に移った藤原鎌兄にしたがって極東新信社に移り、同誌の人物紹介欄に、周作人（14号、22年4月）、李大釗（33号、同9月）、周樹人（魯迅、23年4月）を取り上げるなど、新文化運動への関心を示している。

　また今回のシンポジウムの特別番組に加えられた「狂言」を、最初に中国に紹介したのは、周作人の翻訳「骨皮」（21年12月18日『晨報副刊』）、「伯母酒」（同12月25日）だが、丸山はその翻訳を喜んで、一冊にまとめることを希望し、周作人は、それを受けて29年に出版した『狂言十番』の扉に「亡友丸山幸一郎君記念」と記した。（この2段落、「飯倉1974」「飯田1991」による）

　清水安三と丸山昏迷との出会いが、何時どのようなものであったのか、私は確かめていないが、彼ら2人による新文学関係の翻訳・紹介を「飯田

1991」によって見ると、下記のようになる。

  昏迷生：「エロシェンコ氏を訪う」『北京週報』7　22・3・5
  清水安三：「北京大学に招かれたエロシェンコ君を周作人氏方に訪う」
  　『読売新聞』22・3・27
  昏迷生：「周作人氏」『北京週報』14　22・3・27
  魯迅、仲密（周作人）訳：「孔乙己」『北京週報』19　22・6・4
  昏迷生：「李大釗氏」『北京週報』33　22・9・17
  如石生（清水安三）：「胡適」『読売新聞』22・10・25-11・2
  如石生：「周三人」『読売新聞』22・11・24、25、27
  魯迅、同人訳：「兎と猫」『北京週報』47　23・1・1
  廬陰女士、昏迷訳：「彷徨」『北京週報』55-57　22・3・4-18
  昏迷生：「周樹人氏」『北京週報』59　23・4・1
  清水安三：「エロシェンコ」『読売新聞』23・4・23、24　以下略

　2人が相談して北京と国内向けに書き分けているのかとさえ思える仕事ぶりである。清水安三に即して見れば、これらに先立って19年末から長谷川如是閑等の『我等』に、中国に関する論考を頻繁に寄稿しており、中国の新しい動きへの関心が北京到着直後からのものであることがわかるし、21年5月の崇貞学園正式創立に先立って、20年5月朝陽門外に設立した前身校に、崇貞工読女学校と名づけたことにも、蔡元培の「労工神聖！」演説（18年11月）、北京工読互助団（19年末成立）を始めとする工読互助団運動への共感を見ることができる。
　ここでとくに、清水安三と魯迅・李大釗との関係について見ておきたい。彼が魯迅を初めて訪ねた時（年月日は不詳）の様子は自身の回想に詳しい（「清水1968」）。ただこの文章を含めて、彼が後年書いた文章には、やや補足・修正を必要とする点がある。
　たとえば、次のようなところである。

  彼のことを最初に日本に紹介した者は、はばかりながら不肖私であったことをここに明記しておく（「清水1968」）

　　　　別に誇るわけではないが、魯迅の小説を初めて日本文に訳したのも私
　　　であった。もっともその訳は、だいぶ魯迅自らにやってもらったけれども（清水1991）

話が細かくなるが、清水安三の「周三人」に2年先立つ20年11月に、青木正児が「胡適を中心に渦いている文学革命」でこう書いている。

　　　　小説における魯迅は未来のある作家だ、その『狂人日記』の如きは一
　　　つの迫害狂の恐怖的幻覚を描いて今まで支那小説家の未だ至らなかった
　　　境地に足を踏み入れている。

魯迅の名を日本に伝えたのは、これが最初である。文末に「（大正）9年10月10日脱稿」とある。「狂人日記」から「一件小事」までが出ただけで、「故郷」も「阿Q正伝」もまだ出ていない時期である。これだけを読んで、「未来のある作家」と書いたのはさすがと言うべきだろう。
　ところで、魯迅をと言わず魯迅の名をと書いたのは、魯迅の仕事について書いたものが、2例あるからである。一つは、青木の同じ文章の第2号掲載分に白話詩について触れた部分があり、唐俟の筆名で書いた魯迅の詩に対する評がある。

　　　　今ひとつの新事実は白話詩の伴侶を得たことで、劉半農・沈尹黙・唐
　　　俟などが馳せ参じた。……唐は詩味の薄い詩境に乗らぬ事をお茶漬けを
　　　食うようにさらさらとやってのける癖があった。悪く言えば月並だ。

青木は、唐俟と魯迅が同一人物とは知らずに書いているのだが、魯迅の作品に日本で最初に下された評語が、「月並」だったことはちょっとおもしろい事実である。
　もう一つは、魯迅がまだ留学中に周作人といっしょに「域外小説集」（1909）を出した時、雑誌『日本及日本人』に留学生の中でも「西洋小説」が読まれているとして、

本郷に居る周何がしと云ふ、まだ二十五、六才の支那人兄弟などは、盛んに英独両語の泰西作物を読む。そして『域外小説集』と云った三十銭ばかりの本を東京で拵えて、本国へ売りつける計画を立て、すでに第一編は出た……

と書いていた。魯迅の仕事についての反響としては世界最初だった。これを発見したのは、当時東京大学の大学院生で、後に数年間本学の助教授を務めた後、現在東京大学教授の任にある藤井省三である。
　本題にもどって、青木の文章を載せた『支那学』は学会誌だったから、一般の紙誌への紹介としては、清水安三の「周三人」が最初だった。
　また魯迅の小説の最初の日本語訳は、上記のリストにあげたように、仲密すなわち周作人訳の「孔乙己」であり、清水が言う魯迅に手伝ってもらった自分の訳とは、約半年後の、「兎と猫」を指すのだろう。これは『魯迅日記』の22年12月6日の条に、「夜日本語で自作小説一篇を訳す」とある。清水の名は、この条には出ていないが。
　重要なのは、彼の紹介が最初か2番目かということよりも、魯迅に対する彼の評価である。
　彼は「周三人」でこう書いている。

　　周三人！　聞かぬ名だなあ！
　　周三人といったは、周樹人、周作人、周建人と一括して呼んだに外ならぬ。三人揃いも揃って、皆支那新人である。盲目詩人エロシェンコは、周樹人を支那創（作）家の第一人者であると推称した。私もそう思うものの一人である。

　この後、周樹人は魯迅と称する、として、略歴・現職を紹介してから、「孔乙己」のあらすじを述べ、こう評する。

　　魯迅はいつもかも、支那の古い習慣と風俗を味噌糞に悪口つく癖がある、この孔乙己もまた科挙制の生んだ寂しい犠牲者を、テイマに扱っている。作全体に人間の投げ得る暗影を、最も深い黒さで表現している。

心理描写を手軽にやってのけて、表現に深い注意を払っている。彼の創作に現れてくる人生は、何時もかも、呪われている。しかし其深酷な悩ましい人生は、必ず何かの問題を解決しないでいる犠牲から生じている。のびのびと明るみに芽ぐむ草は一本もない、また苦しんでいるとしても、開け行く路を見出した人生ならば、まだしも息がつける。けれども魯迅の人生は、暗い、ほんとうに暗い人生の描写である。

　魯迅自らが、人生問題に悩んでいるのではなかろうか。寂寥を何らか経験しているのではあるまいか。あの光明の微塵程もない創作を為すからには。「孔乙己」の外に「故郷」「白光」がある

　清水安三がこの文章を書いた22年11月と言えば、後に『吶喊』に収められる作品は、最後の「社戯（村芝居）」まで出揃っていた時期だが、『吶喊』が出るのは、翌23年8月である。（なお、『北京週報』は、その翌月の9月、「魯迅氏の創作集『吶喊』」という紹介を載せている）。その時期に書かれた魯迅評価としては、魯迅の内面に分け入り、その本質的な一面を読みとっていた点で、出色のものと言えるだろう。彼は約1年半後の24年3月、『北京週報』の103号に「新支那の文学」を書いているが、その中でも「魯迅」という一項を設け、「狂人日記」「阿Q正伝」について「いずれもよい作だと思う」と書き、また「故郷」を、「しんみりしたいい作」と評している。

　彼は、それに引き続いて、同誌105・106号にそれぞれ「漢字革命」「支那の文学革命」を書いている。魯迅だけでなく、「文学革命」全般に対する彼の関心がわかる。ただこの面については、前掲の栃木利夫の報告がすでに触れているので、ここでは省略し、李大釗についての清水安三の文章を見ておく。

　李大釗について書いた文章は、私の記憶する限りでは、次の4篇である。

Ａ：「支那の主義者を紹介す」『北京週報』102（24・2・24）
　　まえがき風の約400字を削り、「支那の主義者総まくり」と改題して『支那新人と黎明運動』所収。
Ｂ：「李大釗」執筆年月及び原載誌紙不明、『支那当代新人物』所収。
Ｃ：「李大釗の思想及び人物」『北京週報』256（27・5・8）小島麗逸

編・藤原鎌兄著『革命揺籃期の北京』74　社会思想社所収。
D：「李大釗先生の思い出」『復活の丘』(71・3・1)

　報告当日Aは筆者未見であったため、「飯田1991」によって、『北京週報』101号に、「最近の支那思想界」という文章があり、同目録「備考」の記述から見て、これとAとを合わせたものが、『支那新人と黎明運動』所収の「支那の主義者総まくり」らしい、と書いたが、その後清水賢一氏所蔵の『北京週報』掲載の関連文章のコピーを借覧して、上記の事実を確認したので、加筆修正した。
　「支那の主義者総まくり」は、1節から5節まで、それぞれ邪説の時代（春秋・戦国の少数派・「異端」思想）、大同主義（康有為）、無政府主義（劉思復・李石曾等）、民生主義（孫文）、民主社会主義（江亢虎）を挙げて紹介した後、「六、マルキスト」として、陳独秀・李大釗を挙げる。量的には陳独秀に多くを割いているが、彼については、

　　陳独秀のあたまを解剖するなら、（一）ぱあっと解っているマルクス社会主義、（二）宗教に反対、（三）経済的帝国主義に対す反抗、この三つである。彼はマルクスをざあっと飲み込んでいる。

と書いているほか、全体にややからかい気味であるのに対して、李大釗については、

　　彼はその人物が温厚にして豪胆、清廉にして人の世話をよく焼く所ある故に、北大、女高師等に在って教員相互の裡にも至って評判がよい。しかも彼は教育次長に擬せられても敢えて諾せず、女高師の校長に推されても、これに応じない。ただ彼は北大女高師其の他マルクス学会を拵えて、孜々として研究し、徐々に宣伝することを怠らない。彼の手に依って実際運動が着々と運れて行く。労農ロシアの承認運動も、彼によって劃され、国民党大会も彼によって纏るを見た。将来この人が社会革命の先頭を承わるであろうとまで謂われている。

　唐山の労働争議、京漢線の問題、何れも彼の牛耳るマルクス学会の仕

事であるらしい。……

と、人物・理論研究の着実さ・行動力すべてを高く評価した書きぶりである。

Bも、反キリスト教運動を中心に、李大釗の役割と人柄を語った興味ある文章だが、Aと重複する面もあり、紙幅と時間の制限もあるので、ここでは省略する。反キリスト教運動については、後述する。

李大釗について書いた文章の中、彼の個人的感慨を最も率直に述べているのが、Cである。清水安三自身Dの中で「私のいわば追悼文」と書いているとおり、27年4月6日に張作霖軍に逮捕され、28日に処刑された直後に書いた文章で、直接題名は挙げていないが、李大釗の「私のマルクス主義観」など、彼の理論的歩みについても、かなり正確な理解を示している。もちろん、彼はキリスト者として、自分の思想・信仰と李の思想との距離を自覚していたに違いない。また「世の社会主義者の過半は幼少にして父母のいずれかを失いしものであると言う」といった、素朴な偏見を含む社会主義観をのぞかせてもいるが、何よりも、「北京で訪れて一番、愉快なる家の一つであった」というように、思想・信仰の違いを超えて、李大釗の人柄と中国革新を目指す熱情に共感し、その手腕を高く評価したところに、彼の思考の柔軟さと懐の深さを見ることができる。この文章の後半、彼はこう書いている。

　彼革命を志して以来、この事あるを常に予期してはいたが、革命がようやく成らんとする前に、この世を去るは彼としても残念であったろう。私はあの世はどうしても眠られず、幾度か会見したるその一つ一つを思い出して、思わず号泣せざるを得なかった。……

と書き、

　ただ私達の遺憾となすことは、彼の妻が革命の何たるか、犠牲の何たるかを知らずして、「守常迷信共産」と称して泣いてばかりいることだ。

何香凝夫人の如くに、夫の死を礼賛するだけの頭のないことが最も気の毒である。ともあれかくもあれ、彼の遺族に幸多かれ

と結んでいる。外国のことで、日本の共産主義者ではないとは言え、弾圧で殺されたコミュニストに対して、これだけ公然と追悼する文章が書かれた例は、やはり稀な例に属するだろう。

彼の五四運動観を始めとして国民革命観に至る、新しい中国の潮流に対する共感と支持については、前掲の栃木報告の提要にもすでに一端が書かれており、またシンポジウム当日の報告は、『清水安三の思想と教育実践──戦前・戦中を中心として──』（桜美林大学「清水安三記念プロジェクト」2001年12月）として一冊にまとめられているので、ここでは省略する。

3 清水安三の「支那基督教」批判

清水安三の文章の中で、特に異色を放っているのは、中国において、当時までにキリスト教が現実に果たしている役割に対する、容赦ない批判である。それは彼の文章のあちこちに散見するが、『支那新人と黎明運動』の最後に収められた「支那基督教批判」（原載紙誌不明）には、これがキリスト教徒の、しかも伝道者として中国に派遣された人物の言葉かと驚かされるような言葉に満ちている。この文章は、1・2節で、キリスト教伝来史と景教について概略を述べた後、近現代の中国におけるキリスト教の役割をこう書く。

悪魔の宗教『先ず説教せよ、それで行かずば剣を抜け』これがポルトガル、西班牙、和蘭、英吉利等の対支政策だった。そうでないと云っても事実が証明している。バイブルを抱いて来支せるものと、剣を佩いて来たれるものとは何の交渉もなく別々にやってきたんだと、弁解しても、支那にとっては、……一味同腹と見る、また見られても仕方がない

以下、教権が列強の軍事力を導き、またそれを背景にして延びてきた歴史を述べる。そして、文末、第5節「支那伝道私見」でこう書く。

純真なる態度　政策を離れて支那人のために尽す。これが最も純なる精神である。若しか政策という言葉を用いたいならば、神の国の対支政策から割出して支那宣教をなすべきで、決して自国の対支政策に用いられてはならぬ。

　もう教権などを振り廻す時代は過ぎた。国家の威力を笠に着て支那人をとっつける時代ではない、只神のみを後援として支那伝道をなすべきである。

　結論　私達は国家を超越して、支那のために支那伝道せんことを望む。それは勿論祖国を念頭より駆逐することは能きまいけれども何れの国に在っても、十人や百人位、自国のことを忘れて仕舞うて、外国のために身を献げるものがあってもよいと思う。……そういう風な超国的な人間が、他国のために働いているということが、民族と民族とを親善ならしむるものだ……

　もちろん全文の中には、この人らしい矯激な言い回しや言い過ぎを見出すこともできる。敬虔なクリスチャンの中には、反発を感ずる人があるかも知れないし、当時もいたに違いない。しかしここに見るべきものは、むしろ狭い教派的利害を超えて、中国民衆の側から問題を考えようとする姿勢である。それは当時においては、貴重な姿勢であったし、現代においても、そうであると私は考える。このような彼の姿勢に共感し、敬意を覚えるのは、私がキリスト教を外から見ている人間だからだけではない、と信じたい。

　以上、1920年代、とくにその初期における清水安三の中国認識を、「五四文学革命」観、魯迅・李大釗との関係、及び中国におけるキリスト教の役割に対する批判の角度から見てきた。もちろんこの姿勢が、清水においてその後も一貫して変わらなかったと簡単に言うことはできない。その「愛国心」と国際主義のジレンマについては、先のシンポジウムにおけるジョージ・オーシロの報告があるし、また李紅衛も彼のある種の変化について触れている。それらを全体としてどう捉え、どう評価するかは、今後の課題であるが、おそらくそれらを通じても、当時の外国人とくに日本人の中で、彼がもっとも中国民衆の側に立ってものを見、考えようとした少数の人物の一人だったこ

とは否定されないだろうと私は考える。

参考文献
青木正児「胡適を中心に渦いている文学革命」 『支那学』1-3 1920年
飯倉照平「北京週報と順天時報」 竹内好・橋川文三編『近代日本と中国 上』 朝日新聞社（朝日選書13） 1974年
飯田吉郎『現代中国文学研究文献目録 増補版』91 汲古書院 1991年
清水安三「回憶魯迅」 『桜美林大学 中国文学論叢』1号 1968年
清水安三「朝陽門外にて 支那研究に没頭」『石ころの生涯』 覆刻第1版による。初版は1977年7月、88年2月改訂増補第4版発行
〔報告〕栃木利夫「清水安三先生と中国革命」（桜美林産業研究所研究サロン 1983.5.17）『産研通信』9・10号 1984年
清水畏三桜美林学園長・理事長講演「北京における桜美林創立者清水安三」 桜美林大学/北京大学共催・日中関係国際シンポジウム－第1回－（1998.12.11、12） 21世紀に向けて日中関係史を展望（北京大学創立百周年記念シンポ）
同 記録「桜美林創立者：清水安三の北京時代」 『産研通信』47号 2000年
野原四郎「五四運動と日本人」 『アジアの歴史と思想』 弘文社 1966年
太田雅夫「清水安三と沢崎堅造」 『朝日ジャーナル』 1972年6月30日
栃木利夫「中国国民革命と日本の知識人」 『近きに在りて』17号 汲古書店 1990年
丸山 昇「日本における魯迅」 伊藤虎丸・祖父江昭二・丸山昇編著『近代文学における中国と日本』 汲古書院 1986年

執筆者一覧（執筆順）

＊所属・役職は発表当時

衞藤瀋吉（えとう　しんきち）
東京大学名誉教授・東洋英和女学院院長

何　芳川（He Fangchuan）
北京大学教授・副学長

佐藤東洋士（さとう　とよし）
桜美林大学教授・学長

山田辰雄（やまだ　たつお）
慶應義塾大学教授・法学部長

方　連慶（Fang Lianqing）
北京大学教授

猪口　孝（いのぐち　たかし）
東京大学教授

為田英一郎（ためだ　いちろう）
桜美林大学教授

飯島　健（いいじま　けん）
拓殖大学教授

大喜多敏一（おおきた　としいち）
桜美林大学名誉教授

曽　輝（Zeng hui）
北京大学助教授

張　海濱（Zhang Haibin）
北京大学助教授

藤田慶喜（ふじた　けいき）
桜美林大学教授・副学長

三島次郎（みしま　じろう）
桜美林大学名誉教授

高橋　劭（たかはし　つとむ）
桜美林大学教授

豊　子義（Feng Ziyi）
北京大学教授

楼　宇烈（Lou Yulie）
北京大学教授

植田渥雄（うえだ　あつお）
桜美林大学教授・副学長

倉澤幸久（くらさわ　ゆきひさ）
桜美林大学教授

光田明正（みつた　あきまさ）
桜美林大学教授

彭　家声（Peng Jiasheng）
北京大学教授

遠藤　誉（えんどう　ほまれ）
筑波大学教授

丸山　昇（まるやま　のぼる）
桜美林大学教授

李　玉（Li Yu）
北京大学教授・国際関係学院副院長

胡　姮霞（Hu Hengxia）
北京大学助教授・社会科学弁公室主任

清水畏三（しみず　いぞう）
桜美林大学名誉教授・桜美林学園長・理事長

編集担当報告

　いよいよ本書の上梓を見ました。本書を世に送る日を迎え、重く胸を去来するものがあります。
　北京大学との4回のシンポジウムを一冊の本にまとめるよう、佐藤学長より下命されたのは2001年の暮れ。命ぜられるままに拝命し編集に着手しましたが、以来2年あまりの歳月が流れています。この間、桜美林大学の諸先生や北京大学の先生方はもとより、多くの学外の先生方からもひとかたならぬご協力を賜りました。ここに深甚の謝意を表す次第です。また、大変長らくお待たせしたことにつきましては、深くお詫びを申し上げなければならないと思います。

　4回のシンポジウムで発表された報告は43本。原稿をそろえるのに1年半以上の歳月を要しました。手始めにレジュメだけの方にフルペーパーの依頼をさせていただき、その他の方々には原稿の確認をお願いしました。原稿をデーターでいただいた方には原稿をプリントアウトして送付させていただければよかったので、その分はわりあいに早く作業が進みましたが、音声だけの報告やハードコピーだけの原稿はテープおこしや入力データーの作成に時間を要しました。さらには、原稿の決定にシンポジウムの録画を必要とする場合に備え、すべての報告をダビングするなど、進捗は大変もどかしいものでした。授業と校務以外の時間を利用しての作業にはやはり限界がございました。進捗状況の報告もままならず、刊行までのスケジュールを事前にお知らせすることもできませんでした。弁解がましいことを申し上げるようですが、是非とも皆様にはご寛恕いただければと思います。
　さまざまの観点から論じられた40数本のご報告、どのようにまとめたらよいか、本当に最後まで大きく不安を残したままですが、結果として今のよ

うな形にまとめることとなりました。これでよかったかどうか、皆様のご批判をお待ちするほかございません。

また、「序論」にも触れられておりますように、紙数の関係とテーマの統一性を保つ必要から、一部の報告を割愛せざるを得ませんでした。当初の編集方針は、シンポジウムで発表されたすべての報告を載せるというものでしたが、断念せざるを得ませんでした。深くお詫び申し上げます。

最後に、4回の日中関係シンポジウムの足跡を、そのテーマと開催地とともにここに記しておきます。

第1回 北京大学創立百周年記念 日中関係国際シンポジウム ―21世紀に向けて 日中関係史を展望― 1998年12月10日～11日 於・桜美林大学	第2回 世紀交替にあたっての中日両国の 社会と経済 1999年10月31日～11月1日 於・北京大学
第3回 グローバル時代における日中交流の あり方 2000年12月1日～3日 於・桜美林大学	第4回 新しい日中関係をどう構築するか ―新人文主義・共生の視点から― 2001年11月3日 於・北京大学

本書は、ご覧の通り、その内容が実に多岐にわたっております。執筆メンバーも多方面に分かれています。そして、実に自由闊達な、また興味関心のある方には深く考えさせられ、裨益することの多い議論が繰り広げられています。日中関係を考えるうえで大変貴重な一冊であろうと確信しております。とともに、これは桜美林大学の特徴、そのユニークさを如実に反映した、桜美林大学ならではの国際交流による研究成果とも言えるのではないでしょうか。

2004年2月14日
張　平

あとがき

　1998年の暮れに第一回目のシンポジウムが開催されて以来、すでに5年あまりの歳月が流れた。この間に世界では実に多くの事件が起こった。9・11のテロに始まり、米軍を主力とした同盟軍のアフガン攻撃、イラク攻撃、北朝鮮の拉致問題、核問題、自衛隊のイラク派遣、世界的に猛威をふるったサーズの恐怖、中国経済の飛躍的発展およびWTOへの加盟等々、枚挙に暇がない。この中にはあらかじめ予測されていたものもあるが、多くは予想外の出来事であった。1998年12月、第一回目のシンポジウムが開催された時のことを、ここで改めて思い起こしてみよう。経済面、科学技術面で飛躍的な発展を遂げる一方で、戦争とそれに伴う大量殺戮に明け暮れた20世紀を振り返り、新しい世紀こそ平和の世紀であることを、誰もが期待し、ほのかな希望すら抱いたものである。このような時代背景を視野に入れながら、過去二千年におよぶ日中交流の歴史を回顧し、同時に未来を展望するという、やや大きすぎると思えるほど大きなテーマのもとに、シンポジウムは発足したのである。その後テーマは若干絞られてきたが、議論の内容は、世界のマクロ的な安定が当分続くということを前提としたものであったように思う。ところが最近の世界の動きを見ていると、それもどうやら怪しくなってきた。今それを思うと、隔世の感を禁じ得ないのは私だけであろうか。続発するテロとその掃討を伝える大量の情報洪水を前に、このシンポジウムで取り上げた地球環境問題を中心とした一連の議論は、なんとなく片隅に追いやられた感がある。
　しかし実態はどうであろうか。地球温暖化をはじめとする環境危機はいささかなりとも緩和されたであろうか。南北の経済格差はいささかなりとも縮小されたであろうか。発展途上国を襲う飢饉の問題、世界的に猛威をふるう

新型感染症の問題、これらの問題を解決する糸口は果たして見出せたのであろうか。多くの人たちの努力にもかかわらず、残念ながらその答えは否である。あらゆる生物にとって住みよい地球を取り戻すための闘いは、今始まったばかりといってよい。おそらくこの点での日中共同の闘いは今世紀中続くことであろう。両校の交流が、この息の長い闘いにいささかなりとも貢献できることを願ってやまない。

　このシンポジウム開催から本書の作成に至るまで、実に多くの方々のご協力を賜った。学内外から討論に参加してくださった多くの研究者の方々はもちろんのこと、特に、翻訳・通訳の指導に当たっていただいた南條克巳教授をはじめ、第一線で通訳を担当していただいた両校の教員の方々、裏方として支えていただいた両校職員の方々、本書の出版に当たり多大なご尽力を賜った、はる書房出版部長佐久間章仁氏には、末筆ながら心から感謝申し上げる次第である。

　また、編集、翻訳のほか、出版までに至る煩瑣な事務手続き等に関しては、桜美林大学張平助教授に多大な尽力を賜った。厚くお礼を申し上げる。

2004年1月10日
植田渥雄

新しい日中関係への提言
──環境・新人文主義・共生──

桜美林大学・北京大学 共編

＊この書籍にはCD-ROMが付属しています。
CD-ROMには、本書の電子書籍（T-Time形式）とテキストが入っています。
＊電子書籍の使い方は、添付の「はじめにお読みください」を参照してください。

2004年3月31日初版第1刷発行

発行所　株式会社はる書房
〒101-0051　東京都千代田区神田神保町1-44 駿河台ビル
Tel.03-3293-8549/Fax.03-3293-8558
振替 00110-6-33327

落丁・乱丁本はお取替いたします。　印刷・製本　中央精版印刷／組版　エディマン
©Obirin University, Printed in Japan, 2004
ISBN4-89984-050-0 C 0030